Robert C. Marsh

James Levine

Robert C. Marsh

James Levine

Sein Leben, seine Musik

Mit einem Vorwort von Jessye Norman
und einem Beitrag von Joachim Kaiser

Aus dem Amerikanischen von Harald Stadler

Mit 27 Abbildungen

Piper
München Zürich

Die Originalausgabe erschien 1998 unter dem Titel
»Dialogues and Discoveries. James Levine: His Life and His Music«
bei Scribner, New York (a division of Simon & Schuster Inc.).

Zum Gedenken an George Szell,
Lehrer und Freund

ISBN 3-492-04158-2
© 1998 by The Zerbinetta Corporation
Deutsche Ausgabe:
© Piper Verlag GmbH, München 1999
Gesetzt aus der Caslon
Satz: Uwe Steffen, München
Druck und Bindung: Pustet, Regensburg
Printed in Germany

Inhalt

Die Liebe zu den Noten

James Levine – eine Annäherung

Im September 1999 beginnt die erste Saison der Münchner Philharmoniker mit ihrem neuen Chefdirigenten James Levine. Im März 1999 hat Levine in München das Programm der neuen Konzertsaison vorgestellt und eine Serie von Konzerten dirigiert. Auf dem Programm stand unter anderem die Symphonie Nr. 9 *von Gustav Mahler. In diesem Zusammenhang schrieb Joachim Kaiser für die Osterausgabe der* Süddeutschen Zeitung *(3./4./5. April 1999) den folgenden Text. Der Verlag dankt dem Autor und der* Süddeutschen Zeitung *für die freundliche Genehmigung.*

Temperamentvolles Getöse gehört sicherlich gerade im Kulturbereich zum Meinungs-Machtkampf, weil sich da nichts kühl »beweisen«, nichts abstrakt »messen« läßt. Deshalb sind polemische Überspitzungen wohl unvermeidlich, wenn es um die Qualität von Interpreten, die Triftigkeit ästhetischer Richtungen oder gar um die Besetzung von Intendantenstühlen oder Chefdirigentenpositionen geht.

So mag es zunächst für die Engagiertheit der Wortführer unserer veröffentlichten Meinung sprechen, daß sie nach Sergiu Celibidaches Tod derart heftig, derart rücksichtslos darüber gerechtet haben, wie denn nun der Nachfolger des großen Meisters beschaffen sein solle und wie auf keinen Fall. Schwammigkeit schadet im kulturellen Bereich mehr als Schärfe – befand schon Gottfried Benn.

Als die Münchner Philharmoniker sich überwiegend begeistert – und die Münchner Stadtoberen zumindest rasch entschlossen – für James Levine entscheiden wollten und schließlich entschieden, kam es allerdings zu einer polemischen Rauchentwicklung, hinter der Levine völlig verschwand. Jener genialische Dirigent Levine, dessen künstlerische Arbeit ich seit 1975 verfolge – keineswegs unkritisch, aber mit hohem Respekt. Anscheinend machen die reichlich gespendeten Vorschußdistein dem Künstler Levine doch zu schaffen. Er wirkte wie jemand, der unter beängstigend enormem psychischen und physischen Druck steht, als er am vergangenen Montag Mahlers *Neunte* beeindruckend bot – die Symphonie im Sitzen dirigierend.

Ein paar Tage zuvor, in einem langen, heiter-offenen, privaten Gespräch, hatte der Künstler optimistisch versichert, wieviel Genugtuung und Ansporn ihm die spontane Zuneigung der Münchner Philharmoniker bei der Probenarbeit bedeute. Und wie (auch) er mit seinen Musikern Aufstellungsmodifikationen probiere, um die problematische Gasteig-Akustik zu verbessern ... Während des Mittagessens wie auch im Konzert wurde mir wiederum deutlich, daß kaum je ein Dirigent seiner Weltklasse weniger Pultstar war als er. Es gibt den wohlbekannten Typus des charismatischen Dirigier-Großmeisters, entstellt von Eitelkeit. Levine hingegen wirkt erstaunlich privat, uneitel, heiter-direkt. Ganz naiv scheint er der Sache der Musik zugetan. Er pflegt keinen manieristischen Personalstil, er präsentiert nicht stolz irgendwelche herausgekitzelten Effekte. Sondern er stellt Werke dar, in die er sich lebenslang versenkt hat. Natürlich, auch bei ihm gibt es schwächere Abende, wie wohl jüngst mit Jewgeni Kissin in Berlin. Da war die Presse sauer. Gleichwohl: daß er, wenn er probiert, seine Musiker nicht kommandiert, sondern versucht, sie zum freien Sprechen zu animieren, nachdem er ihnen den Text auf seine Weise nahegebracht hat, das mag Levines enorme Beliebtheit bei den Münchner Philharmonikern erklären.

Doch nun brav der Reihe nach. Während der siebziger Jahre hatte ich in der New Yorker Musikszene viel Positives über Levine – aber leider nicht ihn selbst – gehört. Der sei Klavierwunderkind gewesen, mit großem Klavierkonzert-Auftritt als Zehnjähriger. Der habe tolle Lehrer gehabt. Walter Levin, den Primarius des LaSalle Quartet, auch die berühmte Pianistin und Pädagogin Rosina Lhévinne (deren Mozart-Auffassung anfechtbar sein mag: großes *Konzert C-Dur* KV 467). Aber, so beteuert nun ihr dankbarer Schüler Levine, sie hätte doch ein wunderbar persönlich-poetisches *Konzert Nr. 1* von Chopin gespielt, wobei allerdings das Begleitorchester der Künstlerin nicht gleichgekommen sei. Was Zeitgenössisches betrifft, so wird vom Komponisten Milton Babbitt bewundernd bestätigt: Nach kurzem intensiven Studium habe Levine tatsächlich sein hochkompliziertes serielles Stück Ton für Ton beherrscht.

Lauter Gerüchte, zugegeben. Doch neugierig ist man dann schon, wenn ein solcher Senkrechtstarter, vom damaligen Hamburger Opernchef August Everding geladen, in der Hamburgischen Staatsoper Verdis *Otello* einstudiert. Erinnerung, heißt es, vergolde. (Mag sein, aber was sie nicht vergoldet, verschlingt sie auch auf Nimmerwiedersehen.) Archive jedoch vergolden nicht. Damals, September 1975, schrieb ich in der *Süddeutschen Zeitung*: »Verdi-Enthusiasten und die ungewöhnlich zahlreich von überallher angereisten, nach Generalmusikdirektoren fahndenden Opernintendanten frohlockten, weil der erst 31jährige James Levine bei seinem deutschen Operndebüt alle hochgespannten Erwartungen erfüllte, die ihm vorausgegangen waren.«

Damals konstatierte ich bei den heiklen großen Ensembles einen gewissen »Routinemangel« des Dirigenten. Fuhr dann fort: »Diese Unroutiniertheit eines hochmusikalischen Künstlers hatte aber auch ihr Gutes, ihr Herrliches: Kein Takt kam gleichgültig oder glatt oder herzlos. Bei Levine scheint sich zu verbinden, was nur ganz selten zusammentrifft: nämlich einerseits gesunde, zupackende Kraft, selbstverständliche Musikalität [...] und andererseits eine subtile Nervosität des Schlags, die nicht nur Präzision will, sondern jenes unwägbare ›Mehr‹ des Ausdrucks. So entsteht charakteristische Lebendigkeit.«

Nach diesem phantastischen Einstand wurde Levine auch ständiger Dirigent der Salzburger Festspiele. Dort machte er vehement Berlioz *(Symphonie fantastique)*. Und zügig-realistisch Mozart-Opern. Das tat er zusammen mit dem Regisseur Jean-Pierre Ponnelle, den Levine heute noch rückhaltlos bewundert. Damals, in Salzburg, brachte Jean-Pierre uns zusammen. In einer ziemlich positiven Kritik hatte ich nämlich über Levines »jüdischen Realismus« orakelt. Das paßte ihm überhaupt nicht. Tem-

9

peramentvoll funkelnd fragte er, was denn besagter »jüdischer Realismus« bedeute, ja ob denn überhaupt ein spezifisch jüdischer oder christlicher Realismus existieren könne. Ich nahm mich zusammen im »Goldenen Hirschen« und stammelte etwas über die doch unleugbare jüdische Schriftbezogenheit, Schriftgläubigkeit. Dieses besessene, zwanghafte Pochen aufs Wort, auf Vertrag, Gesetz- und Texttreue sei doch typisch für spezifisch jüdische Intelligenz.

Mir schien, Levine sah das ein – sanft überrascht davon, daß er »jüdisch realistisch« interpretiere. Etwa so, wie Molières Bürger Jourdain verblüfft ist, wenn man ihm bedeutet, er spreche Prosa. »Realismus«, egal ob jüdisch oder nicht, heißt in der Interpretationskunst keineswegs: phantasielos, eng, kriechend, pedantisch. Sondern es meint: Was der Interpret tut, muß sich emphatisch beziehen auf die Noten oder den Text. Es wäre indiskret, wenn ich aus dem Privatgespräch zitierte, was Levine alles zu monieren hatte an Regisseur- oder Dirigierkollegen. Jedoch sein Argument, wenn es um Absurditäten oder kecke Abweichungen ging, lautete immer: »Das hat er doch nicht aus dem Text.« Oder, das steht doch nicht »in den Noten«.

Levine mag nicht ertragen, in welcher Weise gewisse amerikanische Orchester zwar sehr rasch das befohlene Presto-Tempo hinlegen, dabei aber alle gleichermaßen befohlenen expressiven Ereignisse infolge solcher Raschheit nicht stattfinden lassen. Doch um dieser Ausdrucksereignisse willen ein Presto in ein Moderato zu verwandeln, etwa die *Figaro*-Ouvertüre zum gehaltvollen Trauermarsch zu machen, scheint ihm genauso unerlaubt. Man müsse halt erreichen, daß auch im vorgeschriebenen Presto nichts unter den Tisch fällt.

Solche Werktreue aus Realismus und Liebe führt übrigens keineswegs dazu, daß alle Interpretationen sich mehr oder weniger ähneln. Große Kunst ist immer *gebunden-vieldeutig*. Auch Levines Entwicklung bezeugt das. Wie vehement, wie enorm rasch hat er begonnen! Und dann wurde er – von Wagners faszinierender Instrumentation und Kunst ergriffen – zum immer meditativer musizierenden Dirigenten des Bayreuther *Rings* und des *Parsifal*. (Was für ein Erlebnis muß es für Levine gewesen sein, als einst Leonard Bernstein in New York ihn begeistert wis-

10

sen ließ, er habe noch nie einen schöneren *Parsifal* gehört als von Jimmy Levine.)

1994 warf ich Levine – bei aller Bewunderung –»die allzu langsame Erzählhaltung« seiner liebevollen Wagner-Interpretationen vor. Dirigiere er so ungemein adagiohaft, dann bleibe keine Reserve mehr übrig fürs manchmal nötige, empfindsame oder fahle, Erstarren ... Doch Levine ist erst 55 Jahre alt. Auch ihm dürften, wie so vielen Dirigenten, noch manche Metamorphosen bevorstehen.

Aber: was helfen dem ungeduldig werdenden Leser solche Behauptungen über Vehemenz, Realismus, Adagiohaftigkeit. Alles so unnachprüfbar ...

Nein, man kann es prüfen! Wer sich ein wenig Zeit nimmt, um zu vergleichen, wie beispielsweise Kurt Masur, in New York Bernsteins Nachfolger, und James Levine auf CD den Kopfsatz von Schumanns *Frühlingssymphonie* bieten, wird einen astronomischen Unterschied bemerken. Was bei Masur ziemlich dick aufgedonnert, schlecht instrumentiert und behäbig wirkt – das hat bei Levine (und den Berliner Philharmonikern) einen ganz anderen Rang! Schon aus den großen Akkorden der Einleitung macht Levine Ereignisse, was sie bei Masur nicht sind. Die Impulse des zarten Pianissimo-Blühens danach bietet er innig verhuscht und eben nicht sauerkrauthaft demonstrativ. Wenn schließlich das rasche Hauptthema da ist und sich in spannungsvoller Entwicklung viermal wiederholt (für Zweifler: Takt 55–69), dann klingt das bei Masur nur fröhlich lärmend – aber bei Levine schwungvoll dynamisch durchartikuliert. Er ist halt ein emphatischer Ausdrucksmusiker. Wer mit stolzer Unverfrorenheit Levines manchmal gewiß gefährlich unmittelbar direkten Schwung als»boutiquenhafte« Glätte abqualifiziert, der höre sich an, wie Levine zusammen mit Christa Ludwig die beiden *Winterreisen*-Lieder »Gefrorene Tränen«und»Erstarrung« meisterte. Schubert, herrlich expressiv, vollkommen schlicht und zu Herzen gehend.

Es mag naheliegen, den langjährigen Chef der New Yorker Metropolitan für einen genuinen Opernmann zu halten. Der liebt Opern und braucht Sänger. Auch darum hat er die»Drei Tenöre«, lauter Stars, mit denen er arbeitet, die ihm und seinem Haus eng verbunden sind, freundschaftlich (und hochbezahlt) nicht im Stich gelassen bei ihrem vielleicht etwas fragwürdigen populistischen Absahnen.

Seine Musikalität und Professionalität beweisen gewiß nicht, daß er ein tiefschürfender Philharmoniker-Chef sein müsse. Es war sehr klug von ihm, das Orchester jüngst mit Mahlers *Neunter* temperamentvoll zu vermählen. Celibidache befand skurrilerweise: »Mahler ist eine der peinlichsten Erscheinungen der Musikgeschichte ... Er fängt seine Symphonien immer wunderbar an und kann dann nicht aufhören.« Etwas Falscheres läßt sich über Mahler schwerlich vorbringen. Schade, daß Celi nicht jüngst im Gasteig erlebte, wie Levines realistische Emphase Mahlers manchmal doch eher harmlose, fast banale Anfangsthemen in aufregende Katastrophen verstrickt. Beim Schlußadagio, reiner Jenseitsmusik, die unter Levines Händen 32 Minuten dauerte (zum Vergleich: bei Lorin Maazel 26, bei Gerd Albrecht 21), drang Levine über naheliegende Bruckner-Assoziationen hinaus, weil er Mahlers rasende, hysterische Übertreibungen, wobei nicht alles organisch gelang, ernst nahm. Es herrschte eine Spannung im Gasteig wie schon lange nicht mehr. Levine verdient Münchens Wohlwollen, wenn nicht Liebe.

München, im April 1999   Joachim Kaiser

Wir sind immer noch unterwegs

In einer Welt, die oft in reiner Oberflächlichkeit schwelgt, ist es wie der sprichwörtliche Tropfen Wasser in der Wüste, die tiefe musikalische Hingabe, die kreative Intelligenz und die schiere Begeisterungsfähigkeit eines James Levine zu erleben. Daß er ein Meister seiner Kunst ist, zeigt sich in allem, was er tut.

Es ist ein Vergnügen, immer wieder mit Jim zusammenzuarbeiten; der Enthusiasmus ebbt nie ab. Sein Bestreben, die Essenz eines musikalischen Werks zu vermitteln, hebt das Musizieren weit über den Bereich bloßer Routine auf eine Ebene, auf der sich Kunst, Geist und Seele begegnen und vermählen. Dafür schätze und bewundere ich ihn.

Es ist über zwanzig Jahre her, seit wir uns in Kalifornien kennengelernt und in der Hollywood Bowl zum erstenmal zusammengearbeitet haben, seit unsere gemeinsame Reise durch das Werk von Verdi, Mozart, Strauss, Wagner, Mahler, Berlioz, Ravel, Schönberg, Berg, Schubert, Brahms, Debussy und Wolf begann. Wir sind immer noch unterwegs. Und er ist noch immer so begeistert dabei wie damals.

Da wir einander gut kennen und im Laufe der Jahre viel zusammen erlebt haben, ist es eine meiner liebsten Übungen, die Titel von Büchern aufzulisten, die Jim jederzeit schreiben könnte:

1. Orchesterdirigieren für Anfänger
   (Erstens: Stiehl dir einen Taktstock)
2. Sänger: Eine psychologische Studie
3. Die Vorteile gründlicher Vorbereitung
   (vor der ersten Probe)

4. Handbuch für angehende Klavierbegleiter
   (Zuhören kann nicht schaden)
5. Tab versus Coke: Meine persönliche Meinung

Doch im Ernst: Wir sollten ihn würdigen, während er unsere Hingabe sehen und spüren kann, während wir auf seinen Einsatz warten, der uns über uns selbst hinaushebt, in eine Sphäre, in der die Musik zum vollkommenen Ereignis wird.

Es erfüllt mich mit besonderem Stolz, ihm in Freundschaft und Kollegialität verbunden zu sein, denn seinen Freundschaften widmet er sich mit derselben Aufrichtigkeit wie seiner Kunst. Ich denke, nach etwas Höherem kann ein Mensch gar nicht streben.

London, im Juli 1997   Jessye Norman

Interpret und Kritiker

Gespräche und Entdeckungen

Dies ist ein umfassendes Porträt des derzeit wichtigsten amerikanischen Dirigenten, der mit 55 Jahren stolz auf mehr als drei Jahrzehnte stetig wachsender Erfolge zurückblicken und sich wohl auf dreißig weitere Jahre künstlerischen Schaffens freuen kann. James Levine gilt weltweit als Symbol für den hohen Stellenwert des amerikanischen Talents, der amerikanischen Musikpädagogik und der amerikanischen Musikinstitutionen und wird in den Hochburgen der europäischen Musikkultur begeistert aufgenommen, weil deren Sachwalter sich durchaus bewußt sind, daß Europa innerhalb seiner Generation nicht seinesgleichen hervorgebracht hat.

Diese Studie ist kritisch in dem Sinne, daß sie analytisch und wertend ist. Ein Teil dieser Analyse und Wertung stammt aus Levines eigenem Munde. Das Buch besteht nicht aus Interviews, und zwar aus gutem Grund. Die Dialoge sind ein echter Austausch, und Levine hatte bei der endgültigen Gestaltung des Textes genausoviel zu sagen wie der Autor.

Es handelt sich indes nicht um eine autorisierte Abhandlung über Levines Laufbahn. Die Beurteilungen im ersten, dritten und vierten Teil sind die des Autors. Levine hat diese Seiten aus reiner Gefälligkeit gelesen und auch kommentiert, doch letztlich ist der Autor allein für den vorliegenden Text verantwortlich. Wer Levine kennt, wird wissen, daß er sich des Wertes seines Wirkens durchaus bewußt ist, daß er aber viel zu bescheiden ist, um sich in Superlativen darzustellen. Der Kritiker dagegen hat das Recht, ihn in dieser Weise zu beschreiben. Es steht dem Kritiker aber auch zu, Sachverhalte so zu schildern, wie er sie sieht, auch wenn Levine oder seine Kollegen die Dinge anders sehen – was oft der

Fall ist. Wenn es darum geht, Levine und seine Karriere innerhalb der Musikwelt in die richtige Perspektive zu rücken, so bleibt genügend Spielraum für eine ganze Reihe unterschiedlicher Meinungen.

Levine ist ein ausgesprochen reservierter, dabei höchst engagierter und fleißiger Musiker. Auch wer ihn nur wenig kennt, ist beeindruckt von seiner Selbstlosigkeit. Er ist stets davon überzeugt, seine Leistungen noch steigern zu können, und ist unentwegt darum bemüht, dies auch zu schaffen. Sein Wirken wurde und wird vom Publikum wie von der Presse durchweg positiv aufgenommen, weil seine Maßstäbe keine Kompromisse dulden. Seine Bestleistungen bilden heute das höchste Niveau musikalischer Interpretation; doch selbstverständlich sieht er selbst sie nicht in diesem Licht. Für ihn sind dies Abschnitte eines Entwicklungsprozesses, dessen Ende nicht abzusehen ist. Es ist durchaus denkbar, daß er zu gegebener Zeit als der wichtigste Dirigent der letzten Dekaden dieses Jahrhunderts gelten wird.

Der Autor kennt Levine seit seiner Lehrzeit in Cleveland und hat seine Laufbahn seit jenen Anfängen mit Interesse und Hochachtung verfolgt. Über zwei Jahrzehnte standen wir in engster Verbindung, denn wir hatten beide jahrelang wichtige Posten in der Musikszene Chicagos inne, der eine als Musiker, der andere als Kritiker.

Dieses Buch erbringt den Beweis, daß Musiker und Kritiker durchaus zu Freunden werden können. Voraussetzung dafür sind gegenseitiger Respekt und eine Vorstellung von gemeinsamen Zielen. Für den Autor gab es in den letzten dreißig Jahren nichts Aufregenderes, als Levines künstlerische Entwicklung und Reifung mitzuverfolgen. Und nichts war so beglückend wie die Möglichkeit, sich in all den Jahren immer offen, rückhaltlos, aber ohne Spannungen miteinander austauschen zu können. Uns beiden ging und geht es weit mehr um die Musik als um unser Ego. Und beide sind wir der Auffassung, daß der Musiker der Musik dienen sollte und nicht sich selbst. Wir mögen in Detailfragen verschiedener Meinung sein, doch in allen grundsätzlichen Werten und langfristigen Zielen stimmen wir überein.

Unsere Freundschaft beruht auf der gemeinsamen Überzeugung, daß wir einander auch in unseren jeweiligen Berufen objektiv begegnen können. Jeder von uns spürt intuitiv, was den anderen bewegt und ausmacht. Levine weiß mit Sprache umzugehen. Er weiß, worauf es beim Schreiben ankommt, und er hat in unserer Zusammenarbeit bewiesen, daß er auch geschickt und feinfühlig redigieren kann. Ich habe vor einem halben Jahrhundert Gesang studiert und auch das Dirigieren gelernt. Levine und ich wurden stark von Arturo Toscanini beeinflußt. Tiefen Dank schulden wir beide – jeder auf seine Weise – auch George Szell, der uns Lehrer und Freund war.

Ich weiß, was es heißt, sich auf eine Bühne zu stellen und eine Arie zu singen. Gelegentlich habe ich sowohl Studenten- als auch Berufsorchester dirigiert und kenne das Gefühl, einen Einsatz zu geben und zu hören, wie eine Mozart-Phrase klanglich Form annimmt. Es wäre jedoch absurd zu meinen, ich sei ein gescheiterter Musiker (was Kritikern häufig unterstellt wird). Hat Levine sich seit seiner Kindheit als Dirigent gesehen, so wußte ich von Anfang an, daß ich in erster Linie schreiben will.

Dieses Buch ist ein unabhängiges Werk eines altgedienten Kritikers, der immer das schreiben konnte, was er wollte. Es stützt sich auf Gespräche, die über einen Zeitraum von mehr als zwanzig Jahren aufgezeichnet und gesammelt wurden, auf Interviews aus jüngerer Zeit, die speziell dieses Projekt zum Gegenstand hatten, sowie auf veröffentlichtes und unveröffentlichtes Material von James Levine, das mir zur Verfügung gestellt wurde.

Es scheint eine allgemeine, aber irrige Auffassung zu herrschen, das Publikum interessiere sich mehr für die Persönlichkeit und das Privatleben eines gefeierten Musikers als für den künstlerischen Prozeß, aus dem jene Interpretationen hervorgehen, die uns so begeistern. Weit verbreitet ist auch die Ansicht, dieser Prozeß lasse sich nicht in Worte fassen beziehungsweise solch eine Darstellung klinge so kompliziert und technisch, daß nur ein Musiker sie verstehen könne. Fünfunddreißig Jahre lang wurden mir in meiner Eigenschaft als Musikredakteur einer großen Tageszeitung Musikbücher zum Rezensieren zugesandt, die von dieser Einstellung zeugten.

Im vorliegenden Buch wird von der entgegengesetzten Auffassung ausgegangen. Hier sollen folgende Fragen aufgeworfen werden: Wie macht der Interpret Musik? Was sind die Quellen der Interpretation, die unsere Aufmerksamkeit so fesselt? Wie geht der kreative Prozeß vonstatten? Der Behandlung solcher Themen liegt die Überzeugung zugrunde, daß diese Fragen in einer Weise beantwortet werden können, die jeder, der sich mit Musik befaßt, aufschlußreich finden dürfte.

Natürlich wäre dieses Buch nie ohne die Mitarbeit James Levines zustande gekommen. Die Dankbarkeit, die ich ihm gegenüber empfinde, läßt sich nicht in Worte fassen. Es ist immer wieder erfüllend, mit ihm zusammenzuarbeiten. Auch seine Mutter, Helen Levine, und sein Bruder Tom – beides wunderbare Menschen – wirkten maßgeblich mit.

Kenneth Hunt, Levines Assistent in der künstlerischen Leitung der Metropolitan Opera, erwies sich ebenfalls als unentbehrlich; er lieferte stets scharfsinnige Kommentare und gewährte mir großzügige Unterstützung. Mary Ann Martini, Levines Sekretärin, war ebenfalls ausgesprochen hilfreich. Auch die Presseabteilung der Met stand mir zur Seite. Patrick Smith, der Herausgeber von *Opera News*, stellte mir freundlicherweise wichtige Informationen zur Verfügung.

Meiner Lektorin Lisa Drew und ihrer kompetenten Assistentin Blythe Grossberg möchte ich für ihre Geduld und ihr Verständnis danken. Das Buch existierte jedoch nicht ohne die Mithilfe von Marshall De Bruhl, der von Anfang an und bis zum Schluß daran mitwirkte; er machte großartige Vorschläge zur Verbesserung des Textes und erwies sich überhaupt in jeder Hinsicht als unglaublich kollegial. Der bärbeißige alte Autor bestand trotz allem darauf, das Heft selbst in die Hand zu nehmen, und ist bereit, ganz in der Tradition des Chicagoer Journalismus die volle Verantwortung für die Folgen zu tragen.

Die deutsche Ausgabe wurde leicht revidiert und um Materialien ergänzt, die dem Stand von 1999 entsprechen und für deutschsprachige Leser von besonderem Interesse sein dürften. Lob gebührt meinem Übersetzer Harald Stadler, der den Geist des Originals gewissenhaft und werkgetreu wiedergegeben hat.

New Glarus, Wisconsin, im Juni 1999   Robert C. Marsh

James Levines Leben

I

James Levine stammt aus Cincinnati, Ohio. Er ist vielleicht der typische Sohn einer Stadt, in deren Geschichte sich ein reiches europäisches Kulturerbe und ein entscheidender Beitrag zur Entwicklung der amerikanischen Nation verbinden. Diese Elemente fügten sich zu einem bemerkenswerten Kontrapunkt von Werten, Ideen und Ereignissen, die jene Welt prägten, in der er bis ins frühe Mannesalter lebte.

Levine hat nicht besonders viel für Familiengeschichte übrig. Er sieht sich als Amerikaner. Seiner mitteleuropäischen Wurzeln ist er sich durchaus bewußt, doch seine Familie wurde bereits im 19. Jahrhundert vollständig amerikanisiert. In seinem Elternhaus wurde nie über die »alte Heimat« gesprochen. Er war ein Junge aus Ohio, ein Buckeye, den das Leben in seiner Heimatstadt bereichernd prägte. Dennoch symbolisiert er die Erfüllung all jener Träume, die seine Vorfahren nach Amerika führten.

Levine wurde in einer Stadt geboren, die nicht erst danach strebte, eine Musikkultur zu entwickeln. Im Gegenteil, mit ihren musikalischen Glanzlichtern machte sie schon früh so mancher Stadt an der Ostküste den Rang streitig. In der jungen amerikanischen Republik waren die Flüsse die wichtigen natürlichen Verkehrswege, und Cincinnati lag an einem Fluß. Die Stadt war aufs engste mit der Atlantikküste verbunden. Dies wurde nie so deutlich wie im Jahre 1851, als Jenny Lind dort sang, die wichtigste musikalische Leitfigur, die im 19. Jahrhundert aus Europa angelockt werden konnte. Sie kam mit einem bequemen Dampfer auf dem breiten Ohio River nach Cincinnati. Chicago verfügte erst ab dem Ende des Jahrzehnts über eine direkte Eisenbahnverbindung mit dem Osten, und so war die Stimme der Lind dort nie zu hören, ebensowenig in Cleveland, Cincinnatis Rivalin im nördlichen Ohio.

Mit seinen sieben Hügeln hielt sich Cincinnati immer für so etwas wie ein kleines Rom, in dem ein vornehmer patrizischer Geschmack kultiviert werden konnte. Der Ort wurde 1788 gegründet und war die erste Hauptstadt des Northwest Territory. Bereits um 1840, noch bevor die große Einwanderungswelle das Gesicht der Stadt veränderte, war Cincinnati die sechstgrößte Metropole der Nation.

Die Stadt hatte schon sehr früh ein ausgesprochen deutsches Gepräge. Die Deutschen spielten von Anfang an eine wichtige Rolle im öffentlichen Leben der Vereinigten Staaten, doch nach dem Scheitern der Reformbewegungen und nach der Niederschlagung der Revolution von 1848 strömten liberal Gesinnte aller Schichten in noch größerer Zahl in die Neue Welt. Im Jahre 1850 war jeder zweite Einwohner Cincinnatis aus Europa eingewandert, und jeder dritte stammte aus Deutschland. Eine deutschschweizerische Chorgemeinschaft, die alljährlich ein »Sängerfest« veranstaltete, zählte um 1870 bereits 2000 Mitglieder.

Das Ende des Bürgerkriegs 1865 ließ eine Jubelstimmung aufkommen, in der auch die Musik auflebte. Besonders beflügelnd wirkte die Tournee eines gewissen Theodore Thomas mit seinem Orchester aus New York im Jahre 1869. Vier Jahre später wurde mit Thomas' Unterstützung das erste May Festival für Chormusik veranstaltet. Ein Jahrhundert später sollte James Levine auf diesem Chorfestival dirigieren.

Während des Sängerfestes sprudelten die Gerstensäfte genauso munter wie die Melodien. Praktischerweise befand sich direkt unter der Bühne eine »Bierstube«. Thomas wollte von derlei Ausschweifungen nichts wissen und war bemüht, den ernsthaften Charakter des Ereignisses zu unterstreichen. Der Erfolg war so groß, daß bald eine geeignete Dauerspielstätte erforderlich wurde, und so war beim dritten May Festival im Jahre 1878, in dem auch das Cincinnati College of Music seine Pforten öffnete, die Cincinnati Music Hall bezugsfertig, die auch heute noch die Kunstliebhaber anzieht.

Ein kleines Symphonieorchester wurde 1872 gegründet. Unter der Schirmherrschaft der Gattin des künftigen Präsidenten William Howard Taft entstand aus diesem Ensemble 1895 das auch heute noch bestehende Cincinnati Symphony Orchestra. Das Orchester leitete ein amerikanischer Dirigent, Frank Van der Stucken. Er stammte (ungeachtet seines Namens) aus Texas, hatte in Europa studiert und war der erste in Amerika geborene Dirigent eines amerikanischen Orchesters. Im Jahre 1909 übertrug man die Leitung des Orchesters für drei Jahre dem damals 27jährigen Leopold Stokowski, der sich für den Bau einer Konzertmuschel einsetzte, die 1920 den Grundstein für die einzigartige »Zoo Opera« bildete. 1922 übernahm Fritz Reiner die Cincinnati Symphony für neun Jahre. James Levine wuchs in einer Stadt auf, in der Stokowski und Reiner längst Legenden waren, und hätte es sich damals nie träumen lassen, eines Tages in Chicago Reiners großes Orchester zu übernehmen beziehungsweise den Soundtrack zu einer Neufassung eines legendären Stokowski-Films einzuspielen.

In den Jahren nach dem Bürgerkrieg zog die sich ausdehnende Stadt nicht nur Einwanderer aus Deutschland, sondern auch aus Österreich-Ungarn an. Zu diesen zählten auch James Levines Urgroßeltern mütterlicherseits.

Der Urgroßvater, Morris Goldstein, kam 1840 in einer kleinen Stadt südlich von Budapest zur Welt und wurde später Kantor an der dortigen Synagoge. Er wanderte 1869 nach Amerika aus – wie so viele andere, die sich in dem jungen Land eine bessere Zukunft erhofften. Er kam in Cincinnati unter und heiratete dort eine Amerikanerin deutscher Abstammung. Neben seiner musikalischen Tätigkeit war er auch ein angesehener Maler. Sein Porträt des Isaac Mayer Wise, des Begründers des Reformjudentums in den Vereinigten Staaten, befindet sich noch heute in der National Gallery of Art in Washington. Der Sohn dieser Eheleute heiratete eine Frau, deren Eltern aus Deutschland stammten.

Auf väterlicher Seite stammte ein Urgroßelternpaar aus Lettland beziehungsweise Deutschland, das zweite waren in Cincinnati geborene Amerikaner europäischer Abstammung. Helen Levine, James' Mutter, weiß nicht genau, woher die Familien stammten, die sich in Cincinnati niederließen, beziehungsweise wann sie einwanderten. Die Großeltern von James wurden jedoch alle in den Vereinigten Staaten, zwischen Albany im Staat New York und Appleton in Wisconsin, geboren. Es ist durchaus nichts Ungewöhnliches, daß James und zwei seiner wichtigsten Lehrer Familiennamen derselben Wurzel tragen. Die Levines sind Leviten, Angehörige des Stammes Levi, jener Priesterkaste im alten Israel, die die Bundeslade bewachte und im Tempel musizierte. Aus dem Stammwort »Levi« entwickelten sich später, je nach Aussprache, verschiedene ähnlich lautende Familiennamen.

Auch James Levines Vater war Dirigent, allerdings mit einem anderen Repertoire als der Sohn. In den dreißiger Jahren, der Ära der Big Bands, tanzten die Gäste des Beverly Wilshire Hotel in Los Angeles zu der Musik eines gewissen Larry Lee, der als Bandleader und Schlagersänger (im Stil eines Bing Crosby) große Erfolge mit der populären Musik jener Zeit feierte. Als viele begabte Musikerkollegen nach dem Kriegseintritt Amerikas im Jahre 1941 zu den Waffen gerufen wurden, kehrte der 28jährige Bandleader, der wegen einer Narbe an der Lunge untauglich war, als Larry (Lawrence) Levine wieder in seinen Geburtsort Cincinnati zurück, stieg in das Bekleidungsgeschäft seines Vaters ein und entschloß sich, mit seiner Frau, die er zwei Jahre zuvor geheiratet hatte, eine Familie zu gründen.

Niemand nannte ihn Lawrence, so wie auch sein Sohn James zu Hause immer nur Jim gerufen wurde. Anfangs war Larry Levine zwar viel unterwegs, doch er bewahrte ein enges Verhältnis zur Familie. Er war der geborene Handlungsreisende, und das Familienunternehmen verdankte seinen Erfolg vor allem Larrys Tüchtigkeit. Auch als seine Söhne und seine Tochter längst erwachsen waren, fiel auf, wie aufopfernd er sich für sie einsetzte. Er nahm interessiert Anteil an ihrem Leben, besonders nach seiner Pensionierung im Jahre 1961. Er starb 1994.

Helen Levine, eine charmante und vitale Dame in den Achtzigern, kam 1915 in Chicago als Helen Goldstein zur Welt. Ihre Bühnenkarriere (als Helen Golden) begann im Neighborhood Playhouse in New York. »Meinen großen Erfolg hatte ich am Lyceum Theater an der 45. Straße«, erinnert sie sich. »Es war ein Stück von Arthur Kober mit dem Titel *Having Wonderful Time*, das 1937 auf die Bühne kam. Ich fing in einer Nebenrolle an und stieg nach ein paar Monaten zur Hauptrolle auf. Ich kam mir vor wie die Heldin in *Forty-second Street*. Die männliche Hauptrolle spielte John Garfield. Ich kannte ihn, weil wir schon am Neighborhood Playhouse zusammengearbeitet hatten. Larry Levine lernte ich am 4. Mai 1939 unter der Uhr des Hotels ›New Yorker‹ kennen. Wir waren beide voneinander hingerissen. Es war Liebe auf den ersten Blick. Sechs Monate später haben wir geheiratet. Unser viertes Rendezvous war vor dem Traualtar.«

Als James Lawrence Levine am 23. Juni 1943 auf die Welt kam, führte die Nation Krieg. Er war der innig geliebte Erstgeborene einer wohlhabenden Familie mit einem adretten Haus in einer netten Straße einer hübschen Wohngegend. Seine Eltern verkörperten eine ausgeprägte jüdische Tradition, in der alles Kulturelle geschätzt und auch ernste Musik gepflegt wurde. Larry Levine spielte hin und wieder zu seinem eigenen Vergnügen auf seiner Violine. Die häusliche Umgebung war liebevoll und anregend für ein Kind mit musikalischem Talent, und der kleine Jim sollte dies gut zu nutzen wissen.

Zwei Jahre nach ihm wurde ein zweiter Sohn, Tom, geboren. Bei ihm drückte sich die künstlerische Veranlagung in einem Sinn für das Visuelle aus. Tom Levine ist ein begabter Maler, doch jahrelang wirkte er im engsten Umkreis seines älteren Bruders und stand ihm in ähnlicher Weise zur Seite wie Walter Toscanini seinem Vater.

»Jim hat sich seit seiner Zeit in Cleveland immer auf die Dinge konzentriert, die nur er kann«, bemerkt Helen Levine. Es gab immer lästige Alltagspflichten, die erfüllt werden mußten, doch sie wurden ihm abgenommen. »Sein Erfolg stellte sich deswegen schon so früh ein, weil er seine ganze Kraft immer auf seine wichtigsten Ziele richtete«, glaubt die Mutter. »Und seit Jahren hat er Stützen, auf die er sich verlassen kann und die dies ermöglichen.« Levine selbst drückt es einfacher aus: »Meine Arbeit steht an erster Stelle.«

Eine Tochter, Janet, rundete den Kreis der Familie fünf Jahre nach James' Geburt ab. Heute ist sie in Massachusetts als Psychologin tätig und versucht, am Leben ihres Bruders so weit wie möglich Anteil zu nehmen, doch ihre Mutter meint: »Wer nicht mit Jim zusammenarbeitet, kriegt ihn nicht sehr oft zu sehen.«

Allem Anschein nach war der kleine Jim ein völlig normales Wunderkind. Er hatte einen Cockerspaniel und ein Fahrrad und so viele elektrische Eisenbahnen, daß im Keller extra eine Tischplatte dafür aufgestellt werden mußte. Er besuchte eine staatliche Schule und machte all das, was amerikanische Jungen in der Regel tun, doch je älter er wurde, desto stärker richtete sich sein Interesse auf Dinge, die mit Musik zu tun hatten.

»Jim gab sich selten mit Spielsachen ab«, entsinnt sich seine Mutter. »Die hatte Tom fast ganz für sich allein. Jim hatte einen tragbaren Plattenspieler und etwa fünfzig Platten. Selbst als er noch gar nicht lesen konnte, fand er immer die Platte, die er gerade hören wollte, und schon als kleiner Junge konnte er sich stundenlang damit beschäftigen, sich Sachen vorzuspielen. Ich glaube, er hat nie in seinem Leben einen Golf- oder Tennisschläger in der Hand gehabt, und er hat auch selten bei Ballspielen mitgemacht. Schwimmen hat ihm dagegen immer Spaß gemacht.«

Schon als er mit drei Jahren anfing, sich auf dem Klavier die ersten Melodien zusammenzusuchen, war eigentlich klar, daß seine ganze Liebe der Musik galt und daß er der geborene Pianist war. Systematischen Klavierunterricht erhielt er ab 1947. Für die Violine interessierte er sich nie so richtig; dagegen entwickelte er schon als kleiner Junge ein Faible für Blasinstrumente und brachte nach einigem Experimentieren sogar die gewünschten Töne heraus. Das Wichtigste in seinem Leben war jedoch das Klavier. Alles andere war nebensächlich. Das bewahrte ihn jedoch nicht davor, zu Beginn seiner schulischen Laufbahn ausgerechnet im Fach Musik durchzurasseln. Der Unterricht war seiner Meinung nach nicht ernsthaft genug, um seine Aufmerksamkeit zu verdienen.

Seinen ersten Auftritt als Pianist bestritt Levine mit sechs Jahren. Alle hielten ihn für erstaunlich begabt. Aufgrund dieses Erfolgs setzte sich seine Klavierlehrerin, Gertrude Englander, dafür ein, daß er dem Leiter des Cincinnati Symphony Orchestra, Thor Johnson, vorspielte. »Sie hegte immer gewisse Bedenken«, erinnert sich Helen Levine, »ob er auch wirklich so gut war, wie sie – und wir – meinten.« Ich kannte Johnson gut und kann durchaus sagen, daß er und der kleine James wie füreinander geschaffen waren. Johnson war einer der ersten Amerikaner, die ein größeres Orchester in den Vereinigten Staaten leiteten. Er war ein engagierter Pädagoge, ein Neuerer und Förderer amerikanischer Talente. Johnson schätzte den jungen Pianisten und stellte ihn der Öffentlichkeit vor. Für Levine war Johnson ein Vorbild, das ihm vor Augen führte, daß auch ein Amerikaner durch Fleiß, Einsatz und Professionalität als Dirigent reüssieren konnte. Seine erste Schlagtechnik entwickelte Levine, wahrscheinlich auch unter einer gewissen formlosen Anleitung durch Johnson, indem er zu Schallplatten dirigierte.

Johnson zeigte Interesse und verfolgte Levines Fortschritte, doch er und Jims Eltern waren insofern konservativ, als sie das Kind nicht ausbeuten oder in eine Rolle drängen wollten, auf die es nicht gefaßt war. Im Alter von zehn Jahren trat James bei einem Konzert des Cincinnati Symphony Orchestra als Solist in Mendelssohns *Klavierkonzert Nr. 2* auf. (Später tauchte dieses Werk in seinem Repertoire nicht mehr auf.) Das Debüt erfolgte zu einer Zeit, als er gerade den Klavierlehrer wechselte, doch die ganze Familie stellte sich hinter ihn und machte ihm Mut. Später spielte er mit Johnson Beethovens *Klavierkonzert Nr. 3*, und zwar bei einem Sommerfestival in Brevard in North Carolina. Als Johnson in den sechziger Jahren ein bemerkenswertes kleines Musikfestival in Fish Creek in Wisconsin leitete, lud er Levine zu einem Auftritt ein, doch Verpflichtungen beim Aspen Festival standen dagegen.

»Johnson war deshalb so beeindruckt«, erinnert sich Helen Levine, »weil Jimmy instinktiv zu wissen schien, in welch unterschiedlichen Stilen er die verschiedenen Komponisten zu spielen hatte. Thor sagte: ›Du bist viel zu jung, das kannst du noch gar nicht wissen. Wo hast du das nur her?‹« Vermutlich Vererbung. Wahrscheinlich gibt es so etwas wie ein »Mozart-Gen«.

Schon im Knabenalter ging James einiges im Kopf herum. Die Schule, besonders Mathematik und naturkundliche Fächer, langweilten ihn oft, was sich auch in seinen Noten niederschlug. Schon in jungen Jahren begriff er schnell und lernte leicht. Einmal teilte er seiner Mutter stolz mit, er habe während einer Mathematikstunde zwei Szenen einer Verdi-Oper auswendig gelernt. Das erklärt vielleicht, weshalb seine Zensuren nicht immer berauschend waren.

Manchmal meinte seine Mutter, er müsse die Bücher doch auch einmal beiseite legen und hinausgehen. »Eines Nachmittags«, entsinnt sie sich, »bestand ich darauf, daß er an die frische Luft ging. ›Wie lange?‹ fragte er. ›15 Minuten‹, erwiderte ich. Dann stand er draußen hinter dem Haus, starrte 15 Minuten lang auf die Uhr, kam wieder herein und steckte den Kopf wieder in die Bücher.«

Levine konnte auf ein starkes Fundament bauen – ein sorgloses und glückliches Familienleben. Die aufgeweckten, intelligenten Kinder lebten in einer Atmosphäre gegenseitiger Zuneigung und Achtung. Da Larry Levine meistens geschäftlich reiste, war Helen Levine die prägende Bezugsperson im täglichen Leben der Kinder.

»Jim und ich hatten irgendwie immer die gleiche Wellenlänge«, erinnert sie sich. »Manchmal ist das einfach so, manchmal auch nicht, bisweilen kann man sich darum bemühen, doch ich hatte immer das Gefühl, daß wir auf ganz natürliche Weise wesensverwandt sind. Als er klein war, interessierten wir uns für dieselben Dinge. Wir haben oft Theaterstücke zusammen gelesen. Ich übernahm alle weiblichen Rollen, er alle männlichen. Das hat ihm immer Spaß gemacht.« Daß künstlerisches Darstellen ein wertvolles Mittel zur Selbstverwirklichung und zum Ausdruck der eigenen Persönlichkeit sei, vermittelten ihm beide Elternteile bereits in frühem Alter.

»Seine Persönlichkeit bildete sich schon sehr früh heraus«, stellt Helen Levine fest. »Er war schon in sehr jungen Jahren der Jimmy, der er ist. Oft sah er sich im Kino Filme für ein viel älteres Publikum an und unterhielt sich dann mit mir darüber. Die Leute sprachen mich an und fragten: ›Wo hat er das nur her? Von wem hat er das wohl?‹ Darauf erwiderte ich nur: ›Er holt es aus sich selbst!‹ Wir standen immer voll und ganz hinter ihm, aber entscheidend war weniger das, was wir für ihn taten, als vielmehr das, was in ihm steckte. Wir taten alles, was in unserer Macht stand, um seinen Erfolg zu ermöglichen, doch ich bin überzeugt, daß er es auch unter anderen Voraussetzungen ganz allein geschafft hätte. So ist er nun einmal.«

»Von der Statur her ähnelt Jimmy seinem Vater. Das Gesicht, die blauen Augen hat er von mir und meiner Mutter. Und die Wesensart hat er von mir. Das liebe ich an ihm! In einem sind wir völlig gleich: Wir jammern nicht, wenn etwas mißlingt. Wenn etwas schiefgeht, machen wir nicht lange Theater, sondern versuchen sofort, es geradezubiegen. Unsere Devise lautet: Weitermachen, bis es klappt.«

Larry Levine war eher extrovertiert und ging leicht aus sich heraus. Sein Sohn ist zwar mit einem herrlichen Sinn für Humor gesegnet, verfügt aber auch über eine introspektive Seite, die dem Vater fehlte. Als Kind war James pausbäckig, aber nicht dick, und als junger Mann war er schlank und kräftig. Daß er mit zunehmendem Alter um die Hüfte breiter wurde, hängt mit seinem Lebensstil zusammen, der es ihm erschwert, so weit auf Ernährung und Bewegungsausgleich zu achten, wie es vielleicht wünschenswert wäre.

»Als er zehn war, fuhren wir mit ihm nach New York, um ihn an der Juilliard School of Music beurteilen zu lassen. Wir folgten damit dem Rat seines Klavierlehrers, der für einen Ort wie Cincinnati sehr gut war. Wir hatten aber keine Ahnung, wie unser Sohn im Vergleich mit dem Jimmy Levine von Pittsburgh und dem Jimmy Levine von St. Louis abschneiden würde. Wir wollten eine solide, professionelle Beurteilung seines Talents einholen. Bei dieser Gelegenheit lernte er Rosina Lhévinne kennen (die als Vorsitzende der Jury fungierte) und besuchte erstmals die Metropolitan Opera. Wir sahen uns eine Neuinszenierung von *Faust* unter der Leitung von Pierre Monteux und verschiedene andere Werke an.«

An den Ausgang der Beurteilung erinnert sich Helen Levine folgendermaßen:»Wir wurden in das Büro des Dekans gebeten, um das Zeugnis entgegenzunehmen. Der Dekan sagte: ›Ich möchte Ihnen Rosinas Bericht selbst zeigen, was ich normalerweise nicht tue.‹ Und so lasen wir: ›Ich muß diesen Jungen haben. Wie können wir ihn den Eltern abspenstig machen?‹ Man bot ihm alle möglichen Stipendien an, damit er nach New York kam und in die Vorbereitungsklasse eintrat. Man wollte ihn in eine Art Wohnheim stecken. Doch da regte sich mein Mutterinstinkt, und ich sagte: ›Auf gar keinen Fall. Der Junge muß noch viel mehr lernen, als mit den Fingern auf einer Tastatur herumzuwirbeln. Er muß lernen, mit seinem Bruder und seiner Schwester auszukommen. Er muß lernen, daß es sehr viele Dinge auf dieser Welt gibt.‹ Wir waren hocherfreut, daß er an der Juilliard School studieren konnte, meinten aber, daß er damit bis nach dem Abschluß der High-School warten sollte.«

»Als wir Rosina dies entgegenhielten, machte sie ein langes Gesicht und sagte: ›Na ja, vielleicht haben Sie recht. Schließlich haben *Sie* diesen bewundernswerten jungen Mann so weit gebracht.‹ Sie war bereit, noch ein paar Jahre zu warten, bevor er mit dem Vollstudium anfing. Ab jener Zeit ist er dann aber oft am Wochenende zum Studium nach New York geflogen. In der Regel brach er am Freitag nach der Schule auf und kehrte am Sonntagabend zurück. Anfangs machten wir es so, daß ich ihn zum Flugzeug brachte und sein Vater, der oft geschäftlich in New York zu tun hatte, ihn abholte. Doch Jim kannte sich sehr schnell in New York aus, und auch wenn sein Vater nicht dort war, konnten wir sicher sein, daß er ein Taxi nahm und ins Astor Hotel fuhr, wo der Geschäftsführer, ein Freund von Larry, Jim im Ballsaal üben ließ. Im Laufe der Jahre suchten wir immer nach anderen, besseren Lösungen, doch Jim war sehr selbständig und hatte alles im Griff, so daß wir uns keine Sorgen machen mußten. Wenn ich in jener Zeit einmal mit nach New York fuhr, war es eher so, daß er sich um mich kümmerte.«

Es war natürlich ein Glück für den jungen James, daß die familiären Verhältnisse dieses Pendeln ermöglichten. Ganz wichtig war jedoch, daß er auch in Cincinati einen Lehrer hatte, der ihn über den reinen Klavierunterricht hinaus auch in Theorie, Instrumentierung und anderen Bereichen des musikalischen Grundwissens unterwies. Diese Rolle übernahm Walter Levin, der aus Deutschland stammende Primarius des LaSalle Quartet, das ein paar Jahre zuvor an der Juilliard School gegründet worden war. Er war inzwischen nach Cincinati gezogen, und so machte jemand den Vorschlag, er solle James' Mentor werden. Anfangs hegte er Bedenken, einen Elfjährigen zu unterrichten, doch alle Vorbehalte schwanden, als er seinen künftigen Schüler kennenlernte. In den folgenden sieben Jahren erwarb James bei Walter Levin und seiner Frau Evi, einer Amateurmusikerin und Sprachlehrerin, umfassende Kenntnisse in Musiktheorie und verschiedenen Geisteswissenschaften sowie in Französisch und Deutsch. Und all das bewältigte er neben der Schule, in der er inzwischen vor allem in Geschichte und Literatur glänzte.

»In meinen Augen«, erinnerte sich Walter Levin, »war er ein von Natur aus begabter, aber undisziplinierter und leicht arroganter Knabe, der unbedingt einen Lehrer brauchte, der ihm beibrachte, worum es in der Musik überhaupt geht.« Disziplin wurde ganz groß geschrieben. Als der junge James einmal unvorbereitet zum Unterricht erschien, wurde er kurzerhand hinausgeschmissen und mußte vor dem Haus warten, bis seine Mutter ihn abholen kam.

Levine erinnert sich noch gut an jenen Vorfall. Heute meint er: »Damals wurde mir klar, daß man durch die frustrierenden, langweiligen Phasen des Lernens einfach hindurch muß, daß man nur so den Schatz hebt und am Ende belohnt wird.«

Bereits vor jener denkwürdigen Reise nach New York hatte James die Oper besucht. In der Zoo Opera von Cincinnati traten häufig Mitglieder des Ensembles der Metropolitan Opera und andere junge amerikanische Sänger auf, und häufig dirigierte der Met-Veteran Fausto Cleva. Seine erste Oper erlebte der kleine James dort mit acht Jahren, und als er erfuhr, daß vor den Aufführungen Proben stattfanden, die man mitverfolgen konnte, wurde die Oper am Zoo sein zweites Zuhause. Und er trat mit einem eigenen »Taktstock« an – einer Stricknadel, die er sich von seiner Großmutter geborgt hatte. »Das war im Grunde seine erste Begegnung mit der Oper«, meint seine Mutter.

Im Rahmen ihrer jährlichen Tourneen gastierte die Met auch im nahe gelegenen Bloomington in Indiana. Im Frühjahr 1951 wurden dort *Die Fledermaus* und *Don Carlo* gegeben, im Jahr darauf *Aida* und 1953 *Rigoletto* sowie *Tristan und Isolde*. Die Levines sahen sich alles an. Sie fuhren lieber zu den Gastspielen nach Bloomington als zu den Met-Aufführungen in Cleveland, denn Bloomington war näher, und die Indiana University hatte den besseren Saal. Ab 1953 folgten regelmäßige Opernbesuche in New York; 1955 sah James dort beispielsweise eine *Carmen* mit Risë Stevens und Mario Del Monaco. Als James Levine 1996 in einem Interview gefragt wurde, ab wann er die Met als sein

»Zuhause« betrachtete, antwortete er, er habe sich der Met schon immer aufs engste verbunden gefühlt. So schien es ganz natürlich und logisch, daß er eines Tages selbst dort wirken sollte.

Auf jener ersten Reise nach New York landete der damals Zehnjährige auch in einem Spielzeugladen, in dem er ein Puppentheater entdeckte, das eine wichtige Rolle in seinem Leben spielen sollte. Fortan wollte er für sämtliche Opern, die er kannte, Kulissen bauen, und wenn es sein mußte, schnorrte er sich das Nötige zusammen. Für den ersten Akt von *Madama Butterfly* verwendete er beispielsweise eine Drugstore-Dekoration.

Im Jahre 1956, mit dreizehn, studierte er bei Rudolf Serkin im Rahmen der Sommerakademie, die der Pianist in Marlboro, Vermont, veranstaltete. In jenem Sommer sollte *Così fan tutte* einstudiert und aufgeführt werden. Für die kurzen Chorszenen brauchte man einen Chorleiter; diese Aufgabe übernahm James. Er betrachtet dies als Auftakt zu seiner Laufbahn im Opernfach und auch als Beginn seiner langjährigen Beschäftigung mit diesem speziellen Werk.

Die Familie Levine besuchte die reformierte Synagoge und betrachtete die hohen religiösen Feiertage als Gelegenheit für größere Familienzusammenkünfte. Im Gegensatz zu seinem Bruder Tom feierte James keine Bar-Mizwa. In der Familie wurde weder das Jiddische gepflegt noch Hebräisch gelernt; die beiden Söhne beherrschten lediglich ein paar einfache hebräische Segenssprüche. James hörte auf, die jüdische Sonntagsschule zu besuchen, um mehr Zeit mit seinem Vater verbringen zu können. Sie musizierten zusammen, unterhielten sich über Bücher, die sie gelesen hatten, oder kümmerten sich um den Hund. Dank jahrelanger Unterweisung durch seinen Vater, der ein gewiefter Kartenspieler war, ist James Levine beim Rommé kaum zu schlagen.

Alles, was Levine in seinem Leben mitbekam, hat ihn auf das vorbereitet, was er heute macht. Er mußte sich weder eine Identität noch ein Lebensziel suchen und ließ sich auch nicht von anderen Interessengebieten oder alternativen Berufsaussichten ablenken. Es ist erstaunlich, daß sich selbst ein so begabter Musiker wie Fritz Reiner als junger Mensch für kurze Zeit mit einem juristischen Studium abgab. In Levines Leben gab es keinerlei Sackgassen. Er ist ein ideales Beispiel für einen Menschen, der sein primäres Interesse schon früh entdeckt und sein Ziel seit seiner Kindheit unbeirrt verfolgt.

Levine wurde zum Dirigenten geboren. Er wußte, daß dies seine wahre Berufung war, und folgte dieser Bestimmung von Anfang an. Der vergnügliche Zeitvertreib mit seiner Spielzeugoper war eine gute Vorbereitung für die Jahre, in denen er ein richtiges Opernhaus leiten sollte. Bereits als Kind säte er den Keim für das, was später aufgehen sollte. Er hat sich seine Ziele und Prioritäten immer selbst gesetzt. Und er läßt sich von seinen Vorsätzen niemals abbringen. Wer mit ihm zusammenarbeiten will, muß die gleichen Werte und Ziele anstreben.

Er sieht es so:»Ich hatte Eltern, die sich wirklich für mich eingesetzt und die nötigen Voraussetzungen geschaffen haben. Das war sehr förderlich, denn so konnte ich mich entwickeln. Mich interessierte alles, was irgendwie anders war. Dennoch ist jeder Mensch für sich und sein Leben selbst verantwortlich. Wenn ein Mensch ein Ziel verfolgt und man ihm helfen kann, dieses Ziel zu erreichen, besteht die Möglichkeit, etwas gemeinsam zu schaffen.«

II

Ein entscheidender Einschnitt in Levines Leben erfolgte 1957, als er zum erstenmal den Sommer beim Festival und Musikkurs in Aspen, Colorado, verbrachte. Diese Veranstaltung besuchte er in den folgenden 14 Jahren jeden Sommer. In den ersten drei Jahren nahm er an Kursen teil, doch ab 1960 trat er auch auf. Und bereits 1961, kurz nachdem er die High School in Cincinnati abgeschlossen hatte und gerade einmal 18 war, dirigierte er seine erste Oper, Bizets *Perlenfischer*.

Jahre später kommentierte er jene Erfahrung folgendermaßen:»Für mich war und ist ein Festival immer etwas ganz Besonderes – da herrschen eine Atmosphäre der Begeisterung, eine intensive Arbeitsbeziehung unter den Künstlern, ein Gemeinschaftsgefühl zwischen Künstlern und Publikum mit einem besonders intensiven Austausch – es ist ein Zuhören, Lernen, Arbeiten, Sichverjüngen.«

Die ersten Jahre in Aspen waren besonders anregend.»Man erlebt diese wunderbare Atmosphäre nicht sehr oft«, erinnert sich Levine,»doch beim Aspen Festival Ende der fünfziger und Anfang der sechziger Jahre war ich regelmäßig davon umgeben. Die ganze Stadt schien sich dem Musikfestival verschrieben zu haben; Schüler, Lehrer, Künstler übten und probten überall in der Stadt. Die Ladeninhaber kannten sämtliche Studenten, viele sogar mit Namen. Man wohnte, arbeitete und entspannte sich zusammen in dieser höchst ungewöhnlichen Umgebung. Man spielte viele unbekannte Werke bekannter Komponisten und bekannte Werke unbekannter Komponisten und Werke für jede nur denkbare Kombination von Instrumenten und Stimmen. So ein Sommer – studieren, zusammenleben und gemeinsam musizieren, dichte Programme großartiger Musik in einzigartig schöner Naturkulisse – war ein unbeschreibliches Vergnügen.«

In einer Ausgabe des Magazins *Life* von 1962, in der es um die »Newcomer-Generation« ging, war Levine bei Proben mit dem Orchester von Aspen zu sehen.»Ein Dirigent«, meinte er,»muß alles beherrschen – Sprachen, Stil, Repertoire, Theorie, Technik. Ich verabscheue jede laxe Haltung.« Interessant ist, daß er dies heute noch genauso sagen würde.

In Aspen dirigierte Levine erstmals *Così fan tutte*, und zwar innerhalb eines weitgefächerten Repertoires, das auch drei Werke des 20. Jahrhunderts beinhaltete, nämlich Strauss' *Ariadne auf Naxos*, Strawinskys *Mavra* und – in Anwesenheit des Komponisten – Brittens *Albert Herring*. Seine Interpretationen dieser Opern und auch die Aufführungen symphonischer Werke stießen auf ein einhellig positives Echo. Aufgrund seiner Erfahrungen in Aspen verfügte Levine über klare künstlerische Führungsqualitäten, als er später zum Ravinia Festival kam, wo er die Notwendigkeit eines ausgedehnten musikpädagogischen Programms unterstrich, das er in seinen letzten Jahren dort auch verwirklichen sollte.

Im Jahre 1961 zog er nach New York und schrieb sich an der Juilliard School ein. Das gesamte Grundstudium absolvierte er in einem einzigen Jahr. Er setzte seine Studien als Graduierter bei Rosina Lhévinne fort und nahm bei Jean Morel, einem der großen Mentoren jener Zeit, ein systematisches Dirigierstudium auf. Dies führte dazu, daß er 1964 an einem Kurs und Wettbewerb des American Conductor's Project beim Baltimore Symphony Orchestra teilnahm, wo er mit Alfred Wallenstein, Fausto Cleva und Max Rudolf zusammenarbeitete.

Der Wettbewerbsjury gehörte einer der engsten Kollegen Rudolfs an – George Szell, der Chefdirigent des Cleveland Orchestra, der selbst Dirigenten ausbildete, wobei er auf Erfahrungen aus seiner Lehrzeit bei Richard Strauss an der Berliner Hofoper zu Beginn des Jahrhunderts zurückgriff. Er bot Levine an, als Nachwuchsdirigent nach Cleveland zu kommen, und lockte ihn mit den Worten: »Sie sind bereits ein sehr guter Dirigent. Vielleicht können wir einen großen Dirigenten aus Ihnen machen.«

Im Herbst 1964 verließ Levine die Juilliard School ohne offiziellen Abschluß und ging für sechs Jahre nach Cleveland. In dieser Zeit fungierte er hauptsächlich als stellvertretender Dirigent des Orchesters. Auch Szell war einst ein pianistisches Wunderkind gewesen und hatte dennoch die Dirigentenlaufbahn gewählt. Levine stand mit 21 Jahren vor der gleichen Entscheidung. »Die großen Solostücke haben mich nie gereizt«, gesteht er, »und mir war völlig klar, daß ich gut daran tat, die Zeit, die ich zum technischen Ausfeilen des Tschaikowski-Konzerts benötigt hätte, in anderweitiges Repertoire zu investieren.«

Ich schrieb zum 50jährigen Bestehen des Cleveland Orchestra im Jahre 1967 eine Chronik des Orchesters und war deswegen mit der Musikszene in Cleveland eng vertraut. Es war offensichtlich, daß Szell Gefallen an Levine fand und ihn in einer Weise schätzte, wie ein großer Lehrer den großartigen Schüler schätzt, den er immer zu finden hoffte. Um die Etikette zu wahren, hielt er Levine auf Distanz (seinen Äußerungen war zu entnehmen, daß Strauss mit ihm ebenso verfahren war), doch er betrachtete diesen jungen Mann zu Recht als Garanten für den Fortbestand all dessen, wofür er – Szell – in der Musik eintrat. Er begegnete ihm mit uneingeschränktem Wohlwollen.

Szell wurde oft verkannt. Er war einer der warmherzigsten Menschen, die ich kannte, doch er fürchtete, er könnte ausgenutzt werden, falls er seine Gefühle zu offen zeigte. Er hatte die Angewohnheit, einem Menschen, mit dem er zu tun hatte, gleich am Anfang Gelegenheit zu geben, ihn auszunutzen. Wer die Gelegenheit nicht ergriff, lernte ihn als freundlichen und offenen Menschen kennen. Vor den meisten Menschen schützte er sich jedoch mit einem Mantel steifer Förmlichkeit und kühler Professionalität, weswegen ihn viele zu Unrecht als kaltherzig und autoritär bezeichneten. In Levines Beziehungen zu anderen Künstlern zeigt sich zwar seine offenherzige und lebensbejahende Art, zugleich aber auch – ähnlich wie bei Szell – ganz klar der Wunsch, Rollen eindeutig festzulegen und eine schützende Distanz zu wahren.

Zu mir unterhielt Szell natürlich eine ganz andere Beziehung als zu Levine, was sicherlich auch daran lag, daß ich fast zwanzig Jahre älter bin als Levine. Szells Proben waren für mich immer eine einzigartige Gelegenheit zu lernen, wie man einem Orchester zuhört, und es war nicht schwer zu erkennen, daß er in seiner Zusammenarbeit mit jüngeren Kollegen stets versuchte, diesen all das zu vermitteln, was er in seinem lebenslangen Wirken als Musiker gelernt hatte. Ein ganz wesentliches Element in Szells Unterweisung, das auch bei Levine nachhaltig wirkte, war das stetige Suchen und Forschen nach zuverlässigen Notentexten.

»Ich bin mehr oder weniger überzeugt«, bemerkte Szell einmal, »daß jede Standardausgabe jedes Standardwerks mindestens einen schlimmen Fehler aufweist.« Zum Beweis war in seinem Garderobenraum eine ganze Wand bedeckt mit Kopien aus den handschriftlichen Partituren diverser Komponisten mit wichtigen Einzelheiten, die in den derzeit gebräuchlichen Ausgaben fehlten. (Das war vor dreißig Jahren, wohlgemerkt; seither hat sich einiges gebessert.)

Es war typisch für Szell, daß es ihm bei seiner ersten Konzertreise nach Moskau ein großes Anliegen war, das Manuskript von Tschaikowskis *Klavierkonzert Nr. 1* einzusehen und dabei eine ganz bestimmte Note zu überprüfen, die ihm schon seit langem Kopfzerbrechen bereitet hatte. Er kehrte triumphierend in sein Hotel zurück und rief: »Es ist ein B!« Die Korrektur, die er seit Jahren vorgenommen hatte, war richtig.

Eine Zeitlang bestand eine Standardübung in der theoretischen Ausbildung darin, den Schülern eine einzelne Seite einer Orchesterpartitur vorzulegen und sie die ungefähre Entstehungszeit, die Form (Symphonie, Konzert und so weiter) und wenn möglich den Komponisten und das Werk selbst bestimmen zu lassen. Nach ein paar Monaten hatten Levine und seine Kollegen genug davon. Eines Tages fragten sie Szell, ob er sich einmal eine Partiturseite anschauen wolle.»O mein Gott«, rief er,»das ist meine zweite Symphonie.« Fortan stellte er nie wieder Quizfragen dieser Art.

Szell begann, wie Toscanini, in einer Zeit zu dirigieren, in der Sänger oft miserable Musiker waren. Er erzählte immer gerne von einer *Rigoletto*-Aufführung in seiner Anfangszeit, bei der ein Sänger, der keine Noten lesen konnte, in einem plötzlichen Aussetzer auf einmal 37 Takte übersprang. Szell mußte alles so schnell wie möglich wieder zusammenbringen, was ihm dadurch gelang, daß er die entsprechende Taktzahl ins Orchester rief. Die jungen Dirigenten, die Szell ausbildete, erlebten solche Situationen jedoch selten, und so war es nicht nötig, sie derlei Prüfungen zu unterziehen. Sänger, die bei Klavierproben mit Noten arbeiten können, erlangen in ihren Rollen heute eine Sicherheit, die früher selten war.

Levine gab sein offizielles Debüt mit dem Cleveland Orchestra bei einem Abonnementkonzert im Frühjahr 1967. Er dirigierte Strauss' *Don Juan*. Am nächsten Tag wollte Szell unbedingt mein Urteil hören. Es war ausgezeichnet, meinte ich – energisch, spannend und ausgesprochen sauber intoniert –, allerdings, schränkte ich ein, ein wenig unflexibel.»Er wird noch lockerer werden!« erwiderte Szell. Und er sollte natürlich recht behalten.

Im Sommer 1967 bereitete sich Szell auf eine Europatournee mit dem Cleveland Orchestra vor. (Dies sollte seine letzte Gastspielreise in Europa werden.) Er kehrte von dem schweizerischen Urlaubsort, in dem er jeden Sommer Golf spielte, nach Cleveland zurück, um die Programme durchzugehen. Da er im Sommer selten in Cleveland weilte, gab es in seinem Haus nur einen einzigen Raum mit Klimaanlage, nämlich den Weinkeller – schließlich wollte er sich seinen exquisiten Bordeaux nicht durch die Hitze ruinieren lassen –, und so stieg er in einem Hotel ab.

Das gesamte Tourneerepertoire war in der vorausgegangenen Konzertsaison aufgeführt worden, und Szell war der Meinung, es würde genügen, die Tourneeprogramme einfach durchzuspielen.

Er war sich jedoch durchaus darüber im klaren, daß das Publikum unten im Konzertsaal nicht dasselbe hörte wie er oben auf dem Podium, und so plazierte er zuverlässige Ohren im Saal, um Fragen der Klangstruktur und Balance zu klären. Für zusätzliche Komplikationen sorgte der Umstand, daß das Parkett damals gerade neu bestuhlt wurde und bis auf drei große Stühle völlig leer war. Der leere Raum verstärkte den Hall beträchtlich. »Lassen wir es so«, bedeutete Szell dem Orchestermanager. Die drei Stühle waren für den zweiten Dirigenten Louis Lane, den Assistenten Levine und mich bestimmt. Keiner der Assistenten hatte eine gedruckte Note vor sich. Wenn die entsprechenden Werke in den Abonnementkonzerten gespielt worden waren, mußten Szells Assistenten so weit damit vertraut sein, daß sie notfalls kurzfristig einspringen konnten. Irgendwann drehte sich Szell um und fragte: »Ist das zweite Fagott zu laut?« Er erwartete eine prompte und zuverlässige Antwort und setzte voraus, daß man genau wußte, was das zweite Fagott an der betreffenden Stelle zu tun hatte. Lane und Levine konnten solche Fragen jederzeit befriedigend beantworten, denn sie waren in der Lage, konzentriert zuzuhören, auch wenn sie sich intensiv über komplizierte musikalische Themen austauschten. Wie Szell hatten sie gelernt, immer mehreres gleichzeitig zu tun.

Die Probe schloß mit der *Symphonie Nr. 2* von Brahms. Sie klappte wunderbar. Szell unterbrach einige Male kurz, richtete ein paar Fragen an das Orchester und wandte sich nach dem letzten Takt an uns.

»Nun, meine Herren, irgendwelche Vorschläge?«

»Nein, Dr. Szell«, lautete die einhellige Antwort.

»Nun«, meinte er dann zu den Musikern, »wenn wir weiter nichts tun können, sehen wir uns in Salzburg.«

Er entließ das Orchester zwanzig Minuten vor dem Ende der angesetzten Probenzeit. Das hatte es noch nie gegeben. Lane und Levine verschwanden ebenso schnell wie die Orchestermusiker. Ich ging Szell entgegen, als er die Bühnentreppe herunterkam.

»War es wirklich so gut?« fragte er. »Nichts zu feilen?«

»Dr. Szell«, antwortete ich, »ich glaube, es war eine perfekte Umsetzung dessen, was Sie mit dem Werk vorhatten.«

Er hielt einen Moment lang inne und erlaubte sich dann ein zufriedenes Lächeln. »Das dachte ich auch«, erwiderte er.

In jenem Jahr kam es auch zu einer der wichtigsten Begegnungen in Levines Leben. »Bob Shaw [Robert Shaw, Szells zweiter assistierender Dirigent und Chorleiter] holte mich zu den Sommerfestspielen, die er in Meadowbrook, einem Vorort von Detroit, aus der Taufe gehoben hatte«, erinnert sich Levine. »Im ersten Jahr luden wir Musiker zum Vorspielen ein, um das Studentenorchester zusammenzustellen, das ich leiten sollte. Unter den Bewerbern war auch Suzanne Thomson, die aus Detroit stammte. Sie spielte Oboe – wie ein Engel. Sie verfügte über ein unglaubliches Einfühlungsvermögen. Shaw und ich nahmen sie sofort in das Orchester auf. Seither sind wir zusammen, seit fast dreißig Jahren. Sie war unglaublich. Einfach hinreißend.«

Helen Levine meint dazu: »Ich betrachte Suzanne als meine Schwiegertochter. James ist ein Kind der sechziger Jahre, und die beiden führen eine richtige Sechziger-Jahre-Beziehung. Sie sagen immer, sie kennen so viele Ehepaare, die unglücklich sind. Jim und Sue sind vielleicht deswegen glücklich, weil sie sich ungebunden fühlen.«

Im Jahre 1966, noch als Assistent bei Szell, gründete Levine das University Circle Orchestra mit Studenten des Cleveland Institute of Music, an dem er inzwischen lehrte. Nun konnte er mit einem eigenen Klangkörper musizieren. Für die Cleveland Concert Association dirigierte er Opern in konzertanter Form. Levine schuf sich Gelegenheiten, zu arbeiten und sich zu bewähren, und durchlief so die Art von Lehre, die europäische Dirigenten früherer Generationen an Provinzbühnen absolvierten.

So blieb es nicht aus, daß Levine nach Szells Tod im Jahre 1970 den Ruf, den er in Cleveland bereits genoß, durch Gastdirigate weiter ausdehnen konnte. Er leitete in Meadowbrook eine konzertante Aufführung von *Rigoletto*, dirigierte das Philadelphia Orchestra bei dessen Sommerkonzerten von 1970 und gab im selben Jahr mit der Welsh National Opera sowohl *Aida* als auch den *Barbier von Sevilla*.

In der Spielzeit 1970/71 dirigierte er in San Francisco zwei Hauptwerke Puccinis, nämlich *Tosca* und *Madama Butterfly*. In der

Saison 1971/72 gab er sein Debüt in der Hollywood Bowl, als er für den erkrankten Zubin Mehta einsprang. Bei seinen ersten Auftritten in Los Angeles dirigierte er Aufführungen von *Don Giovanni*, *Rigoletto* und *La traviata*, letztere mit Beverly Sills, Plácido Domingo und Sherrill Milnes. Er leitete auch ein Wagner-Programm mit Jess Thomas und Ingrid Bjoner sowie zahlreiche symphonische Programme, unter anderem eine Aufführung von Beethovens *Klavierkonzert Nr. 1* mit Martha Argerich als Solistin. Jessye Norman gab ihr Operndebüt in Amerika als Aida in der Hollywood Bowl unter Levines Leitung. Er dirigierte auch eine Aufführung von Bernsteins *Trouble in Tahiti*. Im Greek Theater in Los Angeles leitete er ferner eine *Tosca* mit Dorothy Kirsten.

Ein weiteres, noch bedeutsameres Debüt erfolgte ebenfalls im Sommer 1971. Wenn man ihm die große Chance bot, war Levine stets gerüstet. Am 5. Juni 1971, zwei Wochen vor seinem 28. Geburtstag, brillierte er an der Metropolitan Opera mit *Tosca*.

III

Bis zu seinem Tod im Jahre 1957 war Arturo Toscanini über seine Zeit an der Metropolitan Opera zu Beginn des Jahrhunderts so verbittert, daß er das Opernhaus abfällig als »casino«, als »Bordell« bezeichnete. Man konnte dort zwar einen gewissen Ruhm erwerben und gute Gagen verdienen, aber nur, indem man die künstlerischen Standards kompromittierte und die Interessen von Geschäftsleuten berücksichtigte. Ein Jahr nach dem Tod des Maestros versuchte Irving Kolodin, ein erfahrener New Yorker Kritiker und angesehener Chronist der Met, der Sache auf den Grund zu gehen. In seiner klassischen Chronik des New Yorker Opernhauses rollte Kolodin das Thema auf. Er fragte den Generaldirektor Rudolf Bing, ob er glaube, einer Lösung für das grundlegende Problem der Met näherzukommen.

»Welches Problem?« fragte Bing.

»Das Problem«, erläuterte Kolodin, »das tagtägliche Repertoire auf einem Niveau zu halten, das dem der Premieren vergleichbar ist oder wenigstens einigermaßen entspricht, Neuinszenierungen, und so weiter.«

»Oh«, sagte Bing, »das ist ganz einfach. Das ist nur eine Frage des Geldes.« Würde die Met über unbegrenzte Mittel verfügen, könne er die Tebaldi für zwanzig Wochen haben, nicht bloß für zehn, oder Björling oder Tucker oder egal wen. Opernsänger, fuhr er fort, seien im Gegensatz zu »Künstlern« lediglich hinter dem Geld her.

»Wenn er mit dieser Erwiderung die Antwort nicht unbedingt schuldig blieb«, meinte Kolodin, »so hat er die Frage damit jedenfalls nicht gelöst. Die Anwesenheit einer Tebaldi oder eines Björling oder eines vergleichbaren Mezzosoprans oder Baritons hätte am Niveau einer schwach dirigierten *Aida* oder einer miserabel inszenierten *Carmen* mit Sicherheit nichts geändert. Es war nicht bloß eine Frage des Geldes ... Es ging vielmehr darum, wie man das verfügbare Geld verwendete.«

Bing, das dürfen wir nicht vergessen, wurde von seinem Verwaltungsrat ständig zum Sparen angehalten. Das lag zum Teil daran, daß sich das Opernhaus zu einer nationalen Kulturinstitution entwickelt hatte, ohne sich je eine angemessene Förderung oder eine breite Abonnentenbasis gesichert zu haben. Da entsprechende Finanzreserven fehlten, herrschte natürlich ein ständiger Druck, Defizite zu vermeiden.

Aus der Sicht Kolodins lag die Verantwortung für die Sicherung der Qualität damals in der Hand eines einzigen Mannes, des Generaldirektors, doch im Grunde gehörte sie in die Hand »einer Gruppe tüchtiger und zuverlässiger Dirigenten, die Respekt verlangten und auch verdienten«. Bing sah das ganz anders. In seinen Memoiren bekannte er, daß er die Einsetzung eines musikalischen Direktors ablehnte, weil dies die Verantwortung aufgeteilt hätte, die seiner Meinung nach allein beim Generaldirektor liegen sollte. Das Problem bestand darin, daß er anscheinend keine Lust hatte, selbst für die ständige Leistungskontrolle zu sorgen, ohne die ein hohes künstlerisches Niveau niemals erreicht werden kann.

Wenn er wie in der Spielzeit 1958/59 nicht weniger als 110 von 164 Aufführungen ausverkaufte, also eine Auslastung von 67 Prozent erzielte, meinte er über einen genügend starken Rückhalt beim Publikum zu verfügen. Damals hatte Bing etwa 8000 Abonnenten und war somit dem launischen Geschmack gelegentlicher Opernbesucher besonders stark ausgeliefert. (Heute zählt die Met mehr als 30 000 Abonnenten.) Bing meinte, wenn die finanziellen Probleme gelöst wären, könnten künstlerische Probleme ignoriert werden. Darin besteht der wesentliche Unterschied zwischen Managern und Musikern. Der Manager denkt immer zuerst an das Geld.

Bings Einstellung scheint sich nicht merklich geändert zu haben, nachdem die Metropolitan Opera 1966 ihr neues Quartier im Lincoln Center bezogen hatte. In den 22 Jahren, in denen er auf dem Direktorensessel saß, war er der Boß. Allerdings gab es einige Dirigenten, Erich Leinsdorf beispielsweise, die sein Vertrauen genossen und in der Verwaltung der Bühne wahrscheinlich viel stärker mitmischten, als nach außen hin zu erkennen war.

Für Leinsdorf war Bings Job im übrigen undenkbar und auch gar nicht machbar. Als 1970 immer häufiger über Bings Nachfolger spekuliert wurde, war Leinsdorf, der im Jahr zuvor die musikalische Leitung des Boston Symphony Orchestra abgegeben hatte, oft als einer der Hauptkandidaten im Gespräch. Ich befragte ihn dazu.

»Falls Sie je in der *New York Times* lesen«, erwiderte er, »daß Ihr alter Freund Erich Generaldirektor der Met geworden sei, sollten Sie sich seufzend damit abfinden, daß er nun endlich doch noch übergeschnappt ist. Kein vernünftiger Mensch wird diese Aufgabe übernehmen, denn so wie sie augenblicklich strukturiert ist, kann man ihr unmöglich gerecht werden.«

Sein Debüt an der Met gab Levine in Bings vorletzter Spielzeit, 1970/71. Bing selbst meinte:»Die bedeutendsten Debüts in meinen letzten Jahren waren die von Dirigenten.« Neben Karajan und Bernstein holte er Zubin Mehta, Colin Davis, Alain Lombard und zwei blutjunge Amerikaner, Christopher Keene und James Levine, der *Luisa Miller* zu neuem Leben erweckte – »die vielleicht erfolgreichste all meiner Bemühungen, vernachlässigte Verdi-Opern in das Repertoire der Met aufzunehmen«.

Man könnte sich fragen, ob Bing es damals für möglich hielt, daß zehn Jahre später sowohl Keene als auch Levine am Lincoln Center fest engagiert sein würden. Levine blieb an der Met. Keene machte sich an der New York City Opera zunächst als Dirigent einen Namen, wurde 1982 künstlerischer Leiter und 1989 schließlich Generaldirektor dieses Hauses (bis zu seinem tragisch frühen Tod im Jahre 1995).

Bing bemerkte einmal, daß sich dem amerikanischen Sänger weitaus üppigere Ausbildungsmöglichkeiten böten als dem amerikanischen Dirigenten. »Die Metropolitan Opera Auditions sind inzwischen eher etwas Lästiges und für das Opernhaus wenig ergiebig«, meinte er. Beim Vorsingen an der Met wurden jedoch Talente ausgesiebt, die bereits von anderen entdeckt und geschult worden waren. Bing betrachtete die Met anscheinend nie als Ausbildungseinrichtung von größerem Format. Immerhin setzte das Metropolitan Opera Studio, das gegen Ende der Ära Bing betrieben wurde, ein wichtiges Zeichen auf einem Gebiet, das eine intensivere Pflege verlangte. (Dies leistete in späteren Jahren Levines Young Artist Development Program, ein Ausbildungsprogramm für junge Künstler.)

In Europa, betonte Bing, konnte ein junger Dirigent so etwas wie eine Lehre absolvieren. »Karajan arbeitete zwei Jahre in Ulm und zwei Jahre in Aachen und dirigierte alles, was eine deutsche Repertoirebühne bot, und war dann Karajan. Heute wird ein junges Talent zu früh entdeckt und gleich bei internationalen Festspielen für schwierige Opern verpflichtet. Statt dessen sollten diese Burschen zwei Jahre nach Magdeburg und zwei Jahre nach Stuttgart gehen, dann würden sie große Dirigenten werden. Jemand [in Amerika] sollte sich endlich um die Ausbildung von Dirigenten kümmern.«

Es war ihm wohl entgangen, daß sich unter anderem sein alter Widersacher Szell darum gekümmert hatte. Levine war ein Produkt dieses Studienprogramms und hatte hinsichtlich der verschiedenen Betätigungsfelder eine ordentliche Lehre absolviert.

Levines Met-Debüt am 5. Juni 1971 war eine Matineevorstellung von *Tosca* (ohne Regieprobe mit Orchester). Grace Bumbry sang die Titelrolle erstmals an der Met. In weiteren Rollen traten Franco Corelli, Peter Glossop und der 29jährige Paul Plishka auf. (25 Jahre später, nach einer langen und fruchtbaren Zusammenarbeit, sang Plishka den Falstaff für Levine.) Eine Woche darauf folgte eine zweite Aufführung, diesmal als Abendvorstellung.

Der Konzertmeister Raymond Gniewek entsinnt sich, daß er Levine nach dessen Met-Debüt gestand: »Das war die tollste

Aufführung, die ich gespielt habe, seit Karajan uns dirigiert hat.« Das Überspringen der Probe hatte sich nicht nachteilig ausgewirkt, da Levine die Oper bereits zuvor dirigiert hatte. Er hatte das Werk absolut im Griff.

»Als aus den Wochen Monate wurden«, fährt Gniewek fort, »kam immer häufiger die Frage auf, ob er tatsächlich so begabt und gleichzeitig so liebenswürdig, rücksichtsvoll und geduldig sein konnte. Die Zeit der autokratischen Dirigenten der alten Schule war jedoch tatsächlich vorbei. Hier war nun ein junger Mann, der schwatzen, schmeicheln und begeistern konnte und dabei nie die Disziplin und Konzentration gefährdete, die unbedingt erforderlich sind, um hundert Instrumentalisten zu einem Klangkörper zu verschmelzen. Jimmys ungeheure Intelligenz und immense Gedächtnisleistung sind zwar zu beneiden, garantieren jedoch nicht unbedingt den Rang eines Dirigenten. Ich denke, das Geheimnis seines Erfolgs besteht in seinem unheimlichen Geschick in der zwischenmenschlichen Kommunikation und in dem unglaublichen Rückhalt, den er uns selbst bei ungeheurem Streß gibt. Er strahlt ein Gefühl der Wärme, der Integrität und der Zielstrebigkeit aus, das unser Team dazu beflügelt, viel strahlender und ausdrucksvoller zu spielen, als wir es je für möglich gehalten hätten.«

Zwei Wochen später gab Levine sein Debüt beim Ravinia Festival in Highland Park, Illinois. Er dirigierte das Chicago Symphony Orchestra mit Chor in Mahlers *Zweiter*, der *»Auferstehungssymphonie«*. Am Tag zuvor hatte Levine seinen 28. Geburtstag gefeiert. Ob es ihm bewußt war oder nicht – mit dem Erfolg dieser beiden Auftritte sicherte er sich wichtige musikalische Stützpunkte, auf die sich seine Arbeit über zwanzig Jahre lang konzentrieren sollte: die Met für die Oper und Ravinia für die symphonische Musik.

In Bings letzter Spielzeit, 1971/72, erhöhte sich die Zahl von Levines Auftritten von zwei auf 19, und er nahm auch an der Gala für den scheidenden Impresario teil. Von Anfang November bis Mitte Dezember gab er siebenmal *Tosca*. Dabei sangen vier verschiedene Toscas, vier Cavaradossis und drei Scarpias – ein klassisches Beispiel dafür, wie Bing die Sänger ohne oder mit nur wenigen Proben durch die Standardwerke schleuste. Der spannendste Abend dürfte der 6. November gewesen sein, als neben Grace Bumbry Plácido Domingo und Tito Gobbi sangen, der größte Scarpia seiner Zeit.

Domingo und Levine waren am 4. November 1971 erstmals gemeinsam an der Met aufgetreten, als der Tenor in *Luisa Miller* für Richard Tucker eingesprungen war. Für Kontinuität in den neun Aufführungen der Verdi-Tragödie sorgte Paul Plishka in der Schurkenrolle des Wurm, die er mit außergewöhnlicher Überzeugungskraft darbot. In der Titelrolle wechselten sich Adriana Maliponte und Gabriella Tucci ab. Bei der Premiere am 15. Oktober hatten Levine und Sherrill Milnes erstmals an der Met zusammengearbeitet. In der Zeit nach den Tourneewochen dirigierte Levine an der Met zweimal *Falstaff*.

Als neue Leitung der Met waren – zumindest ursprünglich – Göran Gentele als Generaldirektor und Schuyler Chapin als stellvertretender Direktor vorgesehen. Rafael Kubelik sollte in der Spielzeit 1973/74 dirigieren und 1974/75 musikalischer Leiter werden. Levine behielt einen festen Platz in der Reihe der Gastdirigenten; sein Engagement erweiterte sich auf 21 Opernaufführungen und zwei Programme für Kinder, von denen eines, eine Fernsehsendung mit Danny Kaye, mit einem Emmy Award ausgezeichnet wurde. Doch Bing hatte kaum sein Büro geräumt, als Gentele im Juli 1972 bei einem Verkehrsunfall ums Leben kam. Chapin übernahm die Leitung des Opernhauses. Die Pläne für 1972/73 mußten in aller Eile geändert werden.

Levines Spielplan für 1972/73 war noch mit Gentele abgesprochen worden. Ursprünglich war vorgesehen, daß er den *Barbier von Sevilla*, *La Bohème* und *Faust* dirigieren sollte, doch er hatte gewisse Probleme gehabt.

»Ich mag die *Faust*-Inszenierung nicht, sie ist eine Katastrophe«, hatte er Gentele in aller Ruhe zu verstehen gegeben. »Wenn ich die Metropolitan Opera vertreten soll, wenn ich hinter dem stehen soll, was die Met macht, dann muß ich meine Aufführungen auch unterschreiben können.«

Mit dieser Äußerung war das Ende der »Bordell«-Ära eingeläutet. Innerhalb eines Jahrzehnts war Levine zur treibenden Kraft in der künstlerischen Erneuerung der Met geworden, die Toscanini mit Stolz erfüllt hätte.

Gentele war ein zu hochkarätiger Theatermann, um die Stichhaltigkeit von Levines Standpunkt zu verkennen. Er meinte, wenn Levine den *Faust* der Met nicht ertragen könne, solle er statt dessen *Otello* machen.

»Später wandte ich mich in einer anderen Sache aus dem gleichen Grund an ihn«, berichtete Levine in einem Interview. »Gentele wollte *La Bohème* wiederaufnehmen und hatte sie mir zugeteilt. Dann sah ich mir die Besetzung an, die nachträglich festgelegt worden war. Gegen die einzelnen Sänger war nichts einzuwenden, aber so viele Besetzungswechsel waren unmöglich. Außerdem war die Inszenierung steinalt. Man kann durchaus versuchen, die *Bohème* mit einem neuen Dirigenten und einer festen, aufeinander abgestimmten und gut eingespielten Besetzung wiederzubeleben, aber mit Sicherheit nicht mit einem immer wieder neu zusammengestellten Ensemble. *Rigoletto* war noch nicht vergeben; ich sah mir die Besetzung an, und sie war ziemlich konstant. Also versuchte ich es damit.« Die Einführung dauerhafter Besetzungen war Kubelik ein großes Anliegen, und auch Levine setzte sich nachdrücklich dafür ein.

Im Rückblick auf die letzten 25 Jahre läßt sich sagen, daß Levine bereits in der Spielzeit 1972/73 die meiste Zeit jenem Werk widmete, das er überhaupt am häufigsten an der Met dirigieren sollte – *Otello*. Von Anfang Dezember bis Anfang Januar dirigierte er zehn Vorstellungen und zwei weitere im Juni. Achtmal sang Jon Vickers die Titelrolle, die übrigen Male James McCracken – beides herausragende Interpreten. In den Januarvorstellungen kontrastierte die lyrische Desdemona einer Renata Tebaldi mit der dramatischen Wucht McCrackens und Milnes' und bescherte der Met einige der eindrucksvollsten Augenblicke der gesamten Spielzeit.

Die sechs *Barbier*-Aufführungen an der Met im Frühjahr 1973 folgten in bezug auf Regie und Striche wahrscheinlich der Tradition des Hauses. Allerdings standen Levine Marilyn Horne als Rosina, Fernando Corena als Bartolo, Cesare Siepi als Basilio und Hermann Prey als Figaro zur Verfügung. Der Dirigent wandte sich diesem Werk nur noch ein einziges Mal zu, als er es 1975 in London für die Schallplatte einspielte. Diese Aufnahme setzte neue Maßstäbe in der Interpretation des Werks und bot erstmals

Gelegenheit, sämtliche zum *Barbier* überlieferte Musik zu hören. In den Wintermonaten folgten sechs *Rigolettos*. Mit dieser Oper trat Levine am 6. Februar erstmals mit Luciano Pavarotti auf, der von dem jungen Maestro begeistert war.

Levines Opernarbeit Anfang der siebziger Jahre war indes nicht auf New York beschränkt. Im Jahre 1972 leitete er eine konzertante Aufführung von *Rigoletto* bei den Robin-Hood-Dell-Konzerten des Philadelphia Orchestra, und 1974 dirigierte er *Le nozze di Figaro*, ebenfalls konzertant, mit dem Atlanta Symphony Orchestra und seinem alten Freund aus Cleveland, Robert Shaw. Zwischen 1974 und 1978 wirkte er regelmäßig beim May Festival in Cincinnati mit, wo er (in konzertanter Form) auch erstmals *Parsifal* dirigierte. Einige Werke, die er beim May Festival aufführte, sollten in seiner Laufbahn einen wichtigen Platz einnehmen, beispielsweise *Porgy and Bess*, *Les Troyens*, *Oedipus Rex*, *Tannhäuser* und *Lohengrin*. Sein *Barbier von Sevilla* bildete 1978 den Abschluß der Sommeroper im Zoo von Cincinnati. Im Jahre 1976 verlieh ihm die University of Cincinnati die Ehrendoktorwürde.

In Europa begann Levines Karriere 1975 mit *Otello* in Hamburg. 1982 dirigierte er dasselbe Werk in Wien. Zwei enge Bande in Europa wurden schon früh geknüpft. Im Jahre 1976 wurde er zu den Salzburger Festspielen eingeladen; damit begann eine langjährige Verbindung, die über 17 aufeinanderfolgende Spielzeiten bestehen sollte. Und 1982 wurde er nach Bayreuth geholt, um dort die Aufführung zur 100. Wiederkehr der Uraufführung von *Parsifal* zu dirigieren.

In der Spielzeit 1973/74 dirigierte Rafael Kubelik an der Met. Zu Beginn der Saison wurde Levine zum ersten »principal conductor« in der 88jährigen Geschichte des Opernhauses ernannt. Damit verpflichtete er sich für sieben Monate des Jahres fest an das Haus; wenn Kubelik anwesend war, stand er diesem als Assistent zur Seite, und in seiner Abwesenheit leitete er den Betrieb in dessen Sinne.

Auf die Frage nach seinen Aufgaben antwortete er damals prophetisch:»Ein musikalischer Leiter kümmert sich um Probleme wie Orchester- und Chorpersonal, Proben, die Einteilung von assistierenden Dirigenten bei Vorbereitungsproben, Besetzung, Ausfälle, Zweitbesetzungen und all solche Dinge. Wenn Kubelik nicht da ist, muß das jemand aus der musikalischen Sparte der Direktion übernehmen. Das ist meine administrative Aufgabe. Wenn Kubelik da ist, arbeite ich mit ihm zusammen, und wenn er nicht da ist, stehe ich für ihn ein, aber die endgültigen Entscheidungen liegen in seiner Hand. Ich strebe gar nicht nach der Verantwortung, für den musikalischen Direktor handeln zu müssen, denn ich bin nicht der musikalische Direktor. Ich hoffe, eines Tages Chef eines Symphonieorchesters oder eines Opernhauses zu sein. Aber ich will nicht die Probleme des musikalischen Direktors am Hals haben, ohne in den Genuß der Privilegien zu kommen. Außerdem halte ich es nicht für günstig, wenn im führenden Opernhaus der Vereinigten Staaten ein 30jähriger die Entscheidungen trifft. In bezug auf mein Amt als Dirigent sieht das ganz anders aus. Da nehme ich so viel Einfluß auf die Besetzung wie nur möglich.«

Ursprünglich stand auf dem Spielplan jener Saison Verdis *Un ballo in maschera* in Genteles vielgerühmter Stockholmer Inszenierung, doch nach seinem Tod hielt man es für angebracht, ein anderes Stück zu wählen. Levine spielte im August in London *I vespri siciliani* ein, weitgehend mit derselben Besetzung, die für *Ballo* vorgesehen war. Und so traf man eine glückliche Entscheidung für *I vespri siciliani* und brachte das Werk im Januar 1974 in der Inszenierung des meisterhaften englischen Regisseurs John Dexter an der Met heraus.

Levine trat nun fast doppelt so oft auf wie in der Spielzeit davor. Er dirigierte weiterhin »Schnupperprogramme« für Kinder und leitete insgesamt 42 Aufführungen fünf verschiedener Mozart-, Verdi- und Strauss-Opern. In dieser Saison tauchte zum ersten- und letztenmal *Salome* in seinem Repertoire auf. In allen zehn Vorstellungen sang Grace Bumbry die judäische Prinzessin – ein Idealbeispiel für kontinuierliche Besetzung. In weiteren *Otello*-Aufführungen wechselten sich Vickers und McCracken in der Rolle des Mohren sowie Kiri Te Kanawa (in ihrem Met-Debüt) und Teresa Stratas, zwei zauberhafte Primadonnen, als dessen unglückliche Frau ab.

Im Frühjahr 1974 trat Kubelik zurück. So wie Chapin im Jahre 1972 plötzlich von der Nummer zwei zur Nummer eins in der Direktion aufgestiegen war, so mußte sich Levine nun mit der

Tatsache abfinden, daß die Met einen 31jährigen musikalischen Leiter hatte, auch wenn ihm dieser Titel offiziell erst 1976 verliehen wurde. In der Spielzeit 1974/75 dirigierte er 38 Opernaufführungen. Chapin ging 1974 davon aus, daß Levine Chefdirigent und John Dexter Chefregisseur des Opernhauses werden. Chapin sollte dieser Troika vorstehen, und es bestand berechtigte Hoffnung, daß dieser Plan aufging. Doch Dexter schrieb 1976 bissig an einen Freund:»Ich amüsiere mich prächtig an der Met. Ich weiß nicht, ob Levine und ich es schaffen werden, das Haus ins 20. Jahrhundert herüberzuzerren oder auch nur ins 19. Doch das Haus bietet faszinierende Herausforderungen und großartige Gelegenheiten zum Experimentieren.«

Chapin verfügte zwar über Dexter und Levine, doch es fehlten ihm weitere Talente, um den Betrieb über eine gesamte Spielzeit in Gang zu halten. Thomas Schippers, der das neue Haus 1966 eröffnet hatte, lebte nicht mehr. Erich Leinsdorf, William Steinberg und Max Rudolf, ein langjähriger künstlerischer Berater Bings, hatten sich zurückgezogen. Chapins Schwierigkeiten, erfahrene Dirigenten dauerhaft an sein Haus zu binden, führten Anfang 1975 zu seiner Ablösung als Generaldirektor.

William Rockefeller, der Vorsitzende der Metropolitan Opera Association, ließ Chapin wissen, daß der seit 91 Jahren bestehende Posten des Generaldirektors abgeschafft werden solle. »Die Metropolitan Opera ist zu kompliziert, um weiterhin von einem einzigen Mann geführt zu werden. Wir dürfen nie wieder einen Impresario haben. Wir brauchen keinen mehr.« Dies galt besonders dann, wenn der Direktor kein Musiker war und insofern keine Entscheidungen fällen konnte, für die das Spezialwissen eines Berufsmusikers erforderlich war. Diese Krise gab den Anstoß zu einer Umstrukturierung des Opernhauses und brachte jene Met hervor, die wir heute kennen und die ganz den Toscaninischen Maßstäben künstlerischer Integrität verpflichtet ist.

Chapin hatte die Meinung vertreten, auch aus künstlerischer Sicht sei ein Generaldirektor vom Schlage Bings unentbehrlich. Bei den großen amerikanischen Symphonieorchestern hatte sich jedoch ein viel besseres Organisationsmodell herausgebildet: In

Chicago beispielsweise war Fritz Reiner für die künstlerische Seite des Betriebs verantwortlich, und ein erfahrener Verwaltungsfachmann, George Kuyper, kümmerte sich um die geschäftlichen Angelegenheiten.

Im Sommer 1975 zog sich Anthony A. Bliss, der dem Verwaltungsrat der Met seit 1949 angehört hatte, aus seiner Anwaltskanzlei zurück und kam als geschäftsführender Direktor (executive director) an die Met. Der Patrizier hatte sein aufrichtiges Engagement für die darstellenden Künste ein Leben lang unter Beweis gestellt; und er verfügte über genügend Scharfsinn, Erfahrung und Einfluß, um das Opernhaus erfolgreich umzugestalten.

Er beschreibt jenen Augenblick folgendermaßen: »Aufgrund enger familiärer Verbindungen war die Met in vieler Hinsicht mein Lebensinhalt. Mein Vater, Cornelius N. Bliss, gehörte über zwanzig Jahre lang dem Verwaltungsrat der Met an, und deswegen kann ich mich kaum an einen Tag entsinnen, an dem nicht irgend etwas im Zusammenhang mit der Oper zu klären oder zu erledigen war. Oft waren berühmte Namen aus der Geschichte der Met bei uns zu Besuch. Ich war erst sieben, da nahm mich mein Vater in den *Bajazzo* mit, damit ich Caruso hörte. Er meinte, es sei Carusos letztes Jahr, und ich müsse ihn unbedingt gehört haben.«

Bliss hielt einschneidende Veränderungen für unumgänglich. Es ginge nicht mehr an, bemerkte er sarkastisch, die Bilanz am Ende der Spielzeit auszugleichen, »indem man Mr. Rockefeller zum Essen einlädt«. Man mußte wirtschaftlicher vorgehen und langfristiger planen; die Medien- und Marketingabteilungen mußten ausgebaut und verstärkt eingesetzt werden; und die Met sollte durch Fernsehübertragungen landesweit Beachtung finden. (1977 startete der Sender PBS die Serie *Live from the Met*; heute heißt die Reihe *The Metropolitan Opera Presents*, da die Sendungen für spätere Übertragungen aufgezeichnet werden.)

Im Jahre 1984 präsentierte Bliss stolz die ersten zwei Laserdiscs (und Videokassetten) von Met-Produktionen. Das Opernhaus schuf nicht nur exzellente Aufführungen, es konservierte sie auch für die Nachwelt und machte sie der Musikwelt für alle Zeiten zugänglich. Außerdem machte es echte Dokumentationen realer Ereignisse verfügbar statt künstlicher Produkte, in die Wiederholungsaufnahmen hineingeschnitten wurden. Diese Praxis hatte Levine 1982 festgelegt, als die RCA eine Aufnahme des Konzerts von Leontyne Price und Marilyn Horne so herausbrachte, wie es in der Sendereihe *Live from the Met* zu hören gewesen war. »Diese Aufnahme«, erklärte Levine im Begleitheft zu der Schallplatte, »umfaßt das gesamte Konzert vom 28. März 1982, und zwar genau so, wie es auf der Bühne der Metropolitan Opera stattfand. Es wurde weder Material aus Proben übernommen, noch wurden irgendwelche Wiederholungsaufnahmen gemacht. Wie bei allen *Live-from-the-Met*-Darbietungen ließen wir uns von dem Prinzip leiten, die Live-Aufführung unverfälscht zu dokumentieren, um so dem Publikum eine authentischere und bedeutsamere künstlerische Aussage zu vermitteln.«

Levine ging aufs Ganze. Der Hörer sollte den Auftritt live erleben, und der Live-Mitschnitt sollte von so hoher Qualität sein, daß keinerlei Korrekturen erforderlich waren. Der Auftritt sollte perfekt sein – ohne irgendwelche Kompromisse oder Abstriche, die später eine Entschuldigung erforderten. Man denkt sofort an Fritz Reiner, der einmal auf die Frage: »Macht denn das Chicago Symphony Orchestra nie Fehler?«, mit einem klaren »Nein« antwortete.

So hohe Maßstäbe waren nicht leicht zu erreichen. Das Geld war knapp. Doch visionäre Menschen können Probleme lösen, vor denen durchschnittliche Menschen schnell kapitulieren. Bliss und Levine waren der Überzeugung, daß letzten Endes die Qualität siegen müsse, daß die Lösung nicht darin bestand zu sparen, sondern das Niveau kühn heraufzuschrauben und die Stadt und das Land mit einer so exzellenten Opernbühne zu konfrontieren, daß es undenkbar wäre, diese nicht angemessen zu unterstützen. Zunächst einmal verdiente die Met eine reale und nicht nur eine ideelle Förderung. Unter Bliss brachte die Met Anfang der achtziger Jahre durch das Anwerben von Sponsoren 100 Millionen Dollar zusammen. Nun konnte man sich Qualität leisten.

»Ein evolutionärer Prozeß ist innerhalb der Met im Gange«, erklärte Bliss, »der hoffentlich nie aufhört. Wir verändern uns unentwegt, auch wenn wir stets dasselbe sind. Wir schauen immer nach vorn, auf die nächste Aufführung, doch wir bauen auf unsere

49

Vergangenheit. Alles, was wir heute und morgen tun, ist Teil einer einzigen großen Tradition. Die Metropolitan Opera ist zu Recht stolz auf ihre Geschichte. Trotzdem wissen wir ganz genau, was wir noch erbringen müssen. Die höchsten Maßstäbe müssen aufrechterhalten und unser treues Publikum muß zufriedengestellt werden.«

Levine, der zunächst nur de facto musikalischer Leiter des Opernhauses war, sollte dies bald auch de jure werden. Dexter blieb dem Haus weiterhin als Chefregisseur verbunden, doch seine Erfolge zeigten, wo seine primären Interessen lagen. Er und Levine konnten Erstaunliches bewirken, wenn sie gemeinsam innovative Projekte planten; die Erfordernisse des gewöhnlichen Arbeitsalltags schufen jedoch Probleme. In der Spielzeit 1976/77 dirigierte Levine in 76 Aufführungen zehn verschiedene Werke. Er lernte, wie man eine große internationale Bühne leitet, und drückte dem Haus seinen Stempel auf. Unter einem halben Dutzend Neuinszenierungen in der Spielzeit 1976/77 befand sich nur ein einziges Werk, das dem Met-Publikum bereits bekannt war.

Igor Strawinskys stichelnde Bemerkung, daß es an der Met Platz für Menottis *The Last Savage* gebe, aber nicht für Bergs *Lulu*, konnte getrost abgehakt werden. *Lulu* kam 1976 auf die Bühne und erlebte sieben beachtliche Aufführungen. Dexter bemühte sich, die damals gespielte unvollendete Oper so verständlich wie möglich zu machen. Vier Jahre später wurde *Lulu* wiederaufgenommen, diesmal in der vervollständigten dreiaktigen Fassung. Teresa Stratas, die das Werk in dieser Version aus der Taufe gehoben hatte, sang die Titelrolle. Dexter integrierte die nunmehr vollständige Partitur geschickt in seine von der Kritik gelobte Inszenierung, die Jocelyn Herbert bereits in Hinblick auf diese Möglichkeit bühnenbildnerisch ausgestattet hatte.

Bliss war sehr dafür, mehr Musik des 20. Jahrhunderts zu bringen, und budgetierte diese Projekte so großzügig wie möglich. Dexter, so zeigte sich, hatte nicht besonders viel Verständnis dafür, daß auch gängige Werke in neuer und überzeugender Form dargeboten werden mußten, und zwar im Rahmen der finanziellen Möglichkeiten des Hauses. Doch man mußte auch *Aida* und *Rigoletto* geben, und Levine war wie Bliss zunehmend bestrebt, auch solchen Werken gerecht zu werden. Die Troika war nun nicht mehr paritätisch. Im Jahre 1980 wurde der Produktionsstab umstrukturiert; Dexter gab seinen Posten in der Leitung des Hauses auf und arbeitete nur noch als Regisseur einzelner Inszenierungen mit.

In der Bing-Ära richtete man sich bei jeder Wiederaufnahme nach einem Regiebuch, das auf den Anweisungen des Regisseurs der ursprünglichen Inszenierung beruhte. Levine betrachtete diese Aufzeichnungen als eine Form der Versklavung, als unausgesprochene Aufforderung, die Schwächen und Mängel früherer Aufführungen für alle Zeiten festzuschreiben. Dexter sah es genauso. Fortan betrachtete man Wiederaufnahmen als Möglichkeit, ältere Inszenierungen noch einmal zu überdenken.

Dexter verabschiedete sich mit zwei seiner gelungensten Arbeiten. Die erste war ein Dreierprogramm mit französischer Musik des frühen 20. Jahrhunderts unter dem Titel *Parade*. Eingeleitet wurde es von Saties gleichnamigem Ballett; es folgte Poulencs *Les Mamelles de Tirésias*; den Abschluß bildete Ravels *L'Enfant et les sortilèges* in einer Inszenierung, die Levine besonders schätzte. Manuel Rosenthal war der Dirigent. Dexters letzte Met-Produktion war eine ebenso unvergeßliche Strawinsky-Trilogie (*Le Sacre du printemps*, *Le Rossignol* und *Oedipus Rex*), die Levine in der Spielzeit 1981/82 dirigierte. Dexter starb im Jahre 1990.

Martin Mayer, der erfahrene Musikkritiker und Chronist der Metropolitan Opera, beschreibt diese Ära in seinem Buch *The Met* folgendermaßen:»Nicht zu übersehen ist die Bedeutung James Levines, der 1976 die Rolle des musikalischen Leiters und Chefdirigenten übernahm und dessen stetige, rapide Entwicklung im Laufe eines Jahrzehnts dem Opernhaus zum Ende seines ersten Jahrhunderts [1983] zu hohem künstlerischen Ansehen verhalf ... Die Geschichte der Met wird sich zu Beginn ihres zweiten Jahrhunderts weitgehend mit der Geschichte der mittleren Schaffensjahre James Levines decken ... Der geniale Protegé Max Rudolfs und Schüler Fausto Clevas und George Szells war der wichtigste Dirigent, der sich seit Toscanini hauptamtlich der Met verpflichtete. Levine kam 1971 an die Met. Er war ein Techniker ersten Ranges, der rhythmische Spannung bei jedem

Tempo zu halten vermochte, der Sängern folgen konnte, wenn sie diesen Tribut verdienten, und der sie führen konnte, wenn der architektonische Bogen eines Werks straffe Zügel verlangte. Wahrlich bemerkenswert an Levines Arbeit an der Met war jedoch etwas ganz anderes: seine sichtbare, sich offen mitteilende Freude am Musizieren. Es gab nie einen Routineabend, weder für die Künstler noch für die Zuhörer, wenn Levine am Pult stand. Er war stets obenauf. Und es lag nie ein Funke Selbstzufriedenheit in ... seiner Freude, denn er ging davon aus, daß jede Aufführung besser hätte ausfallen können, als sie war, und besser ausfallen sollte als die letzte Aufführung mit denselben Interpreten.« Als sich an der Spitze der Hierarchie diese Einstellung durchsetzte, war das Problem gelöst, auf das Kolodin den Impresario Bing einst angesprochen hatte.

Zur 100-Jahr-Feier der Met erschien eine Ausgabe des Magazins *Time* mit Levine auf dem Titelblatt. »Mein Leben wird mit jedem Jahr besser«, erklärte er im Text. »Es ist alles wie ein Traum. Es ist wunderbar.«

In meiner Zeit als Kritiker betonte ich immer wieder, daß sich die Beurteilung einer Opernspielzeit niemals auf die begrenzten Eindrücke einiger Premierenabende stützen dürfe. War eine Inszenierung spannend, konnte ich sie bis zu fünfmal sehen. Bei mehrmaligem Ansehen stellt man fest, daß sich eine Oper im Laufe verschiedener Aufführungen verändert, und ein Kritiker muß diese Veränderungen zur Kenntnis nehmen. An der Met galt dies besonders für jene Zeit, in der man behaupten konnte, daß Levine ein Werk nie zweimal gleich dirigierte. Es gab immer Veränderungen, Stellen, an denen er Verbesserungsmöglichkeiten entdeckte, und er ließ nichts unversucht, diese Möglichkeiten auszuschöpfen.

Inzwischen hatte er größeren Einfluß auf die Besetzung denn je. Bei dieser Aufgabe stand ihm eine neue Assistentin zur Seite, Joan Ingpen, die dem Haus seit dem Ende der siebziger Jahre angehörte. Ihr immenses Wissen über Sänger und deren Stärken bot die Gewähr dafür, daß die Met fortan Künstler verpflichten konnte, die besonders befähigt waren, die entsprechenden Rollen überzeugend zu verkörpern. Unter Levine wurde die Met zu einem Haus singender Schauspieler.

Dies war eine einschneidende Veränderung gegenüber früher. In den vierziger Jahren etwa war es durchaus üblich, daß sich die Sänger einfach hinstellten und sangen. Die Künstler – wie beispielsweise Kirsten Flagstad – verfügten oft über herrliche Stimmen, aber nur über begrenzte schauspielerische Fähigkeiten und ein geringes Gespür für das Theater. In ihrer vielleicht bedeutendsten Rolle, als Isolde, beeindruckte Flagstad meiner Meinung nach durch die Schönheit ihrer Stimme, nicht jedoch durch die Leidenschaft im gestischen Ausdruck der Rollendramatik. Nichts ist kennzeichnender für die wiederbelebte Met als ihre hohe Moral. Den Grund nennt der Autor Patrick J. Smith, der dem Opernhaus nahesteht (und inzwischen als Herausgeber von *Opera News* fungiert), in seinem Buch *A Year at the Met*, das ebenfalls zum 100jährigen Bestehen der Met erschien.»Levine hebt mit seinem ansteckenden Enthusiasmus die Moral des Hauses, und das wiederum hebt die Qualität der Aufführungen.«

Und es hebt den Finanzsockel. Die Met ist unter anderem deshalb abgesichert, weil es in New York eine regelrechte»Met-Familie« gibt, die der Oper eng verbunden ist und weit mehr für das Haus tut, als nur Karten zu kaufen oder gelegentliche Spenden zu entrichten.»Levines Allgegenwart und scheinbare Zugänglichkeit haben die einst strenge Met verwandelt.«

Bing, ein arroganter Wiener mit britischem Klassenbewußtsein, hatte mit seiner autoritären Strenge Erfolg gehabt. Levine dagegen schafft mit seiner Begeisterung eine Atmosphäre, in der die Abonnenten viel mehr Innovation hinnehmen als früher. Der künstlerische Leiter eines großen Opernhauses muß das Publikum führen, doch dazu muß ein Klima geschaffen werden, in dem das Publikum überhaupt bereit ist, sich führen zu lassen.

Die Aufführungen verbesserten sich vor allem im Orchestergraben.»Die Vitalität und Meisterschaft des Orchesters«, so Smith,»ist der deutlichste Bereich der Verbesserungen an der Met.«Artur Rodzinski, der das Cleveland Orchestra an die Spitze führte, betonte immer wieder, daß das Dirigieren zu 75 Prozent aus Psychologie besteht. Levine meint:»In diesem Job ist man bisweilen auch Psychiater.«

Levine erkannte, daß sich das Orchester der Met als ein Star unter Stars verstehen müsse. Dies ließ sich am besten dadurch erreichen, daß man das Orchester auf die Bühne holte und in den Mittelpunkt des Interesses stellte. Vom Dezember 1980 an wurden Orchesterkonzerte ein fester Bestandteil der musikalischen Aktivitäten der Met. Levine bestritt die Eröffnung der Spielzeit, die durch einen Streik verzögert worden war, mit Mahlers *Symphonie Nr. 2*. Für das Met-Orchester war dies ein neues und anspruchsvolles Repertoire, das traditionell die Symphonieorchester für sich pachten, obwohl es eigentlich alle Kräfte eines Opernhauses erfordert.

Die Tournee von 1981 schloß sieben Aufführungen von Verdis *Requiem* ein; die letzten beiden fanden in Cleveland und Boston statt, wo kritische Vergleiche mit den heimischen Symphonieorchestern unumgänglich waren. Ein Jahrzehnt später war Levine so weit, eine Konzertreihe in der Carnegie Hall, dem New Yorker Tempel der Symphonik, und eine Reihe von Einspielungen sowohl aus dem symphonischen Repertoire als auch aus dem Opernfach in Angriff zu nehmen.

Smith kommt zu dem Schluß:»Egal was man von James Levines Arbeit im Orchestergraben halten mag, er hat all jene verwandelt, die dreißig Wochen lang siebenmal die Woche spielen müssen.« Die Schlüssel zu Levines Erfolg sind, wie gesagt, Enthusiasmus, geschickt angewandte Psychologie und eine umfassende musikalische Professionalität.

Eine der stärksten und verläßlichsten Stützen Levines ist sein Solobratscher Michael Ouzounian, der 1972 in das Orchester eintrat und nur Levines wegen blieb.»Ich glaube, ich hätte es nicht länger als vier Jahre in dem Orchester ausgehalten, so wie es damals war«, gestand er Smith.»Jeder spielte für sich, und man spürte nichts von jenem kollektiven Stolz, den ich bei meiner Arbeit für unerläßlich halte … Levine ist nie negativ und läßt oft Fehler durchgehen – bei denen ein anderer unterbrechen und korrigieren würde –, wenn er weiß, daß der Musiker sie selbst bemerkt hat.« Darin eifert er seinem Mentor George Szell nach, der sich ebenfalls an diese Praxis hielt.

»Manche Dirigenten«, berichtete Ouzounian,»neigen dazu, dem Orchester einen negativen Konkurrenzgeist einzuimpfen, um entsprechende Ergebnisse zu erzielen, doch ich habe den Eindruck, daß ich dann selbst negativ gestimmt bin und das Spielen der anderen kritisiere, anstatt zu versuchen, einen Ensemblegeist zu entwickeln.«

Bereits 1973 hatte Levine klar erkannt, was das Orchester beherrschte und was verbessert werden mußte, und er führte ein systematisches Programm ein, bei dem man sich jedes Jahr auf einen Bereich konzentrierte, der verbessert werden sollte. Und die Rechnung ging auf. Man mag nach wie vor darüber streiten, ob das Orchester der Met Mozart besser spielt als die Wiener Philharmoniker, doch heute sind die beiden Klangkörper gleichrangig, was man Anfang der achtziger Jahre nicht behaupten konnte. Wird Verdi an der Scala besser gespielt? Vielleicht an einigen Abenden. Ist Wagner in Bayreuth erhabener? Nicht unbedingt. Gibt es in den Vereinigten Staaten ein vergleichbares Opernorchester? Mit Sicherheit nicht.

Szell vermittelte Levine, daß ein Chefdirigent ständig an seinem Haus präsent sein müsse, wenn er ein hohes Niveau aufrechterhalten wolle.»Egal wie sorgfältig man seine Gastdirigenten auswählt«, stellte er einmal fest,»man braucht nur zwei Wochen weg gewesen zu sein, und schon ist es nicht mehr dasselbe.«

»Ich verbringe nicht viel Zeit im Flugzeug«, bemerkte Levine Anfang der achtziger Jahre,»und darauf bin ich stolz.« Inzwischen ist er häufiger unterwegs, allerdings erst, seit er dem Haus sein persönliches Gepräge verliehen hat, indem er erstens mehr als 100mal pro Spielzeit selbst dirigierte und zweitens die Met in dem ständigen internationalen Buhlen um die berühmtesten Sänger konkurrenzfähiger machte, was ihm dadurch gelang, daß er eine angenehme Arbeitsatmosphäre schuf.

Es steht außer Frage, daß stark subventionierte europäische Bühnen mehrere tausend Dollar mehr pro Aufführung zahlen konnten als die Met, besonders als der Dollar gegenüber der deutschen Mark und der italienischen Lira an Wert verlor, doch die Stars wollen nicht nur gut bezahlt werden, sondern auch zufrieden sein.»Ich könnte an Häuser gehen, wo man vier- bis fünfmal soviel zahlt wie an der Met«, sagt Domingo.»Doch die anderen Häuser bieten nicht die Möglichkeit, mit Jim zusammenzuarbeiten.«

Im Jahre 1983, so stellte Mayer fest, war die Met»so sehr auf einen einzigen Mann angewiesen wie seit Toscanini nicht mehr«. Levine wollte diese Abhängigkeit nicht vermindern, sondern verstärken. Er sah den Tag kommen, an dem die musikalische Konzeption eines Werks und dessen Umsetzung auf der Bühne eine einzige Sicht widerspiegelten.»Für mich ist die Trennung von Musik und Drama unhaltbar geworden«, zitiert Mayer Levine aus einem Gespräch, das an die Unterredungen zwischen Toscanini und Giulio Gatti-Casazza erinnert, den Generaldirektor der Met von 1908 bis 1935.

Aus diesen bis zu 15 Jahre alten Zeugnissen geht eindeutig hervor, daß Levine in der Zeit seit seiner Ernennung zum künstlerischen Leiter der Met im Jahr 1986 Entscheidungen und Maßnahmen umsetzte, die er bereits bei seinem Antritt klar formuliert hatte. Er war sich nie unschlüssig, hegte nie Zweifel. Seine Vision der neuen Met war klar umrissen, und er hat diese Vision geschickt und unbeirrt verwirklicht.

Bliss leitete die Met elf Jahre lang, und es mag sein, daß sich diese Zeit als die wichtigsten elf Jahre in der Geschichte des Opernhauses erweisen werden. Am Ende der Spielzeit 1984/85 schied er im Alter von 72 Jahren aus und wurde von Bruce Crawford, dem derzeitigen Präsidenten der Metropolitan Opera Association, im Amt des »general manager« abgelöst. Crawford hatte diesen Posten vier Jahre lang inne und trat zum Ende der Spielzeit 1988/89 zurück.

Von November 1989 bis August 1990 fungierte als »general manager« Hugh Southern, der geschäftsführende Vorsitzende des National Endowment for the Arts. Am 1. August 1990 wurde Joseph Volpe, der zehn Jahre lang »assistant manager« der Met gewesen war, zum Generaldirektor und in der Spielzeit 1992/93 zum »general manager« ernannt.

Die Met der neunziger Jahre kann Levines Maßstäbe erfüllen, weil sie über die nötigen finanziellen Ressourcen verfügt. Durch ihre Einspielungen, Rundfunkübertragungen und Fernsehsendungen ist sie zum führenden Opernhaus der Vereinigten Staaten geworden. Ihre potentielle Basis zur Mittelbeschaffung umfaßt 50 Bundesstaaten, und diese Basis wird von einer großen und engagierten Entwicklungsabteilung wirksam genutzt.

Im Finanzbericht für 1995/96 wies die Metropolitan Opera einen ausgeglichenen Haushalt aus und hatte damit im vierten Jahr in Folge ihre finanziellen Ziele erreicht – ein sensationeller Erfolg in der amerikanischen Kunstszene dieser Dekade. In der Spielzeit 1995/96 wurden beeindruckende 62 Prozent des Etats der Met aus laufenden Betriebseinkünften und Kasseneinnahmen gedeckt. Der Fehlbetrag wurde durch die Beiträge von über 200 000 treuen Freunden und Abonnenten sowie durch Vermächtnisse und Zuschüsse ausgeglichen. Eine Oper, die sich auf dem künstlerischen Niveau der Met bewegt und sich selbst trägt, kann sich mehr als sehen lassen.

Levine mußte hin und wieder Kritik einstecken, weil er darauf besteht, einem hohen musikwissenschaftlichen Anspruch zu genügen, weil er immer wieder brauchbare neue Ausgaben von Standardwerken fordert, weil er Striche öffnet und die sogenannte Tradition häufig als Vorwand für zweifelhafte musikalische Praktiken ansieht. »Tradition«, sagte schon Mahler, »ist Schlamperei.« Maria Callas hielt den zweiten Akt von *La traviata* für zu lang. Und wie kann man ihn kürzen? Indem man die Baritonarie streicht. Wer will schon eine Baritonarie hören? Levine wäre entsetzt gewesen.

Bei Levine dauert *La forza del destino* ungefähr eine Stunde länger als zu Bings Zeiten. *Don Carlo* wird mit dem gesamten ersten Akt gespielt. Als Levine in der Spielzeit 1980/81 *Tristan und Isolde* dirigierte, hörte das Met-Publikum die Oper wahrscheinlich zum erstenmal komplett. Die zweite Szene des zweiten Akts, die »Tag-und-Nacht«-Szene, die man praktisch an jeder Bühne der Welt außer in Bayreuth kürzt, wird inzwischen vollständig gegeben. In Bayreuth macht man Pausen von bis zu einer Stunde, in denen sich die Solisten nach Wagners anspruchsvollen Duetten erholen können. »Kürzen erhöht das Durchhaltevermögen«, erklärte Erich Leinsdorf einmal. »Wenn man sicherstellen will, daß man im dritten Akt noch einen Tenor hat, macht man diesen Strich im zweiten Akt.« Levine zählte auf seine Tenöre, und die Rechnung ging so gut wie immer auf.

An der Met dauert eine Spielzeit dreißig Wochen, von Ende September bis Ende April. In der Saison 1996/97 umfaßte das Repertoire für die Abonnementvorstellungen 24 Opern; diese wurden in den letzten beiden Wochen der Saison durch die vier Teile von Wagners *Ring des Nibelungen* ergänzt. Die Werke dieses Spielplans lassen sich in folgende Kategorien einteilen. Vier Opern (die allesamt bereits früher an der Met inszeniert worden waren) kamen als Neuinszenierungen auf die Bühne. Sechs Opern (von denen die Hälfte Neuinszenierungen der Spielzeit 1995/96 waren) wurden wieder in den Spielplan aufgenommen. 18 Opern waren Werke, die die Met in den Jahren vor 1995 gebracht hatte und die nun wieder aufgefrischt wurden. Den Neuinszenierungen widmete man natürlich die meiste Probenzeit – ungefähr einen Monat. (Das bedeutet, daß die Arbeitssaison der Met Anfang September beginnt.) Auch auf sämtliche Wiederaufnahmen wurde reichlich Probenzeit verwendet, insbesondere wenn sich die Besetzung wesentlich von der der letzten Aufführung unterschied – was im Grunde fast immer der Fall ist. Es überrascht, daß die Neuinszenierungen des vorausgegangenen Jahres, die in manchem berühmten europäischen Haus mit wenigen oder gar keinen zusätzlichen Proben übernommen werden, mit fast genausoviel Vorbereitungszeit bedacht werden wie Werke, die nach einer viel längeren Zeitspanne wieder in den Spielplan aufgenommen werden. Im Laufe einer Spielzeit sind etwa 220 Vorstellungen zu bestreiten – sechs Abende und eine Nachmittagsvorstellung pro Woche. Das Haus bleibt nur am Sonntag, an Thanksgiving und an Weihnachten geschlossen.

Im Jahre 1983 beklagte sich Levine bei Martin Mayer:»Die Leute kapieren gar nicht, was es heißt, jede Woche sieben Vorstellungen zu bewältigen. Es läuft hier nicht so wie in Covent Garden, wo man sechs Wochen lang nur zwei Opern spielt, oder wie in Wien, wo überhaupt nur Neuinszenierungen geprobt werden. Wir werden weder durch Ballettabende noch durch ein kleines Haus [als alternative Spielstätte] entlastet. Von den 20 bis 24 Opern, die wir bringen, werden 20 im Stagioneprinzip gespielt.« Das heißt, ein Stück wird mit einer bestimmten Besetzung einstudiert und so weit wie möglich mit derselben Besetzung in einer Reihe von Vorstellungen aufgeführt. So wurde beispielsweise die bemerkenswerte *Così fan tutte* von 1995/96 erstmals am 8. Februar gegeben und verschwand nach zehn Vorstellungen am 14. März vom Spielplan. *La Bohème* dagegen hatte am 11. Dezember Premiere und lief mit mehrfach wechselnder Besetzung bis 27. April.

Einen aufschlußreichen Kontrast bietet die Spielzeit 1996/97 am bedeutendsten regionalen Opernhaus der Vereinigten Staaten, der Lyric Opera in Chicago. Deren vergleichbare Saison dauerte 25 Wochen, von 21. September bis 8. März, doch das Repertoire bestand aus ganzen acht Opern, und über die Feiertage blieb das Haus zwei Wochen lang geschlossen. Zu bestreiten waren 79 Vorstellungen. Damit entsprach die 25wöchige Spielzeit der Lyric Opera, was die Zahl der dargebotenen Werke betrifft, etwas mehr als elf Wochen an der Met. Alles erfolgt im Stagioneprinzip. *Don Carlo* wurde zur Eröffnung der Spielzeit am 21. September und bis zum 18. Oktober weitere neunmal gegeben, jeweils mit derselben Besetzung; lediglich in der letzten Woche wurde der Dirigent ausgewechselt.

Die Lyric Opera verdient Beifall für ihre Kontinuität und Beständigkeit. Mit wenigen Ausnahmen kann die Qualität der Premierenvorstellungen im Laufe der folgenden Aufführungen beibehalten oder sogar gesteigert werden. Dies erklärt auch, weshalb es dem Haus in den letzten Jahren immer wieder gelungen ist, maximale Kasseneinnahmen zu erzielen. Man könnte daher leicht argumentieren, daß Chicago mehr Oper tragen und vertragen könnte, als zur Zeit geboten wird, doch das Haus schätzt die Möglichkeiten der öffentlichen Subventionierung eher skeptisch ein. Die Leitung des Hauses scheut sich, hohe Defizite zu riskieren, nur um den Betrieb zu erweitern. Sie hat eine Formel entdeckt, die bei angemessen verbürgter finanzieller Stabilität durchaus funktioniert, und wählt daher einen sicheren Kurs.

Die Lyric Opera hat gegenüber der Met entscheidende Vorteile. Das Orchester ist auch im Sommer mit Freilichtkonzerten ausgelastet. Der Chor und die Bühnenkräfte finden auch zwischen den Spielzeiten Aufträge. Und die Lyric Opera trägt nicht die Verantwortung, eine große Balletttruppe zu unterhalten. Die Met dagegen muß ihre Mitarbeiter das ganze Jahr über bezahlen, um im teuren New York ihren Betrieb aufrechtzuerhalten.

An der Met geht man davon aus, daß Wachstum und Entwicklung auch Herausforderungen verlangen, und so ist man bestrebt, das Repertoire allmählich auf 25 Opern pro Jahr auszuweiten.

Dabei will man auch wichtige Opern dieses Jahrhunderts berücksichtigen, die an der Met bisher nicht produziert wurden oder seit Jahren nicht mehr im Spielplan waren. Vor allem will man aus der Vergangenheit eines lernen, nämlich daß gute Opern dann geschrieben werden, wenn Bühnen bereit sind, sie zu inszenieren. In gewissen Abständen sollen neue Werke aufgeführt werden, die als Auftragswerke entstanden sind. Ein Teil des Problems liegt in der Größe des Hauses. Einige Werke, die nach einer Wiederaufnahme verlangen, scheinen sich eher für ein kleineres, intimeres Haus zu eignen. Als Bliss sich verabschiedete, gestand er in einem Interview: »Am meisten bedaure ich, daß wir kein kleines Theater aufbauen konnten, das als kreativer Raum für Inszenierungen im Mozart- und Rossini-Format dienen kann.« Seit dreißig Jahren, seit dem Umzug ins Lincoln Center, wird von einer »Mini-Met« geredet, doch vielleicht naht der Tag, an welchem bei dem Gerede etwas Konkretes herauskommt. Auch für Levine steht ein kleineres Theater ganz oben auf der Liste und ist nur eine Frage der Zeit.

IV

Mehr als zwei Jahrzehnte lang, von 1971 bis 1993, führte James Levine eine Art »Doppelleben«, denn in dieser Zeit pendelte er meist zwischen den beiden größten Städten Amerikas hin und her. In New York, wo er die meiste Zeit verbrachte, galt er in erster Linie als Operndirigent, als jugendlicher Meister der Met, der das berühmte Haus zu immer neuen Höhen führte. In Chicago sah man ihn als symphonischen Dirigenten von außergewöhnlicher Vitalität und Ausdruckskraft, als musikalischen Leiter der Sommerkonzerte des Chicago Symphony Orchestra beim Festival im Vorort Ravinia.

Auch wenn er sich im allgemeinen nur drei oder vier Wochen in Ravinia aufhielt, konnte es sein, daß er in dieser Zeit genauso viele verschiedene Programme einstudierte und aufführte wie der ständige Chefdirigent Sir Georg Solti in einem ganzen Winterhalbjahr. Solti weilte zwar längere Zeit in Chicago, doch er brachte auch Wiederholungen. Levine spielte nie etwas zweimal in einem Jahr. Das war auch gar nicht nötig. Solti war in einem Konzertsaal mit 2500 Sitzplätzen tätig. Levine arbeitete in einem Park, in dem leicht 10000 Zuhörer Platz fanden. Zumindest theoretisch konnte Levine in einer Woche so viele Menschen erreichen wie Solti in einem Monat.

Das Ravinia Festival wurde 1905 ins Leben gerufen. Von 1912 bis 1931 verfügte der Ort über eine beachtliche Operntruppe, die jedoch wegen Mißwirtschaft und aufgrund der Wirtschaftskrise einging. Im Jahre 1936 wurde das Festival als Plattform für symphonische Musik neu organisiert. Seither gastiert das Chicago Symphony Orchestra jeden Sommer zwei Monate lang in dem Vorort und produziert dort Konzertreihen, die völlig unabhängig sind von dem, was im Winter in der City gespielt wird. Seit 1959 verfügt das Festival über einen eigenen künstlerischen Leiter.

In den siebziger Jahren war es außerordentlich spannend, ein Spitzenorchester zu hören, das abwechselnd unter einem erfahrenen europäischen Dirigenten und einem unglaublich begabten jungen Amerikaner spielte. Niemand war so begeistert wie die Mitglieder des Orchesters selbst. Der Wechsel zwischen Solti und Levine fiel den Musikern leicht. Beide Dirigenten standen in der Tradition Toscaninis und verlangten das gleiche klare, saubere, dynamische Spiel. Beide wußten, daß das Chicago Symphony Orchestra keine Grenzen kannte, außer der Phantasie des Dirigenten. Keiner der beiden begnügte sich mit Mittelmaß.

Die Sommerkonzerte, die viele Musiker vielleicht bloß als lästige Pflicht betrachten und gleichgültig herunterspielen, nur weil sie Geld verdienen müssen, wurden hier zu einer Herausforderung und boten Gelegenheit, etwas zu schaffen (und durch Einspielungen zu dokumentieren), was den gleichen Stellenwert hatte wie die Programme des Winterhalbjahres.

Toscanini klagte immer, daß er spürbar litt, wenn er nicht die Interpretation hörte, die er im Sinn hatte. Sein NBC Symphony Orchestra hatte sich in den letzten Jahren seines Bestehens zu einem Spitzenorchester entwickelt, das Toscaninis Erwartungen in den meisten Fällen entsprach. In seiner Anfangszeit war es ein eher zweitrangiges Orchester gewesen. Selbst in Bestform war es nicht vergleichbar mit dem von Reiner geschulten Chicago Symphony Orchestra, das Solti 1969 übernahm, oder mit den

Orchestern von Boston und Philadelphia. Solti und Levine mußten nicht leiden. Wenn es die Probenzeit zuließ, verfügten sie über alle nötigen Mittel, um das zu schaffen, wonach sie trachteten.

Natürlich gab es eine gewisse Überlappung: Manch ein Chicagoer besuchte auch die Oper in New York und war mit Levines dortigem Wirken vertraut, und manch ein New Yorker tauchte in Ravinia auf und erlebte Levines Erfolge in diesem völlig unterschiedlichen Ambiente. In einer New Yorker Konzertreihe mit dem Titel *Music from Ravinia* konnte Levine zeigen, was das Festival an Solistenprogrammen und Musik für kleinere Ensembles zu bieten hatte. Doch insgesamt zeigte sich Levine in New York und in Chicago seinem jeweiligen Publikum von ausgesprochen unterschiedlichen Seiten.

Jene, die ihn hauptsächlich als Mann der Bühne sehen, sollten daran erinnert werden, daß seine Ausbildung bei Szell im Zeichen der symphonischen Tradition stand. In den sechziger Jahren hatte sich Szell bewußt von der Bühne zurückgezogen. Zu Beginn seiner amerikanischen Schaffensjahre, von 1942 bis 1954, hatte er an der alten Met in insgesamt 90 Vorstellungen elf verschiedene Opern dirigiert. In der Frage des künstlerischen Niveaus kam es zu Spannungen mit Bing. Als Szell der Posten beim Cleveland Orchestra sicher war, nahm er seinen Abschied.

Levines Einstand in Ravinia klingt fast wie eine Episode aus einem schmalzigen Hollywoodfilm. Im Juni 1971 sollte das Festival mit Mahlers *Symphonie Nr. 2* unter Eugene Ormandy eröffnet werden. Doch kurz vor dem Premierenabend wurde der Maestro krank und sagte ab. István Kertész, der damalige Chefdirigent des Festivals, erklärte sich bereit einzuspringen, doch dann wurde auch er indisponiert. Edward Gordon, der Geschäftsführer des Festivals, suchte verzweifelt einen Dirigenten.

Der Eröffnungsabend des Ravinia Festival war damals das wichtigste gesellschaftliche und künstlerische Ereignis des Chicagoer Sommers. Es handelte sich nicht nur um eine bedeutende Musikveranstaltung; das Ganze galt auch als prächtige Gartenparty und Modenschau. Wenn teure Karten verkauft werden sollten, mußte man einen prominenten Dirigenten aufbieten. Levine wurde vorgeschlagen. Gordon wußte, welchen Ruf er genoß und welche Erfolge er erst kurz zuvor an der Met gefeiert hatte. Sie kamen ins Gespräch.

»Sind Sie wirklich mit dem Werk vertraut?« fragte Gordon.

»Ich befasse mich seit 16 Jahren damit«, lautete die Antwort. »Wenn Sie wollen, dirigiere ich sowohl die Proben als auch das Konzert auswendig.«

Levine, der die meisten Mahler-Symphonien bereits als Teenager einstudiert hatte, wurde engagiert. Schon die erste Probe ließ erkennen, daß alles bestens lief und ein historischer Augenblick bevorstand. Es war ein klassisches Beispiel dafür, wie ein bedeutendes amerikanisches Talent nicht in Europa, sondern durch ein hellhöriges amerikanisches Publikum und Management entdeckt wurde. Levine machte aus einem drohenden Debakel einen der wunderbarsten Abende in der Geschichte des Festivals. Der Auftritt war ein riesiger Erfolg. Nur wenige Insider waren darauf gefaßt. Für die meisten Zuhörer war es wie ein Wunder, auf das niemand vorbereitet war.

Levine wurde sofort für den darauffolgenden Sommer verpflichtet. Doch es ging noch weiter. Kertész' Vertrag lief aus. Er hatte in der Nachfolge Seiji Ozawas als Leiter der Konzertreihe nicht die Begeisterung aufrechterhalten können, die Ozawa geweckt hatte. Gordon suchte einen Dynamo, der die gleiche Power erzeugte wie Solti in der City. Levine war der ideale Kandidat. Er brachte den Park zum Leuchten – wie ein ganzer Lastzug voller Scheinwerfer.

In seinem zweiten Sommer dirigierte Levine eine konzertante Aufführung von *Tosca*, die er von Kertész übernahm, und (ebenfalls in konzertanter Form) den ersten Akt der *Walküre*. Er trat auch als Solist in Bachs *Klavierkonzert d-Moll* auf. Mit einer Aufführung der »großen« *Symphonie C-Dur* von Schubert bewies er, daß er des großartigen Instruments würdig war, das Reiner einst vervollkommnet hatte. Gordon wußte, daß er nicht mehr weitersuchen mußte. Und so war eine der einflußreichsten und erfolgreichsten Verbindungen in der Geschichte der amerikanischen Sommermusikfestivals geboren.

Voraussetzung dafür waren eine fast vollkommene Übereinstimmung, ein ungewöhnlich enger Draht zwischen Levine und Gordon sowie ein ebenso harmonisches Verhältnis zwischen

Levine und den Mitgliedern des Chicago Symphony Orchestra. Alle spürten die Chance, Großes zu leisten, und alle waren bereit, die Gunst der Stunde zu nutzen. Levines erste Sommer im Park waren unglaublich innovativ. Er war fast so etwas wie ein Perpetuum mobile – Figaro hier, Figaro dort –, eine vitale Kraft, die das eher konventionelle Sommermusikfestival in etwas wahrlich Festliches verwandelte. Den Beginn einer jeden Woche widmete er Soloabenden und Kammermusikprogrammen; in der zweiten Wochenhälfte stand dann das Orchester im Mittelpunkt. Am Klavier wie auf dem Podium bot er immer wieder Anlaß zu frohlocken.

In den Anfangsjahren herrschte jeden Sommer ein bestimmtes Motto, oder die Programme standen ganz im Zeichen bestimmter Komponisten. Dies verlieh der Festspielreihe eine sinnvolle Kontinuität und bot Levine außerdem Gelegenheit, sich mit dem Orchester rasch über die unterschiedlichsten Repertoires und Stile zu verständigen. Nachdem diese Grundlagen geschaffen waren, konnte man sich in späteren Jahren in viele Meisterwerke stärker vertiefen und zugleich das stilistische Spektrum immer weiter ausdehnen. Mit diesem klugen und kreativen Vorgehen ließen sich viele der Probleme lösen, mit denen die meisten amerikanischen Sommermusikfestivals zu kämpfen haben. Blickt man auf das im Laufe der Jahre dargebotene Repertoire zurück, wird deutlich, was hier geleistet wurde.

Für die erste Eröffnungsvorstellung in seiner Funktion als musikalischer Leiter wählte Levine Beethovens *Missa solemnis*. Weitere große Eröffnungsstücke folgten – 1974 Mahlers *Symphonie Nr. 8*, 1976 Schönbergs *Gurre-Lieder* und 1979 eine konzertante Aufführung von *La forza del destino* mit Leontyne Price. In Ravinia war man für szenische Opernaufführungen nicht entsprechend ausgestattet, doch Levine räumte der Oper im Festspielprogramm einen relativ großen Stellenwert ein und brachte auch unbekannte Werke nach Chicago. Besonders spannend war es 1978, als Levine Berlioz' *Les Troyens* konzertant aufführte – fünf Jahre bevor er das Werk in der Met auf die Bühne brachte.

Projekte dieser Art waren möglich, weil Gordon in erster Linie Musiker und erst in zweiter Linie Manager war. Im Jahre 1985 schrieb er:»Man würde meinen, daß es häufig zu Meinungsverschiedenheiten kommt, wenn zwei Musikerpersönlichkeiten bei der Programmgestaltung so eng zusammenarbeiten. Bei Jim Levine und mir kommt das sehr selten vor. In den wenigen Fällen, wo wir nicht vollkommen übereinstimmen, suchen wir einen Kompromiß, der sich in Einklang bringen läßt mit Jims künstlerischen Erfordernissen und meinem speziellen Gespür für die Reaktionen des Publikums. Unsere Diskussionen sind stets lebhaft und für beide Seiten fruchtbar.«

Auch Levine schätzte Gordon als Freund und Kollegen und würdigte die gemeinsame Arbeit. Sie zeichneten sich besonders durch ihre Fähigkeit aus, Probleme zu lösen. Im Jahre 1980 ging es beispielsweise darum, wo bei der Eröffnungsvorstellung von Berlioz' *Requiem* der Tenorsolist plaziert werden sollte. Berlioz wollte eine ganz besondere Klangwirkung erzielen, die völlig verlorenging, wenn der Sänger einfach vorn auf der Bühne oder mitten im Chor stand und dabei unterzugehen drohte. Stand er am hinteren Ende des Pavillons, war er zu weit weg.

Gordon hatte eine geniale Idee.»Wir haben eine Scheinwerferkabine in der Decke, und so schlug ich vor, ihn dort zu plazieren, und Jim stimmte zu. Während die Parkbesucher vor dem Konzert noch ihr Picknick genossen, kletterte der Tenor Philip Creech mit Tennisschuhen zu seinem Hochsitz hinauf, wo er bei Einbruch der Dunkelheit auf seinen Einsatz wartete. Als dann eine einzelne klare Stimme mit dem ›Sanctus, sanctus, sanctus‹ anhob, hielten sämtliche Zuhörer den Atem an – gefolgt von absoluter Stille, in der nur die Musik und das Rascheln der Blätter in der abendlichen Brise zu hören waren.«

Levine war bestrebt, bedeutende Solisten für das Festival zu gewinnen, indem er ihnen Gelegenheit bot, interessantere Dinge als nur die üblichen Sommermusikprogramme zu machen. Einer der Künstler, die diese Chance nutzten, war Alfred Brendel, der 1974 Schönbergs *Klavierkonzert* mit Levine spielte. Im Jahre 1977 beschlossen Levine und Brendel, nicht nur ein einzelnes Beethoven-Klavierkonzert aufzuführen, sondern an zwei Abenden gleich alle fünf. Levine wollte nicht den Eindruck entstehen lassen, daß es sich bloß um einen Neuaufguß gängiger Nummern handelte.

Später erinnerte er sich an das Ereignis:»›Also hört mal her‹, sagte ich zu den Orchestermusikern. ›Ihr spielt die Beethoven-Konzerte ständig. Ihr habt die Beethoven-Konzerte schon gekannt, als ich noch gar nicht geboren war. Einige von euch spielten mit Stock und Schnabel, sapperlot! Aber jetzt wollen wir etwas Neues ausprobieren. Alfred hat ein klares Konzept von diesen Stücken. Es ist mir wichtig, daß wir seine Auffassung teilen und Übereinstimmung erzielen, deshalb will ich versuchen, in einer bestimmten Weise vorzugehen.‹ Und wie sah das Resultat aus? Das Resultat sah so aus, daß alle neugierig wurden, daß alle dachten, Alfred sei großartig. Ich will nicht behaupten, daß alle begeistert waren. Ich weiß nicht, vielleicht hielten ein paar das Ganze für ziemlich beschissen. Auch das ist okay, entscheidend ist, daß sie mitmachten. Und zwei Jahre später machten sie den Zyklus ein zweites Mal, und wieder ein paar Jahre später präparierten sie ihn ein drittes Mal, diesmal für eine Einspielung.«

»Man stelle sich das einmal vor – ein Orchester vom Format des Chicago Symphony Orchestra probt sorgfältig und gewissenhaft so vertraute Stücke wie die Beethoven-Konzerte, in der größten Hitze und für ein Freilichtkonzert. Und zwar dreimal, ohne an Energie und Spontaneität zu verlieren! Tja, das ist typisch für die ungewöhnliche Art von Zusammenarbeit, die der gemeinsame Umgang in Ravinia hervorbringen kann und wohl auch weiterhin in den unterschiedlichsten Formen hervorbringen wird.«

Lassen wir auch Brendel zu Wort kommen. Im Mai 1996 schrieb er mir, seine»Zusammenarbeit mit James Levine war stets besonders angenehm. Bei Werken von Mozart, Beethoven, Brahms und Schönberg, zumeist in Ravinia und Chicago, aber auch in Berlin, Wien und Salzburg, wußte ich bereits vor den Proben, daß ich auf ein offenes Ohr und Herz stoßen würde und auf die Bereitschaft, eine Interpretation richtig zu entwickeln und nicht bloß zu improvisieren. Selbst bei der äußerst begrenzten Probezeit in Ravinia waren die Ergebnisse beachtlich.«

»Ich erinnere mich an eine Aufführung von Schönbergs Opus 42, für die wir nicht mehr als zwei Stunden probten, die aber dank Jimmys Vertrautheit mit der Partitur und allseitiger Konzentration hervorragend glückte. Ich entsinne mich auch, wie ich an einem einzigen Abend bei 38 Grad Celsius und 95 Prozent Luftfeuchtigkeit in kurzen Ärmeln drei Beethoven-Konzerte spielte.«

»Bevor wir unsere Live-Mitschnitte der Beethoven-Konzerte [1983] in der Orchestra Hall aufzeichneten, hatten wir zwei Zyklen in Ravinia bestritten. Das Publikum in der Orchestra Hall war sehr reizend und verkniff sich jedes Husten. Die Platten gewannen mehrere Preise, obwohl die Klangqualität einiges zu wünschen übrig ließ. Das Erscheinen der Platten war bereits angekündigt worden, und mein Produzent bei Philips mußte das Material ohne das erforderliche Soundstream-Gerät schneiden und mischen. Das war die Anfangszeit der Digitalaufnahmen, und die nötige Ausrüstung war nicht immer verfügbar.« (Die Einspielungen wurden inzwischen in Remaster-Klangqualität neu herausgegeben.)

Als Levine im Juni 1973 sein erstes Konzert als musikalischer Leiter des Festivals dirigierte, standen Publikum und Orchester geschlossen hinter ihm. Er war kein junger Schnösel, kein Emporkömmling mit der frechen Überheblichkeit, dem doppelt so alten Solti die Stirn zu bieten. Er wurde geschätzt, geachtet und wegen der erwiesenen Qualität seiner Arbeit künstlerisch unterstützt. Man erwartete große Dinge von ihm und wurde nicht enttäuscht.

Auch Ozawa hatte in Ravinia Großartiges geleistet, doch er wirkte oft gequält und besorgt. Nicht selten befielen ihn und seine Anhänger Zweifel, ob er sich nicht übernahm. Und in der Auswahl schwieriger Werke des 20. Jahrhunderts ging er tatsächlich große Risiken ein. Levine dagegen strahlte vor allem Freude aus. Für ihn gab es nichts Schöneres, als das Chicago Symphony Orchestra zu leiten. In seine Freude mischten sich jedoch Selbstvertrauen, Entschiedenheit und vor allem ein Gefühl der Verpflichtung gegenüber der Musik. Es wäre anmaßend zu behaupten, Szell hätte ihm das vermittelt. Diese Eigenschaften wurden Levine in die Wiege gelegt. Doch mit Sicherheit bestärkte Szell diese Fähigkeiten, die auch sein eigenes Wesen so sehr bestimmten.

Mit Gordons Ausscheiden änderte sich für Levine in Ravinia nichts. Er entwickelte schnell eine kollegiale und herzliche

Beziehung zu dem neuen geschäftsführenden Direktor Zarin Mehta, der darum bemüht war, die innovativen Prozesse fortzuführen und auszuweiten. Und obwohl sich Solti in seinen letzten Jahren immer kürzer in Chicago aufhielt, war das Orchester, das bis zum Sommer 1991 nach Ravinia kam, voll auf Soltis Niveau eingeschworen.

In der Saison 1991/92 war Solti zum Ehrendirigenten des Chicago Symphony Orchestra ernannt worden. Die Leitung des Klangkörpers hatte Daniel Barenboim übernommen. Leinsdorf, der in jener Spielzeit als Gastdirigent verpflichtet war, bemerkte nach seinem letzten Konzert im März: »Wenn sich ein Orchester daran gewöhnt, mit 80 Prozent seiner Kapazität zu spielen, ist es fast wie Zahnziehen, es wieder auf die 100-Prozent-Marke zu bringen. Zum Glück«, fügte er mit einem hämischen Schmunzeln hinzu, »bin ich ein äußerst erfahrener Dentist.«

Doch als Leinsdorf im Oktober 1992 wiederkam, beklagte er sich bitter bei der Geschäftsführung, daß das Orchester das von ihm ausgewählte Programm nicht zu seiner Zufriedenheit spielen könne, was ihm in Chicago noch nie widerfahren sei, seit er das Orchester 1945 erstmals dirigiert hatte. Dies war das Ende einer langen und bemerkenswerten Zusammenarbeit. Leinsdorf starb 1993 in der Schweiz.

Als Levine für 1994 bis 1998 nach Bayreuth verpflichtet wurde, um dort den *Ring des Nibelungen* zu dirigieren, kündigte er an, 1993 nur noch einmal in Ravinia aufzutreten, um ein Abschiedskonzert zu geben. Mehta nahm seinen Abschied gelassen auf: »Ob James Levine an der Met, in Salzburg oder Bayreuth wirkt – Ravinia kann mit Stolz sagen, hier wirkte er zuerst.«

Levine und Ravinia hatten – so wie Solti von sich und dem Chicagoer Orchester gesagt hatte – eine »glückliche Ehe« geführt. In Ravinia stellte Levine erstmals und vollkommen unmißverständlich seine künstlerische Bandbreite unter Beweis. Und das Festival erlebte Abende, die nicht so bald übertroffen werden sollten. Leider ließ sein Einfluß auf das Festival nach seinem Abschied rasch nach.

V

Einen wichtigen Schlüssel zum Verständnis seiner Persönlichkeit lieferte James Levine vor etwa zwanzig Jahren in einem Interview, als er sagte:»Einer der großen Konflikte in meinem Leben besteht darin, den Leuten klarzumachen, daß ich für vieles keine Zeit habe, wofür sie Zeit haben. Meine Eltern konnten nie verstehen, weshalb ich nicht zwei Stunden lang beim Abendessen verweilen konnte. Sie konnten nur schwer einsehen, daß sie mich von einem Thema ablenkten, das mir während des Essens ständig durch den Kopf ging.«

Meine 30jährige Vertrautheit mit Levine und seinem Wirken hat meine ersten Eindrücke von ihm nur verstärkt. Er ist in allererster Linie ein Denker. Er hat keine Zeit für Banalitäten. Er war stets eine außergewöhnlich reife und gefestigte Persönlichkeit. Er wäre froh, wenn er mit einem Lächeln voller Liebe für die Musik und die Menschheit durchs Leben gehen könnte. Seine künstlerischen Prinzipien bildeten sich bereits im jugendlichen Alter klar heraus. Er stellt weder diese Prinzipien noch deren Inhalte in Frage, sondern steuert direkt auf seine Ziele zu. Es wird schnell offenkundig, daß er ganz andere Ziele verfolgt als jene narzißtischen Showstars unter den Dirigenten, die bloß um Bewunderung buhlen. Wie Toscanini, der vielleicht sogar der größte Showstar von allen war, ist Levine damit zufrieden, das zu sein, was der große Maestro selbst zu sein beanspruchte –»nur ein ehrlicher Musiker«.

Woraus erwächst diese Ehrlichkeit? Sie speist sich aus dem steten Bewußtsein um die wahre Beziehung zwischen dem Interpreten und dem Komponisten und seiner Musik. Der Interpret muß dem Komponisten dienen, indem er dessen künstlerische Intentionen auf das gewissenhafteste umsetzt.

Levines Leben steht ganz im Zeichen der Musik. Andere Dirigenten gönnen sich lange Urlaube. Er hat selten länger als zwei Wochen frei; in der Regel legt er im Laufe des Jahres mehrere kürzere Pausen ein. Nach der klassischen Einteilung in Menschen, die das Gebirge oder aber das Meer lieben, ist Levine eindeutig ein Freund des Meeres. Man sollte eher in Antibes als in Zermatt nach ihm Ausschau halten. Doch selbst im Urlaub verbringt er seine Zeit selten mit Dingen, die die meisten Menschen als Erholung betrachten. Szell war ein begeisterter Alpingolfer, der mit roten Bällen im Schnee spielte. (»In großen Höhen schaffe ich es sogar, unter siebzig zu spielen«, erklärte er einmal begeistert.) Suzanne Thomson spielt gerne Tennis. James dagegen entspannt sich lieber in einem sonnigen Pool, doch unter Umständen ist für ihn eine Terrasse der ideale Ort, um eine unbekannte Partitur zu studieren.

»Wenn das Ambiente stimmt, kann ich mich auch bei einem guten Essen mit Wein und den üblichen Annehmlichkeiten entspannen«, gestand er mir vor kurzem. Wenn er die Wahl hat, bevorzugt er französische oder norditalienische Küche. So ist er beispielsweise Stammgast in einem netten italienischen Restaurant ganz in der Nähe des Bayreuther Festspielhauses. Die stetige Zunahme seines Bauchumfangs in den letzten dreißig Jahren bezeugt seine Ehrerbietung gegenüber der Kochkunst. Suzanne erweist sich in der Küche ebenso als Meisterin wie an der Oboe.

»Ich ärgere mich immer«, erklärt Levine, »wenn die Leute meinen, das Privatleben eines Künstlers gehe sie mehr an als das irgendeines anderen Menschen. Doch die Öffentlichkeit ist neugierig, und es gibt immer Leute, die ihr das zu verklickern versuchen, was sie wissen will. Wenn ich gewisse Filme von Woody Allen sehe, ergreife ich instinktiv für ihn Partei. Wir leben in einer Gesellschaft, in der jeder bis zu einem gewissen Grad glaubt, er müsse anderen vorschreiben, wie sie leben sollen. Wieso sollte es mich irgend etwas angehen, was andere Leute aus ihrem Leben machen?«

Im Jahre 1974 erklärte er Stephen S. Rubin, dem Autor von *The New Met in Profile*: »Ich möchte mich im eigentlichen Konzert selbst im Grunde überflüssig machen. Ich möchte es so weit bringen, daß die dem Werk zugrundeliegende Idee direkt von den Orchestermusikern auszugehen scheint – denn sie sind schließlich diejenigen mit den Instrumenten – und nicht von dem verrückten Zauberer mit dem Stab, der herumfuchtelt und dem Publikum bedeutet, was es fühlen und hören soll. Ich möchte so weit kommen, daß die Zuhörer das Gefühl haben, sie sehen mich gar nicht.«

Aus Gesprächen in jüngerer Zeit geht hervor, daß er diese Vorstellung nach wie vor hegt und den Orchestergraben in Bayreuth, in dem sowohl der Dirigent als auch die Musiker für das Publikum unsichtbar sind, als ideal empfindet, um derart zu entschwinden. Realistisch betrachtet ist es sehr unwahrscheinlich, daß er je so unsichtbar wird, wie er es gerne wäre. Soll ein großes Orchester flüssig und flexibel spielen, so muß jemand vorn stehen und alles koordinieren. Doch wie Levine in seinen Jahren in Ravinia bewies, kann seine Interpretation so intensiv und überzeugend sein, daß sich die Aufmerksamkeit des Zuhörers vollkommen auf die Musik richtet und Levine lediglich wie einer von neunzig Musikern erscheint.

»Ich bin unbedingt der Meinung, daß diese Verlagerung der Aufmerksamkeit vom Dirigenten auf die Musiker weitaus systematischer vonstatten gehen könnte«, fuhr er fort. »Ich habe Erfahrung mit Studentenorchestern gesammelt, die technisch gesehen nicht an Berufsorchester heranreichten, die aber ein Stück von Null an und ohne jene Befangenheit erarbeiteten, die der Beruf mit sich bringt, und eine Interpretation zustande brachten, bei der sich unglaublich viel mitteilte. Etwas ganz Ähnliches passierte in einem Konzert, bei dem das NBC Symphony Orchestra nach Toscaninis Abschied ganz ohne Dirigenten spielte. Die Musiker spielten Dvořáks *Neue Welt*, und zwar viel intensiver und ausdrucksvoller als bei der Einspielung, die sie mit dem Alten gemacht hatten, die allerdings sauberer klingt.«

Levine bezweifelt, ob der so oft zitierte Gegensatz zwischen Toscanini und Furtwängler tatsächlich so rigoros war, wie er auf den ersten Blick erscheinen mochte. Man muß nicht viele von Levines Met-Aufführungen besuchen, um zu erkennen, daß er Passion und Präzision geschickt zu verbinden versteht und daß das Musikereignis trotz der perfekten Abstimmung zwischen Orchester und Bühne nicht weniger erhaben und berührend wirkt.

»Ich interessiere mich überhaupt nicht für die heute so viel diskutierte Frage der technischen Qualität, die anscheinend die einzige Grundlage dafür bildet, die Leistung eines Orchesters herauf- und herunterzubeurteilen«, erklärte er in dem zitierten Interview. »Man kann die Schriften aller möglichen Komponisten von Bach bis Strawinsky lesen und wird feststellen: Den Mund fusselig geredet haben sie sich nicht über die technische Ausführung, sondern über die Idee, den Charakter, den Sinn eines Werks – das, was vermittelt werden soll. Was Berlioz über dieses Thema geschrieben hat, ist unglaublich aufschlußreich. Er trat unter so primitiven Verhältnissen auf, da würden einem heute die Haare zu Berge stehen. Wir haben heute bestimmt 15 bis 20 Orchester in diesem Land, die Berlioz technisch für traumhaft gehalten hätte. Doch wo bleibt das Stück? Es geht unter. – Ich habe einen visionären Traum und spüre, alles, was ich tue, bringt mich ihm ein wenig näher. Hin und wieder höre ich eine Interpretation, die jenes Unglaubliche erahnen läßt, das die Komponisten dazu getrieben haben muß, trotz unglaublicher persönlicher Nöte weiterzuschreiben. Ich glaube, es gibt einen Weg dorthin, den unsere Methode bisher nicht eröffnet hat. Ich möchte versuchen, diesen Weg zu entdecken.«

Je älter Levine wird, desto mehr scheint er sich in den Kreis der Dinge zurückzuziehen, für die er sich Zeit nimmt. Eitles und Prätentiöses interessiert ihn kaum. In seinen ersten Jahren an der Met begegnete man ihm hinter der Bühne vielleicht noch in einem feschen Sportsakko, doch im Laufe der Jahre ist ihm die Kleidung immer gleichgültiger geworden. Als Albert Einstein nach Princeton kam, entschied er, daß Sweatshirt, Trainingshosen und Tennisschuhe die ideale Kleidung seien, um der theoretischen Physik nachzugehen. Levine hält sich seit langem an die gleiche Devise. Sein Bruder Tom sorgt dafür, daß er immer etwas Entsprechendes anzuziehen hat. Bei der Arbeit trägt er stets absolut bequeme und zweckmäßige Sachen.

Sein Verhältnis zu anderen Menschen spiegelt mitunter sein jeweiliges Verhältnis zur Musik. »Wenn ich in der Musik frustriert, unglücklich und unproduktiv bin, dann sind auch meine persönlichen Beziehungen verstimmt«, gestand er Rubin. »Wenn mein Musizieren gut läuft, sind sie wunderbar. Ich habe alle möglichen Lebensstile kennengelernt, einschließlich Wohngemeinschaften, und fand sie recht befriedigend. Wenn man sich auf

Menschen frei beziehen kann, ohne rechtlich sanktionierten Rahmen, entstehen ganz unterschiedlich nuancierte Haltungen zueinander.«

In den Jahren in Cleveland, berichtet seine Mutter, war Levine Oberhaupt einer Gemeinschaft von ungefähr 15 jungen Musikern, der auch Suzanne Thomson angehörte. »Jim und einige andere hatten Jobs, und diejenigen ohne Einkommen verrichteten Gemeinschaftsdienste wie Kochen. Sie bewohnten ein Haus und einige andere Räumlichkeiten – Jim hatte ein Hotelzimmer – und lebten in einem Geist gegenseitiger Unterstützung. Vielen von ihnen war eine erfolgreiche Laufbahn beschieden, und ich glaube, die meisten blicken gern und dankbar auf jene Zeit zurück.«

Vermutlich auch aufgrund solcher Erfahrungen ist Levine ausgesprochen geschickt im Umgang mit Musikern. »Künstlerische Probleme entstehen unter anderem dann«, erklärte er unlängst, »wenn man ein negatives Urteil über die subjektiven Interessen eines Künstlers fällt. Es kommt stets zu einer emotionalen Reaktion, der es an Objektivität mangelt. Inzwischen habe ich mich damit abgefunden, daß Künstler niemals etwas von meinem Standpunkt aus sehen. Wenn man der eigenen künstlerischen Verantwortung nachkommt, sollte man das nie mit dem Holzhammer tun. Es ist ein hohes Maß an Psychologie erforderlich. Ich achte immer darauf, daß keine Schwierigkeiten in einer künstlerischen Beziehung entstehen, die ich schätze.«

In Levines Leben dreht sich alles um die Musik. Seine Hauptaufgabe bestand lange Zeit darin, von September bis Mai ein Opernhaus zu leiten. Diese Aufgabe hat ihn beglückt und erfüllt, denn für ihn war und ist die Met ein wahres Paradies für einen Workaholic. Doch nun ist er auch für zehn Programmwochen bei einem großen Symphonieorchester verantwortlich, und dies zwingt ihn, seine Prioritäten neu zu bestimmen und sein Leben neu zu gestalten. Wenn er vor der Wahl stand, Musik zu machen oder einen Tag freizunehmen, hat er sich in der Vergangenheit stets für das Musizieren entschieden. Im Jahr 1999 hatte er jedoch weit mehr freie Zeit als in all den letzten Jahren, und es scheint, als wolle er sich künftig auf die Dinge konzentrieren, die ihm die tiefste Befriedigung verschaffen. Die neue Verbindung zu den Münchner Philharmonikern scheint dazu gute Gelegenheit zu bieten.

Levine braucht das Gefühl, Herr seines Lebens zu sein. Eugene Ormandy pflegte seinen Alltag Jahre im voraus zu planen – wo er sich aufhielt, was er spielte und, wenn möglich, sogar was er aß. Levine ist in seiner Zeitplanung etwas flexibler. Wenn er sich einen Sänger lange im voraus sichern muß, wird er dies natürlich tun. Doch wenn er einmal für kurze Zeit New York den Rücken kehren will, kann es sein, daß er erst in letzter Minute entscheidet, wann, wie und wohin er reist. Er schätzt es, Entscheidungsfreiheit zu haben.

Levine ist von Natur aus gesellig und mag Menschen, die ihn so nehmen, wie er ist. Er meidet jede Konfrontation. Die Menschen, mit denen er jeden Tag zu tun hat, zeichnen sich dadurch aus, daß sie für reibungslose Abläufe ohne große Spannungen sorgen. Dabei kommt es entscheidend darauf an, seine Prioritäten zu kennen und anzuerkennen. Sein Privatleben ist sehr öffentlich. Er erlebt selten einen Tag, an dem er nicht irgendwo im Rampenlicht steht. Deshalb hat er immer darauf bestanden, die Tür hinter sich zumachen und sich an einen Ort zurückziehen zu können, wo er ganz für sich ist. Auch hierin erinnert er an Szell, der stets eine gewisse Distanz zu anderen Menschen wahrte, besonders zu Kollegen. In seinem Berufsleben beschränkten sich seine sozialen Kontakte auf Solisten, die er bewunderte, und auf Musiker an den ersten Pulten, die seiner Meinung nach nicht auf den eigenen Vorteil bedacht waren.

»Jim ist fast immer mit irgend etwas beschäftigt«, bemerkt Helen Levine. Er begrüßt jede Gelegenheit, sich zu entspannen und nachzudenken. Er sieht sich auch gern alte Filme an. (Er hat sich riesig gefreut, als ich ihm eine Kopie von *One Hundred Men and a Girl* mit Leopold Stokowski und Deanna Durbin in den Hauptrollen gab.) Wenn es die Zeit erlaubt, geht Levine auch gern ins Theater. Zu Hause liest er ernste Bücher, studiert Partituren, spielt zum eigenen Vergnügen Klavier und hört sich Einspielungen anderer Musiker an.

Im Grunde ist er ein Nachtmensch. Er geht gerne spät zu Bett, schläft lange aus und fängt am späten Vormittag mit der Arbeit an. Die Proben an der Met beginnen üblicherweise um elf Uhr. Nach dem Ende einer Vorstellung muß er sich immer erst einmal umziehen – etwas Trockenes anziehen. Dann läßt er sich jedoch Zeit, um auszuspannen und abzuschalten. »Er kann keiner Gelegenheit widerstehen, Musik zu machen«, sagt Helen Levine. »Und er leidet an so etwas wie einem Syndrom, das ein Wochenmagazin vor ein paar Jahren entdeckte, als ein Artikel über ihn erscheinen sollte. Das Ganze wurde fallengelassen, weil der damit beauftragte Redakteur zurückkam und meinte: ›Er ist viel zu nett. Ich finde nichts, was eine knallige Geschichte hergibt.‹«

Im Gegensatz zu Dirigenten wie Leonard Bernstein oder Herbert von Karajan, die oft ebenso häufig in den Klatschkolumnen auftauchten wie in den Feuilletons, war Levine selten Aufhänger reißerischer Nummern oder Sensationsobjekt der Regenbogenpresse.

Levine wohnt in einer großen, aber anspruchslosen Wohnung in einem der klassischen Altbauten an der Upper Westside von Manhattan, nicht weit vom Lincoln Center. Er gönnt sich den Luxus, viel Platz zu haben; die Zimmer sind geräumig, die Decken hoch. Zufällig sieht man aus seinen Fenstern genau auf die Wohnung, in der Leonard Bernstein jahrelang wohnte. Die beiden Dirigenten winkten sich oft über die Straße zu, und Levine war oft bei Bernstein zu Gast, besonders an den jüdischen Feiertagen.

Levine besitzt auch ein Landhaus im Norden des Staates New York. Als er die Sommer in Ravinia verbrachte, wo er während der Woche viele freie Stunden hatte, begleitete ihn Sue. Weilte er dagegen in Europa, wo er oft zwölf Stunden am Tag arbeitete, zog sie sich gerne in dieses Landhaus zurück und widmete sich der Gartenarbeit.

Im Jahre 1985 äußerte Levine in einem Interview: »Ich habe eindreiviertel Autostunden von der Stadt entfernt ein Landhaus. Dort verbringe ich, wenn es geht, die Wochenenden, und ich hoffe, daß ich in den kommenden Jahren noch häufiger dort sein kann. Wenn man für einen großen Bühnenbetrieb tätig ist, muß man jederzeit zur Stelle sein, aber abgesehen davon ist die ländliche Umgebung besser für mich als die Stadt. Doch im Augenblick bindet mich an die Met eine Verpflichtung, die ich als sehr fesselnd und sehr erfüllend erlebe.« Tatsache ist, daß Levine in den letzten Jahren immer weniger Zeit auf dem Land verbracht hat. Er mußte immer in der Nähe einer Bühne sein. Aber wenn sein sommerlicher Terminkalender etwas lockerer wird, gelingt es ihm vielleicht, der Stadt für längere Zeit zu entfliehen und die Sommermonate zu nutzen, um sich zu entspannen und auf die ungeheuer anstrengende Arbeit von September bis Mai vorzubereiten. Im Sommer 1999 war sein Arbeitspensum so leicht wie seit Jahren nicht mehr.

Der künstlerische Boß einer Organisation, die aus Orchestermusikern und Opernsängern besteht, kommt kaum umhin, mitunter auch Zielscheibe des Neids und des Klatsches zu sein. Ich hatte kaum begonnen, dieses Buch zu schreiben, da erfuhr ich über einen gemeinsamen Bekannten aus anonymer Quelle innerhalb des Opernbetriebs, Levine stagniere künstlerisch und führe insgeheim ein lasterhaftes Leben. Beide Behauptungen erwiesen sich als absoluter Unsinn und sind typisch für den »Dschungel der Musikwelt«, von dem Toscanini einmal sprach.

Es überrascht nicht, daß Levine besonders in den Opern von Mozart und Wagner brilliert, in denen auf höchst bewegende Weise moralische Themen entwickelt werden. In *Parsifal* erweist sich die reine Güte des Helden als Schlüssel zum Sieg der Tugend. Ich kann sehr gut verstehen, weshalb sich Levine diesem Werk so verbunden fühlt. Auch in Wagners *Ring* wird der Gedanke der Erlösung durch Liebe bekräftigt.

Levines Leben basiert auf Liebe – der Liebe zu seinen Eltern, seinen Lehrern und seinen engsten Mitarbeitern. Diese Liebe trägt ihn und gibt ihm Kraft und wird natürlich auch erwidert. Wenn ein Sänger auf die Bühne tritt und zum Maestro blickt, wird er von einem warmen Lächeln empfangen. Wenn der Sänger von Liebe singen soll, strömt ihm aus dem Orchestergraben Liebe entgegen.

Wenn es so aussieht, als sei James wirklich müde, ausgelaugt, angreifbar oder verletzt, sorgt man sofort für seinen Schutz und bringt ihn schnellstens an einen Ort der Ruhe und des Friedens. Dies geschieht nicht in der Weise, wie man wertvollen Besitz in Sicherheit bringt, sondern läßt eine zutiefst menschliche Fürsorge und aufrichtige Zuneigung erkennen. Seine Bedürfnisse werden erspürt und erfüllt. Jeder Mensch sehnt sich im tiefsten Inneren nach Schutz und Geborgenheit, aber nur wenige erfahren die Erfüllung dieser Sehnsucht im Erwachsenenalter. Doch Levine weckt selten Neid und Mißgunst. Was andere ihm geben, gibt er der Welt mehrfach zurück.

Tom Levine ist in vieler Hinsicht der Hüter seines Bruders, doch opfert er dafür nicht die eigene Karriere. Er kommt diesen brüderlichen Pflichten und seiner malenden Tätigkeit gleichzeitig nach und hat seine Werke bereits in zahlreichen Einzelausstellungen sowohl in den Vereinigten Staaten als auch in Europa gezeigt.

Um das klarste Bild von James Levine zu gewinnen, müssen wir bis zu den Wurzeln zurückgehen. Dann werden wir des Leviten gewahr, der im Tempel der Musik – der Metropolitan Opera – der Musik huldigt. Hier verschreibt er sich seiner unaufhörlichen Suche nach dem Schönen und Wahren – einer Suche, die letztlich einer religiösen Andacht gleichkommt.

Dialoge 1973–1996

15. Juli 1973, Ravinia

RCM: Du hast eben deinen ersten Sommer als musikalischer Leiter des Ravinia Festival abgeschlossen. Alles, was du darüber sagst, muß natürlich spontan kommen, weil du bestimmt noch keine Distanz dazu gewonnen hast. Dein letzter Auftritt war erst gestern abend. Trotzdem hast du sicher einen klaren Eindruck davon, wie die Reihe gelaufen ist.

JL: Im großen und ganzen ist mein Eindruck im Augenblick sehr positiv. Wir wissen beide um die Problematik von Sommerkonzerten im Freien, doch ich denke, wenn ich an den Problemen arbeite, können sie eingegrenzt werden. Das Wetter ist ein entscheidender Faktor; die Möglichkeit, Probenzeit optimal zu nutzen, ist ein weiterer. Wenn man einen absolut miserablen Abend hat und der Regen nur so prasselt und die Züge immer genau im falschen Augenblick vorbeirattern, wäre es vielleicht am besten, etwas zu spielen, was nur wenig Konzentration erfordert. Aber solche Abende kann man nicht im voraus planen, und an einem fabelhaften Abend bloß ein leichtes Programm zu bringen wäre eine verschenkte Chance.

In meiner Jugend lernte ich beim Aspen Festival, 14 Sommer lang, ab dem 14. Lebensjahr. Heute läuft dort alles anders, doch damals bot Aspen etwas Einzigartiges; man erlebte eine echte musikalische Gemeinschaft, eine Gruppe von Leuten, die spielten, lehrten und sich austauschten; und das Publikum war aufgeschlossen. Die Musik war gut einstudiert und gut gespielt und bestand zum geringsten Teil aus den gängigsten Werken. Das Repertoire war interessant und zugleich erweiternd und vertiefend.

Die Meinungen gehen auseinander. Für die einen sollte die Musik im Sommer leicht, für die anderen dagegen gewagt sein.

Offensichtlich gibt es Grenzen für das konzentrierte, schwere Repertoire, das einem Publikum zu vermitteln ist. Sicher ist ein Wechsel der Gangart wünschenswert.

RCM: Das hat uns die lange Erfolgsgeschichte der Boston Pops bewiesen. Es war durchaus möglich, Serge Kussewitzky und seine Programme mit dem Boston Symphony Orchestra zu würdigen und trotzdem im Frühling wunderbare Abende in der Symphony Hall zu genießen, an denen man Rotweinpunsch trank und Arthur Fiedler zuhörte. Entscheidend war natürlich, daß Fiedler ein vorzüglicher Musiker war und ansprechende Musik machte. Er verfügte über die finanziellen Mittel, sich bei talentierten Leuten zugkräftige Arrangements zu besorgen. Wären die Pops-Programme auf einem niedrigeren künstlerischen Niveau angesiedelt gewesen, hätte es ganz anders ausgesehen.

JL: Der Sommer ist eine ideale Zeit, um ein leichteres Repertoire zu spielen, doch er bietet auch Gelegenheit, Dinge auszuprobieren, die man in den Winterprogrammen normalerweise nicht bringt. Dazu können zeitgenössische Werke zählen, aber auch nicht mehr ganz so neue Stücke, die aus dem einen oder anderen Grund selten aufgeführt werden, wie etwa Schönbergs *Gurre-Lieder*.

Andererseits gelingt es bei dem im Sommer üblichen Probenplan nur sehr schwer, die bestmögliche Interpretation eines Werks zu liefern, das nicht ständig gespielt wird. Wenn man ein relativ geläufiges Stück spielt – die Erfahrung habe ich jedenfalls gemacht –, läßt sich in kürzester Zeit eine Menge erreichen, wenn man die Stellen heraussucht, die wirklich schwierig sind, und dem Orchester einen Satz eingerichteter Noten gibt. Je besser mein Draht zum Orchester wird, desto mehr kann ich erreichen. Je mehr man sich darüber einig ist, was im Konzert ohne langes Proben, ohne großes Erklären geht, desto mehr Zeit kann man auf das verwenden, was Aufmerksamkeit erfordert.

[Levine dirigierte die *Gurre-Lieder* in Ravinia 1976 und 1987. Sir Georg Solti sprach zwar davon, sie zu Chicago zu bringen, doch eine vollständige Aufführung in der City steht noch immer aus.]

RCM: Hans Knappertsbusch, der große alte Wagner-Dirigent, sagte einst zu Beginn einer Probe zu einem Münchner

Orchester:»Ich kenne diese Musik. Sie kennen diese Musik. Was sollen wir also hier? Wir sehen uns heute abend.« Und natürlich konnten die Musiker das Stück auf einem gewissen Niveau spielen, auch ohne Vorbereitung. Viele ältere Dirigenten verfuhren nach dieser Devise. Thomas Beecham war ein typisches Beispiel.

JL: Aber bei Sachen, die weniger häufig kommen, etwa bei Bergs *Altenberg-Liedern*, die wir letzte Woche brachten, sind Proben nötig. Dieses Stück hatten die Musiker noch nie gesehen. Und sie hätten kaum kooperativer sein können. Sie sprangen blitzschnell an, aber trotzdem war es nicht das gleiche wie bei der Vorbereitung eines Konzerts im Winterhalbjahr, wenn man in genügend großen Abständen zwei oder drei Proben hat. Im Sommer hat man pro Stück einen Versuch, und alles hängt davon ab, was man in dem Augenblick erreicht. Trotzdem glaube ich, unser Vorgehen ist richtig, jedenfalls richtiger, als immer wieder beispielsweise Schostakowitschs *Fünfte* zu spielen und so zu tun, als würden wir damit unsere Verpflichtung gegenüber der Musik dieses Jahrhunderts erfüllen.

[Levine hat in Ravinia nie Schostakowitsch dirigiert.]

Ich hatte wirklich den Eindruck, daß die Resultate dieses Sommers überwiegend auf hohem Niveau lagen. Es gab eine beachtliche Zahl von Aufführungen, die einem Vergleich mit Konzerten im Saal und mit mehreren Probenterminen durchaus standhalten. Bei den Winterkonzerten hat man vermutlich einen größeren Spielraum für viel mehr Differenzierung in der Klangbalance, den ich hier gar nicht ausschöpfen kann, aber selbst wenn wir einiges davon hinkriegen würden, weiß ich nicht, ob die Akustik und das Soundsystem dies rüberbringen würden.

RCM: Ein guter Sommerkonzertdirigent zeichnet sich unter anderem dadurch aus, daß er genau weiß, wie er vorgehen muß, um mit einem so hochkarätigen Orchester das Programm einer ganzen Woche in vier Proben vorzubereiten. Einige, besonders europäische, Dirigenten kommen her, spielen das Konzert einmal durch und wissen dann überhaupt nicht, wie es weitergehen soll.

JL: Dieses Orchester kapiert sehr schnell, worauf man hinaus will, wieso beispielsweise eine Wiederholung nötig ist, um eine ganz bestimmte Stelle zu verankern. Wenn ich mir die Programme anschaue, die ich verbessern könnte, nachdem ich jetzt eine Saison hinter mir habe, sehe ich genau, was getan werden muß, damit alles funktioniert, nämlich die Programme und die Probenpläne aufeinander abstimmen. Ich glaube, wir haben allen Grund zur Annahme, daß es mit jedem Jahr besser wird.

RCM: Da stimme ich zu.

[Und so war es auch.]

JL: Ich werde oft gefragt, ob ich beim Dirigieren originell bin. Natürlich klingt dabei all das mit an, was mich ausmacht. Doch ich konzentriere mich ganz darauf, das auszudrücken, was der Komponist meiner Meinung nach dem Hörer vermitteln wollte. Wenn »originell« heißt, von der Partitur des Komponisten abzuweichen und etwas Eigenes hineinzubringen, das nicht von ihm, sondern von mir stammt, dann ist das etwas, was ich unbedingt vermeiden und auf gar keinen Fall kultivieren will. Wenn ich mit 65 ein ganz anderes Gefühl für Rhythmus haben werde, dann deswegen, weil ich mich aufgrund gemachter Erfahrungen verändere, und nicht, weil ich nach Originalität strebe. Ich habe nie das Gefühl, etwas tun zu müssen, was auf meinem Mist gewachsen ist, nur um mich von anderen abzuheben.

Als ich jung war, habe ich nie versucht, ein Stück auf dem Klavier zu spielen, bevor ich es nicht vollständig im Kopf hatte. Einmal trug ich einen ganzen Sommer lang die Noten der *Klaviersonate* von Berg mit mir herum. Ich mußte erst die Idee *be*griffen haben, bevor ich in die Tasten *ge*griffen habe. Bei Szell mußte ich jedoch sehr oft unbekannte Stücke vom Blatt spielen, und ich merkte, daß dies eine völlig andere Methode war, sich ein Stück zu erschließen. So prägte ich es mir gleichzeitig im Kopf und in der Motorik ein, arbeitete die technischen Einzelheiten heraus und verinnerlichte das Grundkonzept.

RCM: Ein großer Teil der Musik des 20. Jahrhunderts kann gar nicht allein anhand der Partitur einstudiert werden. Da gibt es einiges an Klang, was sich in der Vorstellung allein oft gar nicht präzise realisieren läßt.

JL: Ich lerne neue Stücke nie mit Hilfe von Einspielungen, doch in diesem Fall kann eine gute Einspielung nützlich sein, besonders wenn der Komponist in der einen oder anderen Weise daran mitgewirkt hat. Da läßt sich ein allgemeiner Eindruck gewinnen.

Ich muß dich mal was fragen. Was könnten wir Künstler – wenn überhaupt – tun, um eine intelligentere Form der Kritik zu fördern? Oder ist es unmöglich, da was zu machen? Ist das eine alberne Frage? Eine gute Kritik vermittelt dem Musiker etwas, das er interessant findet, und zwar so, daß er es versteht. Wenn er mit dem Kritiker übereinstimmt, wird er sich freuen, daß jemand seiner Meinung ist. Wenn der Kritiker anderer Meinung ist, dann kann es sein, daß der Musiker sich fragt:»Liege ich falsch?«

Doch sehr viele Kritiken, die man liest, sind schlicht langweilig beziehungsweise unnütz. Sie sagen wenig oder gar nichts über die Musik aus. Sie lassen selten Vorkenntnisse bezüglich des Werks und wenig oder gar kein tieferes Verständnis des Inhalts erkennen. Ob sie positiv oder negativ ausfallen, spielt gar keine Rolle. Sie stehen einfach in überhaupt keinem Bezug zum betreffenden Stück.

Aus einer Sportreportage über ein Baseballspiel kann man erfahren, was sich während des Spiels ereignet hat. Eine Konzertbesprechung dürfte selten eine wahre Darstellung dessen liefern, was sich während des Konzerts abgespielt hat.

RCM: Zunächst einmal ist es immer von Vorteil, die Stücke zu kennen! [Beide lachen.] Ich habe Werke jahrelang studiert, bevor ich ein einziges Wort darüber schrieb. Denn die Leser merken es normalerweise sehr wohl, wenn man ihnen etwas vormacht. Das Publikum ist im allgemeinen viel gescheiter, als viele denken.

JL: In dem Punkt gebe ich dir recht.

RCM: Wenn jemand Schwachsinn schreibt...

JL: ... wird es als Schwachsinn erkannt. Ich wurde einmal gefragt, ob ich der Meinung sei, ein Kritiker müsse ein ausgebildeter Musiker sein. Ich sagte:»Ich glaube, man kann nicht erwarten, daß sie allzuviel wissen.« Doch einige Leute denken anscheinend, um Kritiker zu werden, müsse man nur eine Möglichkeit finden, an eine Zeitung zu kommen. Wie werden Kritiker überhaupt ausgebildet?

RCM: Lange Zeit mußte sich jeder, der sich für den Kritikerberuf interessierte, seinen Ausbildungsweg selbst suchen. Ich habe an der Musikfakultät der University of Cambridge das Kritikerhandwerk systematisch erlernt, doch während des Grundstudiums im Fach Journalismus an der Northwestern University zählte die Musikkritik eher zu den Frauenfächern. Sie galt als etwas Effeminiertes, Affektiertes und Blutleeres. Jeder wirklich vitale und »echt amerikanische« Bursche zog es vor, über Sport oder Politik zu schreiben. Das, was ich an der Northwestern University mitbekam, lernte ich verständlicherweise im Fachbereich Musik. Die Musikfakultät meiner Uni hat übrigens viel mehr bedeutende Kritiker hervorgebracht als die journalistische Fakultät.

JL: Das ist ein wahrlich ermutigendes Zeichen.

RCM: Das Problem wurzelt darin, daß Musikkritiker von Chefredakteuren eingestellt werden, die meist als politische Reporter zur Zeitung kamen und kaum mehr auf Musik stehen als der durchschnittliche amerikanische Politiker, das heißt, sie haben es wahrscheinlich überhaupt nicht mit der Musik. Ich arbeitete für einen Zeitungsverleger, der meine Arbeit verstand und schätzte. Und zum Glück lassen mich meine jetzigen Chefs in Ruhe, so daß ich ungestört meiner Arbeit nachgehen kann.

Kein einziger meiner Chefredakteure hat wohl je geglaubt, jemand würde eine Zeitung eines Musikkritikers wegen kaufen. Die Öffentlichkeit erwartete, daß die Zeitung über kulturelle Ereignisse berichtet, also gehörte ein Kritiker in die Redaktion, doch dessen potentieller Beitrag war so irrelevant, daß es keinerlei Anreiz gab, seine Sache gut zu machen, und folglich auch keine Sanktionen, wenn man sie nicht gut machte. Das Wichtigste war, Prozesse zu vermeiden, was mir stets gelungen ist. Aber da der Chefredakteur wahrscheinlich nie auch nur ein einziges Wort aus der Feder seines Kritikers gelesen hat, außer wenn ein empörter Leser seinen Unmut bekundete, herrschte ein wunderbares Gefühl der Freiheit, das einiges wettmachte, beispielsweise daß es nie eine Gehaltserhöhung gab.

JL: Aber es stimmt nicht, daß Kritiker keinen Einfluß darauf haben, ob eine Zeitung gut geht. Soviel ich weiß, sorgte Claudia Cassidy in Chicago für riesige Auflagen.

RCM: Das war vor nahezu dreißig Jahren. Ihre Position bei der *Tribune* wurde dadurch gefestigt, daß innerhalb einer einzigen Woche eine wahre Flut von Protestbriefen gegen ihre Kolumne einging. Ihr Boß, Bertie McCormick, konnte sich überhaupt nicht vorstellen, daß ein Musikkritiker so viele Leser hat und schon gar nicht so viele, die so aufgebracht sind, daß sie gleich Briefe schreiben. Und so bot man ihr einen Vertrag an, der ihr eine ungeheuer einflußreiche Rolle im Musikleben der Stadt sicherte. Tatsache war jedoch, daß Cassidy sehr wenig von Musik verstand. Einige ihrer Rezensionen – zu Reiners Aufführung von Weberns Opus 6 beispielsweise – waren so vollkommen bar jeden Verständnisses, daß es hochgradig peinlich war. Alles klang rein subjektiv. Und wußte sie mit etwas oder jemandem nichts anzufangen, konnte sie total durchdrehen.

Allerdings war sie eine irische Bardin mit einem wunderbaren Sinn für die Sprache. Man las sie wegen der unerhörten Dinge, die sie sagte, ganz egal, ob diese nun einen Bezug zur Realität hatten oder nicht. Das trieb die Auflagen in die Höhe und machte sie zu einer wertvollen Mitarbeiterin. Im Journalismus gibt es so etwas Ähnliches wie das Greshamsche Gesetz, wonach schlechtes Geld das gute Geld aus dem Verkehr drängt. Hier verdrängen jedoch diejenigen, die nichts Wichtiges zu sagen haben, all jene, die Ernsthaftes im Sinn haben. Ein Musikkritiker, der partout kein Entertainer sein will, muß sich damit abfinden, daß man den Entertainer in der Chefetage mehr schätzt.

JL: Und die Künstler haben keine Möglichkeit, auf unfaire oder unqualifizierte Kritiken zu reagieren?

RCM: Künstler können sehr wenig ausrichten, fürchte ich, weil sie nicht als objektive Instanz gelten.

JL: Das sind sie auch nicht.

RCM: Ich sehe nur die Hoffnung, daß die Geschäftsleitung mit den Chefredakteuren in einen Dialog tritt, in dem die Geschäftsleitung hoffentlich ehrlich ist. Wenn eine schlechte Aufführung verrissen wird und die Geschäftsleitung zustimmt und das Urteil für gerechtfertigt hält, dann kann sie sich auch bemerkbar machen, wenn einmal etwas Gutes unfair behandelt wurde. Doch solange die bekannte selbstgefällige Haltung herrscht, wonach alles, was wir tun, wunderbar ist, fehlen die Glaubwürdigkeit und die Vertrauensbasis, auf der man diesen Dialog aufnehmen könnte.

Szell sagte einmal über Cassidy: »Ich dachte immer, sie sei Klatschkolumnistin.« Das war natürlich ironisch, aber ich mußte wehmütig erkennen, daß mein Chef meine Kolumnen um einiges besser finden würde, wenn sie ein gewisses Quantum Klatsch enthielten.

JL: Über meine Lippen kommt nichts!

26. Juli 1975, Ravinia

RCM: Ich habe das Gefühl, daß sich Ravinia allmählich zu einem Festival entwickelt, wie es vielen von uns immer vorgeschwebt hat. Das ist weitgehend dir zu verdanken, aber auch Ed Gordon und dem Verwaltungsrat, der dir diese Möglichkeiten bot.

JL: Wir haben hier die einzige Sommerkonzertreihe in Amerika, die die Bezeichnung »Festival« wirklich verdient. Wenn ich mir die Programme anderer Sommerkonzertreihen anschaue, denke ich immer: wie langweilig, ein abgedroschenes Werk nach dem anderen. Natürlich ist ein gewisses Grundrepertoire unerläßlich, das wissen wir alle, aber es muß Kontraste geben.

RCM: Wenn man Programme plant, muß man von einem bestimmten Geschmacksniveau, einem bestimmten Interesse ausgehen und entsprechende Werke auswählen. Selbstverständlich wäre es mir viel lieber, wenn man die Meßlatte zu hoch ansetzte als zu tief. Letzte Woche habe ich gelesen: »Man liegt nie falsch, wenn man den Geschmack der Amerikaner gering einschätzt.«

JL: Das sehe ich überhaupt nicht so. Ich kann nicht glauben, daß es kein genügend großes Publikum gibt, das einen ernsthaften, hochqualifizierten Musikbetrieb unterstützt. Und wenn es dieses Publikum gibt, dann dürfen wir es nicht verraten, indem wir unsere Bemühungen auf ein niedrigeres Niveau ausrichten.

RCM: Diesen Sommer sind einige deiner Programme musikalisch ungewöhnlich anspruchsvoll ausgefallen. Sie lockten ein großes, wenn auch kein Rekordpublikum an. Strawinskys *Variations for Orchestra* sollten auf jeden Fall in Ravinia aufgeführt werden, und es ist eine Ehre für Ravinia, sie hier zu hören, allerdings lassen sich mit dem *Klavierkonzert B-Dur* von Brahms mit Misha Dichter mehr Karten verkaufen.

JL: Das Brahms-Konzert ist aber genauso bemerkenswert. Man braucht sich nicht zu entschuldigen, wenn man es spielt. Man muß Unterschiede im Geschmack respektieren. Die Zuhörer haben das Recht, einen Brahms einem Strawinsky vorzuziehen. Der Fehler bei anderen Sommerkonzertreihen besteht darin, daß es nicht heißt, Brahms *oder* Strawinsky, sondern Brahms *statt* Strawinsky.

Es gab ein paar Abende mit gutem Wetter, an denen wir zwischen 4500 und 5000 Besucher zählten. Ich betrachte das als befriedigendes Ergebnis. Das hier ist kein Urlaubsgebiet wie die Berkshires. Tanglewood zieht viele Menschen an, die Urlaub machen und etwas unternehmen wollen. Ravinia präsentiert das Chicago Symphony Orchestra in derselben Region, in der das Orchester Winterkonzerte spielt, und da sind 5000 Zuhörer – doppelt so viele, wie die Orchestra Hall faßt – nicht wenig.

RCM: Natürlich.

JL: Strawinskys *Variations* konnten wir spielen, weil das Orchester sie von Aufführungen in der City kannte. Wir wiederholten Mahlers *Dritte*, die wir vor zwei Jahren brachten und inzwischen gut kennen, und spielten sie für die Platte ein. Die Auswahl für den Sommer ist klar. Es geht nicht darum, ob wir Konzerte mit Stücken wie diesem spielen und darauf vertrauen, daß das Publikum hinter uns steht, oder statt dessen so lange Liszts *Klavierkonzert Es-Dur* spielen, bis die Leute um Erbarmen flehen. Ich bin nicht hierhergekommen, um diesen Kurs einzuschlagen, und niemand legt mir nahe, es zu tun.

RCM: Bei Mahlers *Dritter* mußte ich unwillkürlich daran denken, daß Dimitri Mitropoulos bei den Proben zu diesem Werk auf der Bühne der Scala tot umfiel.

JL: Würdest du nicht auch sagen, daß in den Jahren nach Toscaninis Tod, in denen es zahlreiche Spitzendirigenten gab, Mitropoulos einer der aufregendsten war?

RCM: Er war höchst aufregend hinsichtlich der Bandbreite dessen, was er spielte.

JL: Er schien mir immer einer jener Dirigenten zu sein, die in der Musik, mit der sie sich geistesverwandt fühlen, die Absicht des Komponisten intuitiv erfaßten und viel tiefer in die Seele des Komponisten eindrangen als andere Dirigenten, die vielleicht die makellose Ausführung der Noten betonten. Er war wunderbar bei Mahler, Strauss, Berg, der gesamten modernen Schule. Bei älterer Musik, bei Werken der Klassik, war er vielleicht nicht so erfolgreich, doch die wurde uns von anderen nahegebracht.

RCM: Ich weiß noch, eines Morgens rief er an und sagte, ich solle zu seiner Probe mit den Philharmonikern kommen. Er spielte ein wunderbares Stück von einem begabten jungen Mann, der Hornist im Metropolitan Opera Orchestra war.

JL: Gunther Schuller.

RCM: Ganz recht. Es war ein phantastisches Stück. Mitropoulos empfand einen starken Drang, sich mitzuteilen, und er wollte sich lebendigen Wesen mitteilen und nicht etwas so Abstraktem wie einem Mikrophon. Bei Live-Mitschnitten war er normalerweise besser als bei Studioaufnahmen. Eigentlich haßte er Studioaufnahmen. Einmal meinte er zu mir: »Studioaufnahmen sind künstlerische Masturbation.«

JL: Szell hingegen brillierte im Studio.

RCM: Ich fragte ihn einmal nach einer Probe von Mozarts *Symphonie g-Moll*: »Wie können Sie etwas so Geniales in einen leeren Saal ausströmen lassen?«»Mozart hört zu«, erwiderte er.

JL: Und das war nicht bloß reine Phantasie. Er war überzeugt, daß es so war.

RCM: Szells Vater war Jude, doch seine Mutter erzog ihn katholisch. Ich vermute, in seiner Kindheit prägte sich ihm ganz tief die Vorstellung ein, daß es eine transzendente Ebene des Seins gibt und daß wir mit dieser Ebene kommunizieren können. Daraus entsprang eine gewisse Geisteshaltung, die nichts damit zu tun hatte, wie oft – oder besser, wie selten – er die heilige Messe besuchte. Diese Geisteshaltung, die ich meine, ist die Essenz des Gebets. Eine seraphische Darbietung von Mozarts *Symphonie g-Moll* gleicht einem Gebet oder einer Hymne zum Ruhme alles Schönen.

Ich weiß nicht, wie objektiv ein Musiker seinen Erfolg auf dieser Ebene beurteilen kann. Wie überzeugt kann er am nächsten Morgen im Rückblick auf eine Aufführung sagen: das war phantastisch; das ging nicht so gut, wie ich es mir gewünscht hätte?

JL: Manchmal mache ich mir im Sommer eine Übersicht, welche Aufführungen wirklich glückten, welche passabel waren und welche danebengingen. Dieses Jahr sind sieben mißlungen, was bei insgesamt fast dreißig Auftritten nicht sehr viel ist. Andererseits gab es nicht wenige Abende, die mir gelungen vorkamen und die das Niveau des Orchesters und dessen, was ich als mein musikalisches Selbst bezeichnen könnte, recht gut repräsentierten.

Richtiges Kopfzerbrechen bereiten die bloß passablen Aufführungen. Ich kann beim besten Willen nicht sagen, wieso manches so läuft, daß es einfach nicht meinen Erwartungen entspricht. Meist liegt es nicht an etwas so Augenfälligem wie dem Wetter. Auch die Probenzeit ist letztlich nicht entscheidend. Es läßt sich nicht greifen. Du selbst hast oft darauf hingewiesen, wie Musiker in Interaktion zueinander treten und eine Aufführung zuwege bringen, bei der ein phantastischer Augenblick dem anderen folgt. Manchmal hofft man, eine Atmosphäre geschaffen zu haben, in der dies passiert, doch es passiert nicht. Es zündet einfach nicht. Seit ich dirigiere, hat es großartige und relativ lausige Aufführungen gegeben, doch ich habe nie einen Zusammenhang zwischen dem jeweiligen Ergebnis und der Länge der Proben herstellen können. Danach geht es nicht.

RCM: Es ist auch ein Element der Magie mit im Spiel.

JL: So könnte man es nennen. Wenn ich es konkret fassen könnte, wäre ich vielleicht in der Lage, es besser zu steuern, doch ich kann es nicht. Ich glaube, es kommen mehrere Faktoren zusammen – wie oft ich das Werk in der letzten Zeit dirigiert habe, wie oft die Musiker das Stück gespielt haben (und was sie von den früheren Aufführungen behalten haben), welche Atmosphäre herrscht und was das Publikum ausstrahlt –, viele unterschiedliche Dinge, die sich auf unvorhersehbare, aber spürbare Weise auswirken. Wir sind schließlich keine Maschinen.

8. Juli 1978, Ravinia

RCM: Wie stehen die Dinge nach sechs Sommern als erster Mann in Ravinia?

JL: Es wird vielleicht nicht ewig so bleiben, doch im Augenblick bin ich begeistert vom Orchester und arbeite sehr gerne mit ihm. Für mich auf der Bühne klingt alles ausgezeichnet. Es ist eine sehr gute Bühne. Ed [Gordon, der Geschäftsführer des Ravinia Festival] reißt sich ein Bein aus, um mir Konditionen zu bieten, die mich reizen und anspornen. Wir haben in diesem Jahr das Programmkonzept verbessert, und dieser Sommer könnte uns trotz des miesen Wetters sogar einen finanziellen Erfolg beschert haben.

RCM: Nach den Erfahrungen des letzten Wochenendes, an dem der Rasen weitgehend unter Wasser stand und Berlioz' *Les Troyens* – unglaublich schöne Musik – nur von ganz wenigen Leuten gehört wurde, steht fest, daß das Festival wetterfester gemacht werden muß. Nach all der Arbeit, die du in dieses Projekt investiert hast, muß der Regen eine herbe Enttäuschung gebracht haben. Wenn du nach Salzburg gehst, arbeitest du an einer richtigen Bühne.

JL: O ja, natürlich. Gewiß. Doch da enttäuscht dann wieder etwas anderes. Ich kann nur einige wenige nicht ganz ausreichend geprobte Aufführungen mit Standardrepertoire machen, bevor das Ganze absurd wird. Wenn es je so weit kommt, muß ich gehen.

RCM: Bald nachdem Seiji Ozawa in Ravinia angefangen hatte, trat er mit dem Orchester in der City auf und bewies, wozu er unter entsprechenden Vorzeichen imstande war. Deshalb werde ich oft gefragt: Was würde Levine unter normalen Umständen mit Proben wie im Winter bringen, was er jetzt nicht bringen kann?

JL: Es ist so: Bei einem Orchester, das in Fragen des Details so aufnahmebereit ist wie dieses, stößt man auf keinerlei Grenzen. Man kann alles machen. Alles. Es ist manchmal ganz erstaunlich, was diese Musiker selbst bei schrecklichem Wetter im Freien zustande bringen. Auch ich halte es für sinnlos, Effekte zu erzielen, die man ab der zwölften Reihe vielleicht gar nicht mehr hört und die mit Sicherheit unterhalb der Schwelle dessen liegen, was die Lautsprecher wiedergeben können. In einem guten Konzertsaal werden sie von jedem gehört.

Ich hoffe, daß ich mit dem Orchester irgendwann eine sorgfältig geprobte Aufführung im Konzertsaal bestreiten kann.

[1983 war es soweit. Levine dirigierte in der Orchestra Hall in Chicago Beethovens Klavierkonzerte mit Alfred Brendel als Solisten.]

Wenn man mit Menschen, zu denen man einen sehr engen persönlichen Draht hat, ernsthaft und sorgfältig zusammenarbeitet, entsteht bei den Proben ein maximales Konzentrat dessen, was einer Probe überhaupt ihren Sinn gibt. Man versucht, musikalischen Fragen ganz tief auf den Grund zu gehen. Aber bei den meisten Aufführungen herrscht eine Atmosphäre, die einen wieder ein Stück weit davon wegbringt. Manchmal geht es bei Konzerten regelrecht magisch zu. Alles läuft ganz nach Wunsch, und was man in den Proben herausgearbeitet hat, klappt reibungslos. In den sechs Jahren bei Szell hörte ich ihn oft ein dutzendmal pro Spielzeit Brahms' *Vierte* dirigieren, und man konnte unmöglich sagen, weshalb eine bestimmte Aufführung die perfekteste war. Die Tempi waren in etwa gleich. Er bemühte sich immer um dieselben Nuancen. Das Orchester klang phantastisch. Doch irgendwann kam der Augenblick, in dem das, was er ausströmte und was die Musiker empfingen, all die Proben bezahlt machte. Es ließ sich nie voraussagen, wo diese eine Aufführung stattfinden würde. Es konnte in der Carnegie Hall sein oder in einer kleinen Universitätsstadt. Ehrenwort. Szell trat ganz gelassen aufs Podium und dirigierte die Musiker mit dem gesamten Schatz ihres gemeinsam erarbeiteten Wissens, aber mit einer Frische, so als stünde er zum erstenmal vor ihnen, so als müßten sie sich ganz besonders konzentrieren. Genau das ist es, was bei den Proben stattfindet und sich im Konzert nur sehr schwer fassen läßt.

Ich habe es erlebt, daß wir in New York eine Oper geprobt haben und wußten, daß wir sie, sagen wir, ein dutzendmal aufführen werden. Und alle Vorstellungen fielen vielleicht ähnlich gut aus. Aber hundertprozentig gab es eine, bei der wir alle wußten, das war's. Alles kam zusammen. Und es ist absolut egal, ob die Hörner an diesem Abend ein paar Kiekser gemacht haben. Es war einfach so, daß das, was wir geprobt hatten, eintrat.

RCM: Und daß sich all deine Erwartungen erfüllten.

JL: Wir hatten alle das Gefühl, unser Bestes gegeben zu haben.

RCM: Du spielst inzwischen ziemlich viele Schallplatten ein.

JL: Es ist schon komisch im Leben: Da versucht man ewig lange, eine Plattenfirma zu überreden, etwas Unbekannteres zu machen, aber sie ist nicht daran interessiert. Am soundsovielten kompletten Beethoven-Symphonienzyklus sind sie interessiert. Aber solche Platten will ich nicht machen. Vor kurzem fuhr ich mit meinem Wagen durch New York und hörte in einer Sendung meine *Pastorale*, die ich 1976 hier gemacht hatte. Es war eine gute Aufführung, doch ich dachte nur: Wer die Toscanini-Einspielung mag, soll sich die anhören, wer die von Reiner mag, soll sich die anhören, oder wer die von Szell bevorzugt, eben die, aber es ist keine von mir nötig. Ich werde bestimmt nicht mehr aus ihr herauslesen als jene Dirigenten. Vielleicht kommt der Tag, an dem ich es – wenn ich die entsprechenden Musiker in meinem Orchester habe – für richtig halte, eine Beethoven-Symphonie einzuspielen. Aber ich hege absolut kein Interesse daran, eine Vielzahl von Einspielungen nur um ihrer selbst willen zu machen.

[15 Jahre später, 1993, nahm Levine schließlich eine Beethoven-Symphonie, die *Dritte*, mit dem Met-Orchester auf.]

RCM: Bei deiner ersten Aufführung von Beethovens *Neunter* mit diesem Orchester [1976] bist du mit gewissen Einstellungen, Emotionen und psychologischen Kunstgriffen ans Werk gegangen, die eine Interpretation entstehen ließen, die ich außerordentlich ansprechend fand. Als du die Symphonie aber im Jahr darauf wiederholt hast, sah es ganz anders aus, vielleicht einfach deshalb, weil du sie nach so kurzer Zeit erneut brachtest. Die Schwingungen stimmten nicht ganz. Deswegen war die zweite Aufführung nicht so erfolggekrönt wie die erste.

JL: Du hast recht. Und weißt du, woran das liegt? In so einer Situation geht man immer ein Risiko ein. Es ist immer ungewiß, wie das Ganze ausgeht. Entweder ist die Dynamik weg, oder aber der Draht besteht weiter, und man steigert sich noch. Wir spielten drei Jahre hintereinander [1975–77] alle *Brandenburgischen Konzerte*, und mit jedem Jahr wurden sie besser. Wir machten immer da weiter, wo wir im Sommer zuvor aufgehört hatten, und konnten uns kontinuierlich verbessern. Bei jener Beethoven-Symphonie ging das nicht. Beim zweiten Mal war es noch heißer, wir hatten viel weniger Zeit, und gewisse Details, auf die ich Wert legte, waren nicht immer klar festgelegt. Dieses Werk ist viel schwieriger, als man gemeinhin annimmt, wenn man es richtig gut bringen will.

RCM: In Ravinia herrscht eine wunderbare Tradition, die es den Musikern erlaubt, sich dem Wetter entsprechend zu kleiden. Sie dürfen die Jacketts, die Fliegen ablegen, ja sogar die Schuhe ausziehen. Als du das erste Mal die *Neunte* dirigiert hast, hattest du Sandalen an. Nie zuvor hatte das Chicago Symphony Orchestra beim Spielen die bloßen Zehen des Dirigenten vor Augen gehabt. Ich weiß nicht, ob das entscheidend war, aber man kann nie genau sagen, welche Faktoren ausschlaggebend sind. [Beide lachen.]

Jedenfalls – ich will nicht sagen, du solltest keine Risiken eingehen. Ganz im Gegenteil. Ich meine, wenn du Risiken eingehst, müssen wir einfach akzeptieren, daß ein paar gute Ideen auch einmal nicht funktionieren.

JL: Ganz richtig. Das liegt in der Natur der Dinge.

RCM: Ich sehe den Tag kommen, an dem du dich fragst: Was mache ich überhaupt noch hier in Ravinia, wenn ich genausogut in Salzburg sein oder gar nichts machen könnte?

JL: Da ist etwas Wahres dran. Ich denke eigentlich auch, daß eine Zeit kommen wird – ich vermute einmal, in den nächsten fünf bis zehn Jahren [1983–88] –, in der ich deutlich weniger arbeiten möchte. Wenn ich irgendwann, bevor ich 45 bin, so weit bin, daß ich einen Monat im Jahr Festivalauftritte, vier Monate im Jahr mit meinem eigenen oder einem festen Orchester symphonische Musik und drei bis vier Monate im Jahr Oper mache, dann würde ich sieben oder acht Monate im Jahr arbeiten und hätte vier bis fünf Monate frei. Wenn sich ein Projekt ergeben würde, das mich interessiert, wäre ich ungebunden. Oder ich könnte mich wieder ans Klavier setzen und mich so weit in Form bringen, daß ich die Mozart-Konzerte und -Sonaten auf dem Niveau einspielen könnte, das mir vorschwebt. Ich spiele nach wie vor genug, um die Finger am Laufen zu halten, aber ich liebäugele mit gewissen Klavierprojekten, die ein viel beständigeres Arbeiten am Klavier erforderlich machen.

[Zu dieser Änderung im Arbeitsplan kam es indes nicht. Fast zwanzig Jahre später arbeitet Levine mehr denn je. Sein Terminkalender ist so voll wie noch nie. Als Grund gibt er an: »An der Met war es einfach viel zu spannend, um überhaupt daran zu denken, mich dort rarer zu machen.«]

Früher hatte ich viel freie Zeit, in der ich nachdenken und Visionen entwickeln konnte. Mir war klar, daß ich anders rangehen mußte, wenn sich über längere Zeit viele verschiedene Herausforderungen bieten. Natürlich ist es durchaus drin, in Zukunft mehr Zeit freizunehmen. Natürlich reizen einen Orte wie Salzburg, wo es Probleme wie die in Ravinia gar nicht gibt.

Doch Ravinia bietet eine konzentrierte Arbeitsphase mit einem bestimmten Orchester – eine Möglichkeit, die ich nirgendwo anders finde. Ich habe das Gefühl, in Philadelphia habe ich eine Winterbeziehung, die meiner Sommerbeziehung in Chicago ähnelt.

[Leider war diese nicht von langer Dauer.]

Ich dirigiere die Wiener Philharmoniker, die Berliner Philharmoniker und verschiedene Londoner Orchester, aber für jemanden, der nicht mit einem eigenen Orchester symphonische Musik einspielen kann, sind die Arbeitsbeziehungen in Chicago und Philadelphia ungewöhnlich anregend und befriedigend.

[Bezeichnenderweise stammen Levines letzte Einspielungen mit dem Chicago Symphony Orchestra und seine ersten symphonischen Plattenaufnahmen mit dem Orchester der Met aus demselben Jahr, 1992.]

Aber weißt du, zur Zeit spielt für mich noch etwas anderes eine große Rolle. Ich empfinde die Arbeit an der Met als sehr befriedigend. Wenn du heutzutage an einem x-beliebigen Abend in die Met gehst, dürftest du viel eher eine gute Aufführung erleben als eine schlechte. Karajan hat wohl einmal gesagt, es dauere zehn Jahre, um an einem Opernhaus größere Veränderungen zu bewirken. Das ist vielleicht übertrieben, aber selbst ich dachte, wir bräuchten drei Jahre für eine spürbare Veränderung, doch schon nach eineinhalb Jahren hatten Orchester und Chor ein ganz anderes Niveau erreicht. Es ist eine absolute künstlerische Wende.

An der Met arbeite ich drinnen und verwende sehr viel Zeit auf ein einzelnes Werk. Und ich bin sieben Monate im Jahr in der Stadt, in der ich lebe. Ich lebe zur Zeit sehr gern in New York. Die Lebensqualität steigt wieder deutlich. Mein Wanderleben in freier Natur beschränkt sich auf Ravinia und ist eigentlich viel zu kurz. Trotzdem ist mein Arbeitspensum insgesamt gut ausbalanciert. In Salzburg findet natürlich alles drinnen statt, doch die Umgebung ist herrlich.

In der Hollywood Bowl habe ich vor 17 000 Besuchern das verrückte Beethoven-Stück *Wellingtons Sieg* mit Kanonen aufgeführt. Dadurch, daß ich am Ende des Sommers meist nicht mehr in Ravinia bin, konnte ich es bisher vermeiden, die *Ouvertüre» 1812«* dirigieren zu müssen, doch vielleicht währt mein Glück nicht ewig.

Wenn ich so zurückblicke, fällt mir auf, daß ich erst ein einziges Mal in meinem Leben Beethovens *Fünfte* dirigiert habe – diesen Sommer.

RCM: Es ist ein vortreffliches Werk. Du wirst Gefallen daran finden.

[Schallendes Lachen. – Bis zum Redaktionsschluß, also bis 1996, hat er sie kein zweites Mal dirigiert.]

JL: Sprachen wir nicht von meiner ersten Beethoven-*Neunten* hier in Ravinia?

RCM: Ja, richtig.

JL: Das war übrigens meine erste Beethoven-*Neunte* überhaupt. Ich bin immer vorsichtig, wenn es darum geht, Standardwerke zu wiederholen, besonders wenn es nicht nötig ist. Szell sagte einmal zu mir:»Sie sind der einzige junge Amerikaner, den ich kenne, der ein wirklich breites Repertoire beherrscht.«

Doch je mehr Musik man kennt und je mehr man darüber weiß, desto mehr Einblick hat man in andere Werke desselben Komponisten. Ich habe immer zu verhindern gewußt, in die falsche, abgegriffene Repertoireschublade, beispielsweise Beethoven, gesteckt zu werden. Ich finde, er ist ein Komponist, bei dem ein Orchester sehr gut auf die interpretatorischen Absichten seines Chefdirigenten anspricht. Ich hatte keine Lust, als Gastdirigent Beethoven zu dirigieren und jede Menge Solti und Karajan zurückzubekommen. Das Orchester steckt genau in der Mitte fest. Es kann nicht so spielen, wie es bei ihm spielt, und aufgrund begrenzter Zeit kann es auch nicht unbedingt das machen, was ich möchte, deshalb spielen die Musiker einfach die Noten runter, und keiner verleiht der Interpretation ein besonderes Gepräge. Ich wähle normalerweise Musik, bei der dies eher nicht geschieht. Bis zum heutigen Tag habe ich kein einziges Mal Tschaikowskis *Fünfte* dirigiert.

RCM: Du befindest dich in guter Gesellschaft. Toscanini hat sie auch nie gespielt.

JL: Aber ist es nicht verrückt, *Lulu* und die *Gurre-Lieder*, aber nie Tschaikowskis *Fünfte* dirigiert zu haben? Dabei mag ich Tschaikowskis *Fünfte*.

[Bis 1996 hatte er sie kein einziges Mal dirigiert, im Gegensatz zu zahlreichen *Onegins*, der *Sechsten* und der *Vierten*, zwei Klavierkonzerten und dem *Violinkonzert* sowie diversen Ballettsuiten.]

14. Juli 1981, Ravinia

RCM: Als du 1973 die Leitung des Ravinia Festival übernahmst, war das dein primärer Sommerjob. Seit fünf Jahren teilt Chicago dich mit Salzburg. Ab 1982 wirst du jedes Jahr in Bayreuth zu Gast sein. Es sieht so aus, als würden deine Engagements in Europa zunehmen. Wenn du in wunderbaren Sälen arbeiten und die Wiener Philharmoniker dirigieren kannst – was hält dich dann noch in Ravinia, wo du dem Regen und den Mücken trotzen mußt?

JL: Ravinia bietet mir drei Dinge, die sämtliche Probleme mit dem Wetter, den begrenzten Proben und dem Sommerstreß wettmachen. Erstens ist es von unschätzbarem künstlerischem Wert für mich, mit diesem Orchester verbunden zu sein. Ich genieße nicht nur unsere gemeinsame Arbeit, sondern schätze auch die Tatsache, daß sich die Qualitäten dieses Orchesters in vieler Hinsicht mit meinen musikalischen Prioritäten decken.

Zweitens haben wir seit nunmehr zehn Jahren einen immer engeren persönlichen Draht entwickelt und ein großes Repertoire erarbeitet, wovon einiges gründlich und einiges auf die Schnelle einstudiert wurde, aber die Musiker kennen mich, und ich kenne sie. Seit meinem Antritt wurden ungeheuer viele neue Musiker eingestellt, doch sie sind inzwischen bestens in das Ensemble integriert. Zehn Jahre lang hatte ich mit einigen genialen Musikern zu tun, etwa Frank Miller und Bud Herseth, von denen ich ständig dazugelernt habe.

[Miller war Toscaninis erster Cellist im NBC Symphony Orchestra; Herseth ist seit 1948 erster Trompeter.]

Drittens habe ich einfach das Gefühl, solange ich hier Programme gestalten kann, können wir qualitätvolle Einspielungen von Werken machen, die gründlich geprobt wurden, und ich kann eine gewisse Zahl von Sachen erst einmal für mich ausprobieren.

Und ich kann bestimmte Stücke wiederholen, von denen ich glaube, daß wir sie noch besser hinkriegen und die ich viel nuancierter herausarbeiten kann, wenn wir mit einer anderen Gangart vorgehen, von der die künstlerische Seite profitiert.

Und solange diese Beziehung hier im Park so vor Vitalität sprüht, ist den Musikern und mir bewußt, daß wir hier etwas gemeinsam aufgebaut haben, das uns alle mit großer Freude erfüllt.

19. November 1983, Metropolitan Opera

RCM: Uns ist beiden gegenwärtig, was du im Laufe der Jahre über die Programme in Ravinia gesagt hast – daß sie immer ein bestimmtes Thema haben, jeden Sommer auf einen oder mehrere Komponisten ausgerichtet sind und die üblichen Nummern typischer Sommerkonzerte ausklammern. Du stehst jetzt vor deiner zwölften Saison. Wie würdest du deine künstlerische Linie beschreiben?

JL: Seien wir ehrlich. In Ravinia spielt das Chicago Symphony Orchestra, eines der führenden Orchester der Welt, auf einer Freilichtbühne in einem wunderbaren Pavillon mit guter Akustik, die aber dennoch wetterabhängig ist. Wir spielen drei Programme pro Woche mit jeweils vier bis fünf Proben, was in etwa der Probenzeit entspricht, die in der City für ein einzelnes Konzert angesetzt wird. Für kleinere Werke stehen uns die Abende im Murray Theater zur Verfügung.

Ich glaube, es wäre völlig falsch, wenn Ravinia versuchen würde, den gleichen künstlerischen Bereich einzunehmen wie die Winterkonzerte in einem geschlossenen Saal. Das soll heißen, wenn ich im Webern-Gedenkjahr [1983 wurde Weberns 100. Geburtstag gefeiert] musikalischer Leiter eines Symphonieorchesters gewesen wäre, hätte ich im Laufe eines Jahres sämtliche Werke Weberns aufgeführt. Es ist kein einziges Werk darunter, das länger als 15 Minuten dauert. Jedes einzelne davon paßt in einen symphonischen Kontext, einen Kammermusikkontext oder ein Programm für Orchester mit Chor. Diese Stücke bei minimaler Probenzeit über unser Sommerprogramm mit dem unvermeidlichen Wetterrisiko zu verteilen erschien mir schlicht aussichtslos. Ich ging ganz anders vor. Ich gab im Murray Theater, wo wir einigermaßen Herr der Lage sind, ein Kammerkonzert als Probeaufführung. Und ich spielte ein Werk in einem Abendkonzert.

Die Spielzeit 1984/85 ist ein Berg-Gedenkjahr. Er wurde 1885 geboren. Hier an der Met werden wir in ein und derselben Saison sowohl *Wozzeck* als auch *Lulu* spielen. Ich meine nicht, daß man mir auf die Schulter klopfen, einen Orden verleihen und bescheinigen sollte, wie revolutionär ich bin. Ich meine nur, daß *Wozzeck* und *Lulu* enorm viel Probenzeit erfordern für das, was sie möglicherweise einspielen. Wir machen das allein aus zwingender künstlerischer Notwendigkeit und aus Begeisterung für diese Werke. Es ist vorteilhaft, daß wir beide Opern schon einmal produziert haben, doch diese Aufführungen werden anders sein – besser als die früheren. Das sind die Dinge, die ein musikalischer Leiter eines Opernhauses zu größeren Gedenkfeiern bringen kann. Wäre ich musikalischer Leiter eines Symphonieorchesters, müßte ich den Jahrestag eines großen Komponisten ganz anders würdigen.

Jedenfalls kann man nicht darüber hinwegsehen, daß das Ravinia Festival nur dann funktionieren kann, wenn sich seine künstlerischen Konzepte, seine künstlerischen Intentionen, seine künstlerischen Perspektiven irgendwie von dem abheben, was für einen geschlossenen Konzertsaal geeignet ist. Da kann man keine Werke bringen, die in einer 30wöchigen Spielzeit machbar sind.

RCM: Und das sollte auch keiner erwarten.

JL: Es geht immer darum, einen Ausgleich zu finden. Nehmen wir einmal an, wir wollen das Verdi-*Requiem* oder das Brahms-*Requiem* spielen. Ich nenne diese beiden Werke als Beispiele, weil sie sehr oft gebracht werden, und sie sind natürlich auch im Repertoire des CSO [Chicago Symphony Orchestra]. Das Verdi-

Requiem war in Ravinia 17 Jahre lang nicht zu hören, bevor ich es letzten Sommer dort aufführte, und das Brahms-*Requiem* war sogar eine Premiere für Ravinia. Also beide Werke waren neu für mich mit dem CSO. Deswegen meine ich, wenn ein großes Werk auf dem Programm steht, von dem das Orchester die Noten kennt, gewinnen wir Probenzeit, die wir auf anderes verwenden können. Das mag kein ausreichendes Argument sein, doch ohne solch günstige Konstellationen hätten wir nie die Möglichkeit, die Programme mit etwas Unbekanntem auszugleichen.

Eines ist auf jeden Fall frustrierend und läßt sich nicht so leicht lösen: Ich will einfach neue Musik spielen. Bei neuer Musik habe ich jedoch das Problem, daß ich genügend Vorbereitungszeit benötige. Und ich brauche Musik, bei der ein minimales Risiko besteht, daß sie an einem lauten, verregneten Abend in alle Winde zerstreut wird. Das läßt sich nicht so leicht ins Lot bringen.

RCM: Einige Stammbesucher scheinen allerdings der Meinung zu sein, daß du mit zunehmendem Alter etwas konservativer geworden bist.

JL: In gewissem Sinne bin ich vielleicht etwas weniger ungestüm als in meinen Anfangsjahren, aber dafür gibt es zwei Gründe: Erstens bin ich der Meinung, daß einige jener frühen Neuerungen gar nicht so gut waren, und zweitens habe ich den Wunsch, mich in eine gewisse Tiefe vorzuarbeiten, und das geht ohne Wiederholungen nicht. Nur auf diese Weise entwickelt sich eine Interpretation. Wenn sich Dirigent und Musiker eine Partitur immer wieder vornehmen, läßt sich jedesmal an Dingen arbeiten, die verbessert werden müssen.

Ich vermute, daß das Publikum in den Anfangsjahren des Festivals mit vier Programmen pro Woche und ständig wechselnden Dirigenten viel von dem zu hören bekam, was Kritiker als Standardinterpretationen zu bezeichnen pflegen. Jeder ging so ziemlich auf Nummer Sicher. Solange die Noten stimmten und das Orchester zusammenblieb, war man schon zufrieden. Ein hohes Maß an Differenziertheit wurde gar nicht erst erwartet. Wir müssen heute einen Grundstock legen, ausgehend von einem kompetenten Publikum, das die künstlerische Maxime von heute begrüßt, so wie das frühere Publikum von Ravinia hinter jenen Künstlern stand, die es vor vierzig Jahren hörte. Ich sehe keine Möglichkeit, dies auf die radikale Tour oder auf die Schnelle zu bewerkstelligen. Und ich sage all dies im vollen Bewußtsein, daß es gar nicht so sein muß. Vielleicht gibt es eine alternative Vorgehensweise, auf die ich bloß noch nicht gekommen bin.

RCM: In den sechziger Jahren hat Seiji Ozawa, wie du weißt, zusätzliche Sonntagsprogramme eingeführt, die vielen Leuten in Ravinia furchtbar avantgardistisch vorkamen. Ich betrachtete sie als Nische für neue Musik. Es war besser als gar nichts. Da die Probenzeit begrenzt war, nahm er wahnsinnige Risiken auf sich, doch zum Glück ist nie etwas wirklich Schlimmes passiert. Das Orchester wußte, daß er seinen Ruf aufs Spiel setzte, und zeigte sich sehr kooperativ. Rückblickend kommen mir diese Programme nicht mehr besonders radikal vor, doch damals eröffneten sie dem Publikum sehr viele Werke und etliche wichtige Komponisten, die man in Ravinia noch nie gehört hatte.

Dabei gestand mir Ozawa damals, daß er im Grunde eigentlich Mischprogramme, wie er es nannte, einführen wollte – Programme, bei denen zum Beispiel in einer regulären Abendaufführung einer Beethoven-Symphonie Bergs *Violinkonzert* vorausging. In jenen Jahren mußte man Berg in Ravinia in eines jener »schrecklichen« Konzerte mit moderner Musik verbannen, und vor eine Beethoven-Symphonie stellte man nichts Gewagteres als ein Mendelssohn-Konzert. Diese Veränderung vollzog sich in deiner Zeit ohne großes Aufsehen. Heute würde niemand die Stirn runzeln, wenn er Berg und Beethoven auf ein und demselben Programm sehen würde.

JL: Wir machen so etwas ständig. Doch dann kommen Leute und sagen: »Ist es nicht wunderbar, daß Abbado in der letzten Spielzeit Stockhausens *Gruppen* in der Orchestra Hall gespielt hat?« Dazu kann ich nur sagen: Abbado *sollte* so ein Werk bei den Konzerten in der City spielen. Dort gehört es hin. Er hat die Möglichkeiten und die Voraussetzungen dafür.

RCM: Niemand, der bei Verstand ist, würde denken, *Gruppen* wäre etwas für Ravinia. Ganz abgesehen davon, wie das Publikum darauf reagieren würde, wäre es schier unmöglich, es dort zu präsentieren.

JL: Mich ärgert allerdings, daß das Chicago Symphony Orchestra Stücke wie Schönbergs *Klavierkonzert* und die *Gurre-Lieder* sowie Bergs *Altenberg-Lieder* und sogar ältere Werke wie das Berlioz-*Requiem* und Mahlers komplette *Rückert-Lieder* als CSO-Erstaufführungen mit mir in Ravinia spielte. Das sind wichtige Kompositionen, Meisterwerke, die gehört werden müssen, die aber in der City nicht ein einziges Mal alle zehn Jahre und auch nicht alle zwanzig Jahre, sondern noch gar nicht gespiet wurden. Wie konnte ein Orchester, das 1891 gegründet wurde, diese Musik jahraus, jahrein ignorieren? Wahrscheinlich weil man sich nie mit allen großen Werken befassen kann. Zum Glück gibt es viel zu viele!

In einem Winterprogramm kann man Musik des 20. Jahrhunderts in einer viel größeren Dichte aufführen, als dies im Sommer je möglich wäre. Doch selbst wenn es nicht so zwingend erscheinen mag, können auch im Sommer lange vernachlässigte Werke der Vergangenheit eindrucksvoll dargeboten werden.

Ein anschauliches Beispiel für mein Credo ist die Tatsache, daß wir seit 1976 überhaupt zum allerersten Mal an der Met *Les Dialogues des Carmélites*, *Lulu*, *Billy Budd*, *Mahagonny*, *Les Mamelles de Tirésias*, *L'Enfant et les sortilèges*, *Oedipus Rex* und ähnliches aufgeführt haben. So viele Werke des 20. Jahrhunderts, ob klassisch oder nicht, wurden in den ganzen letzten dreißig Jahren nicht gespielt – nicht seit Gatti-Casazza, der ständig darum bemüht war, auch amerikanische Werke ans Licht zu bringen, egal ob sie anschließend in der Versenkung verschwanden oder nicht.

Sollte jemand den Eindruck haben, mein Programmkonzept in Ravinia werde mit der Zeit nicht gewagter oder in mancher Hinsicht sogar weniger gewagt, kann ich nur sagen, er hat wahrscheinlich recht. Aber einer der Gründe besteht darin, daß ich – weil ich das Orchester so gut kenne und schon so lange mit ihm zusammenarbeite – das Verlangen spüre, an Details zu arbeiten, was man gar nicht kann, wenn man etwas zum erstenmal macht. Das geht nur, wenn man etwas wiederholt, wenn man sich etwas erneut vornimmt, was man schon einmal gespielt hat und wo der Grundstein der Interpretation bereits gelegt ist.

RCM: Wir stimmen wohl beide darin überein, daß es in einem Programm sehr stark auf Kontrast ankommt. Hans Rosbaud …

JL: Ein großartiger Dirigent!

RCM: Du weißt, wie sehr wir ihn in Chicago schätzen lernten. Er hat in seinen Jahren als Gastdirigent des CSO in der City einige außergewöhnliche Neuerungen eingeführt. Er hat immer wieder betont, daß man einem Publikum alles nahebringen kann, wenn man es in einen geeigneten Kontext stellt.

JL: Die Programmgestaltung fasziniert mich. Wir kennen beide genügend Beispiele für schlechte Programme. Der Geschäftsführer steht beispielsweise vor dem Problem, daß der Dirigent ein Stück wie Varèses *Arcana* spielen will, also überredet er ihn, es mit einem Schlachtroß, einem romantischen Konzert, zu koppeln. Die Leute, die den Varèse hören wollen, nehmen ein kontrastierendes romantisches Werk vielleicht in Kauf, wenn es nichts total Abgedroschenes ist, doch diejenigen, die Tschaikowskis *Konzert b-Moll* hören wollen, würden den Varèse als Zumutung empfinden. Deshalb wäre das gar kein guter Kompromiß. Alle wären unzufrieden.

RCM: Ich denke, bei dem, was du und das Chicago Symphony Orchestra zur Zeit draufhaben, gibt es bestimmte Werke amerikanischer Musik – die *Symphonie Nr. 2* von Ives ist ein gutes Beispiel –, die im gängigen Repertoire völlig akzeptabel wären. Es steht überhaupt nicht zu befürchten, daß sie in der verfügbaren Zeit nicht vorbereitet werden könnten, und stilistisch wären sie dem Publikum durchaus zugänglich. Niemand wird wegen einer Symphonie zetern und schreien, die stellenweise wie Brahms klingt. Ich denke, insgesamt gesehen gibt es nicht wenige Stücke, die du spielen könntest.

JL: Ich glaube, diese Wende zeichnet sich auch ab.

[Im Juli 1984 dirigierte Levine Ives' *Zweite* mit großem Erfolg in Ravinia. Im Mai 1981 hatte Michael Tilson Thomas sie in das Repertoire der City-Konzerte aufgenommen. Als die Wiener Philharmoniker Ives im Ravinia-Prospekt aufgelistet sahen, baten sie Levine, auch mit ihnen Ives zu spielen; 1985 dirigierte er in Wien *Three Places in New England* in der Erstaufführung der Wiener Philharmoniker; später wiederholte er dieses Werk in Ravinia.]

RCM: So wie ich es sehe, bieten die Konzerte in Ravinia ungeheure Möglichkeiten, Neues und Altes, Bekanntes und Unbekanntes zu mischen – so wie Rosbaud es propagierte.

JL: Das sehe ich auch so.

RCM: Und wieweit wird dies deiner Meinung nach auch verwirklicht?

JL: Es ist ein ewiger Balanceakt. Man muß ständig seinen Hut in den Ring werfen und sich etwas Neues einfallen lassen. Es gibt immer wieder Spielzeiten, bei denen man am Schluß das Gefühl hat, da war zuviel von diesem und nicht genug von jenem dabei. Und du darfst nicht vergessen: Man kann nur das machen, wovon man selbst überzeugt ist. Daß man etwas tun sollte, genügt nicht. Das Gefühl reiner Verpflichtung gebiert eine leblose Interpretation. Jedes Programm, das aus Pflicht absolviert wird und nicht der Neigung entspringt, muß von vornherein scheitern. Ich kann jedenfalls keine Werke dirigieren, die ich nicht liebe oder in irgendeiner Weise schätze.

RCM: Ich denke, wir sollten die Spielzeiten in Ravinia nicht als isolierte Ereignisse betrachten. Wir sollten vielmehr analysieren, was dort über längere Zeiträume, über drei oder vier Sommer hinweg geschieht.

JL: Absolut. Auch in einem Opernhaus kann es vorkommen, daß man etwas produzieren will, es aber verschieben muß, weil man keine geeignete Besetzung dafür findet. Ich muß mich immer auf längerfristige Prozesse einstellen.

RCM: Und wie jeder gute Politiker kannst du dich auf deine bisherigen Leistungen berufen.

JL: [Lacht laut.] Trotz der ungewöhnlichen Hitze im letzten Sommer verzeichnete Ravinia im zweiten Jahr in Folge einen neuen Besucherrekord. Die finanzielle Basis ist vollständig gesichert. Irgend etwas müssen wir also richtig machen, sonst würde uns das Publikum nicht so großartig unterstützen. Wir werden nicht von einem ängstlichen Konservatismus gehemmt. Dieses Gefühl herrscht überhaupt nicht. Es geht vor allem darum, die Möglichkeiten zu nutzen, die das Festival bietet. Aber ich gestalte die Programme weniger dicht, damit ich mehr proben kann. Die Mitglieder des Orchesters und ich haben dies abgesprochen. Es ist belastend, an manchen Wochenenden das Gefühl zu haben, daß gar nichts richtig vorbereitet, gar nichts richtig verdaut ist. Die Musiker sind nicht auf der Bühne, um bloß einem Job nachzugehen. Sie gestalten eine künstlerische

Darbietung, und am Ende des Abends wollen sie das Gefühl haben, nicht nur soundso viele tausend Noten gespielt, sondern an einer Interpretation mitgewirkt zu haben. Dabei müssen wir gewisse Risiken in Kauf nehmen.

RCM: Für das Publikum zählt jedoch vor allem das, was dabei herauskommt. Ich habe dir von jenem Nachmittag erzählt, an dem Ozawa echt in der Klemme steckte und innerhalb von zwanzig Minuten sowohl Beethovens *Fünfte* als auch Schuberts *Unvollendete* zu proben hatte. Und zwei Tage darauf sollte er diese beiden Werke einspielen. Natürlich wurde das Konzert zur eigentlichen Probe, und beim Abspielen des ersten Takes wurde klar, woran noch gearbeitet werden mußte, doch am Ende der Aufnahmesitzung lagen überzeugende Mitschnitte von Interpretationen vor, die vielleicht gerade durch ihre Frische das aufwogen, was ihnen an Differenziertheit fehlte.

Drei deiner jüngsten Einspielungen mit dem CSO habe ich mir ganz besonders genau angehört – Dvořáks *Symphonie »Aus der Neuen Welt«* sowie Mozarts Köchelnummern 550 und 551. Niemand könnte daran einen Mangel an Nuancierung beanstanden, obwohl sie im Rahmen von Sommerkonzerten entstanden.

JL: Sie waren recht sorgfältig vorbereitet und beanspruchten viel Zeit. Deswegen mußte ich das Zugeständnis machen, die Stücke mit anderen Werken zu verbinden, die das Orchester bereits kannte. Ich wehre mich gegen die Vorstellung, daß Einspielungen die unterschiedlichen Erwartungen an Sommer- beziehungsweise Winterspielpläne widerspiegeln. Die Qualitätsmaßstäbe ändern sich nicht mit den Jahreszeiten.

RCM: Siehst du das nicht auch als Teil deines Reifungsprozesses? Zu Beginn deiner Laufbahn warst du in den Zwanzigern; da hatte schon die bloße Begeisterung darüber, mit dem Chicago Symphony Orchestra zu musizieren, eine motivierende Wirkung. Das hat dich beflügelt. Doch je länger du mit dem CSO zusammengearbeitet hast, desto klarer erkanntest du die gegebenen Möglichkeiten, und jetzt, mit vierzig, hat sich die schiere Begeisterung gelegt. Jetzt willst du die beste Interpretation hören, die du dir vorstellen kannst.

JL: Du hast absolut recht. Und für diese beste Interpretation brauche ich Zeit.

4. Juli 1987, Ravinia

RCM: Du hast uns eben eine wunderbare *Ariadne auf Naxos* beschert. Und was für eine Besetzung! Margaret Price, Kathleen Battle, Susanne Mentzer, Dawn Upshaw, Gary Lakes und Hermann Prey gehören nicht zu dem Aufgebot, das bei amerikanischen Musikfestivals normalerweise auftritt. An Abenden wie diesem scheint Ravinias Anspruch, das Salzburg Amerikas zu sein, einigermaßen berechtigt. Ich empfand Dawn Upshaw als wahre Entdeckung, obwohl sie nur eine kleine Rolle hatte.

JL: Es gab eine Zeit, da hieß es, um solch eine Oper idiomatisch korrekt zu interpretieren, brauche man deutsche Sänger. Vielleicht hat das nie gestimmt, jedenfalls gilt es heute nicht mehr.

RCM: Nationale Herkunft bedeutet immer weniger, dagegen machen Stil und Profil der Ausbildung sehr viel aus. Wir stimmen wohl darin überein, daß die europäischen Opernhäuser seit dem Zweiten Weltkrieg zwar sehr viel Verantwortung übernommen haben, jungen amerikanischen Sängern Trainingsmöglichkeiten zu bieten, daß es jedoch grotesk wäre zu meinen, solches Training sollte zwangsläufig im Ausland erfolgen.

JL: So ist es.

RCM: Es muß auch hier mehr Möglichkeiten geben. Die Berufsaussichten sollten nicht davon abhängen, ob ein Sänger ein Engagement in Stuttgart bekommt.

JL: Ich kann dir nur zustimmen. Früher hieß es immer: Wieso müssen amerikanische Sänger nach Europa gehen? Ich denke, diese Sichtweise ist falsch. Amerikanische Sänger *müssen* nicht nach Europa gehen. Sie hatten auch hier in Amerika immer Möglichkeiten. Doch die meisten Sänger *wollen* nach Europa gehen – sollten nach Europa gehen. Zweifellos kann dort so etwas wie ein Prozeß der kulturellen, historischen und sprachlichen Bildung vonstatten gehen, von dem bestimmte Sänger ungeheuer profitieren. Das darf man nicht übersehen. Andererseits sollte man nicht dazu gezwungen sein, und es sollte auch in Amerika ausreichende Möglichkeiten wie das Young Artist Development Program geben, damit Musiker jeder Couleur in den Genuß einer richtigen Ausbildung kommen und wichtige Erfahrungen sam-

meln können, gerade auch in dem musikalischen Niemandsland,
dem man außerhalb der Großstädte oft begegnet.
Zu einer richtigen Ausbildung gehört es auch, die Dinge als
Ganzes zu sehen. Anfänger, besonders unter den Sängern, ten-
dieren immer dazu, Stimme und Technik zu trennen. Sie verstehen unter Technik bisweilen nichts weiter als das Meistern
hoher Töne, heikler Läufe und dergleichen.
RCM: So etwas wie eine Soße, die man vor dem Servieren
hinzugibt.
JL: Aber im Laufe ihrer Entwicklung merken sie natürlich,
daß zur Technik sämtliche Mittel gehören, die dazu dienen, den
Inhalt der Musik zu vermitteln. Sie ist Mittel zum Zweck.
RCM: Es sind die zwei Seiten einer Medaille. Die Technik
besteht in der Musik, und die Musik besteht in der Technik. Das
läßt sich nicht trennen.

25. März 1993, Chicago
Rückblick auf Ravinia, Abschiedsworte

Als ich hier anfing, ahnte ich kaum, was für eine Partnerschaft
daraus entstehen und welche Entwicklung dies anstoßen würde,
sowohl in meiner eigenen künstlerischen Reifung als auch in
Hinsicht auf die Möglichkeit, der Musikszene Chicagos etwas zu
geben, das während der gesamten Zeit immer mehr an Tiefe und
Genauigkeit der Darstellung gewann. In unserer heutigen Zeit
werden zwanzigjährige Partnerschaften eher selten. Für mich lief
dieser Aufbau einer symphonischen Basis in Ravinia parallel zur
Entwicklung meiner Opernbasis an der Met.
Ich hoffe, jeder ist sich darüber im klaren, daß Ravinia im
Grunde einzigartige Voraussetzungen bietet, die es allen Betei-
ligten – dem Publikum, dem großartigen Chicago Symphony
Orchestra und Chor, der Verwaltung, allen Freiwilligen und
jedem, der hier mitarbeitet – immer wieder ermöglicht, an-
regende Erfahrungen zu machen.
Ich weiß noch, früher dachte ich immer, der Prototyp des ame-
rikanischen Sommermusikfestivals sei Tanglewood, das zwei
Stunden von Boston entfernt in einem Urlaubsgebiet liegt. Ravi-

nia dagegen zählt im wesentlichen auf dasselbe Publikum, das von den Winterprogrammen in der City von Chicago angesprochen wird.

In der Wintersaison präsentiert man jede Woche ein Programm, probt sehr gründlich, wiederholt manche Programmpunkte und gibt hin und wieder ein Gastspiel. In Ravinia spielen wir jedes Programm nur einmal, bereiten pro Woche drei Programme vor und lösen dabei die äußerst heikle Frage, wie man all diese Musik probt – drei Programme in nur vier oder fünf Proben. Gleichzeitig schaffen wir ein wunderbares Gleichgewicht zwischen der Zusammenarbeit mit bekannten, etablierten Künstlern und dem Kontakt zu jungen Musikern. All das wurde möglich, weil Ed [Gordon] zu Beginn unserer Zusammenarbeit sagte: »Ich möchte, daß du musikalischer Leiter wirst.«

Zuerst fragte ich: »Wozu brauchst du einen musikalischen Leiter?«

Er antwortete: »Ich glaube, inzwischen brauche ich einen künstlerischen Mitarbeiter, damit ich die Einrichtung, die wir hier haben, in der entsprechenden Weise nutzen kann.«

Es gab den wunderschönen Pavillon, es gab das Murray Theater, doch im Hinterkopf hatten wir immer den Gedanken, eines Tages auch ein Ausbildungsprogramm für junge Künstler zu betreiben, so wie es jetzt der Fall ist. Wir hegten die Absicht, nicht nur eine lockere Reihe von Konzerten, sondern ein echtes Festival zu präsentieren.

Für mich war das Aspen Festival, mit dem ich sozusagen groß wurde, das typische Sommerfestival; allerdings war Aspen keine Gegend, in der auch den ganzen Winter über musiziert wurde. Ich habe überlegt, was das Besondere an Aspen war. Es wurde mir sofort klar: Musiker musizieren gerne in engem Kontakt zur Natur und zu jenen Dingen, die den Komponisten dazu anregten, diese Musik überhaupt zu schreiben, und sie musizieren gerne in engem Kontakt zueinander.

Es gibt natürlich zahllose Beispiele großer Komponisten, die auf dem Land oder in einer nichtstädtischen Umgebung komponierten und das dort entstandene Werk dann in der Stadt aufführen ließen. Sehr viele Meisterwerke sind auf diese Weise zustande gekommen. Es muß doch möglich sein, dieses Gefühl nachzuempfinden, wenn man die Musik – Musik der unterschiedlichsten Größenordnungen und Proportionen – draußen in der Natur, in dem offenen Pavillon und in dem kleineren Kammerkonzertsaal spielt.

Ein Sommerfestival bietet außerdem die Möglichkeit, die weniger bekannten Werke großer Komponisten oder die größten Werke einiger nicht ganz so bekannter Komponisten zu Gehör zu bringen; oder Werke für ungewöhnliche Instrumentalbesetzungen – kurzum, etwas anderes als das typische Programm des gewohnten Symphoniekonzerts an einem normalen Abonnementabend oder der gewohnten Kammerkonzertreihe mit dem üblichen Streichquartett. Diese mögen zwar anregend sein, doch Sommermusik ist im Grunde etwas anderes.

Das Chicago Symphony Orchestra ist nicht nur eines der wenigen großen, sondern auch ein wahrlich einzigartiges Orchester. Wo sonst findet man Musiker von solchem Format, die ein so gewaltiges Spektrum an Musik beherrschen und nicht nur nicht verzagen, wenn es heißt, ein Programm nur ein einziges Mal, bei größter Kälte oder in der größten Hitze, zu spielen oder unter ganz anderen Gestaltungsaspekten zu proben als im Winter, sondern die dadurch sogar noch angespornt werden? Viele Musiker haben mir gestanden: »Es macht wirklich Spaß, wenn es eine kontinuierliche Zusammenarbeit mit einem Chefdirigenten gibt und der persönliche Draht schließlich so eng wird, daß man gar nicht mehr viele Worte verlieren muß.«

Ich habe in all diesen Jahren hier versucht, einen gewissen Standard aufrechtzuerhalten und nicht nur einfach dem Zufall freien Lauf zu lassen. So viel steht fest: Diese Tätigkeit war eine wunderschöne Erfahrung und eine große Herausforderung, die mich in meiner künstlerischen Entwicklung in einer Weise weiterbrachte, die ich nicht in Worte zu fassen vermag.

Vor allem auf eines können wir stolz sein: Ravinia ist eine eingeschworene Gemeinde. Wenn es nicht so wäre, könnte man niemals drei Programme pro Woche spielen und jedesmal wieder Zuhörer anlocken. Wo sollte das Publikum auch herkommen, wenn nicht dieselben Leute immer wiederkämen, sogar mehrmals die Woche?

Nichts von alledem wäre möglich ohne diese Einrichtungen, ohne meinen Kollegen Zarin Mehta und seinen Vorgänger Ed Gordon, ohne das einzigartige Chicago Symphony Orchestra mit jedem einzelnen seiner Mitglieder und Margaret Hillis mit ihrem außergewöhnlichen Chor.

Als ich hier anfing, blickte das Orchester auf eine großartige Geschichte und eine jahrzehntelange Zusammenarbeit mit den bedeutendsten Dirigenten zurück. Wenn man mit 27 Jahren anfängt, das Chicago Symphony Orchestra zu dirigieren, und jahrelang mit ihm zusammenarbeitet, dann lernt man dabei zwangsläufig etwas für sich, und das Orchester ist sich dessen durchaus bewußt. Vermutlich würde sich das Orchester nie mit all dem abfinden, wenn es nicht das Gefühl hätte, es würde sich lohnen, dem Dirigenten zur Seite zu stehen und ihn trotz seiner Jugend und Unerfahrenheit zu respektieren.

Ich bedaure es sehr, daß diese Zeit zu Ende geht. Mit Sicherheit wäre ich nicht 22 Jahre lang dabeigeblieben, wenn ich nicht jedes Jahr gerne wiedergekommen wäre. Ich hätte gerne für immer weitergemacht, doch es kam der Zeitpunkt, wo notwendige und natürliche Entwicklungen es mir unmöglich machten, mit derselben Kontinuität im Sommer hier zu arbeiten. Ich hoffe nur, daß ich auch in Zukunft regelmäßig nach Ravinia kommen kann, selbst wenn es in den nächsten paar Jahren nicht sehr häufig sein dürfte.

All jenen, die an diesen Sommern mitgewirkt haben, kann ich kaum genug danken. Mir fehlen die Worte, um auszudrücken, was mir dieser große Teil meines Lebens bedeutet. Ich danke allen, die in diesen unvergeßlichen Jahren mit dabei waren.

31. Januar 1996, Metropolitan Opera

RCM: Keiner von uns beiden unterschätzt auch nur für einen Augenblick, was Szell dir mitgab, aber im Grunde kamst du bereits mit einer ausgereiften Dirigiertechnik zu ihm, die du an der Juilliard School erworben hattest.

JL: Ich habe sehr viel von Jean Morel gelernt. Er vermittelte mir eine der Grundregeln, an die wir uns immer wieder halten, nämlich daß es so etwas wie zu viele Proben gar nicht gibt. Er brachte mir bei: Je mehr Zeit ich habe und je differenzierter mein Konzept ist, desto mehr finde ich, was ich herausarbeiten und in der Aufführung entwickeln kann. Ich erlebte dies einmal, als Szell mit einem Luxus an Zeit, den ich nie für möglich gehalten hätte, das Cleveland Orchestra zu seinen Glanzzeiten in der *Freischütz*-Ouvertüre, einem Klavierkonzert von Mozart mit Serkin und Beethovens *Sechster* dirigierte. Er hatte fünf Proben und wußte auch am Schluß immer noch etwas mit seiner Zeit anzufangen, und er hob diese Musik in unglaubliche Höhen – wo sie natürlich hingehört, aber so selten hinfindet.

Morels Laufbahn standen zwei entscheidende Dinge im Weg: Erstens war er oft gereizt, aufbrausend und gehässig; und zweitens dirigierte er das klassische deutsche Repertoire nicht besonders gut, was ziemlich arg ist, wenn man ein Orchester als Chefdirigent leiten soll. Doch er war ein außergewöhnlicher Lehrer, er wußte alles Wesentliche und gab phantastische Aufführungen vieler Werke, besonders aus der französischen Romantik und dem frühen 20. Jahrhundert. Doch das Entscheidende – und das werden alle Absolventen des Juilliard Orchestra bestätigen – war seine absolut überzeugende Körpersprache. Sein gesamtes Bewegungsmuster zeigte einem, was man zu tun hatte. Bei Carlos Kleiber war es ähnlich.

Ich erinnere mich, als ich einmal in Berlin ein Programm mit zwei sehr bekannten Stücken dirigierte – ich glaube, Schumanns *Zweite* und *Dritte* –, da habe ich während der gesamten Probenzeit insgesamt kaum mehr als zehn Minuten geredet. Dieses Orchester ist unglaublich diszipliniert und reagiert absolut präzise auf den Taktstock und jede Geste; es machte regelrecht Spaß zu sehen, wieviel ich erreichen konnte, ohne zu sprechen. Dies gilt besonders bei Stücken, die das Orchester als sein angestammtes Repertoire betrachtet. Wenn man mit den Wiener Philharmonikern eine Mozart-Oper spielt, müssen sie kaum in die Noten schauen. Es gibt nichts zu erklären, außer den kleinsten Feinheiten, und selbst die könnten wahrscheinlich mit dem Körper oder dem Taktstock vermittelt werden, wenn der Dirigent dazu fähig ist und die Musiker ihn gut kennen.

Wenn Szell die Musiker seines eigenen Orchesters dirigierte, die ihn genauso gut kannten wie er sie, dann war er zu ungefähr 50 Prozent Dirigent und zu 50 Prozent Lehrer. Das habe ich oft bemerkt. Nahm er sich zum Beispiel Zeit für Stilfragen, dann spielten sie Triller und andere Verzierungen in dem vor ihnen liegenden Werk ganz automatisch richtig.

Arbeitete er jedoch als Gastdirigent und wußte, er mußte das Konzert in drei oder vier (oder wer weiß wie vielen) Proben vorbereiten, legte er viel mehr in seine Gestik. Er versuchte, sehr viel über den Schlag zu vermitteln, denn er kannte die Musiker nicht so gut, und sie kannten ihn nicht so gut, und deshalb meinte er, das Problem auf diese Weise lösen zu müssen, um die gewünschten Resultate zu erzielen.

RCM: Als Dirigenten stammen Szell und du in direkter Linie von Wagner ab, der mit der Tradition brach und nicht Taktstriche, sondern Phrasen dirigierte.

JL: Arbeitet man mit einem Orchester, das die elementaren Grundsätze des Dirigierens beherrscht, und schlägt nur Takte, muß man sich nicht wundern, wenn man genau das – nur Takte – bekommt. Aber man muß wissen, wo die Taktstriche stehen, selbst wenn man sie nicht anzeigt. Kaum eine Komposition ist so schwer auswendig zu dirigieren wie Strawinskys *Symphonie für Blasinstrumente*, die zwar nur zwölf Minuten lang ist, aber immer wieder dasselbe Material enthält, allerdings jedesmal in einem anderen Takt. Wenn ich bei diesem Stück nicht peinlich genau darauf achte, was in den Noten steht und wie ich das in mein Schlagmuster übersetze, kommt es zur Kollision.

Der intelligente Kritiker zeichnet sich gegenüber dem dummen Kritiker (und dem dummen Dirigenten) dadurch aus, daß er versteht, daß sich ein Künstler unentwegt entwickelt und stets versucht, am Guten festzuhalten und an dem zu arbeiten, was verbessert werden muß. Und das geht nicht immer stromlinienförmig.

Eines der faszinierendsten Phänomene ist die Art und Weise, wie sich die Technik eines Dirigenten entwickelt, denn je mehr das Orchester versteht und je weniger er das Konventionelle aufzeigen muß, desto mehr kann er versuchen, das Singuläre, Außergewöhnliche aufzuzeigen. Das wirft vollkommen andere – und weit interessantere – Probleme auf, als sie bei kurzen Proben aufkommen.

RCM: Ich habe einige heikle Augenblicke mit Szell erlebt, als er im März 1968 – übrigens zum letztenmal – als Gastdirigent nach Chicago kam. Keine Frage, er hatte das Orchester über 25 Jahre lang geleitet, doch er war lange Zeit weg gewesen. Es war ein reines Beethoven-Programm mit der *Fünften* und der *Sechsten*; beide Werke hatte das Orchester mit Reiner eingespielt. Und die Musiker versuchten immer noch, Reiners Interpretationen zu spielen, obwohl Jean Martinon diesen längst abgelöst hatte. Das Chicago Symphony Orchestra befand sich damals in der Übergangsphase zwischen zwei Chefdirigenten – Martinon ging, und Georg Solti kam. Da ich wußte, wie die Stimmung im Orchester war, befürchtete ich, es könnte die Musiker überfordern, falls Szell den Lehrer spielt und sich in so vertrauten Werken auf Details konzentriert. Deshalb überredete ich ihn, eine Probe zu streichen. Das hob die Stimmung enorm. Er hätte sich kaum beliebter machen können. Bei der Probe zeigte er alle entscheidenden Einzelheiten klar an, und die Musiker reagierten energisch, präzise und sehr dynamisch.

Ich gratulierte einem der Musiker zu ihrem Wohlklang, und er erwiderte: »Wenn so dirigiert wird, kann man gar nicht schlecht klingen.« Und so machte Szell gewaltigen Eindruck mit diesem Konzert, das vor Dynamik regelrecht sprühte. Doch der Preis für diese Vitalität war ein gewisser Verlust an Schliff an einigen Stellen. Das stimmte ihn unzufrieden. Ich sühnte mein Vergehen, falls es ein Vergehen war, indem ich ihn und seine Gattin in den Tavern Club zu einem exquisiten Dinner einlud und ihm einen phantastischen Burgunder kredenzte, den ich für ihn aufbewahrt hatte. Als wir beim Cognac anlangten, wußte ich, daß er mir vergeben hatte.

JL: Ich weiß, was du meinst. Nach all den Jahren an der Met kenne ich diese Situation ganz gut aus eigener Erfahrung. Wenn ich mit einem Orchester spiele, mit dem mich keine lange, kontinuierliche und intensive Zusammenarbeit verbindet, verlasse ich mich auf den Grundsatz, daß die Gestik soviel wie möglich anzeigen muß. Dabei darf man aber nicht vergessen, daß eine Geste sinnlos ist, wenn die Musiker nicht verstehen, was damit gemeint ist – wenn sie nicht zu ihrem Vokabular gehört.

Ganz faszinierende Dinge geschehen, wenn man mit einem Orchester in derselben engen, konzentrierten Weise zusammenarbeiten kann, wie man es mit den stets gleichen drei Kollegen eines Streichquartetts tut. Das konnte ich jahrelang bei Walter Levin und seinen Kollegen vom LaSalle Quartet beobachten. Ironischerweise verbringt man in dieser Konstellation die meisten Proben mit Reden. Anstatt eine Art Gestenkurzschrift zu verwenden, diskutiert man über strittige Punkte. Das ist etwas ganz anderes, als wenn man ein Stück im Eiltempo durchziehen muß und in kürzester Zeit an allem, was einem nicht gefällt, praktische Korrekturen anzubringen hat.

RCM: Bernard Haitink versicherte mir einmal, ich glaube, wohl scherzhaft, man könne jedes Stück mit vier Kommentaren proben: »Zu laut, zu leise, zu schnell, zu langsam. Allerdings«, fügte er hinzu, »wird nie zu leise gespielt, also sind es im Grunde nur drei.« Das ist eine wahrhaft pragmatische Kurzschrift, und wir haben beide genügend Proben erlebt, die nach diesem Schema abliefen.

JL: Und leider merkt man es sofort! Dieses Thema finde ich spannend, denn inzwischen fällt den Leuten auf, wie wenige große Gesten ich mache, wenn ich in der Carnegie Hall Konzerte mit dem Met-Orchester dirigiere. Als ich jünger war, habe ich aus verschiedenen Gründen versucht, soviel wie möglich in die Gestik zu legen. Zunächst einmal arbeitete ich mit dem großen Chicago Symphony Orchestra und hatte für drei verschiedene Programme jeweils fünf Proben. Wenn man an einem Stück arbeitet, das die Musiker kennen, können sie natürlich auf den Dirigenten schauen und spielen, was er ihnen zu spielen bedeutet. Andererseits kennt er sie und weiß, wie vorbelastet sie in einem bestimmten Werk oder Stil sind, und muß entscheiden, ob er sie ihrem natürlichen Impuls folgen läßt und einfach mitgeht oder ob er darauf besteht, daß sie anders spielen. Wenn er sich im wesentlichen mit ihnen einig ist, sagt er sehr wenig. Er läßt sie einfach spielen.

Ich weiß noch, wie wir zum erstenmal Schuberts »große« *Symphonie C-Dur* vom Blatt spielten. Das war ein ganz eindrucksvolles

Erlebnis für mich. Es war so, als hätte man mir ein Instrument gegeben, das genau weiß, was ich will. Ich mußte es nur zeigen, und schon war es da. Es war die Gruppendisziplin, der Stil, die Klangfarbe...

RCM: Das Erbe Fritz Reiners.

JL: Genau.

RCM: Ich vermute, daß du bei den Berliner und Wiener Philharmonikern aufgrund der langjährigen Zusammenarbeit inzwischen ein Gefühl der Freiheit empfindest, wie es bei Gastdirigaten normalerweise nicht der Fall ist.

JL: Absolut.

RCM: Diese beiden Orchester haben jedoch sehr unterschiedliche Traditionen. Das Berliner Philharmonische Orchester wurde 1882 gegründet, um regelmäßig Symphoniekonzerte zu geben. Hans von Bülow war der erste Dirigent; im Laufe eines Jahrhunderts hatte er nur drei Nachfolger: Arthur Nikisch, Wilhelm Furtwängler und Herbert von Karajan. Wenn das keine Beständigkeit ist!

Die Wiener Philharmoniker sind älter, von 1842 – genauso alt wie die New Yorker Philharmoniker. Diese beiden Orchester zogen oft Musiker an, die die meiste Zeit im Orchestergraben saßen und auch einmal ein anderes Repertoire spielen wollten. Hans Richter, der den ersten *Ring* in Bayreuth dirigierte, war von 1875 bis 1898 Dirigent in Wien. Sein bedeutendster Nachfolger – kurz vor der Jahrhundertwende – war Mahler. In diesem Jahrhundert wurden die Wiener Philharmoniker nacheinander von nahezu allen namhaften Dirigenten Mitteleuropas geleitet. Dieses Orchester setzt sich jedoch traditionell aus den Mitgliedern des Opernorchesters zusammen. Es bietet ungefähr ein Dutzend Programme pro Spielzeit, und wegen des Spielplans der Staatsoper finden diese Konzerte am Samstagnachmittag und Sonntagvormittag statt.

Du kannst diesen beiden Klangkörpern doch unmöglich gleich begegnen.

JL: Natürlich kenne und respektiere ich beide Traditionen; ich arbeite innerhalb dieser Traditionen, um die optimalen Ergebnisse zu erzielen; und ich versuche, eine Atmosphäre zu schaffen, in der die Musiker nicht zögern, ihren natürlichen Impulsen zu folgen und so spontan und expressiv wie nur möglich zu musizieren. Ich arbeite ungeheuer gern in Berlin und Wien, doch ich gehe auch sehr gern zu Orchestern wie dem Boston Symphony oder dem Philadelphia Orchestra, deren Musiker mich seit einigen Jahren nicht mehr erlebt haben. Die kommen dann zu mir und sagen: »He, Sie sind ja gar nicht mehr derselbe wie bei Ihrem letzten Besuch hier. Sie arbeiten ja in einer ganz anderen Sphäre.« Und ich sage: »Das hoffe ich doch, zumal man von Dirigenten erwartet, daß sie im Laufe der Zeit besser und nicht schlechter werden.«

RCM: Szell ging ja für eine Spielzeit als musikalischer Berater nach New York. Im Jahre 1969 – am Ende von Bernsteins letzter Saison – begegnete ich ihm in Chicago auf der Straße, und er war so wütend, wie nur Szell es sein konnte.

»Dieser verdammte Bernstein«, schimpfte er. »Er wollte sich allseits beliebt machen, deshalb hat er seit Jahren niemanden gefeuert, niemanden in den Ruhestand geschickt und die Sitzordnung der Streicher nicht geändert. Also muß ich das jetzt alles machen, und das heißt, daß ich von Anfang an der Buhmann bin, weil ich den einen ein Pult weiter nach hinten setze oder dem anderen nahelege, in Pension zu gehen.«

Szell fand, so viel hörte ich heraus, man hätte ihm das Orchester in den fünfziger Jahren anbieten sollen, als Bernstein antrat, und er schien nie begriffen zu haben, daß die Entscheidung nicht auf der Grundlage musikalischer Professionalität gefällt wurde, sondern in Rücksicht darauf, daß New York einen Dirigenten wollte, der Aufmerksamkeit erregte. Bernstein war charismatisch, und Szell wirkte nicht in der gleichen Weise auf das Publikum.

Man dachte, Boulez besäße dieses Charisma vielleicht, und auf eine ganz eigene Weise besaß er es auch. Aber er versuchte viel zu schnell, das konservative Publikum zu »dirigieren«, deshalb hat ihn der Geldadel, die alte Garde, abgesägt. Ich frage mich immer wieder, wie es wohl gewesen wäre, wenn er fünf weitere Jahre in New York gehabt hätte.

JL: Das ist die ewige Frage, ob große Kulturinstitutionen führen oder folgen sollen!

RCM: Die gleichen Probleme mit der deutschen Literatur wie Morel hatte Jean Martinon als Dirigent des Chicago Symphony Orchestra. Er hat uns ganz schön was vorgemacht. Seine Anhänger meinten, er als Komponist würde das Konzertrepertoire weiter in das heutige Jahrhundert ausdehnen, doch anscheinend schwand sein Abenteuersinn, sobald die Tinte auf seinem Vertrag trocken war. Seine Unsicherheiten versuchte Martinon dadurch zu überspielen, daß er beteuerte, bei ihm spiele das CSO besser als bei jedem anderen Dirigenten vor ihm – die pure Selbstüberhebung. Er studierte die Einspielungen von Reiner und behauptete, sie seien stilistisch inkorrekt, was vermutlich heißen sollte »unfranzösisch«. Seine »korrekten«, französisierten Versionen von Brahms und Strauss klangen jedoch absolut kläglich, und natürlich haßten es die Musiker, solch vertraute Musik auf diese Weise spielen zu müssen.

Seine Selbsttäuschung bewahrte er sich dadurch, daß er immer wegfuhr, wenn das Orchester mit Gastdirigenten arbeitete, doch einmal war er dran. Leopold Stokowski war als Gast da, und das Protokoll verlangte es, daß Martinon eines seiner Konzerte besuchte. Und so schlich er sich am Freitagnachmittag hinein. Auf dem Programm stand Schostakowitschs *Symphonie Nr. 10*. Stokowski hatte sie am Donnerstagabend in der überzeugendsten Interpretation dargeboten, die ich je gehört hatte, und so nutzte ich natürlich die Gelegenheit, sie ein zweites Mal zu hören. Als ich zur Garderobe des Dirigenten ging, hörte ich hinter mir zögernde Schritte. Es war Martinon.

Als ich sein Gesicht sah, entstand vor meinem inneren Auge folgendes Szenarium: Er ging im Bois de Boulogne spazieren und erblickte in der Ferne ein Paar im Gras. Als er näherkam, beobachtete er voller Bewunderung die Leidenschaft und Intensität, mit der sie einander liebkosten. Und als er noch näherkam, erkannte er, daß die Frau seine Gemahlin war.

Martinon hatte erlebt, wie Stokowski seinem Orchester Klänge entlockte, wie er sie nie zu hören bekommen hatte, und er konnte sich wohl beim besten Willen nicht vorstellen, wie Stokowski das geschafft hatte.

Ich stand im Hintergrund, als Martinon in das Künstlerzimmer trat und ein paar höfliche Floskeln brummelte. Der gute Stokowski hätte nicht huldvoller sein können. Hätte er unhöflich sein wollen, hätte er nur das sagen müssen, was er sicherlich dachte: Du französischer Lackel, weißt du überhaupt, was du hier hast? Statt dessen beteuerte er, wie gerne er wieder einmal mit diesem wunderbaren Orchester zusammenarbeiten würde. Martinon zog sich rasch zurück, ohne das Gesicht verloren zu haben.

Auf dem Weg nach draußen begegnete ich einem alten Bekannten aus der Cellogruppe, Mr. Greenbaum. »Was macht Stokowski nur, daß ihr so spielt?« fragte ich.

»Ganz einfach«, lautete die Antwort. »Er fällt uns nicht in den Arm.«

JL: Das ist wunderbar. Mitglieder der Wiener Philharmoniker sagten das gleiche über Karajan, als er das Neujahrskonzert dirigierte.

RCM: Und dies deckte sich mit Stokowskis eigener Erklärung, die er ein paar Jahre davor gegeben hatte, nämlich daß er Wert darauf lege, die besondere Eigenart eines jeden Orchesters zu würdigen, so wie ein Geiger die jeweiligen Qualitäten unterschiedlicher Instrumente kenne, und daß er versuche, mit dem Ensemble wie auf einem großen Instrument zu spielen. Man müsse mit dem Strom gehen, nicht dagegen. Martinon ist fünf Jahre lang gegen den Strom angegangen; er hat zwar einiges ganz gut gemacht, doch die enge Verbindung, auf die viele von uns hofften, ist nicht zustande gekommen.

JL: Ich habe einige faszinierende Dinge erlebt, als ich das Met-Orchester weiterentwickelte. Wenn man eine Zeitlang in erster Linie technische Korrekturen vorgenommen hat, wünscht man sich irgendwann, daß sich die Musiker auch für das begeistern, was einen selbst begeistert. Schließlich weiht man sie in die eigene Konzeption ein, so daß sie an der Entwicklung der Interpretation mitwirken — so als spielten wir groß besetzte Kammermusik. Szell hat das immer so gemacht. Dadurch weiß das Orchester genau, wo ich hin will. Das ist inzwischen ganz wichtig.

Samuel Antek, der unter Toscanini gespielt hat, erzählte oft eine aufschlußreiche Episode, wie er den Maestro einmal in Riverdale besuchte und ihm Fragen stellte, die sich alle auf den Notentext bezogen. Als Studenten denken wir immer, allein darauf käme es an: Gehört hier ein Triller hin, oder ist das ein Druckfehler? Mit anderen Worten, unser Lernprozeß ist sehr stark auf Pedanterien fixiert. Erst allmählich entdeckt man, daß die Art und Weise, wie eine Interpretation rüberkommt, mit all dem gar nichts zu tun hat. Die meisten dieser Details könnten so oder so ausfallen und hätten kaum einen Einfluß darauf, wie der Hörer das Werk wahrnimmt. Es gibt so viele andere entscheidende Faktoren, auf die es viel mehr ankommt – auf die es dem Komponisten mehr ankommt. Das ist sehr schwer zu lernen. Es ist schwierig, aus Reaktionsmustern auszubrechen, die fast zum Reflex geworden sind, und den Kopf frei zu lassen für Dinge, die wichtiger und subtiler sind.

RCM: Als ich einmal einiges über Haydn-Einspielungen schrieb, attackierten mich verschiedene Musikwissenschaftler, die behaupteten, eine Interpretation verdiene es gar nicht gehört zu werden, wenn sie auf einem mangelhaften Notentext basiere – und davon waren nicht wenige in Gebrauch. Ich entgegnete, daß ich viel lieber eine vitale, ausdrucksstarke Interpretation nach einer fehlerhaften Ausgabe höre als eine leblose Wiedergabe von korrektem Material.

JL: Ich kann dir gar nicht genug zustimmen. Idealerweise sollte man natürlich gar nicht vor dieser Entscheidung stehen.

RCM: Beecham hatte eine ganz eigene Vorstellung von Musikwissenschaft. Die sah so aus, daß er sich mit der Partitur und einer Kiste Dunhill-Zigarren an den Strand von Cannes setzte und alles, was in den Noten irgendwie komisch aussah, mit einem seiner ewig stumpfen blauen Bleistifte berichtigte. Und er berichtigte es mit der Phantasie und dem musikalischen Rüstzeug eines Meisters, dem es nie im Traum eingefallen wäre, in einer muffigen alten Bibliothek nach einer Notenhandschrift zu suchen.

Heute kann man mit dynamischen Interpretationen auf der Grundlage brauchbarer Notentexte rechnen, da letztere leicht aufzutreiben sind. Haydn war ein Genie, und das belegen selbst die schlechtesten der alten Ausgaben. Die neueren Editionen beweisen das nur noch zusätzlich.

JL: Bei Haydn kommt immer etwas rüber, aber es kommt um so klarer rüber, wenn man hört, was er wirklich geschrieben hat.

RCM: Bei Toscanini müssen wir uns darüber im klaren sein, daß er im damaligen Italien in einer Musikkultur heranreifte, in der mancher Musiker recht mittelmäßig und desinteressiert war, und daß er deswegen eine Probentechnik entwickeln mußte, bei der er die gewünschte Interpretation regelrecht aus dem Orchester herausschlug. Selbst wenn er mit Spitzenorchestern zusammenarbeitete – den New Yorker oder Wiener Philharmonikern, den Orchestern der BBC oder der NBC –, hatte er wahrscheinlich nie das Gefühl, ihnen genau die Interpretation vermitteln zu können, die ihm vorschwebte. Bei den genannten Klangkörpern wäre dies wegen der Sprachbarriere auch gar nicht so leicht möglich gewesen.

JL: Stimmt.

RCM: Eine Interpretation entstand allein kraft der Führungskompetenz.

JL: So dachte man damals.

RCM: Doch die Musiker konnten Toscanini zwei Varianten vorspielen und ihn fragen: »Maestro, wie ist es Ihnen lieber – so oder so?«, und er konnte sich entscheiden. Manchmal spielten sie etwas ganz anders, als er es bisher gemacht hatte.

Man hört so viel über seine Wutausbrüche, doch man konnte sich stets an ihn wenden und seine Aufmerksamkeit gewinnen, wenn er das Gefühl hatte, es handle sich um eine musikalisch-intelligente Frage. Bei dem Talent, das ihn an den ersten Pulten des NBC Symphony Orchestra umgab, wurde ihm sicher schnell klar, daß er es dort mit einer ganz anderen Art von Musikern zu tun hatte als in seiner Jugend. Wie klar ihm das war, zeigte sich daran, daß er in späteren Jahren bei den Proben nur sehr wenig sprach. Es konnte sein, daß er in einer Phrase ein klein wenig mehr Akzent verlangte oder die Dynamik regulierte, doch es kam auch vor, daß er über längere Strecken kein einziges Wort sprach. Wenn ich seine Proben besuchte, erwartete ich keine Wutausbrüche, sondern konzentriertes und inspiriertes Musizieren.

JL: In den alten Fernsehmitschnitten sieht man, wie er von konventionellen rhythmischen Mustern abweicht und mit wunderbar fließenden Gesten, die kein wirklich professioneller Musiker je mißverstehen könnte, Phrasen gestaltet. Damit geht er mehr auf sie zu. Er scheint zu sagen: Ich weiß, daß ihr den Rhythmus halten werdet, auch wenn ich ihn nicht streng markiere, also folgt mir in einer breiten, singenden Bewegung. Das ist die Sicherheit, von der ich vorhin sprach.

RCM: Wir erkennen selbst bei ausgezeichneten Interpretationen im Laufe der Jahre kontinuierliche Fortschritte. Heutzutage können wir in der Regel davon ausgehen, daß sämtliche Noten präzise gespielt und sauber intoniert werden und daß die Interpretation weitgehend werkgetreu ist, womit sich sehr viele Hörer denn leider auch schon begnügen, weil ihr Gehör vielleicht nur so weit reicht.

Kussewitzky unterbrach das Boston Symphony Orchestra einmal mitten in einer heiklen Passage und sagte:»Falsch!« –»Wo, welche Noten waren falsch?« wurde er gefragt.

»No, between the notes«, erklärte er.»Nein, zwischen den Noten.«

Diese Anekdote illustriert weniger sein dürftiges Englisch als vielmehr die Tatsache, daß die Pausen genauso ein Teil des Stückes und genauso wichtig sind wie die Töne.

JL: Szell wies immer wieder auf die Spannung in der Stille hin und betonte,»Pausen sind nicht zum Ausruhen da«. Es geht nicht nur darum, welche Noten man spielt; es kommt auch darauf an, wie man sie verbindet, wie man in einem fließenden Melodiebogen Phrasen gestaltet und die Schattierungen der Klangfarben und Akzentstärken variiert. Wenn man auf jede Phrase eingeht und nach dem maximalen Gehalt sucht, der ohne Verzerrung und unangemessene Betonung ausgedrückt werden kann, dringt man immer tiefer in das Wesen der Musik und die Seele des Komponisten ein.

RCM: Wir stimmen beide darin überein, daß Szells Cleveland Orchestra ein wunderbarer Klangkörper war, doch als du an die Met kamst, hast du kein Szell-Orchester aufgebaut, sondern ein Toscanini-Orchester. Wir wissen beide, wie unglaublich präzise Szells Orchester spielte, doch Toscaninis Orchester zeichnete sich durch so viele Qualitäten aus, wie etwa – um nur ein Beispiel zu nennen – die entschiedenen, scharfen Attacken am Beginn von Phrasen, die einen mitten in den musikalischen Prozeß hineinzogen.

JL: Gewisse Aspekte von Toscaninis Genialität werden mir immer deutlicher, je älter ich werde. Er war paradoxerweise viel bauchbetonter, viel sinnlicher und gleichzeitig viel gesanglicher. Ich glaube, er mußte sich eben gerade nicht entscheiden, entweder gesanglich und ohne scharfe Attacken oder aber mit scharfen Attacken, aber auf Kosten der Lyrik zu spielen. Wenn man sich seine Interpretationen nacheinander anhört, wird einem klar, daß er die Werke viel konkreter verstanden zu haben scheint als alle anderen Dirigenten jener Zeit. Da spürt man wahres Verständnis. Man muß sich nur einmal anhören, wie Toscanini Brahms' *Doppelkonzert*, die *Symphonie Nr. 3*, das *Deutsche Requiem* und die *Liebeslieder-Walzer* interpretiert. Diese Musik ist viel abwechslungsreicher, als man es von Brahms gemeinhin erwarten würde. Aber alles klingt organisch, alles erscheint als einheitliches Ganzes. Ich kann diese Meinung nicht weiter erhärten, weil es so viele Aufführungen gibt, die ich nie gehört habe, doch nach allem, was ich kenne, sind seine Wiedergaben von Brahms' *Dritter* die einzigen mir bekannten Interpretationen, die wirklich das zum Ausdruck bringen, was dieses Werk so einzigartig macht.

Wenn etwas nicht so gelingt, wie wir Künstler es erhofft hatten, schauen uns manche Leute an, als hätten wir absichtlich Minderwertiges geleistet, aber wenn man versucht, etwas besser zu machen, klappt es auch nicht immer auf Anhieb. Und es liegt auch nicht immer am Dirigenten. Die Musiker, der Saal und die Atmosphäre haben auch etwas damit zu tun. Ein gutes Publikum macht eine gute Darbietung sogar noch besser, und vor einem schlechten Publikum kann eine schlechte Darbietung regelrecht zum Desaster werden. Wenn ich dirigiere, sitzt oft ein Assistent im Saal und hört zu und muß mir dann sagen, worauf seiner Meinung nach geachtet werden muß. Ich bin natürlich tough genug, mich durchzusetzen, wenn wir verschiedener Meinung sind. Letztlich mache ich immer das, was ich für richtig halte. Aber ohne Feedback wäre ich aufgeschmissen. Feedback ist absolut wichtig.

RCM: Wenn Toscanini angespannt war, kam es vor, daß er etwas vergaß. Nach vierzig Jahren passiert mir das bisweilen auch. Aber ich glaube, es war sein Sohn Walter, der mir erzählte, daß er bei einem der Londoner Konzerte im Jahr 1952 die Programmfolge vergaß, und so gab er statt des Einsatzes für die *Tragische Ouvertüre* den Einsatz zur *Symphonie Nr. 2.*

JL: Wahnsinn! Und die Musiker haben es gemerkt und richtig reagiert! Das gleiche habe ich einmal bei Szell erlebt, der mit zwei verschiedenen Programmen auf Tournee war. Das eine begann mit Barbers Ouvertüre zu *School for Scandal*, das andere mit dem Vorspiel zu *Lohengrin*. Kurz vor der Abreise aus Cleveland sagte er noch zu den Streichern: »Setzen Sie beim *Lohengrin*-Vorspiel gleich auf der Saite ein. Es kann gar nicht leise genug sein. Es kann gar nicht leise genug sein.« Und auf der Tournee wurden die beiden Programme immer abwechselnd gespielt, nur in einer Stadt nicht. Dort wurde am ersten und am zweiten Abend mit *Lohengrin* angefangen. Als er am zweiten Abend aufs Podium stieg, verbeugte er sich vor dem Publikum und gab, ohne überhaupt zum Orchester zu schauen, einen schwungvollen Auftakt und einen markanten Einsatz – und das Orchester fing mit *Lohengrin* an. Er riß entsetzt die Augen auf und murmelte den ganzen Abend: »Die müssen denken, ich bin völlig verrückt. Ein ganz und gar anderes Stück ...«

RCM: Er hat damit nur bewiesen, daß er genauso menschlich war wie wir alle.

JL: Im Laufe der Jahre macht man die Erfahrung, daß einem die Musiker immer wieder etwas Neues in der Musik aufzeigen, wenn man bestimmte Werke mehrere Male, und zwar mit verschiedenen Orchestern, interpretiert. Man erkennt, daß man sich nicht bloß mit einer glatten, professionellen Wiedergabe zufriedengeben darf, wenn man sich selbst treu bleiben will. Nehmen wir als Beispiel die Brahms-Symphonien, die ich in Chicago aufgeführt und eingespielt habe. Damals, Mitte der siebziger Jahre, waren das Orchester und ich gar nicht unzufrieden damit. Aber zwanzig Jahre später habe ich sie in Wien noch einmal aufgenommen, und wir hören beide einen Unterschied.

RCM: Die Chicagoer Aufnahmen sind nach wie vor wunderbar, wunderschön. Ich lernte Brahms' *Dritte* und *Vierte* in ausgereiften, romantischen Interpretationen durch Kussewitzky kennen, die wahrscheinlich »genau richtig« für mich waren, als ich Anfang Zwanzig war und gerade begonnen hatte, mich systematisch mit dieser Musik auseinanderzusetzen, doch heute könnte ich sie nicht mehr gelten lassen. Wie ich sehe, sind sie inzwischen auf CD erschienen und haben ein begeistertes Echo ausgelöst, also haben sie ihre Attraktivität nicht eingebüßt.

Ich finde, du dringst heute sehr tief in diese Musik ein und zeigst uns die klassische Seite von Brahms mit großer Klarheit. Ich befasse mich seit 50 Jahren mit Brahms' *Dritter*. Für mich ist deine Wiener Aufnahme die vollkommenste Offenbarung dieses Werks, die ich wohl je hören werde.

JL: Anfang der siebziger Jahre, als ich die ersten Gastdirigate beim Chicago und beim Boston Symphony Orchestra, beim Philadelphia Orchestra und dann bei den Berliner und Wiener Philharmonikern übernahm, hatte jeder dieser Klangkörper einen absolut eigenen Stil und ein klares Profil. Man mußte überhaupt nicht lange reden, weil es gar nicht nötig war. Man hatte es mit einem Grundkanon an Repertoire zu tun, den sie sehr gut kannten. Als sich im Laufe der Jahre die Saison immer weiter in den Sommer hinein ausdehnte und die amerikanischen Orchester Verträge über 52 Wochen einführten, wurden die Probenzeiten kürzer und neue Musiker eingestellt, die sehr gut waren, aber längst nicht so viel Erfahrung mit dem Repertoire mitbrachten.

Ich weiß noch, als Carlos Kleiber 1988 *La Bohème* hier dirigieren sollte, stieg er während der Orchesterproben direkt in eine Beschreibung der Stimmung, Atmosphäre, Handlungsdetails und so weiter ein. Ich sprach ihn später darauf an, und er sagte: »Meinen Sie nicht, daß das heute viel notwendiger ist als noch vor ein paar Jahren?«

Es ist so wie mit jeder Ästhetik. Ich bin sicher nicht mehr derselbe wie mit zwanzig, aber einige meiner grundlegendsten Überzeugungen haben sich, denke ich, überhaupt nicht geändert. Und trotzdem halten mich einige Leute inzwischen für einen konservativeren Musiker, während ich lediglich an Werten festhalte, die mir schon immer wichtig waren.

RCM: Aber du betrittst auch Neuland mit unvertrautem Repertoire. Deine Aufführung von Prokofjews *Fünfter* 1992 in Ravinia war ganz außerordentlich und schlug sich in einer höchst eindrucksvollen Einspielung nieder. Solche Musik kennt man von dir normalerweise nicht. Schließlich hast du in 23 Sommern in Ravinia nur vier Werke von Prokofjew gespielt.

JL: Wir haben diese Prokofjew-Aufnahme gemacht, weil in Chicago einige Veränderungen anstanden und ich um einige der Werke, die wir in der Vergangenheit so gut gespielt hatten, fast schon bangte. Wir hatten keinen Frank Miller [erstes Cello] und keinen Arnie Jacobs [erste Tuba] mehr, und Ray Still [erste Oboe] stand kurz vor der Pensionierung. Ed Gordon fragte mich, was ich einspielen wolle. Ich sagte: »Na ja, 1978 haben sie mir Prokofjews *Fünfte* ganz phantastisch hingelegt, aber sie haben sie nie eingespielt. Das wäre doch etwas.« Ed stimmte mir zu, und wir setzten sie auf den Plan.

Interessanterweise kam einer der brillanten Musiker des Orchesters zu mir und fragte: »Was spielen wir denn nächstes Jahr ein?«, und ich sagte: »Prokofjews *Fünfte*.« Er flippte fast aus. »Das ist einer unserer heimlichen Hits«, erwiderte er, »ein Stück, von dem wir wissen, daß wir es sensationell draufhaben.«

Reiners Rundfunkmitschnitt aus den fünfziger Jahren ist absolut bemerkenswert. Dieses Stück war einmal richtig in Mode; jeder Dirigent brachte es. Kussewitzky spielte es als erster, Szell spielte es, auch Karajan in Europa. Jeder spielte es eine Zeitlang. Für mich war es nie ein Schlachtroß; ich habe es nur ganz selten gespielt. Aber ich gab damit immerhin mein Salzburg-»Debüt«. 1967 spielte ich darin den Klavierpart – unter Karajan, der als Gast das Cleveland Orchestra dirigierte, das mit Szell auf Tournee war.

RCM: Ich glaube, ich habe damals die dritte oder vierte Aufführung in den Vereinigten Staaten gehört. Gleich nach der Bostoner Premiere brachte Kussewitzky das Werk nach Chicago. Seine Interpretation war sehr schön, aber nicht sehr tiefgründig. Die einzige frühe Interpretation, an die ich mich erinnern kann, die genauso packend war wie deine, war die von Artur Rodzinski.

Da gibt es übrigens eine nette Geschichte. Kussewitzky wollte während des Krieges etwas für die russischen Komponisten tun. Er hörte, daß in Rußland akuter Mangel an Notenpapier herrschte. Deshalb beauftragte er G. Schirmer in New York, jeden Monat einen großen Karton zusammenzupacken und an den Moskauer Komponistenverband zu schicken in der Hoffnung, daß wenigstens ein Teil davon ankam.

Als die Partitur von Prokofjews *Fünfter* bei ihm ankam, stand am Seitenrand »G. Schirmer, New York«.

JL: Ist ja interessant! Es gab eine Zeit, in der diese großen neuen Stücke immer dieselbe Runde machten. Sieh dir Bartóks *Konzert für Orchester* an. Kussewitzky gab es in Auftrag, dann bekam Szell es, dann Reiner, und innerhalb kurzer Zeit war es bei allen großen Orchestern zu hören. Das war etwas für Virtuosen. Heute gibt es so etwas gar nicht mehr. Wenn ein Orchester die Uraufführung gespielt hat, ist das Stück abgehakt; andere Orchester wollen dann lieber etwas anderes aus der Taufe heben, selbst wenn es kein so großartiges Stück ist. Das heißt, eine gewisse Anzahl zweit- und drittklassiger Musik wird gespielt, während erstklassigen Werken der größere Hörerkreis, den sie eigentlich verdienen, versagt bleibt.

RCM: Sensationswerte wiegen mehr als künstlerische Werte.

JL: Ich stelle mich nie über ein Publikum; ich spreche ihm nie die Fähigkeit ab, große Musik zu »kapieren«. Als ich in Cleveland war, setzte Robert Shaw bei einem Kinderkonzert Mozarts *Symphonie g-Moll* auf das Programm. Ich fragte ihn, warum.

»Die sind soweit«, sagte er. »Die sind offen dafür. Glaub mir, die werden nicht erst hell im Kopf, wenn sie erwachsen werden. Die haben bereits jetzt alles drauf, um dieses Werk zu kapieren.«

Bei dem Konzert wandte er sich an die Kinder und sagte: »Es heißt immer, ihr müßtet erst groß werden, um dieses Stück zu verstehen, doch man kann mit dieser Art von Musik nicht früh genug anfangen.« Und es klappte. Die Kinder paßten richtig auf. Das Stück kam voll an.

In den Jahren, in denen ich für Szell arbeitete, kam es immer wieder vor, daß er dämonisch lachte und sagte: »Dieses Stück sollten Sie erst spielen, wenn Sie vierzig sind, aber Sie sollten sich schon einmal damit befassen. Wenn Sie vierzig sind, sehen Sie alles wieder ganz anders – das erwarte ich jedenfalls.«

RCM: Thomas Beecham bemerkte oft lakonisch: »Wenn ein Dirigent ein Stück immer gleich spielt, beweist er damit nur, daß ihm musikalische Phantasie fehlt.« Einige seiner Phantasieflüge waren ziemlich verrückt, aber man respektierte ihn trotzdem.

JL: Natürlich. Das stimmt. Es sagt einiges, wenn Leute immer dieselbe Interpretation erwarten, wenn sie immer nur ein und dieselbe Toscanini-Platte hören und das Werk in anderen Interpretationen ablehnen, hinterher aber feststellen, daß sich selbst Toscaninis Interpretationen ständig änderten. Ein Künstler braucht diese Freiheit, und dazu gehört auch, zu experimentieren und Fehler zu machen.

RCM: Die Möglichkeit, Zugang zu Toscaninis Archiv in seinem Haus in Riverdale zu haben, war unter anderem deswegen so bedeutsam, weil man genau das belegen konnte. Da stehen vielleicht zehn verschiedene Versionen eines Standardwerks im Regal – und keine gleicht der anderen. Walter Toscanini interessierte sich eine Zeitlang für ein deutsches Gerät, mit dem sich das Tempo einer Bandaufnahme ändern ließ, ohne die Tonhöhe zu verändern. Es gab Stücke, deren Veröffentlichung sein Vater genehmigt hätte, wenn kleinere Korrekturen hätten vorgenommen werden können, doch es war nicht immer möglich, Bandmaterial von anderen Mitschnitten einzufügen, weil diese immer ein wenig langsamer oder schneller waren. Und so wurde nichts daraus, weil man nicht zwischen der Carnegie Hall und dem Studio 8-H hin- und herschneiden konnte, aber es ist immerhin erhellend, von dem Problem zu wissen.

Es kamen einige Toscanini-Einspielungen von Beethovens *Coriolan-Ouvertüre* heraus, doch sie wurden nur ungern veröffentlicht. Der Alte war mit keiner seiner Interpretationen dieses Werks jemals wirklich zufrieden, egal ob Rundfunkmitschnitt oder Studioeinspielung. Einmal soll ihm Guido Cantelli seine neue *Coriolan*-Aufnahme vorgespielt haben, doch auch die gefiel dem Maestro nicht. Cantelli beschwor ihn: »Caro maestro, dann zeigen Sie mir, wie es gehen soll.« Daraufhin nahmen sie sich Toscaninis Versionen vor und spielten alle durch, doch sie gefielen Toscanini noch weniger. Und so endete der Nachmittag in absoluter Enttäuschung und Niedergeschlagenheit.

JL: Als es schließlich möglich wurde, nicht nur eine einzige NBC-Aufnahme zu hören, sondern eine ganze Reihe von Einspielungen mit verschiedenen Orchestern aus einem Zeitraum von fast dreißig Jahren, fiel es uns unglaublich viel leichter, seine Methode zu verstehen. Wir erkannten, wie analytisch forschend und verschiedenartig diese Interpretationen ausfielen, denn er suchte nach immer neuen Wegen, um die Essenz des jeweiligen Werks noch klarer zu erfassen. Manchmal variierten nur kleine Details, manchmal aber auch wirklich grundlegende Dinge.

Beim Studium einer Partitur geht es bis zu einem gewissen Punkt darum, sich allmählich eine fundierte Meinung darüber zu bilden, wie das Werk klingen soll. Aber irgendwann fängt man an, sich von dem gedruckten Notenbild zu lösen und sich vorzustellen, ganz real mit lebenden Musikern in realen akustischen Räumen zu arbeiten; und dann merkt man, daß der Weg zu einer korrekten Interpretation paradoxerweise fast ein Zickzackkurs ist. Je mehr man versucht, so objektiv wie möglich zu sein, desto mehr riskiert man, daß alles »mustergültig« klingt und das Persönliche dabei verlorengeht. Aber je mehr man aus sich herausgeht, desto größer wird die Gefahr, daß wichtige Details untergehen oder entstellt werden oder daß man die Eigenheit des Komponisten verstellt oder sogar durch die eigene ersetzt. Wenn man lange und konsequent genug daran arbeitet, läßt sich dieses Problem hin und wieder überwinden. Dann kommt man so weit, daß man die Musik mit der Vitalität seiner eigenen Persönlichkeit spielt, diese aber dazu nutzt, so viel von der Intention des Komponisten zu realisieren, wie überhaupt nachvollziehbar zu vermitteln ist.

RCM: Keine Symphonie hat Toscanini so häufig dirigiert wie Beethovens *Eroica*, und bei den Proben zu seiner letzten Aufführung im Jahre 1954 – die ich miterlebte – gab es kaum Unterbrechungen. Im ersten Satz brach er einmal kurz ab, um die Balance zu korrigieren; ansonsten ging alles ganz glatt über die Bühne. Doch vor dem Trauermarsch wandte er sich an Frank Miller [den Solocellisten] und fragte: »Ich weiß nicht mehr – machen wir die Verzierungen vor dem Schlag oder auf dem Schlag?«

»Auf dem Schlag«, lautete die Antwort.

»Oh, stupido Toscanini«, stöhnte der Maestro, »sie gehören vor den Schlag.« Dadurch entstand ein großes Problem – ein gefährlicher Einsatz, schon während der Taktstock noch niederging. Er hatte jedoch erstklassige Musiker, und nach ein paar Versuchen lief alles glatt. Man hört diese Änderung in der Aufnahme von 1954.

JL: Und sie ist auch korrekt! Es ist wie der Gang zum Grab, wie Schritte auf einer gedämpften Trommel. Sagte er nicht nach der Probe, er habe das Gefühl, so nahe wie überhaupt nur möglich an die Interpretation herangekommen zu sein, die ihm vorschwebte?

RCM: Ja. Er sagte:»Näher komme ich nicht heran.« Jedenfalls dieses entscheidende Detail gestaltete er bei dieser Wiedergabe anders als bei all den anderen, die uns vorliegen.

JL: Apropos Frank. 1974 probten wir in Ravinia Mahlers *Vierte*. Zu Beginn des letzten Satzes, wo die Klarinette mit dem Hauptthema einsetzt, haben die Celli ganz kleine Glissandi. Frank spielte die Noten einfach ohne Glissando, di-dam, di-dam. In der Pause fragte ich ihn:»Was war denn mit den Glissandi?«

Und er sagte:»Die klingen so albern.«

Ich sagte:»Hier ist ein Stil gefragt, dessen ihr euch nur noch bedient, wenn ihr Bach-Arien oder Verdi à la Toscanini spielt. Ihr habt die unterschiedlichsten Möglichkeiten für zarte und leichte Glissandi, die aber in dieser Hälfte des 20. Jahrhunderts anscheinend zu theoretischen Tabus geworden sind.«

Am nächsten Tag sagte er vor Beginn der Probe:»Wie klingt das?« und spielte die paar Takte so stilvoll und nostalgisch, daß ich richtig entzückt war.

»Genau so«, sagte ich. »Genau so soll es klingen. So ist die Notation zu verstehen.«

RCM: Frank war ein Wunder, eine der treuesten Seelen, die ich je kannte.

JL: Ich empfinde es ebenso. Er war ein phänomenaler Künstler, und ich lernte unglaublich viel von ihm in den zwanzig Jahren, in denen ich das Glück hatte, mit ihm zusammenzuarbeiten.

Ich habe inzwischen immer mehr das Gefühl, daß es gewisse Stücke gibt, die ich nun wirklich nicht mehr hören muß, und dadurch wird mir natürlich um so klarer, welche Stücke ich wahrscheinlich ewig hören könnte und immer wieder spannend finden würde. Die Stücke, die ich nicht mehr hören muß, sind nicht unbedingt schlecht, doch sie bieten meinem Gefühl nach wenig Möglichkeit für weitere Entdeckungen. Bei diesen Stücken bin ich mir ganz sicher, daß ich alles herausgeholt habe, was darinsteckt. (Das sind freilich nicht viele Stücke.) Und dann gibt es

Werke, wie beispielsweise *Don Giovanni*, wo man dieses Gefühl nie bekommt, einfach weil einem jedesmal alles ganz neu und anders vorkommt.

Ich probe hier gerade *Così fan tutte* in einer Neuinszenierung, und es wird immer nur noch spannender, je besser man das Stück kennt. Das ist seit jeher eine meiner absoluten Lieblingsopern. Sie ist so subtil. Die musikalischen und dramatischen Feinheiten sind einfach vollkommen. Ein wunderbares Werk! Und ich »kannte« es bereits, als ich 1956 in Marlboro daran mitwirkte.

RCM: Artur Schnabel sagte immer, für ihn erschöpfe sich ein musikalisches Werk niemals in einer einzigen Interpretation.

JL: Das glaube ich. Das empfinden wir alle.

RCM: Es steht wohl außer Frage, daß auch *Don Giovanni* weit mehr an musikalischem Gehalt birgt, als je in einer einzigen Interpretation auszuschöpfen wäre. Ich meine nicht Textvarianten, sondern interpretatorische Auffassungen, die mit dem Geist des Werks vereinbar sind. Es gibt Seiten in der Partitur, die auf viele unterschiedliche Weisen gespielt werden können und in jeder dieser unterschiedlichen Versionen etwas ganz Bestimmtes aussagen.

Dann gibt es Stücke – Liszts *Ungarische Rhapsodie Nr. 2* ist ein gutes Beispiel –, bei denen es durchaus möglich wäre, eine einzige Interpretation zu finden, die den gesamten Gehalt vollständig offenbart.

JL: Und das soll nicht heißen, daß dies nicht verdammt gute Stücke sein können. Es mag so scheinen, als gebe es viele Werke, die unerschöpflich reich an Inhalt sind, doch in Wirklichkeit sind es relativ wenige. Aber das sind die Werke, die wir immer wieder, ohne zu ermüden, hören und studieren, solange es noch etwas Neues darin zu entdecken gibt. Ich kann mir denken, daß einen selbst Mozarts *Symphonie g-Moll* schafft, wenn man sie immer wieder rein aus Routine herunterspielen muß. Routine kann viel kaputtmachen, denn sie lähmt die Phantasie.

RCM: Manche Menschen meinen, Kritiker stellten künstlerische Maßstäbe auf. Ich habe jedoch immer wieder betont, daß die Maßstäbe von den Künstlern selbst gesetzt werden. Es ist die Aufgabe des Kritikers, die höchsten Standards, die erreicht wurden, zu erkennen und zur Meßlatte für andere zu machen.

JL: Szells Cleveland Orchestra, das Chicago Symphony Orchestra, das ich 1971 kennenlernte, das Erbe Reiners und der Führungsstil Soltis, Toscaninis New Yorker Philharmoniker und sein NBC Symphony Orchestra in seinen letzten Jahren – das sind für mich Rekordmarken der amerikanischen Orchesterkultur.

RCM: Das sind die großen Orchester in der klassischen Tradition. Innerhalb der romantischen Tradition muß ich Kussewitzkys Boston Symphony und Stokowskis Philadelphia Orchestra hinzufügen.

JL: Gewiß. Und in dem Zusammenhang dürfen wir auch die Geschichte der Berliner Philharmoniker unter Nikisch, Furtwängler und Karajan nicht vergessen, ganz zu schweigen von den großartigen Leistungen der Wiener Philharmoniker. Aber ich glaube, man kann sagen, daß einige dieser Dirigenten ihren Einfluß vor allem mit einer ganz bestimmten Art von Repertoire geltend gemacht haben und nicht das breite Spektrum spielten, das beispielsweise Szell abdeckte. Überhaupt haben sich nur wenige ausführlich mit der Musik des 18. Jahrhunderts befaßt.

RCM: Wer Mozart gut, wirklich gut spielen kann, der kann alles gut spielen. Wenn Schnabel neue Schüler einwies, spielte er ihnen Doppeloktaven aus irgendeinem Liszt-Stück vor und sagte:»Das ist leicht.« Dann spielte er die ersten Takte eines langsamen Satzes von Mozart und sagte:»Das ist schwer.«

JL: Um Mozart gut zu spielen, muß man ein wahrer Musiker sein. Wir können aus der Vergangenheit lernen – und das sage ich den heutigen Orchestern immer wieder –, daß das Orchester einmal so etwas wie eine Schatztruhe war. Der Klang, den ein Orchester erzeugen konnte, und die Art, in der die Ensemblemitglieder aufeinander eingingen – das war etwas ganz Besonderes. Einen Organismus, wie ein Orchester ihn darstellt, findet man nirgendwo sonst in der Kunst. Heute mögen viele Dirigenten darum ringen, das zu erreichen, was ihnen vorschwebt, aber wenn sie es erreichen, ist der Organismus oft denaturiert. Man sitzt da und hört ein Orchesterspiel, das akkurat klingen mag, aber leblos, phantasielos und unverbindlich bleibt. Man fragt sich: Wann passiert es, wann wird die Musik von lebendigem Atem erfüllt, bis einem schließlich klar wird, daß es nicht passieren wird. Die Prämissen, auf denen die Interpretation beruht, sind falsch. Sie begnügt sich mit Schwarz und Weiß, wo eigentlich das gesamte Farbspektrum geboten wäre.

2. Februar 1996, Metropolitan Opera

JL: Im Laufe von fünfzig Jahren bekommt man zwangsläufig mit, wie sich gewisse grundlegende Dinge um einen herum ändern, während andere gleich bleiben. Wenn sich der eigene Standpunkt ganz an diesen grundlegenden Elementen orientiert, wird er sich im Laufe der Zeit wandeln, weil auch die Welt nicht dieselbe bleibt.

RCM: Ich gehe nun seit 58 Jahren in die Oper, und seit 50 Jahren besuche ich regelmäßig die Met. Ich kann mich gut an Inszenierungen erinnern, die damals hochgelobt wurden, heute aber vollkommen unannehmbar wären. Aufgrund meiner Arbeit an einer Geschichte der Oper in Chicago wächst bei mir inzwischen sogar die Skepsis gegenüber den vermeintlichen »Goldenen Zeitaltern«. Die Vergangenheit soll ruhig in einem nostalgischen Glanz erstrahlen, vor allem weil wir die bemerkenswerten Eigenschaften einiger Stimmen durchaus kennen, aber wahrscheinlich ist es ganz gut, daß wir nicht in eine Zeitmaschine einsteigen und einige jener Aufführungen erleben können. Ich bin überzeugt, daß uns die meisten dieser Darbietungen zutiefst enttäuschen würden. Vermutlich messe ich einer *Aida* mit Caruso deswegen so viel Bedeutung bei, weil ich eben nie eine live gesehen habe.

JL: Absolut. Das muß ein Historiker ganz klar zur Kenntnis nehmen. Jene Aufführungen entsprachen ihrer Zeit, und wir würden heute vieles zwangsläufig als überholt empfinden, angefangen beim Darstellungsstil, der heute überhaupt nicht mehr zeitgemäß wäre. Man muß nur einmal die Filme von heute und die aus den dreißiger Jahren vergleichen. Natürlich können wir Gefallen an alten Filmen finden – ich sehe mir ständig welche an –, aber einen neuen Film, der im Stil jener Zeit gedreht wird, könnte wahrscheinlich niemand ernst nehmen.

RCM: Als Mary Garden 1910 in Chicago *Pelléas et Mélisande* singen sollte, ließ das Opernhaus keinen Zweifel darüber bestehen, daß man an nichts gespart hatte, um eine denkwürdige Inszenierung zu garantieren, und so wurde groß herausgestrichen, daß man extra einen Regisseur aus Paris geholt hatte. Das deutet darauf hin, daß Opern unter normalen Umständen vielleicht vom Dirigenten in gewissem Maße regiemäßig betreut wurden – Thomas Beechams erste Londoner Spielpläne sind ein gutes Beispiel –, doch anscheinend konnten die Sänger im großen und ganzen tun, was sie wollten. Wenn ich mir eine Bühne voller Sänger vorstelle, die einfach machen, was sie wollen, kriege ich es fast mit der Angst.

Anfang des Jahrhunderts, unter Giulio Gatti-Casazza, gab es an der Met einige unglaubliche Stimmen, aber aus den Zeitdokumenten müssen wir schließen, daß die Aufführungen als Ganzes – im Gegensatz zum reinen Singen – heute nicht als Spitzenleistungen gelten würden. Die Stimmen schöpften das dramatische Potential der Musik aus, die Inszenierungen jedoch nicht.

JL: Nun ja, die Inszenierungen sind auch heute weiß Gott oft alles andere als Spitze, aber du hast recht. Der Schwerpunkt lag auf den Stimmen. Ins Theater ging man der Dramatik wegen, in die Oper wegen des Gesangs.

RCM: Eine der entscheidenden Veränderungen, die in deinen 25 Jahren an der Met eingetreten sind, besteht darin, daß das Haus endlich den Anschluß an das Theater des 20. Jahrhunderts gefunden hat. Wir dürfen annehmen, daß sich zu Beginn dieses Jahrhunderts die Theaterpraktiken an den führenden Opernhäusern nicht groß von denen der bedeutenden Schauspielbühnen unterschieden. Doch die Sprechbühnen haben sich kontinuierlich weiterentwickelt; Pioniere wie Max Reinhardt in Europa und Arthur Hopkins am Broadway wirkten besonders bahnbrechend.

In den vierziger Jahren war das, was es an der Met zu sehen gab, und das, was ein großes Broadway-Theater zeigte, nicht mehr zu vergleichen. An der Oper waren Regie und Darstellung konventionell, altmodisch, ein Relikt aus dem letzten Jahrhundert. Rudolf Bing versuchte dieses Problem zu lösen, indem er

Leute vom Broadway holte, zum Beispiel Alfred Lunt. Der Umzug der Met in dieses neue Haus im Jahre 1966 war nicht nur eine räumliche Veränderung, sondern auch ein Schritt nach vorn in der Zeit. Mit den Einrichtungen dieses modernen Hauses konnte sie leichter Anschluß an das gegenwärtige Jahrhundert finden.

Heute ist die Met wegen der Länge ihrer Saison, der Breite ihres Repertoires und der Qualität ihrer Produktionen die beste Opernbühne der Welt. Natürlich werden auch in Europa wichtige Dinge gemacht, aber alles, was man in London, Wien oder Mailand zustande bringt, schafft die Met gleich gut, wenn nicht sogar besser. Wir entsinnen uns beide der Jahre des umgekehrten Chauvinismus: Wenn man »richtige« Oper hören wollte, mußte man ins Ausland gehen. Allerdings rezensierte ich auch in Chicago einiges an richtig guter Oper. Heute bietet die Met nichts anderes als »richtige« Oper.

JL: Der Herausforderung durch Europa mußte ins Auge gesehen werden. Als nach dem Krieg klar wurde, was dort selbst an kleinen Häusern mit Hilfe staatlicher Subventionen an Experimenten möglich war, konnte sich keine führende amerikanische Bühne mehr auf ihre alten Rezepte versteifen.

RCM: Stark verallgemeinert könnte man sagen, daß die Met in den fünfziger Jahren im Grunde aus zwei Kompanien bestand – einer erstklassigen, die zu Außergewöhnlichem fähig war, und einer drittklassigen, die Mittelmäßigkeit und Routine bot. Beide wirkten im selben Haus, quasi abwechselnd. Und wenn die Met nach Chicago – in die Provinz – kam, dann sollten wir den Unterschied tunlichst nicht bemerken. Mr. Bing wurde sehr ungehalten, wenn wir bekundeten, daß wir ihn dennoch bemerkten.

JL: Aber diese Unterschiede in der Qualität lassen sich sehr schwer vermeiden, wenn man sieben Vorstellungen pro Woche geben muß.

RCM: Natürlich. Aber die Spanne der Qualitätsschwankungen läßt sich begrenzen. Vor vierzig Jahren war sie recht breit. Heute ist sie nach allem, was ich so sehe, recht gering. Wichtige Faktoren sind die Größe und der Ruf der Kompanie. Gegenüber früher hat die Met viel weniger Ballast und verfügt über weit mehr Künstler, die dies Haus bevorzugen. Nur sehr wenige international renommierte Sänger sind an der Met nicht zu hören. Das war nicht immer der Fall. Elisabeth Schwarzkopf war sowohl in Chicago als auch in San Francisco ein großer Star, bevor sie Mitte der sechziger Jahre an der Met debütierte. Die Zyniker pflegten zu sagen:»Für die Met ist es noch zu früh für sie – sie hat ja noch Stimme.«

Eines der großen Rätsel der Ära Bing war die Tatsache, daß Bing mit großem Trara die Callas feuerte. Viele von uns, die natürlich nicht zum inneren Zirkel des Hauses gehörten, hatten den Eindruck, daß ihre Klagen gerechtfertigt waren – daß es nicht um Musik, sondern um Machtpolitik ging. Sie fand, daß ihre Rollen und ihr Terminplan unmöglich zu vereinbaren waren. Nach ein paar Gastspielen der Met in Chicago hatte ich das Gefühl, ich hätte Bing eine viel bessere Abschußliste nennen können.

JL: Du beschreibst genau die Verhältnisse, die ich 1973 vorfand.

RCM: Und wir wissen, was du geleistet hast. Du hast – um es mit deinen eigenen Worten zu sagen – »das ganze Ding rumgedreht«.

Aber reden wir einmal von etwas ganz anderem. Befassen wir uns mit einigen ganz grundlegenden Dingen. Wo kriegst du deine Taktstöcke her?

JL: Ich beziehe sie von Dick Horowitz. Er fertigt für mindestens zwei Dutzend Met-Dirigenten Taktstöcke. Das ist sein Hobby. Er ist Solopauker und gehört seit fünfzig Jahren dem Orchester der Met an. Er ist ein brillanter Musiker. Mehr Begeisterung und Engagement kann sich ein Dirigent gar nicht wünschen.

RCM: Vor dem Krieg arbeitete im Keller der Wiener Oper ein Mann mit dem bemerkenswerten Namen Richard Wagner. Er belieferte alle großen Dirigenten, die an dem Haus arbeiteten, mit Taktstöcken. Furtwängler und Toscanini mochten unterschiedliche ästhetische Ziele verfolgt haben, aber sie dirigierten beide mit Taktstöcken von Wagner. Toscanini war am Boden zerstört, als der Nachschub ausblieb; um das Trauma zu lindern, begann sein Arzt, ein passionierter Holzschnitzer, Taktstöcke für ihn anzufertigen. In den ersten NBC-Jahren mußte er eine ganze Menge fabrizieren. Der Verschleiß war recht groß.

JL: Das neue Modell von Horowitz, das ich seit etwa zehn Jahren verwende, hat am Ende einen großen griffigen Knauf aus Kork. So etwas ist schwer zu verlieren, aber ich habe trotzdem immer einen Ersatz auf dem Pult. Dieser Stock wiegt praktisch nichts.

Wenn wir ein Stück für kleines Orchester spielen, dirigiere ich bisweilen ohne Taktstock, aber selbst bei großer Besetzung kommt es vor – wenn ich den Stab problemlos ablegen und rasch wieder aufnehmen kann –, daß ich die Gestik der Hände allein passender und ausdrucksvoller finde. Aber im allgemeinen habe ich das Gefühl, ich brauche den Taktstock, um bis zur Bühne durchzudringen und um denjenigen, die sich gegenseitig nicht hören können, beispielsweise ganz links außen und rechts hinten im Orchestergraben, meinen Schlag klar anzuzeigen.

RCM: Wie steht es mit der Arbeitskleidung? Wenn man sich die Videobänder aus früheren Jahren anschaut, sieht man abwechselnd Smoking und Frack. Inzwischen ist anscheinend nur noch Frack angesagt.

JL: Bei der allabendlichen Arbeit fühle ich mich im Frack wohler, weil er nicht so einengt. Ich habe zwar ein Smokingjackett mit Schlitzen, das ich manchmal trage, aber der Frack gibt mir mehr Bewegungsfreiheit. Inzwischen trage ich bei drei Vierteln meiner Auftritte Frack. Der Frack eignet sich auch besser für Fernsehmitschnitte, egal ob bei Matineen oder Abendvorstellungen, denn er sieht einfach passend aus, wenn die Sendung am Abend ausgestrahlt wird.

RCM: Wenden wir uns einigen Fragen des Repertoires zu. Als Klassiker hast du sieben Mozart-Opern dirigiert – alle »großen« Werke.

JL: Die anderen vierzehn blieben ausgeklammert, weil sie mit der Reihe von Wundern konkurrieren müssen, die mit *Idomeneo* beginnt und zu der einige der größten Triumphe der Musikgeschichte zählen. Doch ich gebe zu, sie würden es verdienen, öfter gehört zu werden.

RCM: Vergessen wir nicht den kleinen Einakter *Der Schauspieldirektor*, der sich nie mit einer anderen Oper zu einem beständigen Doppelprogramm verbinden ließ.

JL: Nun ja, was sollte man ihm voranstellen oder folgen lassen? Es ist immer problematisch, einaktige Opern zu guten Programmen zu koppeln. Das ist sehr bedauerlich, weil es viele großartige Einakter gibt. Ich habe einige an Schulen und bei Festivals aufgeführt. Aber auf einer großen Bühne können sie heillos danebengehen.

RCM: Erich Leinsdorf erzählte mir, es gab eine Zeit in der Geschichte der Met, als bei jeder Vorstellung vertraglich eine Pause vorgeschrieben war, damit die Bar und das Restaurant ihre Umsätze machen konnten. Man überlegte, *Rheingold* mit einem anderen Werk zu einem Doppelprogramm zu koppeln, und fragte Leinsdorf: »Was wollen Sie *Rheingold* voranstellen?« Er erwiderte: »Vor *Rheingold* kommt nichts.« Also wurde gegen Leinsdorfs Protest eine Pause eingefügt, und zwar da, wo Wotan und Loge nach Nibelheim hinabsteigen.

JL: Da dauerte die Reise eben etwas länger als normal.

RCM: Wenden wir uns Richard Strauss zu.

JL: Ich liebe Strauss-Lieder und spiele sie auch oft. Ich mag auch einige der Orchesterwerke, besonders *Don Quixote*, meine liebste Tondichtung überhaupt, und habe außerdem eine große Schwäche für *Tod und Verklärung*.

RCM: Ganz besonders, vermute ich einmal, für den »großen Aufstieg in den C-Dur-Himmel«, wie Solti es nannte.

JL: Genau. So durchschaubar es auch ist – als Werk eines 24jährigen, finde ich, steckt es voll wahrer Brillanz. Die anderen kurzen Tondichtungen, *Don Juan* und *Till Eulenspiegel*, mag ich ebenfalls, wenn ich sie nicht pausenlos spielen muß – in meiner Jugend habe ich sie sehr oft gespielt. Reiner hat mit *Ein Heldenleben* Erstaunliches anzufangen gewußt, aber ich kann mich mit dem Stück nicht so identifizieren wie er. *Also sprach Zarathustra* habe ich nie dirigiert, und ich glaube, es würde mir schwerfallen, es mit Überzeugung zu spielen. Es war auch keines von Szells Stücken, wie du dich erinnern wirst.

RCM: Es gibt genügend andere, die es aufführen. Vermutlich hältst du dich auch von der *Symphonia domestica* eher fern.

JL: Ehrlich gesagt, dieses Stück fasziniert mich. Szell begann es in seinen späteren Lebensjahren häufiger zu spielen. Irgendwann möchte ich es vielleicht einmal machen. Es war eine der wunderbarsten Erfahrungen in meinem Leben, als Szell dieses Stück 1964 in Cleveland einstudierte; und später hat er es ja auch für die Platte eingespielt. Eine weitere große Tondichtung möchte ich vielleicht auch einmal machen, nämlich die *Alpensymphonie*. Aber nicht gleich morgen.

Es gibt noch ein ganz faszinierendes Werk von Strauss. Wenn du mir vor dreißig Jahren prophezeit hättest, daß ich mich eines Tages für die *Metamorphosen* begeistern würde, hätte ich gesagt: »O je, damit werde ich nie etwas anfangen können.« Aber inzwischen liebe ich es.

Als die Philharmonie in Berlin wegen Renovierung geschlossen war, bat uns die Geschäftsleitung, unsere Programme in andere Räumlichkeiten zu verlegen. Also stellte ich 1991 ein Programm für den benachbarten Kammermusiksaal zusammen; da war auch dieses Stück dabei. Inzwischen war ich ganz fasziniert davon und begierig darauf, es zu spielen. Es machte mir große Freude, es einzustudieren – so wie zwei Jahre zuvor das *Oboenkonzert*, ebenfalls ein eindrucksvolles Werk von Strauss, das im Grunde nicht zum sogenannten Standardrepertoire gehört. Für die späten Lieder habe ich mich immer schon begeistert, aber aufgrund dieser letztgenannten Stücke wurde ich ebensosehr zum leidenschaftlichen Verfechter des späten Strauss wie durch *Ariadne* beziehungsweise *Rosenkavalier*.

Für *Salome* habe ich dagegen nicht soviel übrig. Ich kann sie nur in kleiner Dosierung aushalten. Ich habe sie nur einmal dirigiert, in der Spielzeit 1973/74, und dann nie wieder. Die drückende Atmosphäre und der Stil des Schauspiels an sich ermüden mich sehr schnell. Und dann muß ich es wieder beiseite legen, trotz vieler starker Seiten. Wenn ich alle paar Jahre eine gute Aufführung höre, reicht es mir. Ich finde es übrigens seltsam, daß manche Leute *Elektra* und *Salome* in einen Topf schmeißen.

Bei mir ist es normalerweise so, daß mich das Spezifische, das Eigentümliche eines Werks am tiefsten berührt. Und in dieser Hinsicht ist *Elektra* eine Oper, von der ich nie genug kriegen kann. Die ungeheuer dramatische Partitur und das unglaubliche Libretto wie auch die griechische Quelle machen *Elektra* zu einem weit klassischeren Werk. Ich würde weit reisen, um *Elektra* zu hören, sooft sich die Gelegenheit bieten würde.

RCM: Nichts ist klassischer als die griechische Tragödie, und ich glaube, in *Elektra* hat Strauss die Stimmung des griechischen Theaters sehr gut eingefangen, obwohl er ein musikalisches Idiom verwendet, das absolut frühes 20. Jahrhundert ist. Die Musik der alten Griechen selbst würde in unseren Ohren wahrscheinlich höchst seltsam klingen.

JL: Ravel zeigt uns in *Daphnis et Chloé*, wie er dasselbe Problem in einer eigenen, äußerst einfallsreichen Weise gelöst hat.

RCM: Das kann man wohl sagen.

JL: Auch wenn wir *Ariadne auf Naxos* spielen, will ich gar nicht mehr aufhören. In *Elektra* und *Ariadne* zeigt sich Strauss von seiner besten Seite. Er ist stellenweise so raffiniert, so elegant, so geschickt und so unglaublich geistreich. Aber es gibt auch eine andere Seite, die in einigen Stücken mehr, in anderen weniger auffällig wird. Ich würde es als Tendenz zu übermäßiger Konstruiertheit im Sinne von »Papiermusik« bezeichnen. Zahlreiche solcher Passagen gibt es in *Arabella*, in den großen Tondichtungen und sogar im *Rosenkavalier*. Richtig begeistern kann mich *Der Rosenkavalier*, wenn die Besetzung absolut ideal ist. Andernfalls geht viel von der Wirkung verloren.

RCM: Strauss bezeichnete dieses Werk als seine »Mozart-Oper«. Damit bleibst du deiner Linie treu.

JL: Ich habe auch *Capriccio* einstudiert. Und ich habe schon an *Arabella* und *Die Frau ohne Schatten* gedacht; aber um ganz ehrlich zu sein, als Dirigent reiße ich mich nicht um diese Werke. Die Sänger, die mir in der *Frau ohne Schatten* gefielen, drängten – und drängen – mich immer wieder, sie zu machen, aber jedesmal gab es etwas, das mir vordringlicher erschien.

RCM: *Capriccio* kommt in einem großen Haus in Frage, wenn das Publikum den Text verfolgen kann. Die Lyric Opera in Chicago hat auf diese Weise große Erfolge mit dem Werk erzielt. Jetzt, wo die Met die Vorzüge der phantastischen »Met Titles« nutzen kann, die jede Sprachbarriere überwinden helfen, ist das Publikum intensiver beteiligt denn je. Vor einigen Jahren hast du noch gesagt, in der Met würde es »nur über deine Leiche« Obertitel geben, aber das hier ist etwas ganz anderes.

JL: Ich meinte projizierte Titel. Die sind und bleiben in diesem Haus mit seinem hohen Proszenium vollkommen ungeeignet. Von vielen Plätzen wären diese Titel nämlich gar nicht zu sehen. Wir haben ein vollkommen anderes System installiert, das dezent und unauffällig ist. Der Text erscheint direkt vor den Augen des Besuchers, auf dem Rücksitz des Platzes vor ihm, wenn er es wünscht. Meine früheren Einwände gegen Projektionen gelten nach wie vor; aber vor allem haben wir dadurch die nötige Zeit gewonnen, um dieses wahrlich wunderbare System konzipieren, konstruieren und installieren zu können.

RCM: Eine Oper, die du bisher erst ein einziges Mal, in einer konzertanten Aufführung in Cleveland, und zu meiner Überraschung nie wieder dirigiert hast, ist *Fidelio*.

JL: Ich glaube, ich werde sie in der Spielzeit 2000/01 an der Met endlich szenisch realisieren.

RCM: Sie ist schwer zu besetzen.

JL: Alle Opern sind schwer zu besetzen, wenn man für jede Rolle den richtigen Interpreten haben will. Mein Problem mit Beethoven und mit dieser Oper im besonderen besteht wohl darin, daß ich eine ganz klare Vorstellung davon habe, wie sie klingen sollte. Diese Vorstellung ist ganz stark von Toscanini beeinflußt. Als Gastdirigent hatte ich nicht die Zeit, dem Orchester eine neue Auffassung von Beethoven zu vermitteln. Die *Fidelio*-Interpretationen, die wir seit Toscaninis Tod hören konnten, hatten meist etwas Schlaffes, Verschwommenes. Ich stelle mir *Fidelio* ganz anders vor. Die Met hat eine sehr gute Inszenierung, aber wir brauchen inzwischen eine neue, doch aufgrund unserer harmonischen Zusammenarbeit und der bisherigen gemeinsamen Erfahrungen bin ich zuversichtlich, daß diese Probleme zu lösen sind, wenn man mit einer bestimmten Stilvorstellung herangeht und diese in der üppigen Probenzeit, die uns für Neuinszenierungen zur Verfügung steht, auch umsetzt.

In den letzten Jahren habe ich recht gute Erfahrungen mit Beethoven gemacht. Einmal kam aus Salzburg die Anfrage: »Würden Sie ein Gedenkkonzert für Karajan dirigieren?« Ich fragte: Wie wäre es mit der *Missa solemnis?* »In Ordnung. Mit welchen Solisten?« Ich nannte vier. Sie waren alle zu haben. »Und mit welchem Chor? Der Wiener Chor ist nicht mehr frei.« Ich sagte, ich hätte sehr gute Erfahrungen mit dem Leipziger und dem Schwedischen Rundfunkchor gemacht. Wie wäre es, wenn man beide zusammen nimmt? – Früher war es in Salzburg so, daß es bei allem immer ewige Debatten gab und daß man sich alles, was einem absolut elementar erschien, mühsam erkämpfen mußte. Doch dieses Projekt klappte, fast so als hätte jemand mit dem Zauberstab nachgeholfen. Es war eine meiner angenehmsten Erfahrungen mit einem so schwierigen Werk.

Beste Erfahrungen machte ich auch mit einem Zyklus von Cellosonaten mit Lynn Harrell, den Klavierkonzerten mit Alfred Brendel und den *Gellert-Liedern* mit Jessye Norman – alles Rekordmarken für die Mitwirkenden.

RCM: Du hast auch beachtliche Erfolge mit Opern von Schönberg erzielt, die wohl viele als extremes Insiderrepertoire betrachten.

JL: Das sind wirklich großartige Werke, die sooft wie möglich vor ein Publikum gebracht werden sollten.

RCM: Du hast *Moses und Aron* in Salzburg dirigiert, allerdings noch nie hier.

JL: Das ist für 1998/99 geplant, ungefähr zwanzig Jahre später, als ich es mir gewünscht hätte. Es ist längst überfällig! Und das gilt nicht nur für *Moses und Aron*, sondern auch für die anderen Meisterwerke der Oper des 20. Jahrhunderts wie etwa *Wozzeck*, *Lulu* und so weiter. Es ist ein paar Generationen her, seit die Erstaufführungen so viel Verstörung ausgelöst haben. Inzwischen können wir ausgesprochen schöne und gelungene Interpretationen von Werken bieten, die manchmal in äußerst häßlichen, wenn auch gutgemeinten Produktionen aus der Taufe gehoben wurden.

RCM: Ich habe seit Jahren immer wieder darauf hingewiesen, daß sich der Protest gegen neue Werke hauptsächlich daran entzündete, daß sie einfach schlecht gespielt wurden. Ginge man mit einer Beethoven-Symphonie genauso um, würde es das Publikum sofort merken, doch ein neues Werk ist völlig wehrlos. Es kann bei der Uraufführung regelrecht verhunzt werden, und viele Leute sagen dann nur:»So klingt moderne Musik nun mal!«

JL: Diese Werke sind ausgesprochen schön. Sobald man sich ihnen in dieser Form zuwendet, ändert man zwangsläufig seine Meinung. Schönberg wußte, daß in *Moses und Aron* viele wunderschöne Dinge stecken. Er fürchtete, Generationen von Menschen, die ältere Musik gewohnt waren, würden seine Musik nicht als das wahrnehmen, was sie ist. Zu seinen Lebzeiten wurde sein Werk schließlich sehr wenig gefördert.

Strawinsky stand vor dem gleichen Problem. Selbst wenn *Le Sacre du printemps* vollkommen sauber und geschlossen gespielt wird, ist das Problem nur zur Hälfte gelöst. Strawinsky gab zu verstehen: Vergeßt nicht, das ist ein russisches Orchesterstück, und wenn der Dirigent daraus eine technische Übung oder eine Lektion in Arithmetik macht, dann wird das Werk nicht getreu wiedergegeben. Die Leidenschaftlichkeit darf nicht fehlen. Es muß präzise gespielt werden, aber mit dem satten, sinnlichen, kraftvollen Klang eines russischen Orchesters.

RCM: Du hast drei frühe Strawinsky-Opern dirigiert, *The Rake's Progress* allerdings noch nie.

JL: Das will ich schon seit Jahren machen. Eine Neuinszenierung ist für 1997/98 geplant. Mit *The Rake's Progress* ist das so eine Sache. Es ist schwer, das Stück gut zu bringen. Es war schnell veraltet, als es nach der schwierigen »Geburt« der Uraufführung jahrelang herumlag und fast nie gespielt wurde. Aber es ist noch immer ein sehr lebendiges, geistreiches und bewegendes Werk. Inzwischen wird es auf der ganzen Welt gespielt, und seine Originalität und seine vielen einzigartigen Facetten werden allmählich erkannt.

RCM: Bleiben wir noch einen Augenblick bei den Russen. Es überrascht mich, daß du noch nie eine Oper von Prokofjew dirigiert hast.

JL: Du hast ja schon darauf hingewiesen, daß ich überhaupt wenig von Prokofjew gemacht habe – die Ballettsuiten, zwei Symphonien, ein Klavierkonzert, die *Sinfonia concertante* und die *Sonate für Violoncello* mit Lynn Harrell sowie *Leutnant Kijé*. (Das ist übrigens eine meiner Lieblingsplatten von Reiner.) Ich kenne die Opern von Prokofjew nicht so gründlich, wie ich es mir wünschen würde. Ich kann mir vorstellen, daß wir vielleicht *Krieg und Frieden* und *Der Spieler* mit Valery Gergiev machen und eventuell *Der feurige Engel* oder etwas Ähnliches daran anschließen. Aber immer wenn ich mich an diese Stücke herangetastet habe, hatte etwas anderes Vorrang. Ich würde mich gern mehr mit dem Material vertraut machen. Aber als Dirigent gebe ich anderen Dingen den Vorrang.

RCM: Verhält es sich mit den Opern von Schostakowitsch ähnlich?

JL: Sehr. Wir alle kennen die Werke, angefangen mit der *Nase* bis zur skandalumwitterten *Lady Macbeth von Mzensk*. Doch all diese Stoffe liegen außerhalb meiner unmittelbaren Erfahrung, und diese Unmittelbarkeit muß bei mir unbedingt gegeben sein. In der vergangenen Spielzeit stand *Lady Macbeth von Mzensk*, unter der Leitung von James Conlon, erstmals auf dem Spielplan der Met und soll bald wiederaufgenommen werden.

RCM: Ich habe beide Werke auf amerikanischen Bühnen gesehen. Es sind spannende Dramen. Es überrascht mich, daß du noch nie eine Oper von Hindemith dirigiert hast.

JL: Welche? Welche, meinst du, sollte ich dirigieren?

RCM: Die beste, *Mathis der Maler*, wurde letzten Herbst nebenan im State Theater gegeben. Das ist ein wirklich packendes Werk.

JL: Ich habe bereits vor Jahren mit dem Gedanken gespielt und es dann doch nicht gemacht. Ich hatte auch mit *Cardillac* geliebäugelt und mit Jean-Pierre Ponnelle über eine mögliche Inszenierung gesprochen. Einiges daran hat mich sehr fasziniert. Aber vielleicht bin ich aufgrund dieser beiden Episoden einfach skeptisch geworden. Vielleicht sollte ich *Mathis* gründlicher studieren; dann könnte ich vielleicht besser entscheiden, was ich mit sechzig machen soll. Aber ich habe schon so eine lange Wunschliste.

RCM: Bei der komischen Oper sieht es immer recht spärlich aus. Eine, die eine Wiederaufnahme verdient, ist vielleicht Weinbergers *Schwanda, der Dudelsackpfeifer*. Sie erlebte 1931 an der Met sieben Aufführungen in einer Inszenierung, die aber anscheinend nicht komisch genug war, um ihr den Erfolg zu sichern. Doch die Musik ist flott und reizvoll, wenn auch ein wenig wiederholungslastig. Ich frage mich oft, was man heute wohl daraus machen könnte.

Eine Grundregel lautet: Man kann vom Publikum nicht erwarten, daß es Musik kennt, die es nie hört. Die Werke liegen vor, doch sie hatten nie Gelegenheit, sich durchzusetzen.

JL: Ich glaube, in dieser Hinsicht verändert sich die Opernwelt zum Besseren. Ganz oben auf der Liste der Opern, die ich noch nicht gemacht habe und noch machen will, stehen Werke wie Berlioz' *Benvenuto Cellini*. Seit langem versuche ich, Tenöre mit der entsprechenden Stimme so weit zu bringen, sich die Zeit zu nehmen, in die Noten zu schauen und zu überlegen, ob das nicht etwas für sie wäre. Aber es kann wahnsinnig schwierig sein, so ein Stück zu besetzen. Es ist leicht gesagt, »Ich will das Stück bringen«, doch dann steht man vor der Frage: Wer soll es singen?

Endlich werde ich *La Cenerentola* dirigieren. Dieses Stück wollte ich immer schon machen. Jetzt ist es für 1997/98 im Spielplan. Die Met National Company, die Tourneetruppe der Met, brachte es 1965 auf ihrer Gastspielreise, doch im Stammhaus in New York kam es nie auf die Bühne. Eines Tages möchte ich auch *Wilhelm Tell* dirigieren, allerdings wird das nicht so bald sein – vielleicht auch erst, wenn ich sechzig bin. Doch irgendwann möchte ich erleben, wie sich dieses Stück auf der Bühne anfühlt. Die Liste von Werken, die ich irgendwann einmal machen möchte, ist im Grunde endlos.

RCM: Wie steht es mit Poulenc? *Carmélites* und *Les Mamelles de Tirésias* wurden zu deinen Zeiten in den Spielplan aufgenommen, allerdings mit anderen Dirigenten.

JL: Hier an der Met gab es nicht wenige Fälle, in denen ich etwas gerne selbst übernommen hätte, aber aufgrund von Verpflichtungen, Terminplänen und so weiter nicht konnte. Wir nehmen diese *Carmélites*-Inszenierung immer wieder auf, und jedesmal stehe ich kurz davor, sie zu übernehmen, doch dann kommt wieder etwas anderes, Dringlicheres dazwischen, und ich muß wieder abgeben.

RCM: Eine Oper, die ich mir an diesem Haus ebenfalls sehr gut vorstellen könnte, ist Ravels *L'Heure espagnole*.

JL: Ravels Bühnenwerke liebe ich über alles. Wir haben hier eine brillante Inszenierung von *L'Enfant*. Für mich ist das ein wahres Meisterwerk. Irgendwann muß ich *Daphnis et Chloé* szenisch aufführen. *L'Heure* gab es hier seit siebzig Jahren nicht mehr. Anstatt unser altes französisches Dreierprogramm wiederaufzunehmen, könnten wir vielleicht die beiden Einakter von Ravel zusammennehmen. Das könnte wirklich reizvoll sein. Vielleicht koppeln wir einen frühen Strawinsky (sagen wir mal *Renard*) mit *Les Mamelles* oder *L'Enfant*.

RCM: Wo wir schon bei den Franzosen sind: Aus deinem Repertoire gänzlich ausgespart ist das Werk von Jules Massenet. Für mein Gefühl mangelt es ihm an Universalität. Er gehört zur Belle Époque, repräsentiert diese allerdings meisterhaft.

JL: Du magst Massenet nicht? Also, ich liebe ihn. Aber wie im Belcantofach braucht man auch hier die richtigen Stimmen. Entweder singt man es richtig oder gar nicht! Das könnte man über alle Opern sagen, aber seien wir ehrlich – Mozart und Strauss und Strawinsky weisen so viele Vorzüge auf, die selbst bei nicht ganz so idealer Besetzung zur Geltung kommen. Doch bei vielen italienischen und französischen Werken des 19. Jahrhunderts hängt die Wirkung zu 95 Prozent davon ab, wie überzeugend die Sänger Musik und Drama eben durch den Gesang zum Ausdruck bringen.

Manche dieser Stücke gefallen mir sehr gut; und ich glaube, einige davon werden ihr Comeback erleben. In der nachrückenden Generation lernen immer mehr Sänger, in diesem Stil zu singen. Bei der jüngsten Wiederaufnahme von *Faust* an der Met beispielsweise sangen genau die richtigen Stimmen – Renée Fleming, Richard Leech, Samuel Ramey und Dwayne Croft. Diesen Bereich des Repertoires kenne ich sehr gut, allerdings habe ich mich bisher meist auf *Les Troyens*, *Pelléas et Mélisande*, *Carmen* und *Les Contes d'Hoffmann* konzentriert.

Vor Jahren sagte ich zu Maria Ewing und Neil Shicoff, ich würde gerne *Werther* machen, falls wir je die passende kleine Bühne dafür finden – die Met ist viel zu groß. Das Haus muß so klein sein, daß man jede Feinheit, jedes Blinzeln mitbekommt. Massenet und viele andere Komponisten haben diese intimen Werke für kleine Theater in Europa geschrieben. Dennoch nehmen einige dieser Stücke im Repertoire der großen Häuser in den Vereinigten Staaten inzwischen einen festen Platz ein. Mit einer starken Besetzung wird sich *Manon* selbst in einem großen Haus bewähren. Ich habe Massenet nicht deswegen in den Hintergrund gestellt, weil mir die Musik nicht gefällt, vielmehr weil ich ihr gerecht werden will, und dazu muß man ihre speziellen Erfordernisse erkennen und erfüllen.

144

RCM: Auch *Louise* ist eine Oper, die eine Wiederaufnahme verdient.

JL: Keine Sorge. Renée Fleming wird sich eines Tages ihrer annehmen.

RCM: Wieso du noch nie eine Oper von Michael Tippett dirigiert hast, brauchst du mir nicht zu erklären.

JL: Meines Erachtens sind sie rein für den heimischen Gebrauch geeignet. Wie so mancher gefällige Wein, auf den man in Europa stößt, büßen sie an Qualität ein, wenn man sie exportiert. Mit Britten ist es natürlich etwas ganz anderes.

Ich glaube, ich bilde mir nicht bloß ein, daß man sofort erkennt, was aus der Feder eines britischen Kritikers stammt. Liest man einen Artikel über Musik, bei dem die Angabe des Verfassers fehlt und man also nicht weiß, von wem er stammt, so kann man dennoch aus dem Inhalt schließen, woher er kommt. Es muß nur ein überschwenglicher Verweis auf Bax oder Delius oder Tippett oder Brian vorkommen, und schon ist klar, daß der Autor Engländer sein muß. Man muß den Stolz der Engländer auf ihre künstlerischen Leistungen respektieren – ich wünsche mir oft, amerikanische Komponisten würden die gleiche Unterstützung erfahren –, doch häufig mischen sich da ein naiver Chauvinismus und ein Mangel an Perspektive mit hinein. Englische Kritiker wollen einem bisweilen weismachen, daß das London Symphony Orchestra einen eigenen, erkennbaren Klang habe, so wie die Berliner oder Wiener Philharmoniker. Die Londoner haben zwar andere Vorzüge, nicht aber diesen.

RCM: Brittens *Billy Budd* steht in der nächsten Spielzeit auf dem Programm der Met und *Peter Grimes* im Jahr darauf.

JL: *Grimes* ist die einzige Britten-Oper, bei der ich mit dem Gedanken gespielt habe, sie an der Met zu dirigieren. Jon Vickers wurde inzwischen von jüngeren Sängern abgelöst, die die Rolle eindrucksvoll beherrschen. Neil Shicoff wird wiederkommen, und wir haben Leute wie Ben Heppner und Philip Langridge, also wird das Stück in den nächsten Jahren öfter auftauchen. Aber ich wette, wenn es soweit ist, muß ich statt dessen wieder etwas anderes machen. Und das bedaure ich schon jetzt. Aber man muß sich immer zu entscheiden wissen. Das gehört zu meinen Verpflichtungen.

RCM: Das Met-Publikum verlangt Vielfalt im Repertoire und bekommt sie auch. In anderen Städten, in denen das jährliche Angebot vielleicht ein Drittel dessen ausmacht, was du auf die Bühne bringen kannst, ist das Programm nicht so breit gefächert. An der Lyric Opera in Chicago besteht das Repertoire für 1996/97 und 1997/98 zu einem Viertel aus Puccini. Anscheinend meint man, die Abonnenten aus den Vororten verlangten dies. Die Met spürt zweifellos keinen solchen Druck.

JL: Aber vergiß nicht, Robert, daß eine Spielzeit keine geschlossene »Einheit« ist. Sie entwickelt sich von Woche zu Woche. Sie ist keine im voraus bestimmbare Größe. Der Spielplan der Met enthält Kunstwerke, ist aber niemals darauf angelegt, selbst eines zu sein.

Wir bringen weiß Gott auch unser Quantum Puccini, aber zu den traditionellen Publikumsmagneten der Met zählen auch die Werke von Mozart, Verdi, Wagner und Richard Strauss. Auf diesen Bereich sowie auf die vielen großen Opern nicht ganz so produktiver Komponisten habe ich mich bisher konzentriert.

RCM: Würdest du ein Viertel deines Repertoires allein Puccini widmen, würdest du praktisch jedes Jahr sein gesamtes Œuvre spielen, was ziemlich absurd wäre.

JL: Und unnötig.

RCM: Verdi spielt in deiner Arbeit an der Met eine enorme Rolle. Von seinen 26 Opern hast du 17 dirigiert. Von den neun fehlenden sind *I due Foscari* und *Nabucco* sicherlich interessant, aber wenn du *Alzira* übergehst, ist das kein großer Verlust, denke ich.

JL: Weißt du, ich sollte *Alzira* einmal konzertant aufführen, doch ich sagte ab, nachdem ich die Partitur gründlich durchgearbeitet hatte. Ich hatte das ungute Gefühl, daß dies das einzige Werk Verdis sei, zu dem ich keinen Zugang finden könne, deswegen wollte ich es nicht machen.

RCM: In *Opera America* sind Zahlen für die Spielzeit 1993/94 genannt, aus denen hervorgeht, daß die Hälfte der sechs am häufigsten produzierten Opern in den Vereinigten Staaten Werke von Puccini sind.

JL: *Bohème*, *Tosca*, *Butterfly*.

RCM: Richtig.

JL: Und die anderen drei sind wahrscheinlich *Carmen*, *Traviata* und *Aida*.

RCM: Es gab Jahre, in denen du damit richtig gelegen hättest. In diesem Fall war es statt *Aida* allerdings *Die Zauberflöte*, was du sicherlich als hoffnungsvolles Zeichen deutest.

JL: Aber nur bedingt! Ich schätze auch *Aida* sehr!

RCM: In deiner gesamten Laufbahn hast du nur eine einzige *Butterfly*-Inszenierung dirigiert; das war nicht an der Met. Es ist fast schon eine Leistung, einem so abgegriffenen Werk wie diesem aus dem Weg zu gehen.

JL: Stimmt, aber es liegt nicht daran, daß ich das Werk nicht mag. Ich mag es sehr! Es liegt daran, daß es für mich nie besonderen Vorrang hatte. Ich konnte Werke dirigieren, die ich für wichtiger hielt – das heißt, wichtiger für mich.

Wie gut man dieses Repertoire realisieren kann, hängt sehr stark davon ab, wen man auf der Bühne stehen hat. Meine gelungeneren Verismo-Opern hatten immer starke Besetzungen – Domingo, Pavarotti, Stratas, Scotto und so weiter. Na ja, *Manon Lescaut* weist vielleicht nicht die gleiche Ausgewogenheit der Elemente auf wie *La Bohème*, aber für jemanden, der seine erste abendfüllende Oper schrieb, als Verdis *Falstaff* gerade uraufgeführt wurde, ist es ein unglaublich packendes Werk. Ich komme wieder auf Puccini zurück, weil dies phantastische Bühnenwerke sind – allesamt. *Fanciulla*, in gewissem Sinne seine bemerkenswerteste Oper, habe ich noch nie gemacht, und *Butterfly* habe ich seit 25 Jahren nicht mehr dirigiert, aber einige der anderen Werke habe ich recht häufig aufgeführt. Auch *Il trittico* ist, genau wie *La Bohème*, ein Meisterwerk.

RCM: Puccinis Größe war nicht von Anfang an so offenkundig. Ich habe hier eine Rezension einer Met-Tournee aus dem *Kansas City Star* vom 10. Dezember 1900. Das neue Stück, schreibt der Kritiker, sei »viel zu akademisch, um es je mit *Faust* aufzunehmen. Es strömt nicht vor Melodik; es gibt nichts zum Mitpfeifen, abgesehen vom Thema des Duetts im dritten Akt. Vielleicht werden die Massen ja Gefallen daran finden, doch das steht zu bezweifeln.« Worum, glaubst du, könnte es sich bei dieser trockenen akademischen Übung wohl gehandelt haben?

JL: Ich weiß schon. Ich kann es mir genau vorstellen …

RCM: Dieses unmelodische Monster war unsere alte Freundin *La Bohème* und mit keiner Geringeren als Nellie Melba als Mimì. Um den Kritikern nicht unrecht zu tun – im April darauf bezeichnete der gefürchtete Philip Hale in Boston *La Bohème* als Triumph, fügte allerdings hinzu,»sie könnte die Puristen schokkieren«. Ich weiß nicht genau, ob er sich damit auf Puccinis Harmonik bezog oder auf die Moral der Charaktere, aber ich vermute, er meinte die Harmonik. Wenn man solche Dinge liest, wird einem klar, daß vor hundert Jahren *Faust* der Prototyp der Oper gewesen sein muß – ein großes, ausschweifend melodisches Werk. Puccini hegte nicht die geringste Absicht, Opern von dieser Art zu schreiben. Er verführte das Publikum mit etwas Neuem, und das Publikum ging mit. Aber wenn man diese Rezension liest, versteht man, wie ein Kritiker, der wahrscheinlich mit Rossini und Donizetti großgeworden ist und sich erst allmählich an Verdi gewöhnt hat, nun diesen Puccini erlebt und in einen wahren Kulturschock verfällt.

JL: Absolut. Das muß eine unglaubliche Zeit gewesen sein. Weißt du, welches Stück zwischendurch immer wieder wahnsinnig Spaß macht? *Turandot.*

RCM: Ich kann gut verstehen, warum.

JL: Der erste Akt ist phantastisch, da ist bereits alles drin, und alles baut darauf auf. Na ja, der Schluß birgt gewisse Probleme. Aber von der Grundidee her ist die Oper unglaublich toll.

RCM: Es liegt eine gewisse Ironie darin, daß *Tosca* deine Met-Karriere einleitete, aber seither in deinem Repertoire nur eine relativ unbedeutende Rolle gespielt hat.

JL: *Tosca* steht bei der Japantournee 1997 auf dem Programm. Sie gehört einfach nicht zu den Stücken, die ich ununterbrochen spielen muß. Viele andere Werke muß ich immer wieder bringen. Trotzdem macht *Tosca* sehr viel Spaß. Es ist so, als dirigierte man einen tollen alten Hitchcock-Film. Man braucht allerdings absolut stilsichere Sänger.

RCM: Viele Leute sind aber der Meinung, daß dein italienisches Repertoire nicht sehr intensiv auf die Verismo-Periode zurückgreift.

JL: Immerhin habe ich *Francesca da Rimini*, ein unbekanntes Werk, dirigiert, und ich mache *Chénier* sowie *Cavalleria* und

Pagliacci; und ich habe *Adriana Lecouvreur* eingespielt. Ich liebe die *Gioconda* und würde sie gern bringen, wenn ich die richtigen Sänger dafür bekäme. Wer macht schon all diese Dinge – *Wozzeck*, *Pelléas*, *Italiana*, *Barbiere*, die *Perlenfischer* und den *Ring*?

RCM: Nun, wenn wir die Oper des frühen 19. Jahrhunderts betrachten, so fällt auf, daß heutzutage wenig aus dem Belcanto-Repertoire zu hören ist. Die Neubelebung, die Sängerinnen wie Maria Callas und Joan Sutherland eingeleitet hatten, scheint nachgelassen zu haben, seit sie sich von der Bühne verabschiedet haben.

JL: Das Problem besteht natürlich in der Besetzung. Es ist schwer, Sänger zu finden, die für diesen Stil begabt und in diesem Stil ausgebildet sind. Ein großer Verdi-Sänger kann ein miserabler Belcanto-Sänger sein und umgekehrt. Das ist ein ganz eigener Bereich. Wenn wir mehr aus diesem Repertoire produzierten, würden wir vielleicht mehr Stimmen entdecken, aber ich bin mir nicht so sicher. Und bis dahin?

Es gibt große Unterschiede. Im Musiktheater jener Zeit waren die Belcanto-Opern nie als langlebige Produkte gedacht. Sie waren so etwas wie das heutige Broadway-Theater. Glaubst du, die Leute wollen im Jahr 2090 *Cats* hören? Verdi und Wagner haben in gewissem Maße auf die Nachwelt geschielt. Doch selbst wenn man plötzlich genügend Sänger finden würde, um das gesamte Belcanto-Repertoire von A bis Z abzudecken, würde man trotzdem nicht alles davon bringen, denke ich jedenfalls. Dafür ist viel zuviel davon einfach nicht erstklassig oder auch nur zweitklassig.

RCM: Beim späten Verdi und bei Mozart, Wagner und Strauss akzeptieren wir gewisse Schwankungen einfach wegen des Inhalts der Stücke. Je mehr Mozart man auf die Bühne bringt, desto mehr gute neue Mozart-Stimmen wird man entdecken. Das gleiche könnte auch bei deutschen Opern des späten 19. Jahrhunderts passieren.

JL: Bei Wagner gibt es unglaublich viel mehr, auf das es sich zu konzentrieren gilt, außer der idealen Stimmgebung! Da geht es um Text und Philosophie und Instrumentierung und und und. Beim Belcanto geht es nur um eines – singen, was das Zeug hält. Egal, wieviel man für diese Stücke übrig haben mag – wenn der

Sänger nicht über die entsprechende Stimme, Technik und Phantasie verfügt, kann man sie vergessen. Dann geht es einfach nicht. Bei Wagner hat man selbst bei einer nicht ganz so idealen Besetzung immer noch eine Oper. Beim Belcanto hat man ohne ideale Sänger gar nichts.

RCM: Und das soll nicht heißen, daß Oper immer satt und sinnlich sein muß. Was ich diese Woche in *Così* gehört habe, war reine Kammermusik – keine Kammermusik für den Salon, sondern durchaus für die große Bühne –, aber dem Geiste nach und von der Essenz her Kammermusik.

JL: Das stimmt.

RCM: Die Interaktion zwischen dem Orchester und den Sängern war einfach unglaublich.

JL: Abgesehen davon, daß ich das Stück mache, weil es mich selbst begeistert, freut es mich sehr, wenn diejenigen, die das Werk gründlich kennen und die genau hören können, was darin vor sich geht, etwas wirklich Unvergeßliches erleben. Das passiert nicht alle Tage. Man wünscht sich, daß es öfter der Fall wäre. Es passiert dann, wenn man weit über den Punkt hinausgeht, wo sich alle noch auf das Grundsätzliche konzentrieren, und so weit kommt, daß sich jeder ganz frei und vollkommen in den Feinheiten und Details ausdrücken kann. Wie sagte schon Nabokov: »Ohne Detail keine Freude.«

RCM: Wenn man das Rembrandt-Haus in Amsterdam besucht, entdeckt man viele Zeichnungen. Rembrandt war ein meisterhafter Zeichner. Er brauchte nur ein Blatt Papier und ein Stück Kohle, und im Nu hatte er mit wenigen Strichen alle wesentlichen Elemente eines Bildes umrissen. Wenn er wollte, konnte er die Skizze anschließend auf Papier oder mit dem Grabstichel auf einer Kupferplatte oder mit Ölfarbe auf Leinwand feiner ausarbeiten. Doch unter all dem lagen die Reinheit und die Intensität jener ersten Linien.

Wenn man deine *Così fan tutte* hört, kann man immer wieder staunen, wie du die musikalische Linie im Griff hast. Vielleicht bist du auch deswegen ein so großartiger Dirigent, weil du weißt, wie man zeichnet. Der Strich darf nie an Spannung verlieren. Er bleibt immer in Bewegung. Der Rhythmus ist stets klar bestimmt.

JL: Selbst bei zartem Ausdruck, hoffe ich. Wir geben uns große Mühe.

RCM: Du zeichnest sozusagen Klang. Dabei holst du selbst aus einer simplen Phrase das Maximum heraus. Wenn die Linie stimmt, fügst du auf dieser Grundlage Farbe, Dynamik, Schattierung und so weiter hinzu. Wer nach der klassischen Tradition ausgebildet ist, kann sich damit jedem Bereich zuwenden.

JL: Man muß stets fragen: Was ist der Urgrund? Wo rührt alles her? Für mich, und für die Instrumentalkomponisten vieler Jahrhunderte, ist diese Quelle die menschliche Stimme. Wenn man diesen Aspekt der Klassik verstanden hat, daß nämlich die Singstimme den expressiven Inhalt eines Textes und die pure Individualität der Stimme selbst zum Ausdruck bringt, hat man den wahren Wesenskern erfaßt.

RCM: Charles Munch war bei den Proben stets auf zwei Dinge bedacht – leichtes Spielen und Atmen. Bei den Bläsern geschah das Atmen natürlich ganz automatisch, doch er wollte, daß auch die Streicher in dieser Weise spielten – in einem leichten, lyrischen Ton mit zarten Zäsuren, so als ob der Geiger auf seinem Instrument tatsächlich singen und Atem holen würde.

JL: Genau. Mir fällt immer wieder auf, wie sich neue Mitglieder im Met-Orchester, die mit einem symphonischen Background zu uns kommen, im Laufe der ersten Spielzeit allmählich umstellen: Sie fangen an, den Singstimmen zu folgen. Im Grunde »singen« alle. Sie hätten eigentlich schon immer so spielen sollen, doch aus vielen unverständlichen Gründen ist das inzwischen fast eine vergessene Kunst.

RCM: Das Publikum sieht dich als Dirigenten fungieren, doch für die Öffentlichkeit weitgehend unsichtbar leitest du ja auch das Artistic Department, den im Grunde zentralen Betriebsbereich der Met. Vielleicht können wir uns einigen Themen aus dem Bereich der Verwaltung zuwenden. Wie weit im voraus planst du heutzutage?

JL: In dieser Spielzeit, 1995/96, besprechen wir die Neuproduktionen für die Saison 2000/01. Wir planen also volle vier Jahre im voraus. Zunächst klären wir, welche Neuproduktionen wir machen sollten und können. Davon hängen mehrere Dinge ab. Es geht darum, welche Sänger man in den entsprechenden Zeiträumen braucht und in welchem Stil die neuen Werke gebracht und, folglich, wie sie einstudiert werden sollen. Die Wiederaufnahmen und die Neuinszenierungen stehen ja auch in einem Bezug zueinander. Dann wird entschieden, was von der vorausgegangenen Spielzeit übernommen werden soll, damit man auch siebenmal die Woche spielen kann. Das ist eine sehr komprimierte, sehr verkürzte Darstellung, aber ich glaube, es ist klar, worum es geht.

Man muß sich darauf einstellen, eine Inszenierung rechtzeitig wieder zu bringen, bevor der Abstand zwischen den Wiederaufnahmen zu groß wird. Wenn wir den *Ring* proben, müssen wir auch darüber nachdenken, wann wir ihn das nächste Mal bringen wollen, damit wir planen können, wie viele Proben wir brauchen, um ihn dann auch parat zu haben. Wenn ein Werk sorgfältig präpariert worden ist, kann es nach ein oder zwei Spielzeiten leicht wieder herausgeholt und weiter ausgearbeitet werden. Aber nach einer gewissen Zeitspanne, die natürlich bei jedem Stück und bei jeder Inszenierung unterschiedlich lang ist, kann man sich nicht mehr darauf verlassen, daß die frühere Vorbereitung bis zur nächsten Wiederaufnahme vorhält.

Für die Saison 1999/2000 steht der Spielplan, und die Angebote für die Engagements der Hauptpartien sind heraus. Führende Sänger werden normalerweise ungefähr drei bis vier Jahre im voraus verpflichtet, doch manchmal ist es vorteilhaft, sie sogar noch länger im voraus zu gewinnen. Die Besetzung wird dann im Laufe des Frühjahrs und Sommers 1996 unter Dach und Fach gebracht. Natürlich passiert es immer wieder, daß gewisse Dinge erst in den letzten sechs Monaten geklärt werden, doch das meiste ist vier Jahre im voraus in Vorbereitung.

RCM: Was machst du, wenn jemand, der heute noch ganz gut bei Stimme ist, vor einem vertraglich vereinbarten Engagement irgend etwas Schlimmes durchmacht und nicht mehr auf dem von dir erwarteten Niveau singt?

JL: Man läßt nichts unversucht. Es hängt davon ab, wo das Problem liegt. Man muß sorgfältig und gewissenhaft abwägen. Zum Glück sind wir dabei zu fünft. Handelt es sich um ein echtes Abbauen, das sich wohl auch nicht mehr aufhalten läßt, muß man auf oft schmerzliche Weise prüfen, was der Sänger noch leisten kann und ob man einen Ersatz findet, der geeignet und auch verfügbar ist.

Man muß immer darauf gefaßt sein, daß in dem Moment, wo ein Projekt Jahre nach der ersten Planung endlich realisiert wird, wo man tatsächlich mit den Proben beginnt, einiges ganz anders läuft, als ursprünglich geplant war. Manches läuft schlechter, manches läuft besser. Man versucht, immer möglichst das Richtige zu tun, doch solche unerwarteten Probleme sind nur sehr schwer zu meistern.

Wenn jemand eine schlechte Zeit durchmacht, läßt sich manchmal gar nicht sagen, ob sich das Problem legen wird oder nicht. Ist ihre Mutter gerade gestorben? Hat er gesundheitliche Probleme? Löst sich ihre Ehe auf? Holt ihn endlich die Tatsache ein, daß er jahrelang viel zuviel gesungen hat? Und so weiter. Diese Liste kann haarsträubend lang sein. Das Altern ist dagegen ein natürlicher Prozeß, mit dem man viel leichter klarkommt. Ein echtes Problem hat man, wenn ein Sänger rapide abbaut; da läßt sich dann vielleicht nur schwer abschätzen, wie es in fünf Jahren mit ihm aussieht – vielleicht viel schlechter, als man dachte, vielleicht auch nicht.

Wir engagieren Sänger immer lange im voraus, damit wir sicher sind, daß sie uns auch zur Verfügung stehen, falls uns die Götter gnädig sind und in der Zwischenzeit alles gut läuft. Es ist gar nicht möglich, anders vorzugehen. Da sich jeder in der Branche an diese Regel hält, muß im Grunde jeder nach diesem Prinzip verfahren. Ansonsten müßte man einfach darauf vertrauen, kurzfristig einen Sänger zu finden, von dem man weiß, daß er verfügbar, gesund und einsatzbereit ist und die Rolle beherrscht. Doch diese Strategie ist riskant, denn der Sänger könnte anderen Rollen oder Bühnen den Vorzug geben, und bestimmte größere Rollen können von Neulingen nicht in so kurzer Zeit einstudiert werden. Darum kann es sein, daß man einen Interpreten gerade in dem Augenblick, wo man ihn engagieren will, an ein anderes Projekt an einem anderen Haus verliert. Rollenbesetzen ist immer schwierig.

RCM: Ein weiterer Faktor ist *deine* Verfügbarkeit. In diesen 25 Jahren an der Met warst du stets mit robuster Gesundheit gesegnet; wenn du dem Opernhaus Unmengen an physischer und psychischer Energie widmen wolltest, konntest du auf genügend Energiereserven zurückgreifen. Und du konntest dein Arbeitspensum bewältigen, ohne dafür mit deiner Gesundheit zu bezahlen.

JL: Es ist immer noch so, und dafür bin ich sehr dankbar! Es gibt hin und wieder einmal eine Woche, in der ich vielleicht etwas übermüdet bin, aber ich fange mich schnell wieder. Gibt es überhaupt etwas, das sich zu tun lohnt und das einen nicht manchmal auch schafft? Diese Arbeit ist so erfrischend! Ich versuche gerade einzusehen, daß man mit 55 nicht mehr all das bewältigt, was man mit 25 bewältigt hat, aber ich bin überzeugt, daß es immer irgendwie weitergeht. Ich versuche, für jede künftige Spielzeit abzuklären, wie Opern verschiedener Stile im richtigen Gleichgewicht und in entsprechender Nähe zueinander neu ausgearbeitet und neu entwickelt werden können, doch in gewisser Weise schafft das zusätzliche kleine Atempausen.

Am Anfang habe ich mehr gemacht, weil es wichtig war, den Chor, das Orchester, das Ensemble, den gesamten Arbeitsgeist hier kontinuierlich zu verbessern. In den achtziger Jahren gab es Spielzeiten, in denen ich bis zu 100 Aufführungen dirigierte – in zwei Jahren sogar 110. Wenn wir einen Arbeitskampf hatten, war es meine Aufgabe, hinterher die Scherben aufzusammeln. Das Cleveland Orchestra ist vor allem durch die ständige Anwesenheit seines Chefdirigenten und die langen Phasen enger Zusammenarbeit mit ihm zu dem Spitzenorchester geworden, das es unter Szell war. Man könnte sagen, in dieser meiner intensiven Zeit hat die Met ihr gegenwärtiges Profil entwickelt. Als die Entwicklung in Gang war, mußte ich nicht mehr ganz so oft da sein.

RCM: Du bist nun seit 25 Jahren an der Met; deine ganz dichten Terminpläne an der Met waren auf 17 Spielzeiten konzentriert.

JL: Vielleicht hätte es jemand mit geringerer Dichte geschafft, aber sicherlich nicht in kürzerer Zeit. Inzwischen spielt das Orchester Konzerte, was es früher nicht tat. Das Orchester spielt viel mehr ein als früher. Ich mache Tourneen mit dem Orchester allein und mit der Kompanie insgesamt. In Spitzenzeiten habe ich oft zwischen 80 und 100 Aufführungen dirigiert, je nachdem, wie weit ich an den Gastspielreisen beteiligt war.

Inzwischen leite ich pro Spielzeit 50 bis 60 Opernaufführungen sowie eventuelle Tourneen und Plattenaufnahmen.

RCM: In jener intensiven und konzentrierten Zeit wurdest du oft kritisiert, nicht mehr Gastdirigenten von internationalem Rang an die Met zu holen. In Europa, wo jede Großstadt über ein eigenes Opernhaus und Orchester verfügt, kann man fast gleichzeitig in einer Stadt Oper und in einer anderen Konzerte geben. Wenn ein Dirigent in die Vereinigten Staaten kommt, um Oper zu machen, dann war es das so ziemlich.

JL: Es ist falsch zu glauben, ich hätte eine Art von Monopol bilden wollen. Ich habe immer alle eingeladen. Aber wenn einer eine Neuinszenierung machen will, muß er mindestens einen Monat an Probenzeit einrechnen, je nach Art des Stückes. Hinzu kommt, daß man die wenigsten Opern mehr als zweimal pro Woche spielen kann. Bei einigen ist es möglich, doch bei drei Vorstellungen eines Werks innerhalb einer Woche haben die Sänger nicht genug Ruhetage, und die anderen Opern, die dazwischen gespielt werden, kommen dadurch zwangsläufig zu kurz.

Das Problem für den Gastdirigenten besteht darin, daß er bereit sein muß, diese Zeit aufzubringen und zwei weitere Tatsachen zu akzeptieren. Er kann nicht groß was anderes machen, während er hier arbeitet. Er hat keine Zeit, zwischendurch herumzufliegen und Engagements für Konzerte zu übernehmen. Das einzige Einkommen, das er erzielt, besteht also aus einer Tagesgage während der Probenzeit und dann den Auftrittsgagen, die hier in keiner Weise mit denen vieler, selbst relativ kleiner europäischer Häuser vergleichbar sind. An der staatlich subventionierten Wiener Staatsoper bekommt ein Sänger oder Dirigent eine deutlich höhere Gage als hier. Es ist unglaublich. In der Regel ist die Gage um 100 Prozent höher, manchmal sogar noch höher. Ganz zu schweigen von der Provinz – Bari! – riesige Gagen! Viele Künstler lieben New York, aber manche kommen damit nicht klar.

Wir konnten einige interessante Gastdirigenten gewinnen, doch viele können nicht mehr wiederkommen, sobald sie an ihrem jeweiligen Stammhaus stärker eingebunden sind. Haitink machte *Fidelio*, doch dann wurde er musikalischer Leiter von Covent Garden. Claudio Abbado machte *Don Carlo*, doch dann ging er an die Scala, nach Wien, Berlin und so weiter.

Die Kollegen konnten ihr Stammhaus während der Saison genausowenig im Stich lassen wie ich meines. Carlos Kleiber interessierte sich nicht für Neuinszenierungen, denn er wollte an der Oper als solcher arbeiten und sich nicht mit Problemen der Ausstattung und der Kostüme herumschlagen. Er übernahm Werke aus dem laufenden Repertoire, die ihm besonders zusagten, und dirigierte sie mit einzigartigem Erfolg. Wir stehen ständig in Kontakt. Inzwischen betrachtet er sich als Dirigent im »Halbruhestand«, und das ist sehr bedauerlich für uns alle, die wir ihn und seine Arbeit so sehr schätzen.

Ich habe es immer bedauert, daß ich Szell nie mehr für die Oper gewinnen konnte, sosehr ich mich auch bemühte. Als ich ihn wirklich gut kannte, war es längst zu spät, ihn zu überreden. Er ging nicht nach Bayreuth und nicht nach Salzburg, obwohl man ihn immer noch einlud. Eines Tages schlug ich vor: »Wir sollten ein Mozart-Ensemble zusammenstellen und mit dem Cleveland Orchestra eine Mozart-Oper konzertant aufführen. Ich besorge Ihnen sogar Vertretungen für sämtliche Rollen.« Er meinte nur: »Das wird nichts. Sie werden sehen. Im letzten Moment werden beide Susannas krank, und dann müssen wir jemanden nehmen, den wir nicht kennen.« Er war zum Schluß vollkommen pessimistisch. Ursprünglich hatte er die Oper geliebt und in Europa und später auch hier jahrelang Oper dirigiert, doch er hatte erkannt, wie schwierig es ist, alles zusammenzuhalten, und er war soweit, das Orchester als Erweiterung seiner selbst zu betrachten, die Sänger jedoch nicht mehr. Auf einer pragmatischen Ebene verstand er nicht mit ihnen umzugehen, was sehr bedauerlich war.

RCM: Er dirigierte meinen ersten *Rosenkavalier*, den ich auf der Bühne erlebte. Ich werde es nie vergessen. Ich glaube, irgendwann Anfang der sechziger Jahre lud ihn Kurt Adler zu einem *Don Giovanni* nach San Francisco ein und bot ihm eine so ideale Besetzung an, daß er gar nicht ablehnen konnte. Ein paar Wochen später kam dann ein Brief, in dem es hieß, eine Umbesetzung sei erforderlich, und kurz darauf folgte ein weiterer Brief, in dem das gleiche stand.

Szell erzählte: »Ich schrieb ihm und bat ihn: ›Lieber Kurt, such Dir einen anderen Dirigenten, solange wir noch Freunde sind.‹ Und das tat er denn auch. Es klärte sich sehr gütlich.«

JL: Er wollte Sänger, von denen er wußte, daß sie in dieser Musik vollkommen zu Hause sind. Für mich besteht die Faszination bei jungen Sängern darin, sie in das Repertoire einzuführen. Szell konnte den spontanen, halb improvisierten Probenstil, den man damals an den meisten amerikanischen Opernbühnen pflegte, nicht ausstehen.

RCM: In den sechziger Jahren befaßte ich mich intensiv damit, Aufführungen von Mahler-Symphonien zu rezensieren, und studierte dafür auch die Partituren. Einmal lud Szell meine Frau Kathleen und mich zum Essen ein. Es war eine jener unübertreffbaren Kreationen, die bewiesen, daß er auch als Chefkoch hätte Karriere machen können. Beim Cognac gestand ich ihm, es verwundere mich, daß er noch nie Mahlers *Sechste* aufgeführt habe. Er erwiderte, im Wien seiner Jugendzeit wurde erwartet, daß man den Dirigenten Mahler schätzte, den Komponisten Mahler jedoch schmähte. Ich erhob Einspruch. Das sei ein phantastisches Werk, beteuerte ich.

Szell war der einzige Musiker, den ich kannte, der zwei Flügel im Haus hatte, einen unten und einen oben; er konnte sich also immer gleich an die Tasten setzen, ohne sich erst mit den Treppen abzumühen. Doch in diesem Fall begab er sich nicht an das Klavier, denn Mahlers *Sechste* gehörte nicht zu den Werken, die er auswendig spielen konnte. Wir nahmen uns die Partitur vor.

Als meine Frau und ich in unser Hotel zurückkehrten, regte sie sich auf, weil sie meinte, ich hätte ihm zu sehr zugesetzt, und so entschuldigte ich mich am nächsten Morgen bei ihm, als ich ihn in seiner Garderobe traf.

»O nein«, sagte er. »Das war eine ausgesprochen interessante Unterhaltung.« Und wie wir beide wissen, studierte er sie ein. Und er spielte sie. Es gibt sie sogar auf CD!

JL: Robert, wir Dirigenten sind ungeheuer offen für solche Anregungen. Wenn mir jemand etwas nahelegt, der sich mit Musik auskennt, einen wachen Kopf hat und sich viel von meiner Arbeit anhört, dann nehme ich das irgendwie auf, selbst wenn ich es am Anfang vielleicht ablehne. Ich bin sicher, daß diese Aufführung von Mahlers *Sechster* zumindest teilweise auf jene Unterhaltung zurückzuführen ist. Du hast ihn aufgrund dieses Gesprächs dazu gebracht, sich damit auseinanderzusetzen. Ein

Mitarbeiter oder ein Musiker im Orchester konnte seine schützende Mauer der Selbstsicherheit nicht durchbrechen, aber du konntest es, weil du eine völlig neue Sicht der Dinge mitgebracht hast. Ich war dabei, als er das Stück dirigierte, aber ich wußte damals nicht, wieso er sich gerade zu dem Zeitpunkt plötzlich dafür interessierte.

RCM: In jungen Jahren lernen sehr viele Dirigenten Unmengen von Werken, nicht nur, weil sie wollen, sondern auch, weil sie müssen; aber in späteren Jahren sind sie dann zu beschäftigt oder künstlerisch verkalkt oder manchmal sogar einfach zu faul und nehmen nicht mehr ständig neue Dinge auf.

JL: Dann sind sie in sich selbst und in der Musik, die sie am besten kennen, gefangen.

RCM: Es gibt kein erschreckenderes Beispiel als Toscanini bei den New Yorker Philharmonikern. In jener Zeit hätte sich sein Repertoire erweitern sollen. Er liebäugelte mit gewissen Dingen, Bruckner beispielsweise, wozu ihn wohl seine Arbeit mit den Wiener Philharmonikern in Salzburg angeregt hatte, doch sein Repertoire weitete sich über einen gewissen Punkt hinaus nicht sonderlich aus.

Da wir gerade von Toscanini sprechen, möchte ich, bevor wir zum Schluß kommen, unbedingt festhalten, daß es dir meiner Meinung nach gelungen ist, die Met zu dem Opernhaus zu machen, das Toscanini immer vorgeschwebt hat.

JL: Das war auch immer mein oberster Leitgedanke. Ich wollte die Maßstäbe erreichen, die er in seinen fruchtbarsten Jahren mit seiner Arbeit an der Scala gesetzt hatte.

RCM: Offensichtlich ist dir das nicht in dem Maß gelungen, daß du jetzt zurückschalten und dich auf den Lorbeeren ausruhen kannst. Hat man erst einmal ein bestimmtes Niveau erreicht, muß man sich ständig darum bemühen, es aufrechtzuerhalten und weiter anzuheben.

JL: Ich gebe mir stets immer nur noch größere Mühe – für die künstlerische Entwicklung des Opernhauses und für meine eigene. Wenn mir die Götter gnädig sind, wird mir des öfteren ein Glücksmoment beschert!

19. März 1996, Philadelphia

RCM: Als ich dich heute vormittag Mahlers dritte Symphonie proben hörte, habe ich festgestellt, daß du, genau wie Szell, immer um eine Interpretation ringst, die deinem ästhetischen Anspruch genügt. Man muß sich jedoch fragen, wie viele Zuhörer dem orchestralen Klangereignis mit dem Maß an Aufmerksamkeit folgen, das nötig ist, um deine Leistung zu ermessen. Auf irgendeiner Ebene werden sie wahrscheinlich spüren, daß es gut war, doch emotionale Reaktionen können täuschen. Artur Schnabel, der oft erlebt hatte, daß selbst effekthascherischen Pianisten Ovationen dargebracht wurden, bemerkte einmal sarkastisch: »Das Publikum applaudiert manchmal sogar dann, wenn es wirklich gut war.« Doch was ist »gut«? Was unterscheidet eine geniale von einer mittelmäßigen Interpretation?

Dieser erste Schnelldurchlauf durch den Kopfsatz von Mahlers *Dritter* hätte viele Zuhörer wahrscheinlich schon zufriedengestellt. Manche würden sagen: Wieso müssen sie überhaupt noch weiter proben, wenn es so gut klappt?

JL: Die Antwort auf diese Frage war sofort klar, als wir noch einmal ganz von vorn anfingen. Man kommt gar nicht umhin, noch einmal von vorn anzufangen und sich gründlich hineinzuknien! Ich habe den ersten Satz zunächst praktisch ohne Unterbrechung durchgespielt, weil ich sonst kein genaues Bild davon gehabt hätte, wo wir nach dieser Pause von 16 Jahren stehen und neu einsetzen müssen. Ich muß wissen: Wie steht es um die Musiker? Welches Verhältnis haben sie zu dem Stück? Hat sich die Akustik auf der Bühne verändert? Was hat sich innerhalb des Orchesters getan, seit wir zum letztenmal zusammengearbeitet haben?

Ich hatte den sehr starken Eindruck, daß sie das Stück überhaupt nicht oft gespielt haben – zum letztenmal vielleicht irgendwann in den siebziger Jahren, also vor etwa zwanzig Jahren. Aber die Musiker waren ruhig und konzentriert und daran interessiert, wieder mit mir und an diesem Stück zu arbeiten. Wenn ich in der ersten Hälfte dieser Probe das versucht hätte, was ich in der zweiten Hälfte gemacht habe, hätte ich überhaupt keinen Anhaltspunkt gehabt. Ich mußte mich erst einmal orientieren. In der zweiten Hälfte wandte ich mich dem letzten Satz zu, weil wir es nie schaffen, diesen Satz am Vormittag vor dem Konzert so durchzugehen, daß er am Abend dann auch sitzt. Das weiß ich, weil ich dieses Stück seit zwanzig Jahren regelmäßig spiele. Es ist besser, wenn die Musiker den enormen Bogen des Finales schon jetzt mitkriegen, dann verstehen sie besser, was alles berücksichtigt werden muß, wenn man sich in den fünf vorausgehenden Sätzen auf das Finale zubewegt.

RCM: Stokowski hat stets darauf insistiert, am Tag des Konzerts niemals zu proben. »Man kann verlangen, daß die Musiker *einmal* ihr Bestes geben«, gestand er mir. »Wenn sie bei der Probe alles geben, wird das Publikum betrogen.«

JL: Da ist was dran, aber diesen Luxus kann ich mir nicht leisten. Wenn wir erst am Dienstag mit den Proben beginnen, muß ich am Donnerstagvormittag proben, sonst können wir das Konzert vergessen. Ich fand es sehr interessant, so viele neue Gesichter im Orchester zu sehen, auch neue Solobläser; sowohl die erste Posaune als auch die erste Trompete geben mit recht schwierigen Sachen ihren Einstand, aber beides sind große Talente.

Was du eingangs angesprochen hast – die Frage, was die Leute hören, worauf sie ihr Urteil gründen und wie sie ihr Hörerlebnis beschreiben würden –, das ist alles ziemlich undurchschaubar. Wieviel beruht auf Wissen, wieviel auf Mißverständnis? Wenn jemand wie du, der jahrelang fast täglich Konzerte besucht hat, eine Aufführung hört, dann weiß er anschließend genau, was sich da abgespielt hat. Aber viele Zuhörer wissen das nicht.

Wenn ich an die Jahre in Ravinia denke, bin ich mir durchaus bewußt, daß bei vielen Aufführungen unfertiges, ungenügend geprobtes Standardrepertoire zu hören war, doch für Tausende von Zuhörern war das absolut befriedigend. Offensichtlich haben wir unterschiedliche Auffassungen von »Erfolg«.

RCM: Für mich wäre es ein regelrechter Alptraum, mir vorzustellen, man würde eines Tages mit einem gut geschulten Orchester bei minimaler Vorbereitung sämtliche Standardwerke spielen können, und die Symphonik würde nur überleben, weil man bei bescheidenem Einsatz von Probenzeit Aufführungen bieten kann, die »gut genug« sind, um von der Mehrheit des Publikums akzeptiert zu werden. Natürlich wäre das ein Desaster. Dirigenten wie du würden der Trunksucht verfallen, sich auf die Oper stürzen, nach Mitteleuropa abwandern oder sich auf einer Farm zur Ruhe setzen, weil sie so nicht arbeiten könnten. Doch mittelmäßig Begabte sind stets bereit, die Sache in die Hand zu nehmen, und sie wären auch nicht im geringsten frustriert, weil der Superlativ für sie ohnehin unerreichbar bleibt. Etwas Ähnliches geschah in Mitteleuropa unter den Nazis, als jüdische Musiker dort nicht mehr arbeiten durften, als rassische und ideologische Reinheit mehr zählte als künstlerische Begabung.

Das Chicago Symphony Orchestra hörte ich 1938 erstmals live, und mit der Zeit glaubte ich, das Orchester recht gut zu kennen. Im Jahre 1946 kam Bruno Walter als Gastdirigent in die Orchestra Hall, und das Orchester war wie ausgewechselt. Ich hatte es nie auf diesem Niveau spielen hören. Er war genial begabt und konnte genügend lange proben. Eigentlich sollte jeder, der nach ihm auf dieses Podium gestiegen ist, an diesem Niveau gemessen werden. Im Herbst darauf versuchte Artur Rodzinski, diesen Maßstab zur Norm für die regelmäßige Orchesterarbeit zu machen. Doch die Taktiker an den ersten Pulten, die nicht so hart arbeiten wollten, brachen eine Verleumdungskampagne vom Zaun und sorgten 1948 für seine Entlassung. Das Niveau fiel auf den früheren Stand zurück, und trotzdem gab es kaum irgendwelches Gezeter und Geschrei seitens des Publikums. Ich habe mich immer wieder gefragt, wie viele eigentlich mitbekommen hatten, was Rodzinski bewirkt hatte.

JL: Und du fragst dich, ob nicht das meiste dessen, was ich zwischen dem ersten Schnelldurchlauf und der eigentlichen Aufführung erarbeite, auf einem Niveau angesiedelt ist, das viele im Publikum gar nicht hören und folglich auch nicht schätzen und genießen können.

RCM: Leider, ja.

JL: Aber wenn das Orchester merkt, wie wir am Anfang und dann zum Schluß geklungen haben, spielt es mit einer ganz anderen Einstellung und ist stolz auf seine Leistung! Dieser Unterschied ist einfach zu spüren. Dem Publikum kann er wie Tag und Nacht vorkommen. Für mich und wahrscheinlich für jeden Musiker in einem so großartigen Ensemble wie dem Philadelphia

Orchestra ist es jedoch ganz wichtig, nicht von der Vorstellung auszugehen, bloß ein annehmbares Produkt für einen potentiellen Konsumenten zu produzieren. Es ist nicht wie Brötchenbacken. Entscheidend ist, daß *wir* es für gut genug befinden. Die Zuhörer sind zwar Musikliebhaber, aber sie gehen schließlich noch anderen Dingen nach. Sie können ein Stück gar nicht in der Weise kennen wie wir.

RCM: Das Publikum, habe ich festgestellt, hat eine sehr vage, wirklichkeitsfremde Vorstellung von dem, was bei den Proben eines Symphonieorchesters vor sich geht und was ein Dirigent eigentlich so tut. Diese Vorstellung beruht zum Teil auf eventuellen Erfahrungen mit Schüler- oder Amateurorchestern. Das Publikum scheint vor allem zu glauben, daß sehr viel Zeit darauf verwandt wird, falsche Noten zu korrigieren, was im Grunde jedoch fast nie geschieht.

JL: Das ist absolut richtig. Die Mitglieder des Philadelphia Orchestra spielen keine falschen Noten, außer es befindet sich eindeutig ein Fehler in den Noten, oder sie haben sich zufällig in der Stelle vertan. Jeder kann einmal für einen Augenblick den Takt verlieren. Ist dir schon einmal aufgefallen, daß auf der Bühne fast nie jemand hustet oder niest? Dazu konzentrieren sich die Musiker viel zu sehr.

RCM: Ich würde sagen, auch wenn du dem Publikum eine »hundertprozentige« Interpretation bietest – um Erich Leinsdorfs Formulierung zu benutzen –, können dir die Hörer nicht unbedingt sagen, wieso diese Interpretation so überzeugend ist.

JL: Sie spüren es.

RCM: Viele Abonnenten des Chicago Symphony Orchestra würden wahrscheinlich darin übereinstimmen, daß die spannendsten Abende der Saison die mit Solti und Boulez sind. Doch fragt man einen beliebigen Konzertbesucher nach Einzelheiten, die diese Ansicht untermauern, so wird man, außer in ganz seltenen Fällen, nichts erfahren.

Kussewitzky hat bei den Proben immer gejammert: »It is not togezzer, it is no good if it is not togezzer« – »Es ist nicht zusammen, es ist nicht gut, wenn es nicht zusammen ist«. Bei Solti und Boulez hört man, daß es »togezzer« ist. Nicht schlecht für den Anfang. Aber man kann über relativ lange Zeiträume bloß achtzigprozentige Interpretationen liefern, ohne daß groß Proteste laut werden. In einer wunderbaren Rede vor der American Academy of Arts and Sciences sagte Leinsdorf einmal, wenn eine Baseballmannschaft eine Pechsträhne habe und einige Spiele verlöre, dann wüßte es jeder. Würde aber das heimische Orchester ebenso viele Konzerte »verpatzen«, würden es vielleicht nur sehr wenige merken – bedauerlicherweise vor allem einige erhabene Kritiker.

JL: Das ist völlig richtig. Es kann auch sein, daß man in einer Aufführung sitzt, die praktisch makellos klingt, und trotzdem irgendwie das Gefühl hat, es fehlt etwas. Zwar spielen die Musiker alles ganz ordentlich, aber es klingt so, als hätten sie es nicht verdaut oder könnten es nicht vermitteln. Das Ganze ist leer, gehaltlos – wie steril verpackte Käsescheiben, eine wie die andere. Und bei einer anderen Aufführung, die alles andere als makellos ist, kann man die volle Hingabe der Musiker spüren, durch die ein Funke überspringt.

RCM: Virgil Thomson beklagte einmal, daß beim Boston Symphony Orchestra unter Kussewitzky in manchen Stücken anscheinend nichts rüberkam außer der Tatsache, daß das Boston Symphony Orchestra unheimlich gut spielt.

JL: Darin liegt eine Gefahr. Wenn man das eigene Orchester häufig dirigiert, kann es von Vorteil sein, nicht immer alles glattzufeilen. Man feilt verschiedene Dinge auf unterschiedliche Weise und zu unterschiedlichen Zwecken. Aber man sollte vermeiden, daß die Aufmerksamkeit gegenüber dem Inhalt durch Wiederholungen abstumpft. Hier in Philadelphia bin ich den Musikern nicht so vertraut, daß sie in eine Routine verfallen, besonders bei einem Stück wie Mahlers *Dritter*, wo jeder Satz völlig unterschiedliche Probleme aufwirft.

Die hundertprozentige Interpretation ist notwendig. Man arbeitet nicht, um dem Maßstab der Logenbesucher gerecht zu werden. Man arbeitet, um dem Maßstab großer Interpreten und der Vision des Komponisten gerecht zu werden. Wenn man zuläßt, daß die Standards allmählich ausgehöhlt werden, wird es eines Tages gar keine Standards mehr geben. Es ist wichtig, den Hörern mehr zu geben, als jeder einzelne verstehen wird. Das ist besser, als hinter dem eigenen Maßstab zurückzubleiben.

Schließlich bezahlt das Publikum dafür, diesen deinen Maßstab zu hören.

RCM: Du hast recht. Solange es etwas zu entdecken gibt, wird man es auch entdecken. Man muß jenen, die das Potential für Wachstum mitbringen, Raum für Wachstum bieten.

JL: Eines ist klar: Wenn man als Gastdirigent mit einem Orchester arbeitet, dessen Chefdirigent wirklich probt – auch wenn das, was er probt, nicht dem eigenen Geschmack entspricht –, wird man dort bessere Ergebnisse erzielen als bei einem Orchester, das nicht regelmäßig hart arbeitet. Wenn sich alles in völligem Chaos bewegt, wird nichts dabei herauskommen. Dann wird niemand genau hinhören und lernen, worum es geht und wie es geht.

RCM: Es ist ein Unterschied, ob man auf einer Ordnung, selbst der falschen, aufbaut oder ganz ohne Ordnung beginnt.

JL: Stimmt. Das ist ein faszinierendes Thema. In einem der letzten Sommer in Ravinia stellte ich fest, daß Daniel [Barenboim] eine Tondichtung von Strauss, die ich machen wollte, bereits während der Saison einstudiert und recht häufig aufgeführt hatte. Das war eine ganz neue Situation für mich, weil ich normalerweise immer ganz andere Sachen in meine Programme genommen hatte als die in der City, doch in diesem Fall hatte ich mir etwas vorgenommen, was er schon oft gegeben hatte. Der Ausdruck auf den Gesichtern der Musiker verriet mir bereits, daß sie das Stück jederzeit hätten spielen können, ohne überhaupt daran zu arbeiten. Statt dessen probten wir es, und ich verlangte eine ganze Menge abweichender Dinge. Mann, die haben gespielt, was das Zeug hielt! Ich bin dankbar für seinen Beitrag und die Synergie, die dadurch entstand!

So war es auch, als ich anfing, als Gast Karajans Berliner Philharmoniker zu dirigieren. Wenn man etwas ändern wollte, konnte man es ändern, aber zumindest folgte die Interpretation, die sie einem zu geben bereit waren, einem gewissen Konzept. Es war eine Interpretation, die vollkommen evident war.

RCM: Leinsdorf beteuerte immer wieder, wenn man einem Orchester hundert Prozent abverlangt, pendelt es sich auf einem hohen Niveau ein. Wenn die Musiker stets auf einem hohen Niveau arbeiten, sind sie gleich von Anfang an voll da.

JL: Man erreicht gleich von Anfang an mit weniger Druck ein höheres Niveau.

RCM: Wenn du als Gast ein Orchester dirigierst, das gewohnt ist, nur achtzig Prozent zu geben, du dich aber nicht damit abfinden willst, wird eine ganz andere Probensituation entstehen.

JL: Das stimmt. Es war wunderbar, mit Leinsdorf zu reden, wenn er diese anspruchsvolle Haltung einnahm. Er sagte sehr interessante Dinge. Es war unmöglich, ihm etwas vorzumachen.

Es kommt vor, daß Orchester den Bach hinuntergehen, wenn das Niveau sinkt und keinerlei Proteste seitens des Publikums laut werden. Ich meine nicht seitens der Presse. Wenn sich nur die Kritiker zu Wort melden, wird die Geschäftsleitung versuchen, das Problem herunterzuspielen. Ich meine einen Protest, an dem sich die Musiker und die Geschäftsleitung und die Abonnenten beteiligen. Wenn solcher Protest käme, wäre das Niveau viel höher. Aber solcher Protest kommt nicht, weil die Leute nicht hören. Außerdem herrscht in diesem Land die Tendenz, ein Problem so weit herunterzuspielen, bis es einem schließlich ins Gesicht springt.

RCM: Wenn man die anstehenden Probleme so lange ignoriert, bis das Orchester wirklich miserabel klingt, ist es nicht mehr mit Reparaturen getan; dann ist eine größere Sanierung erforderlich.

JL: Und das ist vielleicht gar nicht so einfach. Da Spitzendirigenten es sich leisten können, nur mit Spitzenorchestern zu arbeiten, werden die wenigsten einen Job in Betracht ziehen, bei dem sie eine Menge Reparaturarbeiten erledigen müssen. Sie werden der Geschäftsleitung und dem Kuratorium zu verstehen geben: So weit hätte es gar nicht kommen dürfen! Erwarten Sie nicht, daß ich das für Sie ausbade! Das tue ich seit vierzig Jahren nicht mehr! Und dann entsteht die paradoxe Situation, daß nur solche Leute den Job übernehmen, die ihm gar nicht gewachsen sind.

RCM: Das Problem liegt zum Teil auch an den Phantasievorstellungen, die von den Musikergewerkschaften verbreitet werden, wonach angeblich jeder Musiker immer nur sein Bestes gibt. James C. Petrillo pflegte von seinen Jungs in Chicago zu sagen: »Jeder Geiger in der Ortsgruppe 10 ist so gut wie Heifetz.«

Das war natürlich Unsinn. Es wird immer wieder behauptet, alle Musiker wünschten sich Dirigenten wie Szell oder Reiner, die sie immer wieder bis zum Äußersten forderten. In Wahrheit gibt es aber einige durchaus fähige Musiker, die sich kein bißchen mehr anstrengen, als sie es für nötig halten. Der Dirigent muß es schaffen, sie umzustimmen.

JL: Wenn nicht hart gearbeitet wird, sinkt unweigerlich das Niveau.

RCM: Dabei bringt hartes Arbeiten niemanden um. Im Gegenteil. Es stützt und trägt.

JL: Du hast ganz recht. Es gibt einem unglaublich viel Kraft und Energie. Bei der Musik bekommt man all das zurück, was man investiert.

RCM: Solti dirigierte einst *Die Meistersinger* in konzertanten Aufführungen – den ersten und zweiten Akt an einem Abend und den dritten Akt am Abend darauf. Am Ende der Aufführungen sah er kein bißchen müde aus. Die Musik gab ihm unendlichen Auftrieb.

JL: Absolut.

RCM: Erst als er nach dem Konzert in seine Garderobe ging, fiel die Müdigkeit wie ein Schleier über ihn. Aber er hatte das Recht, müde zu sein, schließlich war er fast 83. Doch solange sich seine Hände bewegten und die Musik strömte, sah man ihm an, daß er schwebte. Auf den letzten vier Seiten stimmte alles genauso perfekt wie auf den ersten vier.

JL: In der Hinsicht ist dieses Werk wie vom Himmel gesandt. Es gibt einem das Gefühl, an der wunderbarsten, menschlichsten, erhebendsten Festlichkeit teilzuhaben.

Robert, du bist in einer Zeit groß geworden, in der es wichtig, interessant und faszinierend war, grundlegende musikalische Eigenarten zu unterscheiden. Doch heute machen sich viele selbst ernsthafte Musiker Gedanken über unglaublich oberflächliche und theoretische Themen, anstatt echten Fragen nachzugehen und den Inhalt eines Werks zu ergründen. Fragen der Aufführungspraxis wurden immer schon gestellt, aber stets in Relation zum Ganzen. Heute ist dies für manche bereits das Ganze. Das ist einfach, viel zu einfach, doch so einfach ist es nicht. Ich frage mich immer: Was muß in der Musik geschehen, damit ihr Sinn vollkommen verstanden wird, damit ihre spezifische Eigenart zum Vorschein kommt? Für dich, für mich, für die Dirigenten, die wir schätzen, ist das der entscheidende Keim der Interpretation.

RCM: Wie du weißt, war ich vor einigen Jahren an der University of Southern California an einem Projekt der Rockefeller Foundation beteiligt, bei dem es um die Ausbildung junger Musikkritiker ging. Einmal machte ich ein Experiment, das völlig danebenging: Ich händigte den Studenten Taschenpartituren von Brahms' *Vierter* aus, forderte sie auf, das Stück zu studieren, und spielte ihnen dann den ersten Satz einer farblosen, völlig überflüssigen Einspielung vor. Dann forderte ich sie auf, mir zu sagen, was sich bei der Aufführung abspielte. Verwenden Sie keine wertenden Begriffe, sagte ich. Liefern Sie keine Beschreibungen. Erzählen Sie mir nicht, was Sie empfinden. Machen Sie faktische Aussagen – Aussagen, die wir anhand der Platte auf ihre Richtigkeit hin prüfen können. Die Studenten waren völlig überfordert.

JL: Damit hast du das auf den Punkt gebracht, was ich eben erklären wollte. Du hast versucht, den jungen Leuten richtiges Hören zu vermitteln.

RCM: Und das kann man auch vermitteln. Ich weiß ganz genau, wie ich es gelernt habe. Angefangen hat es in den Proben des Boston Symphony Orchestra unter Kussewitzky, und weitergegangen ist es in Cleveland. Szells Orchesterarbeit war die denkbar beste Schule für Musikkritiker. Jedesmal, wenn er die Musiker unterbrach, versuchte ich vorwegzunehmen, was er ihnen sagen würde, und mit der Zeit traf ich es immer besser.

Aber in Chicago konnte ich auf diese Weise keine jungen Kritiker ausbilden. Die Musikergewerkschaft ließ selten jemanden in die Proben. Wenn man sich gegen Kritiker verteidigen will, indem man ihnen Inkompetenz vorwirft, dann kann man diese Inkompetenz auch fördern, indem man nämlich jungen Kritikern die Erfahrung verwehrt, die sie für ihre berufliche Entwicklung brauchen. Ich hatte das Rüstzeug für mein Handwerk gelernt, bevor ich 1956 nach Chicago zurückkehrte. Hermann Scherchen setzte mich einmal mitten in das London Symphony Orchestra, damit ich mitbekam, wie es dort klingt. Doch meinen Schülern blieben solche Möglichkeiten versagt. Die Gewerkschaft beziehungsweise die Geschäftsleitung oder auch beide schufen miserable Arbeitsbedingungen – aus Rache für irgend etwas, was ich geschrieben hatte, was ihnen nicht gefiel.

JL: Richtiges Hören ist absolut entscheidend und kann tatsächlich vermittelt werden.

RCM: Ich habe immer betont, daß man nur dann Kritiker sein kann, wenn man von Fakten ausgeht. Was genau passiert in einer Aufführung? Das muß man einfach wissen. Und es genügt nicht, statt dessen eine Gefühlsreaktion zu beschreiben.

JL: Du hast recht. Die meisten kommen mit Äußerungen wie, »die Musik versetzte mich in – irgendwas«, doch das sagt im Grunde nichts über die Musik aus. Doch ich fürchte, die Objektivität ist mächtig aus der Mode gekommen. Vielleicht liegt es daran, daß die Kritik der heutigen populären Musik zwangsläufig völlig subjektiv ausfällt, weil es nichts Objektives gibt, worauf sie sich stützen könnte. Und das überträgt sich vielleicht auf das klassische Repertoire. Mir genügt es nicht, wenn man mir statt musikalischer Realität bloß Metaphysik bietet.

Aber wie bist du dann vorgegangen?

RCM: Ich habe meinen Studenten in Kalifornien G. E. Moore zu lesen gegeben, bis massive Proteste kamen. Die theoretischen Grundlagen meiner Arbeit als Kritiker finden sich alle in den *Principia Ethica*. Wobei niemand behaupten würde, daß bei der Interpretation nicht auch subjektive Faktoren wichtig wären.

JL: Ich habe beim Dirigieren von Opern etwas entdeckt, was ich so noch nie erlebt hatte. Wenn ich zehn Aufführungen von *Così fan tutte* dirigiere und im folgenden Jahr eine Sängerin die Fiordiligi übernimmt, die eine ganz andere Vorstellung beispielsweise von ihrer Arie im zweiten Akt hat als ihre Vorgängerin – sei es, daß sie sie um einiges langsamer angeht oder um einiges schneller oder weniger introspektiv oder egal wie –, so neigt das Met-Orchester inzwischen instinktiv dazu, aufzuhorchen und genau aufzupassen und mit der Sängerin mitzugehen, ohne aber die bisherige Charakteristik aufzugeben. Also hat man auf einmal die Möglichkeit, etwas um vier Klicks schneller gespielt zu hören, ohne daß sich irgend etwas anderes dabei verändert. Die Musiker lieben die Herausforderung, etwas auf zweierlei Weise zu spielen!

Das fasziniert mich seit meiner Schulzeit – die Frage, was ist ein »richtiges« oder »falsches« Langsam, ein »richtiges« oder »falsches« Schnell. Wie kommt es, daß manche Interpretationen schneller oder langsamer sind, als man meint, daß sie sein sollten, aber trotzdem richtig klingen? Problematisch wird es dann, wenn der rhythmische Charakter des Tempos in direktem Widerspruch zum Ausdruck steht.

Ich finde, es besteht sehr viel Spielraum in der praktischen Frage »welches Tempo?«, aber es gibt nicht sehr viel Spielraum in der Frage, in welcher Tempospanne sämtliche Elemente gleichzeitig zur Geltung kommen können. Und natürlich erleben wir manchmal, wie ein äußerst bedachter, brillanter Musiker, dem wir in neun von zehn Fällen absolut folgen können, einmal etwas macht, was uns völlig unverständlich erscheint und auf nichts anderem beruht als einer sonderbaren persönlichen Eigenart, die wir einfach nicht nachvollziehen können.

So weisen etwa die Metronomangaben in Beethovens *Fünfter* darauf hin, daß das Scherzo schneller sein sollte als das Finale, doch Szell spielte stets das Finale schneller. Wenn er an die kritische Stelle in der Mitte des Finales kam, wo das Scherzo noch einmal auftaucht, mußte er statt des angegebenen Accelerando ein Ritardando machen, weil er den letzten Satz viel schneller angefangen hatte. Kein großes Problem, aber ein interessantes. Es hat ihn nicht nur nicht gestört, sondern er hat stets beteuert, es sei richtig – ich habe ihn natürlich gefragt. Er konnte Beethovens Tempoangaben nicht beipflichten.

RCM: Da war er von der Tradition geprägt. Dieser Einfluß ging vermutlich bis auf Arthur Nikisch zurück, wenn nicht noch weiter.

JL: Soweit ich mich entsinne, habe ich in all den Jahren nur zweimal einen vollkommenen Bruch gegenüber unserer sonstigen glatten Zusammenarbeit erlebt. Gleich in meiner Anfangszeit dirigierte Szell die große *Symphonie Es-Dur* von Mozart [Nr. 39]. Er fing mit dem ersten Satz an und dirigierte munter drauflos. Dann kam der langsame Satz. Mir fiel fast die Kinnlade herunter, denn ich wußte überhaupt nicht mehr, was er tat. Ich konnte es einfach nicht nachvollziehen. In der Partitur stand groß und breit Zweiviertel, Andante con moto. Doch er schlug ganz langsam, in Achtelnoten – das heißt in Vierteln – und jedes Rubato – ganz breit –, es klang wie von einem anderen Dirigenten. Ich wartete und hörte zu. Ich dachte, er muß etwas wissen, was ich nicht weiß. Er hat von dieser Musik bereits mehr vergessen, als ich je wissen werde. Nach einigen Aufführungen wagte ich es schließlich, bei ihm anzuklopfen und zu sagen: »Ich muß Sie mal was fragen.«

Und so sagte ich mein kleines Sprüchlein auf, von wegen Andante con moto und Zweiviertel. Bei Mozart seien langsame Sätze entweder eine Form von Adagio, dem Wesen nach Larghetto, oder Andante, und dies sei ein Andante mit einem Con moto und Zweiviertel obendrein. Andante con moto bei zwei Vierteln sei schließlich die schnellste Angabe für langsame Sätze, die damals üblich war. Und ich hätte es bei Toscanini so gehört und es hätte absolut richtig geklungen. Die Noten seien ganz klar. Es sei nicht hastig, aber es habe einen ganz anderen Ausdruck.

Er sagte zu mir: »Es ist etwas Wienerisches, das sehr schwer zu erklären und kaum in Worte zu fassen ist.« Du kannst dir gar nicht vorstellen, wie seltsam es mich berührte, so etwas ausgerechnet von ihm zu hören. Ich dachte: Sie haben also auch eine Antenne für so etwas, Sie haben als Kind also auch gewisse Dinge mitgekriegt, die Ihnen unter die Haut gegangen sind und die Sie nicht mehr loswerden, weil Ihnen bei jeder Alternative etwas Entscheidendes fehlt.

Er sagte: »Wären Sie in Wien aufgewachsen und ausgebildet worden, dann ...«

Ich dachte, Szell hält einem doch sonst keine Vorträge über Geographie, wenn man ihn etwas über Musik fragt. Doch in diesem Fall stand er völlig im Bann eines Gefühls, das tief in ihm steckte. Ich konnte ihm nicht zustimmen, doch ich hielt es für sinnlos, über etwas so Subjektives zu streiten.

Viele Jahre später machte ich eine ähnliche Erfahrung, die sich mir ebenso tief einprägte. Ich war 1978 in Salzburg und probte *Die Zauberflöte*. Wir kamen an die Stelle mit dem Chor der Priester, einer kurzen Nummer, einer Art Gebet etwa in der Mitte des zweiten Aktes. Ich fing an zu dirigieren, und der Chor fing an zu singen, und zwar mit einem Misterioso, das einfach unglaublich, vollkommen schwebend und absolut geheimnisvoll klang. Jean-Pierre [Ponnelle] und ich sahen einander an und zuckten mit den Schultern, als wollten wir sagen: »Das ist diese Wiener Art, die es nirgendwo anders gibt. Vielleicht will man sie ja gar nicht, aber wenn man sie will, muß man hierherkommen, um sie zu erleben.«

Wir spielten die Oper mehr als fünfzigmal, und egal, wie der turnusmäßige Wechsel in der Besetzung des Chors ausfiel – es singen nie genau dieselben Leute zweimal nacheinander – und ob es nun ein Sonntag, ein Mittwoch oder Dienstagmittag war, der Chor sang die Stelle immer auf die gleiche Art. Das Ganze hatte einen unglaublichen emotionalen Effekt und war überhaupt nicht mit Worten zu erklären. Wenn ein anderer Chorleiter das gehört und versucht hätte, das seinem eigenen Chor beizubringen, wäre ihm bestenfalls eine gute Imitation gelungen.

RCM: »Wiener Blut«.

JL: Genau. Es ist irgend etwas im Klang und in der Empfindung. Wir Amerikaner und ausländische Studenten von überall erleben das, wenn wir uns eine Zeitlang intensiv damit beschäftigen, wie italienische Musiker italienische Musik und Wiener Musiker Wiener Musik spielen. Da passieren gewisse Dinge, die irgendwie damit zusammenhängen, wie der Komponist seine Landsleute singen und spielen hörte und wie die Einheimischen ihre Sprache sprechen; und das wirkte sich dann auf seine Kompositionen aus. Ich finde das unglaublich faszinierend.

RCM: Vielleicht ist es auch eine Wiener Spezialität, bei den ersten drei Brahms-Symphonien die Wiederholungen in der Exposition wegzulassen. Die *Dritte* studierte ich anhand einer Platte, die Bruno Walter in Wien eingespielt hatte. Später hörte ich eine Aufnahme von Mengelberg, der die Wiederholung macht – das hat mich total umgehauen. Szell läßt in seiner Aufnahme der *Dritten* von Brahms die Wiederholung auch weg, doch für mein Gefühl mindert das den Wert des Ganzen.

JL: Ich beachte diesen Doppelstrich immer. Das ist ein ganz besonderer Fall.

RCM: Bei einem von Walters letzten Gastspielen in Chicago nahm ich meinen ganzen Mut zusammen und ging zu ihm. Damals wurden Kritiker von berühmten Dirigenten mit kollegia-

ler Höflichkeit behandelt. Heute sind wir für viele bloß bös-
willige, unvermögende Kotzbrocken, die man bestenfalls der
PR-Abteilung übergibt.

Ich hielt Walter also einen kleinen Vortrag und wies nach, daß
die Wiederholungen in diesen drei Symphonien allesamt wichtige Bestandteile der Gesamtform seien, und er schaute mich an
und lächelte.

»Sie haben sicher recht, junger Freund«, erwiderte er. »Aber
Sie müssen verstehen, wenn ich bei diesem Doppelstrich an-
gelangt bin, kann ich nicht wieder zurückgehen.« So einfach
war das.

JL: Das Gefühl siegte über die Ratio. Bei der *Symphonie Nr. 1*
empfinde ich es übrigens genauso. Da kann ich nicht noch einmal zurück; das würde mir absolut redundant erscheinen. Und
wir wissen, daß Brahms die Wiederholung in der *Zweiten* alsbald
selbst wegließ, weil er das Gefühl hatte, daß die Musik bereits
damals hinlänglich bekannt war. Und die *Vierte* hat natürlich
gar keine doppelte Exposition mehr. Aber die *Dritte* ist ein Fall
für sich.

RCM: Viele junge Dirigenten setzen sich die Aufgabe, alles
einzustudieren und bei der erstbesten Gelegenheit auch zu spielen, was sie als Standardrepertoire betrachten. Obwohl sich dir
die Gelegenheiten boten, hast du nichts dergleichen getan. Ich
vermute, dein Repertoire hat sich im Laufe der Jahre nicht nach
einem vorauskalkulierten Plan, sondern immer aufgrund konkreter Arbeitsmöglichkeiten entwickelt.

JL: Diese Frage habe ich nie völlig nüchtern beantworten
können, aber es ist interessant zu fragen, wie man zu seinem
jeweiligen Repertoire kommt. Ein Stück kann einem gefallen,
aber ob man als Dirigent eine Beziehung dazu hat, ist eine ganz
andere Frage. Um ein Beispiel zu nennen: Wenn ich mir etwa eine
Aufführung von *Boris Godunow* anhöre oder die Partitur ansehe,
weiß ich, es handelt sich um ein Meisterwerk. Aber ich spüre
nicht den Bezug, daß ich sagen würde, ich will es dirigieren.

Wenn man eine Partitur studiert, wenn man die Musik von
hier [den Noten] nach da [in den Kopf] überträgt, ist man entweder ganz gespannt darauf, zu erleben, wie die Musik über den
Interpreten an den Hörer weitergegeben wird, oder man sieht

sich überhaupt nicht als Gefäß für die Übermittlung der betreffenden Musik.

Nehmen wir wieder ein Beispiel, etwa Janáček. Er wählte wunderbare dramatische Sujets und vertonte sie brillant, und trotzdem habe ich bisher in meinem Leben nicht das geringste Interesse verspürt, eine Janáček-Oper zu dirigieren. Das kann sich ändern. Dagegen giere ich regelrecht danach, die Opern von Berg, Schönberg und Strawinsky zu dirigieren. Es ist ganz merkwürdig; vielleicht kann man es zum Teil ergründen, aber es dreht sich dabei auch immer darum, was die Phantasie eines Künstlers beflügelt.

Ich kann nur sagen – und das ist ganz wesentlich –: Mir geht es nicht ums Dirigieren. Mir geht es um die Musik. Das ist natürlich ein riesengroßer Unterschied. Und deshalb hängt die Frage, ob ich etwas dirigiere oder nicht, entscheidend davon ab, ob es mir als Dirigent gelingt, die Musik jene Wirkung erzielen zu lassen, die der Inspiration und der Intention des Komponisten gerecht wird.

Die auffallendste Lücke in meinem bisherigen Repertoire ist Bruckner. Ich habe noch nie eine Bruckner-Symphonie dirigiert. Zarin Mehta [der derzeitige Geschäftsführer des Ravinia Festival] sagt immer wieder: Sie dirigieren sämtliche Mahler-Symphonien und Hunderte von *Parsifals*, wieso nicht Bruckner? Irgendwie gelingt es mir nicht, als Dirigent einen Bezug zu diesen Stücken zu finden. Er schlug vor, ich solle in meinem letzten vollen Sommer in Ravinia die *Neunte* dirigieren. Ich nahm mir die Partitur noch einmal vor, aber ich konnte sie nicht spielen. Es liegt bestimmt nicht daran, daß mir das Werk nicht gefällt. Ich kann mir die Interpretation anderer Musiker mit Genuß anhören, ohne mich allerdings mit der Musik in der Weise zu identifizieren, wie es nötig wäre, um sie selbst zu spielen.

RCM: Klemperer wurde einmal gefragt, wer der größere Komponist sei, Bruckner oder Mahler. Und er erwiderte: »Bruckner natürlich.« Dann wurde er gefragt: »Wieso spielen Sie dann ständig Mahler?« Und er antwortete: »Mahler hat mir Aufträge gesichert.«

JL: Das ist herrlich! Der Musiker, der ewig an das nächste Engagement denkt. Aber natürlich hat er es gar nicht so gemeint!

RCM: Aber Mahler hat auch dir Aufträge gesichert. Man weiß, daß du ein fabelhafter Mahler-Dirigent bist, und wer Mahler hören will, kommt zu dir.

JL: Das hoffe ich. Es macht mir ja auch Spaß. Und es ist ja auch schön, daß man manchmal seine Sicht ändert. In meiner Jugend bin ich Sibelius mit einer gewissen Ignoranz und leichten Vorurteilen begegnet.

RCM: Ich weiß noch, wie überrascht du dich in einem der ersten Sommer in Ravinia darüber geäußert hast, daß Szell die *Symphonie Nr. 2* schätzte und sogar eingespielt hatte.

JL: Ich habe sogar eine großartige Aufführung dieses Werks von ihm erlebt. Als ich schon einige Zeit dirigiert hatte, mußte ich einmal ein Programm für ein Gastspiel des Philadelphia Orchestra in der Carnegie Hall zusammenstellen. Nach ungefähr acht Versuchen, beim Orchestervorstand ein Stück als Programmabschluß durchzukriegen – alle meine Vorschläge waren in jener Spielzeit bereits anderweitig verplant –, sagte ich mir: Anstatt denen zu sagen, was du gerne dirigieren würdest, solltest du dich fragen, mit welchem Stück das Orchester gut klingen würde. Und sofort schoß es mir durch den Kopf – die *Zweite* von Sibelius. Ich wußte nicht, wie gut ich sie hinkriegen würde, aber ich sagte mir: Schauen wir einfach mal. Ich hatte eine Interpretation im Radio gehört, die mich regelrecht verzückt hatte, und wie sich herausstellte, war es Toscaninis alter NBC-Mitschnitt. Also spielte ich Sibelius' *Zweite*, und alle meinten: »Das war die größte ...« – was auch immer.

Ich hatte immer noch so meine Schwierigkeiten, selbst bei Musik, die zwar sehr ursprünglich klingt, aber einfach nicht besser ausgefeilt ist. Im Finale dachte ich immer: Wenn ich dieses verdammte Motiv noch ein einziges Mal höre, muß ich schreien. Also ließ ich das Stück eine Zeitlang liegen. Später suchten wir dann etwas für ein Programm in Berlin, und ich entschied mich für drei Sibelius-Symphonien – die *Zweite*, die *Vierte* und die *Fünfte*. Die Arbeit an der *Vierten* empfand ich als unglaublich erfüllend. Für mich ist sie das wahre Meisterwerk. Manchmal verändert sich ein Stück für einen, während man daran arbeitet. Zunächst studiert man bloß die Partitur, doch wenn man anfängt, die Partitur in Klang zu verwandeln, nimmt sie völlig neue Aspekte an.

Szell wollte, daß ich *Bilder einer Ausstellung* dirigiere, doch ich sträubte mich, weil ich das Stück irgendwie für, na ja, billig hielt. Ich war recht skeptisch gegenüber der Orchesterfassung, jedenfalls im Vergleich zu dem zweifellos brillanten Original für Klavier. Doch als ich mich Jahre später dem Stück endlich zuwandte, machte es mir richtig Spaß. Bei Bartóks *Konzert für Orchester*, das mich immer schon begeistert hatte, mußte ich erleben, daß mein Konzept einfach nicht mehr aufging, als ich es einmal mit einem Studentenorchester einstudierte. Ich sagte:»So voller Probleme, und am Schluß klingt es doch so leer.« Jahre später nahm ich mir das Stück wieder vor, und sofort war die ursprüngliche Faszination wieder da. Ich wußte, daß ich inzwischen soweit war, die Probleme zu meistern, ohne mir dadurch den Spaß verderben zu lassen.

Manchmal schafft man eine Spitzenleistung, wenn man ein Stück schon jahrelang gespielt hat. Doch manchmal gibt man sein Bestes, wenn das Ganze noch völlig neu für einen ist. Als wir Mitte der siebziger Jahre die Brahms-Symphonien in Chicago spielten, wagte ich es zum erstenmal, die *Dritte* zu proben und aufzuführen. Und heute gefällt sie mir von dem gesamten Plattenzyklus am besten.

RCM: Sie hat dich richtig gefordert.

JL: Es war ein richtiger Kampf. Ich hatte sie noch nicht so oft gespielt, daß ich das Gefühl hatte, sie im Griff zu haben. Ich hatte immer einen Bogen um sie gemacht; sie war viel zu groß und viel zu schwierig. Man hat nicht immer alles in der Hand. In der Zeit, als ich viel Toscanini hörte, empfand ich viele seiner Interpretationen als recht flüchtig. Und ich fragte mich immer: Hat er das nicht gemerkt, als er das dirigierte? Und wenn er es gemerkt hat, konnte er es nicht ändern? Als ich die Brahms-Symphonie spielte, war genau das Gegenteil der Fall: Ich wußte damals schon, daß sie einfach gut war.

Du hast als einziger bemerkt, daß ich in all den Sommern in Ravinia nie Beethovens *Vierte* gespielt habe.

RCM: Du konntest den langsamen Satz nicht riskieren.

JL: Selbstverständlich. Ich habe immer dazu geneigt, mich sofort auf die *Siebente* zu stürzen, die ich doppelt so häufig gespielt habe wie jede andere, weil ich wußte, daß die Musiker eine gute

175

Aufführung nötigenfalls aus dem Ärmel schütteln, was manchmal auch gar nicht anders ging, wenn wir unsere Probenzeit für Stücke brauchten, mit denen sie weniger vertraut waren.

RCM: Das Publikum hörte in dem Fall also eine Interpretation, die im Grunde über die gesamte Ära geprobt wurde, in der du dem Chicago Symphony Orchestra verbunden warst.

JL: Diese Sichtweise sagt mir absolut zu.

20. März 1996, Philadelphia

RCM: Vier Chefdirigenten des Chicago Symphony Orchestra machten sich in Ravinia einen Namen – Rodzinski, Reiner, Martinon und Solti. Als Solti seinen Rücktritt beim CSO ankündigte, waren viele der Meinung, es gäbe für diesen Posten eigentlich nur zwei Kandidaten – dich als den fest etablierten Mann in Ravinia und den ehemaligen ersten Gastdirigenten Claudio Abbado. Letztlich wurde keiner von euch beiden auf den Posten berufen, weil ihr beide an anderer Stelle fest eingespannt wart.

Aber es ist interessant zu verfolgen, wie der Auswahlprozeß ablief. Mit der Berufung betraute man ein siebenköpfiges Gremium, das aus Solti, dem Geschäftsführer Henry Fogel und fünf Mitgliedern des Kuratoriums bestand. Es war offensichtlich, daß die fünf Kuratoriumsmitglieder prominente Ignoranten waren, die für diese Aufgabe völlig ungeeignet waren und nur darauf hofften, daß Solti und Fogel eine weise Wahl trafen, damit sie – das Gremium – gut dastanden.

Solti, der in über zwanzig Jahren so gut wie nichts für die amerikanische Musik getan hatte, wollte unbedingt einen Europäer zum Nachfolger haben. Fogel war sich zwar durchaus bewußt, daß es einige qualifizierte amerikanische Dirigenten gab, doch er war bereit, sich Soltis Linie anzuschließen. Die drei amerikanischen Kandidaten mußten also so schnell wie möglich aus dem Rennen geworfen werden. Du selbst hattest mit dem Orchester Einspielungen gemacht, und es kann sein, daß Solti einige deiner Platten gehört hatte. Aber von den drei Amerikanern, die in Betracht kamen, hatte Solti keinen einzigen live mit seinem Orchester gehört. Als erster schied Michael Tilson Thomas aus. Die alten Damen in den Logen, deren Plazet entscheidend war, fanden ihn anscheinend inadäquat. Es freut mich natürlich, daß er inzwischen in San Francisco große Erfolge feiert.

Der nächste Kandidat war Leonard Slatkin, der bereits intensiv mit dem Orchester gearbeitet hatte und sich schon früher mit den Grant Park Symphony Concerts in der Stadt einen Namen gemacht hatte. Er hatte viele Fürsprecher, doch einige der älteren und, wie ich vermute, europäischen Mitglieder des Orchesters hielten ihn anscheinend für langweilig, und so scheint Solti froh gewesen zu sein, ihn von der Liste streichen zu können. Ich bin absolut davon überzeugt, daß man Leonard eine ziemlich üble Abfuhr erteilt hat. Natürlich bin ich froh, daß das National Symphony Orchestra in Washington sein Potential erkannte und daß wir jetzt in der Bundeshauptstadt einen amerikanischen Dirigenten von seinem Format haben, der sich nachdrücklich für die amerikanische Musik einsetzt.

Wahrscheinlich hatte dein Name das größte Gewicht, zumal du dem Orchester wie auch dem Publikum bestens bekannt warst. Problematisch war nur, daß du viel zu sehr an der Met eingespannt warst. Du hattest nicht die Zeit. Da Solti dem Orchester bisweilen volle sechs Wochen gewidmet hatte, fanden es manche sonderbar, daß du nicht einmal drei Terminlücken à zwei Wochen pro Spielzeit finden konntest. Aber das ist nicht deine Art. Du würdest einen Posten nie annehmen, wenn du schon im voraus wüßtest, daß du nur sechs Wochen vor Ort sein könntest. Du würdest eine Stelle nie annehmen, wenn du für das Orchester nicht die Zeit übrig hättest, die nötig ist, um richtig zu arbeiten.

JL: Absolut richtig! Das ist etwas für einen Gastdirigenten. Rosbaud kam immer für entsprechend kurze Zeit nach Chicago. Aber Chefdirigent zu sein ist etwas ganz anderes.

RCM: Ein Aufenthalt in Chicago von, sagen wir, zehn Wochen hätte deutliche Abstriche bei deiner Arbeit an der Met bedeutet, wozu du 1991/92 nicht bereit warst.

JL: Ich hätte das damals nicht machen können. Unmöglich. Ich denke, wenn ich lange genug lebe, wird eine Zeit kommen, in der ich mir vorstellen könnte, eine Position bei einem Symphonieorchester zu finden, die mich erfüllt. Sie müßte mir allerdings die Möglichkeit zu einem rascheren Wechsel im Programm bieten, als dies beim »üblichen« symphonischen Grundrepertoire möglich ist. Es müßte sehr viel neue Musik drin sein. Ich will keine Verbindung zu einem Symphonieorchester, nur um mit der systematischen Wiederholung des Standardrepertoires anzufangen; das interessiert mich überhaupt nicht. Wer mich überzeugen will, eine Stelle bei einem Symphonieorchester zu übernehmen, muß bereit sein, sehr viel neue Musik zu hören.

Meine Verbindung zur Met war und ist so herausfordernd, faszinierend und befriedigend, daß ich das Gefühl habe, sie nicht willkürlich abbrechen zu dürfen, so wie Lenny [Bernstein] meiner Meinung nach die Verbindung zu den New Yorker Philharmonikern abbrach. Ich glaube, das war ein Fehler, nicht weil er in Wien nicht wunderbar dirigiert hätte – das hat er weiß Gott –, sondern weil sein persönlicher Draht zu den New Yorkern so phantastisch war, daß es weder für ihn noch für sie eine andere, ähnlich ideale Kombination geben konnte. Es war ein großer Verlust für die Stadt.

Als man in Berlin nach einem Nachfolger für Karajan Ausschau hielt, gestand ich dem Komitee, daß ich nicht einer von denen sei, die an zwei Stellen gleichzeitig dirigieren, vor allem wenn eine davon die Met ist. Alles an der Met – ihr Standort, ihr Spielplan, ihre Rolle in der amerikanischen Musik – erfordert einen uneingeschränkten Einsatz. Vielleicht gelingt es mir bis zum Jahr 2001, wenn mein derzeitiger Vertrag ausläuft, den künstlerischen Stab, den ich leite, so weit von der administrativen Bürde zu entlasten, daß ich mich allmählich in eine andere Dauerstellung einarbeiten kann. Als Solti von Chicago wegging, hätte ich das nicht geschafft. Die Geschäftsleitung hat mich wiederholt zu Gastdirigaten eingeladen, doch ich hatte einfach nicht die Zeit. Ich hoffe, im März 1999 wieder nach Chicago gehen zu können. Dann gewinne ich einen besseren Eindruck davon, wie es heute um das Orchester steht, und dann kann ich entscheiden, wie eine mögliche gemeinsame Zukunft aussehen könnte. Wie du weißt, habe ich mit dem Chicago Symphony Orchestra vor kurzem den Soundtrack für einen neuen Disney-Film, *Fantasia 2000*, eingespielt.

RCM: Die Klatschkolumnisten munkeln immer, du plantest eine große Veränderung.

JL: Das liegt möglicherweise daran, daß sie nie Zeit haben, alle Fakten zusammenzubringen. Wird man heute in den Medien interviewt, beschneidet einen das Fernsehen von der Zeit her und die Zeitungen vom Raum her, was auf das gleiche hinausläuft. Und ehe man sich's versieht, wird den Leuten eingeredet, sie hätten die komplette Story und wüßten alles, was es zu dem Thema zu wissen gibt. Es ist das reinste Trauerspiel. Die Reporter kommen mir immer mit den gleichen alten Fragen. Und ich frage sie dann: Wollen Sie noch eine Seite unter dem ewig gleichen Aufhänger? Oder sollten wir nicht einmal etwas Neues aufgreifen? Manche irritiert das richtig. Sie scheinen gar nicht zu kapieren, daß man so viele andere Themen diskutieren, so viele andere Fragen stellen könnte. Oft sage ich zu ihnen: Bevor Sie das Ihrem Chefredakteur geben, sollten wir uns zusammensetzen; ich verspreche Ihnen, daß wir das noch viel besser hinkriegen.

Für den durchschnittlichen Reporter, einen wildfremden Menschen, ist es unmöglich, in einem Interview mit einem Künstler irgend etwas anderes als einen Haufen Plattheiten aufzutischen. Manche meinen, wenn sie nichts Negatives bringen können, hätten sie nichts zu sagen.

Ich finde, es ist schon schwierig genug, den Menschen überhaupt etwas zu vermitteln, selbst wenn man sich die Mühe macht, es ihnen extra zu erklären. Freunde und Kollegen verstehen einen, aber die Allgemeinheit projiziert einfach ihre Vorstellung, die sie von bestimmten Dingen hat. Aber diese Projektion beruht nicht auf Erfahrung – auf der Realität –, sondern darauf, was man aus dem Fernsehen, der Boulevardpresse, der Gerüchteküche und anderen unzuverlässigen Quellen aufgeschnappt hat. Von wahrer menschlicher Integrität hält die Öffentlichkeit nicht viel, denn so etwas wie Integrität erlebt sie im Medienalltag nicht sehr oft. Sie will sich statt dessen darin bestätigt sehen, daß jeder im Grunde ein korrupter Lump ist.

RCM: Selbst ein Lump hätte nicht solch eine Meinung von sich.

JL: Robert, wir können uns mit der Realität auseinandersetzen. Wir kennen uns seit über dreißig Jahren. Wenn wir uns unterhalten, kommen wir zu einer echten Verständigung, selbst wenn wir nicht derselben Meinung sind.

Kannst du dir in unserer heutigen Zeit Wagner und Mathilde Wesendonck vorstellen oder Wagner und Cosima, als diese noch mit Hans von Bülow verheiratet war? Das wäre der absolute Dauerbrenner für die Boulevardpresse, etwas unglaublich Schlüpfriges. Doch vor hundert Jahren fand sich die Welt irgendwie damit ab. Damals konnte man sich noch auf Wesentlicheres konzentrieren. Heute denken sehr viele Menschen am liebsten nur noch in Schlagworten oder lassen die Experten für sich denken.

RCM: Denken wir nur an jenes Skandalkapitel in der Geschichte der Met – Toscanini und Geraldine Farrar. Eine siebenjährige Affäre wie diese wäre heute an keinem größeren Theater auch nur denkbar.

JL: Du hast recht. Toscanini befand sich wegen der Farrar wahrscheinlich in einem tiefen Gewissenskonflikt. Das war keine Bagatelle. Die Frau war so schön, so leidenschaftlich und künstlerisch so kreativ, daß es Toscanini alles andere als leichtgefallen sein dürfte, sich zu entscheiden. Es war eine ganz andere Zeit, eine ganz andere Welt, auch in der Oper.

RCM: Toscanini buchte im Mai 1915 eine Passage auf der »Lusitania«, um sich nach Europa abzusetzen. Zum Glück war er zu überreden, sich auf einem anderen Dampfer einzuschiffen.

4. August 1996, München

RCM: Mir fällt auf, daß einige Kritiker dich ständig wegen deiner Tempi in *Parsifal* anspringen; anscheinend wollen sie den Eindruck erwecken, deine Interpretation sei eher schleppend. Nun, wir wissen, daß dieses Werk in einer größeren Bandbreite von Tempi gespielt werden kann. In einer netten Anekdote wird erzählt, wie Richard Strauss an der Wiener Oper *Parsifal* dirigierte und nach der Vorstellung durch den Bühnenausgang stürmte und rief: »Sehen Sie, zwanzig Minuten schneller als Bruno Walter!«

JL: Aber du weißt sicher, daß in Bayreuth den *Parsifal* keiner so langsam dirigiert hat wie Toscanini. Mein langsamster *Parsifal* in Bayreuth ist immer noch um einige Minuten schneller als seiner – meine Zeiten entsprechen eher denen von Carl Muck.

RCM: Der angebliche Eindruck, daß die Oper in deinen Aufführungen nicht dynamisch vorwärtsstrebt, läßt sich einfach nicht bestätigen, wenn man sich deine drei Einspielungen anhört, von denen zwei live mitgeschnitten wurden. Sie schreiten alle zielstrebig fort, in einer starken, fließenden Bewegung, selbst in den langsamsten Passagen.

JL: Es liegen nicht nur diese Einspielungen vor, sondern auch Rundfunkübertragungen von jedem zweiten Bayreuther Sommer und etwa ein Dutzend weitere aus der Met. An Klangdokumenten zu *Parsifal* mangelt es mir weiß Gott nicht. Einmal unterhielt ich mich nach einer Probe mit Gerd Seifert, dem großartigen Solohornisten der Berliner Philharmoniker, der auch in Bayreuth spielt. Er gehört zu jenen Leuten, die wie Frank Miller beim Spielen all das zum Ausdruck bringen, was sich der Komponist nur gewünscht haben kann, und sich dabei viel eloquenter ausdrücken, als dies mit Worten möglich wäre.

Er sagte:»Ich spiele Ihren *Parsifal* unglaublich gern, weil Sie sich nicht vor dem Ausdruck und der Spannung eines langsamen Tempos scheuen.«

Dann sagte Manfred Klier, der zweite Hornist:»Ja, Jim ist sogar noch langsamer als Knappertsbusch«, der in der Nachkriegszeit tatsächlich der allerlangsamste war. Und Gerd sagte zu mir:»Der Dirigent, dem Sie hier am meisten ähneln, ist Muck.«

Ich sagte:»Woher wissen Sie das? Das war in den zwanziger Jahren, lange vor Ihrer Zeit.« Er sagte:»Das gibt es jetzt auf Platte.«

RCM: 1927 wurden lange Passagen von *Parsifal* auf 78er-Platten aufgenommen. Ich hatte einige dieser alten Scheiben mit dem blauen Label von Columbia.

JL: Heute gibt es das alles auf CD. Das Faszinierendste an diesem Ansatz besteht darin, wie Muck die Spannung im langsamen Tempo findet. Wenn er einem stimmlichen Höhepunkt, einem sprachlichen Höhepunkt, einem harmonischen Höhepunkt wirklich Ausdruck verleihen will, klingt es deswegen so packend, weil er für einen kurzen Augenblick aus dem regulären Zeitmaß ausbricht. Dieser Effekt käme niemals zustande, wenn das Ganze in einer ungebrochenen rhythmischen Linie durchgezogen wäre.

Manchmal sagt ein Musiker im Orchester: »Das machen Sie diesmal aber schneller.« Dann sage ich vielleicht: Wenn dem so ist, dann deshalb, weil der Ton, den ich jetzt kriege, in der Klangfarbe so satt und dunkel ist, daß ich ihn nicht durch ein langsameres Tempo ausgleichen muß, was bei einem helleren, dünneren Klang aber nötig ist. Man muß immer an den Gefühlsausdruck denken, den man in einer Phrase erzeugen möchte, und sich klarmachen, daß er nicht nur auf eine einzige Art zu erzeugen ist. Wahrscheinlich gibt es eine Methode, die man den anderen vorzieht, und wenn man lange genug daran arbeitet, funktioniert es vielleicht mit der Zeit, aber bis es soweit ist, muß man sich annehmbare Alternativen einfallen lassen.

RCM: Muck hat immer behauptet, er könne jede Wagner-Oper dirigieren, ohne sein Hemd wechseln zu müssen. Wer Mühe hat, bei körperlicher Betätigung trocken zu bleiben, mag das beneidenswert finden. Karl Böhm erzählte mir einmal eine Anekdote aus seiner Anfangszeit. Muck hatte ihn für einen *Lohengrin* nach Hamburg geholt, wo er Generalmusikdirektor war: Nach dem ersten Akt schält sich Böhm in der Garderobe aus seinem nassen Frack. Da geht die Tür auf, Muck spaziert herein, packt Böhm beim Kragen, wringt ihm das schweißnasse Hemd aus und brummt: »Anfänger!«

JL: Das ist herrlich. Aber Muck machte sehr kleine Schläge. [Lautes Lachen.]

RCM: Arthur Fiedler spielte im Boston Symphony Orchestra unter ihm. Ich habe Arthur einmal gefragt, wie Mucks Schlag nun wirklich aussah.

»Er war kleiner als bei Reiner und präziser«, erwiderte er.

»Das heißt, er war unsichtbar«, entgegnete ich. Er dirigierte telepathisch!

JL: Muck war bekannt für seine Kraft und Frische. Aber bei *Parsifal* war er trotzdem einer der Langsamsten. Dabei muß man eine ungeheure Spannung in den Details wahren, sonst hängt die Linie durch.

RCM: Er verkörpert einen Aspekt der alten Bayreuther Tradition, die sich auf eine feste metrische Grundlage stützte.

Toscanini führte in seinen beiden Bayreuther Sommern, 1930 und 1931, seine eigene Methode in der Manier der Scala ein, wonach Wagner mit der gleichen leidenschaftlichen Lyrik gespielt wurde wie die italienische Oper.

JL: Muck war über die Entweihung des »Tempels« durch den ersten Nichtdeutschen genauso entsetzt wie über das, was er tatsächlich hörte. Er verschmerzte es kaum, daß man ihm nach 26 Jahren »seinen« *Parsifal* wegnahm. Er trat 1930 zurück, als Toscanini für den folgenden Sommer erneut engagiert wurde, und dirigierte in seinen letzten zehn Lebensjahren nie wieder in Bayreuth. Das war schade, denn im Grunde hatten die beiden sehr viel miteinander gemein. Ich wäre damals gerne dort gewesen, denn es ist klar, daß man Toscaninis Arbeit nicht als bewußten interpretatorischen Bruch ansah. Man hielt seine Deutung einfach für besser, nicht weil sie schneller war – das war sie gar nicht – oder langsamer, sondern weil sie einen intensiveren Ausdruck, mehr innere Dynamik und Vitalität aufwies. Toscaninis Änderungen beschränkten sich indes nicht auf *Parsifal*. Toscaninis *Tristan* ist nach wie vor der längste *Tristan* in der Geschichte Bayreuths.

RCM: Als Toscanini ging, wurde Wilhelm Furtwängler musikalischer Leiter. Viele betrachten ihn als das Symbol der Bayreuther Tradition, aber das war er gar nicht. Furtwängler hatte 1931 mit *Tristan* debütiert. In späteren Jahren dirigierte er jeweils mehrere Aufführungen von *Lohengrin*, *Parsifal* sowie den *Ring* und die *Meistersinger*. Eigentlicher künstlerischer Leiter war Heinz Tietjen, eine weit wichtigere Gestalt im Bayreuth der Nazizeit. Wegen des Krieges wurde das Haus nach den Festspielen von 1944 geschlossen.

JL: Bei *Tristan* war Furtwängler phänomenal. Man hört ständig diese Vergleiche zwischen Furtwängler und Toscanini, als ob sie gegensätzliche Pole dargestellt hätten. Im klassischen Repertoire – bei Mozart und Beethoven – unterscheiden sie sich wirklich; da erreichen sie ihre Ziele auf ganz unterschiedliche Weise, und Furtwänglers Vorstellung von rhythmischem Ausdruck ist der von Toscanini oft völlig entgegengesetzt. Doch das Gefühl der Dauerspannung in Furtwänglers *Tristan* ist im Grunde gar nicht so weit von Toscaninis Auffassung von diesem Werk entfernt.

RCM: Furtwänglers *Ring* dagegen wirkt für mein Gefühl trotz einiger spannungsvoller Momente häufig eher rhetorisch als dramatisch. Ich habe das Glück, ihn live erlebt zu haben und ihn nicht nur von den Platten her zu kennen. Auf der Bühne strahlte er einen wahren Magnetismus aus, doch sein Schlag war ziemlich wirr. Er legte einfach los und war dem Orchester manchmal einen halben Takt voraus.

Szell sprach immer verächtlich von jenem sprichwörtlichen Küchenchef, der nur eine Sauce kennt und diese zu allem dazugibt. Furtwängler wurde lange Zeit dafür kritisiert, sich bei den Werken, die er spielte, immer derselben Manierismen zu bedienen, manchmal mit interessanten, manchmal mit katastrophalen Resultaten.

JL: Wahrscheinlich weil er alles durch seine ästhetische Brille sah. Ich verlange weiß Gott nicht, daß jeder, der eine Partitur studiert, alles genauso sieht wie ich. Entscheidend ist jedoch, ob man sich wirklich objektiv und unvoreingenommen daranmacht.

RCM: Mozarts *Symphonie g-Moll* spielte er in einer Weise für die Platte ein, die ich nicht uninteressant fand, doch ich konnte mir beim besten Willen nicht vorstellen, daß sich Mozart das Stück je so ausgemalt hätte.

JL: Als Wieland und Wolfgang Wagner die Bayreuther Festspiele 1951 wiedereröffneten, standen Aufführungen des *Rings* auf dem Programm, die von zwei verschiedenen Dirigenten geleitet werden sollten, bei gleicher Probenzeit und weitgehend gleicher Besetzung. Die beiden Dirigenten, die sich auf dieses Prozedere einließen, waren Knappertsbusch und Karajan. Ich fragte Wolfgang Wagner einmal, wer besser gewesen sei, und er antwortete verschmitzt: »Knappertsbusch bei den Aufführungen und Karajan bei den Proben!« Das glaube ich gern. Karajan arbeitete sehr akribisch bei den Proben. Und Knappertsbusch war gern bereit, von den akribischen Proben eines Kollegen zu profitieren. Er hatte das Gefühl, durch langes Proben monoton und fad zu werden. Wieder das alte Paradox!

RCM: Wieviel probst du in Bayreuth, wenn du eine Oper dirigierst, die du schon im Sommer zuvor dirigiert hast?

JL: Das ist ganz verschieden, je nach dem Stil der Inszenierung und je nachdem, ob es dieselben Sänger sind. Aber die übliche Vorgehensweise sieht so aus, daß die jeweils erforderliche Orchesterarbeit und die Klavierproben mit den Sängern parallel laufen. Es ist ein sehr gut durchdachtes System. Beim *Ring* ist die Besetzung erstaunlich konstant, doch der Zyklus ist immer heikel, weil man nie sämtliche Rollen gleichwertig besetzen kann. Man muß immer wachsam sein und darauf achten, wer sich entwickelt, wer abbaut und was bleibt.

RCM: Unser alter Freund Leinsdorf sagte am Ende seiner Laufbahn, es sei durchaus möglich, für ein so kleines Haus wie Bayreuth eine befriedigende Besetzung für den *Ring* zu finden, aber wenn er an die Wagner-Sänger denke, die er aus seiner Jugendzeit kannte, halte er es für unmöglich, heute eine Idealbesetzung für ein Haus mit 4000 Plätzen aufzutreiben.

JL: Stimmt. Historisch gesehen hat er völlig recht. Er war es leid, mit anzusehen, wie weit die Opernintendanten mit ihren Kompromissen gingen, bloß um dieses Repertoire bringen zu können. Doch heute sieht es besser aus. Wir können vielleicht nicht unbedingt die absoluten Spitzenbesetzungen von früher aufbieten, aber wir haben Sänger, die diesen Rollen gerecht werden.

Man muß einfach abwägen, ob man weiterhin den *Ring* oder aber beispielsweise Belcanto-Oper dirigieren will. Manches im *Ring* ist heute wahnsinnig schwer zu besetzen, andererseits liegen sehr viel dramatische Intensität und philosophischer Gehalt darin. Und man muß sich darüber im klaren sein, wenn man das Werk der Öffentlichkeit vorenthält, wird man sogar noch weniger Sänger finden, die sich diesen Schwierigkeiten stellen wollen. Wenn man Rollen vergibt und überall bekanntmacht, ich brauche einen Siegfried, wird auch ein Siegfried auftauchen. Wenn Bayreuth diese Werke nicht auch in mageren Jahren immer wieder gebracht hätte, könnten die aufstrebenden jungen Talente überhaupt nicht wissen, was in diesen Stücken steckt. Heute haben wir beispielsweise einen Tenor wie Ben Heppner, für den es ganz wichtig war, sich ein Bild von diesen Opern machen zu können. Ironischerweise verpaßte er die Gelegenheit, Live-Auftritte seines großen kanadischen Vorgängers Jon Vickers zu hören.

RCM: Wie siehst du deine Zukunft in Bayreuth, nachdem du jetzt den *Ring* dirigiert hast?

JL: Es folgen zwei weitere *Ring*-Zyklen in den Jahren 1997 und 1998. Wolfgang Wagner hat mir angeboten, 1999 einen neuen *Lohengrin* zu machen, aber ich habe in der nächsten Spielzeit an der Met schon einen neuen *Lohengrin* übernommen. Ich weiß nicht, mit wie vielen *Lohengrins* ich mich gleichzeitig befassen möchte. Also mache ich den an der Met und werde es wahrscheinlich dabei belassen.

Ich bin wegen *Parsifal* nach Bayreuth gegangen und habe ihn zehn Jahre lang dirigiert. Inzwischen habe ich fünfmal den *Ring* gemacht. Das sind die Dinge, die ich am vordringlichsten im Festspielhaus machen wollte. Natürlich gibt es noch mehr Wagner, den ich dort noch nicht gemacht habe. Ich arbeite gern in Bayreuth und würde dort auch andere Werke dirigieren. Vielleicht in ein paar Jahren. Einstweilen machen wir all das an der Met.

RCM: Wir sehen Toscanini immer als bedeutenden Wagner-Dirigenten, und das war er auch. Aber du beherrschst ein viel größeres Wagner-Repertoire als er, und vielleicht winkt dir irgendwann sogar ein *Rienzi*.

JL: Es ist eine relativ neuzeitliche Auffassung – ich weiß nicht, wann sie aufkam, vielleicht erst Mitte dieses Jahrhunderts –, daß man mit der Musik bestimmter Komponisten, und dies gilt insbesondere für Wagner, die Vorstellung einer speziellen Interpretation verbindet.

Wagner schrieb die Opern. Dann baute er sein Bayreuther Theater. Dann fing das Bayreuther Theater an, die Werke zu spielen. Dann starb er. Seine Witwe lebte bis 1930.

RCM: Und wahrte so etwas wie eine Tradition.

JL: Das ist der entscheidende Punkt. Man war sich damals gar nicht dessen bewußt, daß diese Werke »interpretiert« wurden. Alle meinten, sie machten im Grunde ein und dasselbe. Wenn man sich die alten Programmhefte ansieht, stellt man fest, daß die Dirigenten bis 1930 nicht einmal namentlich genannt wurden; und wir wissen, daß bis 1951 kein Dirigent zum Schlußapplaus auf die Bühne kam!

Im Rückblick erkennen wir eine klar umrissene interpretatorische Anschauung, die sogenannte alte Bayreuther Tradition, die von so unterschiedlichen Leuten wie Richter, Levi und Muck verkörpert und erst mit Toscanini durch neue Standards der technischen Ausführung hinterfragt wurde.

Früher konnte man davon ausgehen, daß bei einem Werk wie *Aida* die interpretatorische Skala nicht von A bis Z reichte. Ob man nun Antonietta Stella oder Renata Tebaldi oder Zinka Milanov in der Rolle hörte, es war klar, daß sie unterschiedliche Persönlichkeiten und unterschiedliche Stimmen mitbrachten, aber sie versuchten nie, musikalisch radikal unterschiedliche Ansätze zu bringen. Sie hatten im Grunde alle die gleiche Auffassung vom Wesen des Werks. Es herrschte eine allgemeingültige Auffassung darüber, wie man *Aida* und all die anderen gängigen Werke auf die Bühne brachte. Das machte es viel leichter, Künstler auszutauschen. Toscanini konnte Anfang des Jahrhunderts an der Met jederzeit für einen erkrankten Kollegen einspringen, ohne eine Minute proben zu müssen, denn so etwas wie *Rigoletto* war ein Standardwerk, und da hatte man ein sicheres Fundament. Heute, bei all den unterschiedlichen Auffassungen von Inszenierung, vom Bühnenbild und vor allem von der Musik, dürfte das sehr schwer sein, denn es gibt kein sicheres Fundament mehr. Wenn man in einen Plattenladen geht und sich drei verschiedene Aufnahmen derselben Oper kauft, unterscheiden die sich wahrscheinlich allesamt – manchmal sogar auf groteske Weise.

Wir sind beide in einer Zeit aufgewachsen, in der man unter einer Inszenierung die bloße Dekoration der Bühne verstand. Die Inszenierung war nichts anderes – und sollte damals auch gar nichts anderes sein – als ein Rahmen für den Gesang, ganz einfach. Wenn ich in meiner Zeit als Klavierschüler Opern nach der Partitur studierte, auf dem Klavier spielte und auf Platten oder im Radio hörte, stellte ich mir immer die Bühne dazu vor. Ich hatte schließlich eine sehr lebhafte Phantasie. Und wenn ich dann in die Oper ging, sah ich mit sehr wenigen Ausnahmen so ziemlich das, was ich mir vorgestellt hatte.

Das hat sich in den letzten Jahren gravierend geändert. Inzwischen stecken wir in einer tiefen Debatte, ja in einer Krise bezüglich der Frage, wie die visuellen Elemente aussehen sollten und wie wichtig sie für die Aufführung insgesamt sind. Mir geht es bei der Oper darum, wie die Musik gesungen und gespielt wird, ungeachtet dessen, was mir an der Inszenierung gefallen mag oder nicht. Die Regie ist mir nicht gleichgültig. Im Gegenteil, mir ist sehr viel daran gelegen, daß die Aufführungen so weit wie nur irgend möglich den Vorstellungen des Komponisten entsprechen. Ich möchte dem Publikum zeigen, was ihm alles zuteil werden kann, wenn es eine volle, runde Darbietung erlebt.

RCM: Oper in konzertanter Form ist fast immer eine Beschneidung des Werks.

JL: Natürlich, per Definition! Manche Opern müssen szenisch aufgeführt werden, damit sie überhaupt funktionieren, wie etwa der *Rosenkavalier*. Meine Interaktion mit der Regie einer Oper ist sehr komplex. Wenn in der Musik und im Text auf einer bestimmten ästhetischen Ebene genügend passiert, kann dies die Aufmerksamkeit hinreichend fesseln. Du hast doch Soltis konzertante *Meistersinger* in Chicago gehört. Wie war das?

RCM: Musikalisch wunderbar, doch es mangelte an dramatischer Konfrontation. Stellenweise klang das Ganze fast wie eine Kantate.

JL: Er wollte zwei Dinge gleichzeitig machen – eine Platte einspielen und eine öffentliche Aufführung geben. Bei Aufnahmen wünscht man sich manchmal eine viel intimere Atmosphäre, als es die Akustik eines großen Saals erlaubt. Die *Meistersinger* lassen sich sehr leicht inszenieren. Man muß sich wirklich anstrengen, um die *Meistersinger* miserabel zu inszenieren. Es kommt immer wieder vor, aber man muß sich echt Mühe geben! In Ravinia und auch an anderen Orten habe ich sehr gute Erfahrungen mit Oper in konzertanter Form gemacht.

RCM: Nachdem du jetzt drei Sommer lang ungefähr die Hälfte aller Aufführungen in Bayreuth dirigiert hast, kommt es mir so vor, als sei das Bayreuther Orchester an jenen Abenden zu einem »Levine-Orchester« geworden. Und durch dich hat Toscanini, 65 Jahre nach seinem Abschied von hier, wieder seinen Einfluß im Orchestergraben geltend gemacht, zumindest in den fünf Sommern mit dem *Ring*.

JL: Aber die Musiker kommen aus so vielen verschiedenen Orchestern. In Bayreuth ist es sehr schwierig, ein organisch integriertes Orchester zu bilden, weil der Spielplan festgelegt werden muß, bevor wir wissen, wie viele neue Spieler kommen werden. Viele gute deutsche Musiker machen nebenbei Kammermusik und arbeiten bei anderen Festspielen und wollen sich nicht den ganzen Sommer über einem einzigen Engagement verpflichten. Du darfst nicht vergessen, daß diese Musiker hier oft ihren gesamten Sommerurlaub opfern, um bei den Festspielen zu musizieren. Niemand denkt hier bloß ans Geld! In Bayreuth zu sein, dort zu spielen, hat für die Musiker eine ganz besondere Bedeutung, genauso wie für die Sänger und die Dirigenten. Diese Arbeit ist halb Auftritt, halb Andacht. Es ist ein einzigartiger Ort.

Dieses Jahr war es so, daß ich im Orchester eine ganze Reihe neuer Solisten einüben mußte. Doch sie fügten sich sehr schnell ein. Jeder Spieler kannte die Werke bereits aus seiner regulären Orchesterarbeit. Es kann mitunter sogar zum Problem werden, daß sie die Stücke schon zu gut kennen. Bei einem Festival wie Ravinia mögen alle möglichen Probleme auftreten, doch dieses mit Sicherheit nicht. Wenn das CSO neue Spieler aufnimmt, können diese während der Winterkonzerte ganz allmählich in das Orchester integriert werden.

In Bayreuth hat man vier Wochen Zeit zu proben, dann muß alles sitzen. Und vergiß nicht das Problem mit der Besetzung. Ein Festspielplan mit dreißig Aufführungen allein von Wagner-Opern ist eine riesige Herausforderung. Kein reguläres Opernhaus braucht so viele dramatische Soprane und Tenöre! Diesen Sommer hatte ich erst am dritten Abend des ersten *Ring*-Zyklus [von dreien] das Gefühl, daß wir der Sache allmählich näherkommen.

RCM: Die Bayreuther Festspiele haben sich in ihrer mehr als hundertjährigen Geschichte enorm verändert, doch die Veränderung vollzog sich innerhalb einer sich wandelnden Tradition.

JL: Natürlich, keine zwei *Ring*-Zyklen sind identisch, und man hofft immer, daß der nächste besser ausfällt als der erste.

RCM: Georg Solti sagte, ich müsse unbedingt zu seinem dritten Zyklus nach Bayreuth kommen. Es ist immer wieder frustrierend für Kritiker, wenn Chefredakteure verlangen, daß man sich Premieren anhört und sein Urteil danach fällt. Ich habe mir oft schon zusätzlich zur Premiere eine weitere, spätere Aufführung angehört und diese viel interessanter gefunden, aber selten wurde eine Besprechung davon gedruckt.

JL: Im Idealfall zieht in der Oper eine Generation die andere heran. Ich habe viel von den großen Künstlern meiner Jugendzeit gelernt, mit denen ich Ende der sechziger Jahre in Cleveland zusammengearbeitet habe und die immer noch aktiv waren, als ich 1971 an die Met kam. Später konnte ich einiges von dem, was ich von ihnen übernommen hatte, an jüngere Kollegen weitergeben, die in der Zwischenzeit zu uns gestoßen waren. Ich hatte das Glück, mit großen Sängern der Vergangenheit und großen Sängern der Gegenwart zu arbeiten, und ich versuche, die großen Sänger der Zukunft heranzubilden, die außerordentlich interessant und vielversprechend sind.

Wenn man älter wird, lernt man zu schätzen, daß jeder Lebensabschnitt ganz eigene Vorzüge hat. Die Jugend ist wunderbar, doch das Alter eröffnet ein tieferes Bewußtsein vom Leben und von der Welt. Man blickt auf Dinge zurück, die einem vertraut erscheinen, und entdeckt neue Dinge, die das Verständnis erweitern und vertiefen. Als Teenager bildete ich mir ein, *Don Giovanni* zu »verstehen«. Ha! Und die Begeisterung für ein Werk kann sich sogar noch steigern, selbst wenn man dachte, sie sei bereits hundertprozentig.

RCM: In deinem Debütjahr 1971 sang Renata Tebaldi noch an der Met.

JL: Im Januar 1973 dirigierte ich drei *Otellos*, die ihre letzten Auftritte an der Met sein sollten.

RCM: Richard Tucker war bis 1974 da.

JL: Wir hatten schon in Cleveland zusammengearbeitet. Er war bereits damals eine lebende Legende. Wir machten in New York *Luisa Miller* und auf Tournee verschiedene andere Dinge. Ich bin froh, ihn gekannt zu haben. Aus jenen Anfangsjahren sind für mich auch Cornell MacNeil, Jon Vickers und Franco Corelli nicht wegzudenken.

Eigentlich hatte ich das Glück, mit einer ungeheuren Zahl phantastischer Künstler zusammenzuarbeiten. Das belegen allein die Soprane – um nur ein Stimmfach zu nennen –, mit denen ich gesegnet war. Astrid Varnay war bis 1980 an der Met, und Birgit Nilsson sang bis 1984 bei uns. Leonie Rysanek hat 1959 debütiert und sich erst vor kurzem verabschiedet. Auch Leontyne Price war natürlich ein wichtiges Mitglied des Ensembles, als ich anfing, und blieb bis zu ihrem freiwilligen Abschied im Jahre 1985 unentbehrlich. Renata Scotto hatte 1965 ihren Einstand gegeben, und wie du weißt, verband uns eine lange und sehr fruchtbare Zusammenarbeit. Teresa Stratas, die 1959 ihr Debüt gegeben hatte, war jahrelang eine großartige Partnerin, ebenso wie Mirella Freni, Kiri Te Kanawa, Pilar Lorengar, Hildegard Behrens und viele andere. Ich kann sie gar nicht alle aufzählen.

All diese Menschen haben ungeheuer viel zur Verwirklichung meiner Ziele auf der Opernbühne beigetragen. Eigentlich bin ich ringsum von Menschen umgeben, die für meine künstlerischen Visionen unentbehrlich sind. Jessye Norman trat 1983 auf den Plan. Was würde ich heute ohne sie machen? Die Liste wäre endlos, wenn ich all jene aufzählen würde, die ich für die Umsetzung meiner Pläne und Projekte glaube zu brauchen.

Ich interessiere mich schließlich nicht bloß für Leute, die die Noten singen können. Ich möchte für jede Rolle den richtigen Interpreten.

RCM: Wer eine Zeitlang regelmäßig in die Oper geht, wird irgendwann mit großer Freude auf all die großartigen Künstler zurückblicken, die er im Laufe der Jahre gehört hat. Dieses Gefühl muß noch stärker sein, wenn man intensiv daran mitgearbeitet hat, eine Inszenierung auf die Bühne zu bringen.

JL: Zwischen meinem ersten *Parsifal* im Jahre 1979 und meinem letzten 1995 habe ich an der Met neun oder zehn Sängerinnen in der Rolle der Kundry erlebt. Christa Ludwig war die erste, dann kam Tatiana Troyanos, und später waren es Leonie Rysanek und Waltraud Meier, um nur einige zu nennen. Jede war ganz anders. Das war auch zu erwarten, denn sie waren außergewöhnliche Künstlerinnen, die ihre Rolle absolut beherrschten und hervorragend interpretierten. Es war nicht meine Aufgabe, ihnen bei ihrer Rollengestaltung meine Vorstellungen aufzudrängen, sondern vielmehr, das Beste aus ihnen herauszuholen, damit sie ihre erstaunlichen Mittel zugunsten des künstlerischen Gesamtkonzepts des Komponisten einsetzen konnten.

Sieh dir nur die Bandbreite der Stars an, die wir in der Titelrolle hatten: Anfangs Jon Vickers und Jess Thomas und in jüngerer Zeit Siegfried Jerusalem und Plácido Domingo. Jeder von ihnen charakterisiert die Figur anders, doch jeder liefert uns eine Darstellung von so überzeugender Geschlossenheit, daß ich froh bin, mit allen zusammengearbeitet zu haben.

Sänger sind feinfühlige und intelligente Menschen, und jeder hat gewisse Stärken und gewisse Schwächen – genau wie die Dirigenten! Wenn man mit ihnen zusammenarbeitet, erkennt man, wo diese Stärken und Schwächen liegen, und das versetzt einen in die Lage, ihnen den nötigen musikalischen oder sonstigen Rat und Rückhalt zu geben, damit sie das Beste aus sich herausholen. Es ist unsinnig, bei der Oper oder auch sonstwo nach Vollkommenheit zu streben – das ist überhaupt ein komisches Wort! Wir entwickeln und verbessern fortwährend unser Verständnis und unsere Fähigkeit, das aufzunehmen und auszudrücken, was wir in der Musik entdecken. Das ist ein endloser Prozeß. Wer behauptet, etwas sei vollkommen, sagt damit, jede Entwicklung sei zum Ende gekommen. Das ist Unsinn.

Der Dirigent und der Regisseur müssen klare Ziele vor Augen haben. Sie müssen sich auf ihre früheren Erfahrungen stützen können. Junge Sänger, egal wie begabt sie sein mögen, verfügen oft über begrenzte Erfahrungen. Wenn sie aber in sich suchen, finden sie oft alles, was sie für eine Rolle brauchen.

RCM: Als Toscanini 1946 *La traviata* für den Rundfunk aufnehmen wollte, ließ er den jungen Robert Merrill vorsingen. Als Merrill »Di provenza« vorgetragen hatte, fragte der Alte: »Sind Sie Vater?«

»Nein«, erwiderte Merrill, »ich bin nicht einmal verheiratet.«

Da kam von Toscanini ein »O dio!« oder etwas ähnlich Ermutigendes; dann meinte er: »Wir werden daran arbeiten.« Und natürlich sang Merrill den Part wunderbar. Jeder kann sich die Platte anhören und sich davon überzeugen.

JL: Sänger müssen bei ihren Interpretationen bis zu einem gewissen Maß von ihrer eigenen Persönlichkeit ausgehen. Sie müssen lernen, die Wesenszüge der Figur in sich selbst zu finden. Der Charakter einer Rolle kann sich natürlich stark von der Alltagspersönlichkeit des Sängers unterscheiden. Hinter der Bühne war Nilsson keine Brünnhilde, aber sie wußte ganz genau, was tief im Inneren von Brünnhilde oder Isolde vorging, und das machte ihre Interpretationen zu dem, was sie waren.

Deshalb fällt es mir auch schwer, schnelle Urteile über Sänger zu fällen, Urteile, auf die ich mich verlassen kann. Wenn ich sie eine Zeitlang kenne und ihre Höhen und Tiefen erlebt habe,

James Levine im Alter von zehn Jahren mit Bruder Tom und Schwester Janet, Cincinnati, Sommer 1953.

Der neunjährige Jimmy studiert den Klavierauszug von Gounods *Faust*.

Das sechsjährige
Wunderkind zu
Hause beim Üben.

Fünf Jahre später,
1954, probt James
das *Klavierkonzert
Nr. 3* von Beethoven
beim Brevard
Music Festival in
North Carolina.

Der elfjährige James zeigt seinen Eltern seine Modellbühne für den
Barbier von Sevilla, Cincinnati, 1954. *(Foto: Cincinnati Enquirer)*

Der zukünftige Chefdirigent der Met, Cincinnati, 1954.

Levine (rechts) mit seinem Mentor George Szell, dem legendären
Dirigenten des Cleveland Orchestra (zweiter von links), 1966.
(Foto: Peter Hastings/Cleveland Orchestra Archives)

Levine (auf der Treppe) mit einem weiteren Mentor, dem Met-
Dirigenten Fausto Cleva (Mitte).

In Aspen, Colorado, wird Levine 1964 Benjamin Britten vorgestellt, dessen Oper *Albert Herring* er dort dirigiert.

Levine probt mit dem University Circle Orchestra, Cleveland Institute of Music, 1968. *(Foto: Peter Hastings/Cleveland Orchestra Archives)*

Bei einer Probe mit Luciano Pavarotti. *(Foto: Martha Swope)*

Probenarbeit mit Cecilia Bartoli. *(Foto: Vivianne Purdom)*

Mit Jessye Norman in Salzburg. *(Foto: Christian Steiner)*

Bei den Salzburger Festspielen Anfang der achtziger Jahre. Levine arbeitete oft mit dem Regisseur Jean-Pierre Ponnelle zusammen. Die gemeinsame Produktion der *Zauberflöte* war in der Geschichte der Festspiele die am längsten gespielte. *(Foto: Schaffler)*

Erfahrungsaustausch mit Salzburgs Dirigentenlegende Herbert von Karajan. *(Foto: Robert Messick)*

Levine und das Orchester der Metropolitan Opera beim Schlußapplaus nach ihrem Debüt im Wiener Musikvereinssaal. *(Foto: Theresia Linke)*

1982 dirigiert
Levine erstmals bei
den Bayreuther
Festspielen. Hier
steht er während
der Proben zur
Jubiläums-
inszenierung des
Parsifal im
legendären
überdeckten
Orchestergraben
des Festspielhauses.
(Foto: Tom Levine)

Rechte Seite oben: Bayreuther Festspiele 1993,
Parsifal. Probengespräch mit Wolfgang Wagner,
Plácido Domingo und Jutta von Senden.
(Foto: Bayreuther Festspiele GmbH/Rauh)

Rechte Seite unten: *Parsifal*-Probe mit Deborah
Polaski, Plácido Domingo und Wolfgang Wagner,
1993. *(Foto: Bayreuther Festspiele GmbH/Rauh)*

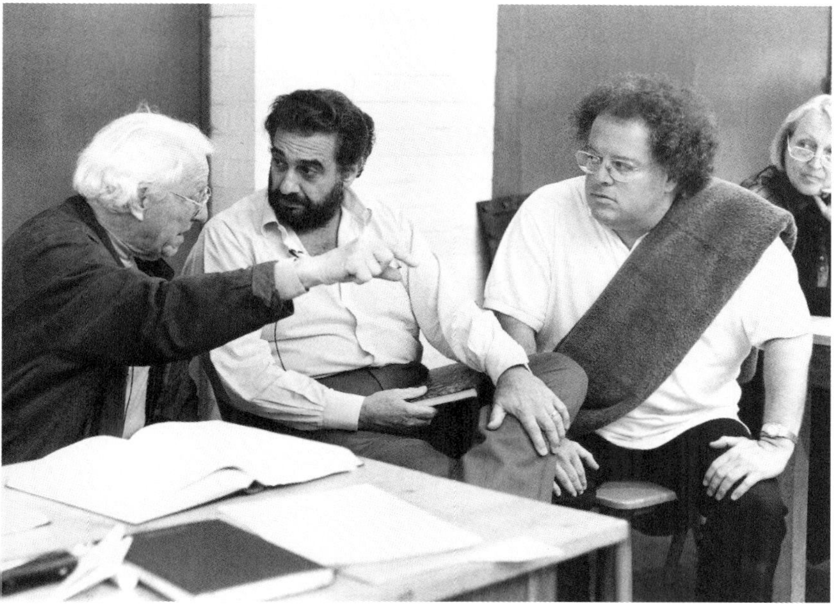

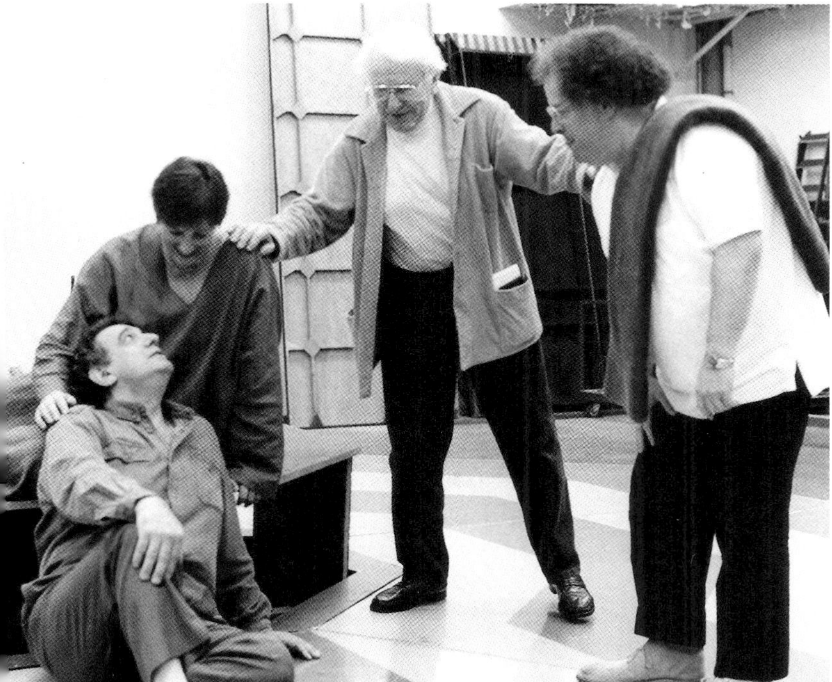

Mit Leonard Bernstein, dem Kollegen, Nachbarn und Freund.
(Foto: Henry Grossman)

Gemeinsamer Auftritt der beiden Dirigenten in der New Yorker
Carnegie Hall beim ersten Concert for Life, das sie mit einer
bewegenden Interpretation des langsamen Satzes aus Mozarts
Sonate für zwei Klaviere D-Dur beschlossen. *(Foto: Steve J. Sherman)*

Mit Marilyn Horne, dem Komponisten John Corigliano und dem
Librettisten William M. Hoffman nach der Uraufführung von
The Ghosts of Versailles.

Der ehemalige Generalmanager der Met, Rudolf Bing, besucht die
Sopranistin Teresa Stratas und Levine nach einer Vorstellung in
der Garderobe. *(Foto: Winnie Klotz)*

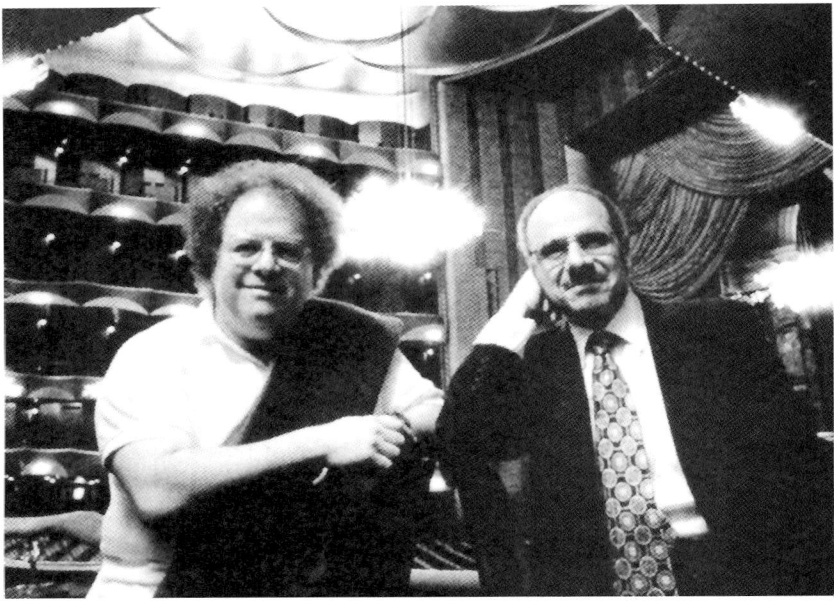

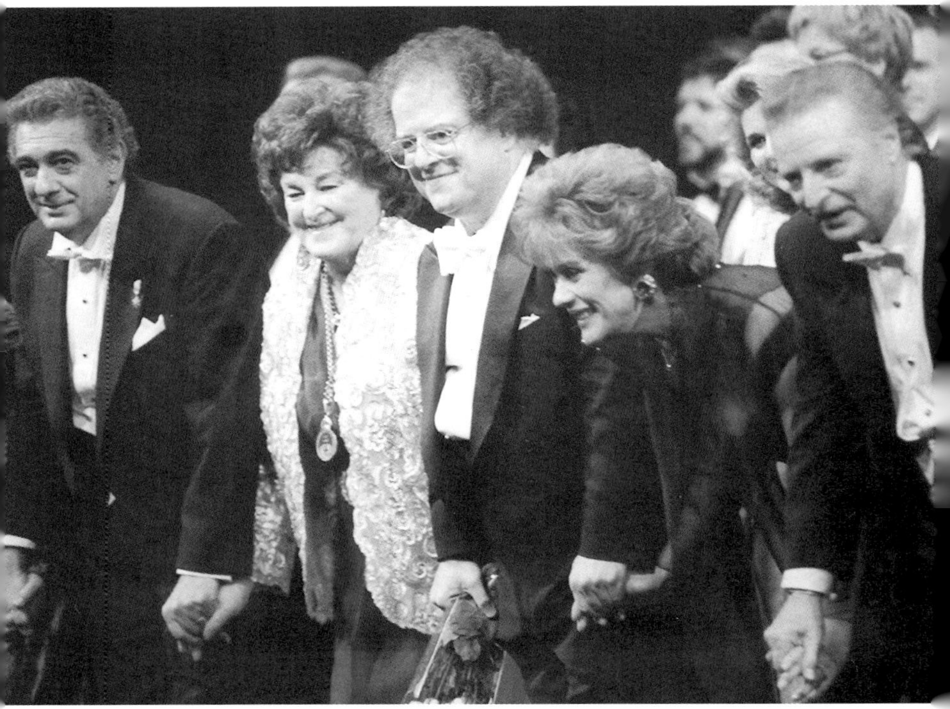

Metropolitan Opera 1987: Birgit Nilsson und Elizabeth Taylor
gratulieren Franco Zeffirelli, James Levine, Eva Marton und
Plácido Domingo nach einer triumphalen *Turandot*. *(Foto: Ruby
Washington/NYT Pictures)*

Linke Seite oben: An der Met teilen sich Levine (als Chefdirigent
und Künstlerischer Leiter) und Joseph Volpe (als Generalmanager)
die Verantwortung. *(Foto: Suzanne De Shillo/NYT Pictures)*

Linke Seite unten: Bei der Gala zu Levines 25jährigem Jubiläum
an der Met im Jahr 1996. Unter den Künstlern, die zu Ehren des
Chefdirigenten auftraten, waren Plácido Domingo, Birgit Nilsson,
Kiri Te Kanawa und Alfredo Kraus. *(Foto: AP/Osamu Honda)*

James Levine und die Münchner Philharmoniker bei einem Konzert in der Philharmonie im Gasteig, München, im März 1999. Ab der Saison 1999/2000 ist Levine als Nachfolger Sergiu Celibidaches Chefdirigent der Münchner Philharmoniker. *(Foto: Ulrike Myrzik)*

traue ich es mir eher zu, mir eine Meinung zu bilden. Wenn man voreilige Schlüsse zieht, kann man furchtbar danebenliegen. Du wirst mich auch nie in einer Wettbewerbsjury sehen.

RCM: Du lotest also die Tiefen des Sängers aus, aber du mußt auch die Tiefen des Werks ausloten. In den meisten Fällen stößt man auf viel mehr, als man auf den ersten Blick oder beim ersten Hinhören wahrnimmt.

JL: Jedes wirklich komplexe Meisterwerk birgt mehr an Gehalt, als in einem einzigen Ansatz offenbart werden kann. Wenn Sänger jahraus, jahrein mit verschiedenen Dirigenten und Regisseuren Standardwerke interpretieren, müssen sie lernen, daß dieser Wechsel auch positiv sein kann.

Nehmen wir nur einmal die Sänger, die die konzertanten Opernaufführungen mit Toscanini machten. Sie studierten sie mit ihm ein, was gar nicht so einfach war, weil einige sie zum erstenmal und andere zum hundertstenmal sangen. Aufgrund der intensiven Zusammenarbeit war es so, daß sie die Rolle genau nach seinen Vorstellungen interpretierten; sie hatten seine Sichtweise übernommen. Wenn sie die Rolle ein Jahr später unter einem anderen Dirigenten sangen, übernahmen sie dessen Sichtweise, sofern er eine hatte.

Wenn man diese NBC-Rundfunkaufnahmen vergleicht, erkennt man bestimmte Gemeinsamkeiten: Die Grundlinie, die Grundrichtung zeugt immer von einem absoluten Respekt vor dem, was in der Partitur schwarz auf weiß geschrieben steht. Die grauen Zwischenstufen dagegen variieren.

Schauen wir uns zum Beispiel die Opernregie an. Für mein Gefühl wird sie im großen und ganzen allmählich immer absurder. Da werden viele natürlich dagegenhalten, ich sei pedantisch und würde mit einer naiven Sturheit darauf bestehen, daß eine Oper immer so aussehen müsse, wie ich sie seit jeher kenne. Aber so ist es gar nicht. Wir wissen es von den Komponisten, aus ihren Briefen, Aufsätzen, Regieanweisungen und anderen verläßlichen Quellen, wie ihre Vorstellungen ausgesehen haben.

Einer bekannten Anekdote zufolge war Toscanini 1936 in Salzburg zutiefst empört, als er sah, daß die aus Wien ausgeliehene *Falstaff*-Ausstattung nicht im Tudorstil gehalten war. Und er weigerte sich, die Proben aufzunehmen, solange kein Haus im

193

Tudorstil auf der Bühne stand. Außerdem verlegte er die erste Szene im dritten Akt aus Falstaffs Schlafzimmer wieder vor das Gasthaus. Er glaubte, genau zu wissen, was Verdi sich vorgestellt hatte, und verlangte, daß dessen ausdrückliche Intentionen respektiert wurden. Viele heutige Regisseure und Bühnenbildner vertreten genau die gegenteilige Auffassung.

RCM: Man könnte sie als die revisionistische Schule bezeichnen.

JL: Genau. Sie sind der Meinung, die ursprünglichen Regieanweisungen könnten getrost ignoriert werden. Ein Werk, das über hundert Jahre alt sei, könne – ja müsse – vollkommen neu interpretiert werden, weil sich die »ursprünglichen Sinnbezüge völlig gewandelt« hätten. Dabei ist die ursprüngliche Bedeutung eines wahrlich großen Werks heute mindestens genauso gültig wie bei der Uraufführung.

RCM: Erich Leinsdorf verließ die Bayreuther Festspiele von 1972 unter Protest, weil der atheistische Regisseur des *Tannhäuser* in der letzten Szene den Hirtenstab des Papstes nicht in frischem Grün erblühen lassen wollte. Aber wenn sich dieses Wunder nicht ereigne, meinte Leinsdorf, sei der Höhepunkt der Oper vereitelt. Die ganze Botschaft der Erlösung ginge unter. Man scheint ihm entgegengehalten zu haben, daß derlei religiöse Botschaften heutzutage bedeutungsleer seien. Aber ist das wirklich der Fall?

JL: Und wenn ja – wieso diese Oper dann überhaupt inszenieren? Der Grundsatz, daß eine Oper im Sinne des Komponisten und des Librettisten präsentiert werden muß, darf nicht so verstanden werden, daß das Werk nur auf eine einzige richtige Art und Weise umzusetzen sei. Im Gegenteil. Werktreue kann auf ganz unterschiedliche Weise gewährleistet werden.

Der *Ring*, den ich gerade in Bayreuth dirigiert habe, gleicht in keiner Weise dem, den ich an der Met dirigiere, doch in allen wesentlichen Aspekten sind beides gleichermaßen getreue Illustrationen des Werks. Der Kontrast und die Divergenz dieser unterschiedlichen Blickwinkel vermitteln uns vielleicht sogar ein noch tieferes und gründlicheres Verständnis des Werks.

RCM: Aber du betonst gleichzeitig, daß eine wirklich große Oper eine Einheit darstellt, daß Text und Musik nicht getrennt betrachtet werden dürfen.

JL: Absolut. Daran kann überhaupt kein Zweifel bestehen, wenn die Oper Erfolg haben soll.

Wir beschäftigen an der Met sehr viele talentierte Kräfte, und es wäre unangemessen, lähmend und kontraproduktiv, wenn ich ihnen meine ästhetischen Vorstellungen aufzwingen würde. Wenn man mit Theaterleuten voller lebendiger Phantasie zusammenarbeiten will, muß man ihnen den Freiraum lassen, eigene Ideen zu entwickeln. Aber ich trage eine gewisse Verantwortung. Ich muß unterscheiden können zwischen dem, was die Met produziert, und dem, was ich dirigiere. Wenn etwas von hoher Qualität ist, präsentieren wir es stolz, selbst wenn es nicht meinem Geschmack entspricht. Wenn ich aber auf lange Frist Produktionen anstrebe, die meine Vorstellung von Werktreue widerspiegeln, muß ich eine Atmosphäre schaffen, in der solche Produktionen entstehen können. Die neue *Così* dieser Spielzeit wurde sorgfältig geplant, um meinen Vorstellungen zu entsprechen, und das gesamte Team – jeder einzelne – arbeitete intensiv daran mit, dieses Ziel zu erreichen. Das war ein Projekt, das wirklich jeden forderte und zugleich beflügelte, sein Bestes zu geben, und nicht bloß etwas, was auf Teufel komm raus provozieren sollte.

Ponnelles *Moses und Aron* in Salzburg war außergewöhnlich überzeugend und spannend in der Art und Weise, wie die diversen Elemente zusammengefügt waren, ohne daß ihre ungeheure Verschiedenheit mißachtet wurde. Dieses Werk stand von Anfang an unter dem Unstern, konzertant uraufgeführt worden zu sein, obwohl die Musikwelt bis 1954 darauf hatte warten müssen. Es dauerte eine Zeitlang, bis man dahinterkam, wie man mit einem Chor umzugehen hat, der nicht einfach nur dastand, sondern als Teil des Dramas agierte. Und man erkannte, wie schwer es dem Chor fällt, sich wie ein konventioneller Opernchor zu bewegen und trotzdem richtig zu singen.

In der Spielzeit 1999 bringen wir das Werk nun endlich an der Met heraus. Es wird auch Zeit. Vielleicht können wir ihm jetzt gerecht werden. Wir haben ausführlich darüber diskutiert, ob wir die Met-Produktion im deutschen Original oder auf Englisch bringen sollten. Schönberg hat den Text selbst geschrieben. Er war zwar für Oper in der Landessprache, aber da es sein eigenes

195

Libretto ist, sind Text und Musik sogar noch enger verwoben, als wenn er den Text eines anderen vertont hätte. Wenn wir über die »Met Titles« eine Übersetzung einspielen, muß das Ensemble nicht auf Englisch singen, damit das Publikum dem Text folgen kann. Die entscheidende Frage ist die: Wie überzeugend wird die Regie? Ich möchte nicht, daß die Musik vermurkst wird, nur damit die Handlung verständlich ist, und dafür ist das Deutsche vielleicht unerläßlich – und für die Met-Premiere auch angemessen.

Carmélites haben wir zuerst auf Englisch gegeben. Das war auch richtig so. Wir brachten *Mahagonny* auf Englisch, obwohl das Deutsche prägnanter ist. Lotte Lenya meinte, das Englische sei prägnant genug, und sie hatte recht. *Lulu* brachten wir auf Deutsch, weil die Übersetzung schrecklich war und weil das Ensemble den deutschen Text in- und auswendig konnte. Bei der Met-Premiere von *Moses und Aron* werden wir uns an das Original halten. Es wäre schön, den Chor mit der eigenen Sprache motivieren zu können, aber vielleicht gelingt uns das auch so. Wir haben wirklich lange und ausführlich über diese Frage diskutiert. Nach unseren Erfolgen mit *Wozzeck* und *Lulu* kann nun auch *Moses und Aron* in unser Standardrepertoire eingehen.

RCM: In *Opera News* ist mir ein Artikel aufgefallen, in dem einige Leute gestehen, dies sei die Oper, die sie am wenigsten mögen.

JL: Aber sie kennen sie gar nicht. Und das hat seinen Grund. Die meisten kennen sie von Plattenaufnahmen, aber nicht von Bühneninszenierungen, und Aufnahmen werden ihr einfach nicht gerecht.

RCM: Dem stimme ich absolut zu. Ich habe vor ungefähr dreißig Jahren in Boston die amerikanische szenische Erstaufführung von Sarah Caldwell gesehen. Das kann richtig packendes Musiktheater sein. Wir alle wissen, was Solti in Covent Garden und auch in Paris daraus gemacht hat. Seine konzertante Version in Chicago war musikalisch brillant, aber mir fehlte die Wirkung, die von der Bühne ausgeht.

JL: Bei der Opernregie besteht das Grundproblem eindeutig darin, daß sich die Funktion des Regisseurs und die des Dirigenten in vielen Punkten überschneiden, und wenn unterschiedliche Auffassungen von der Oper herrschen und die Ideen des Regisseurs nicht mit denen des Dirigenten in Einklang zu bringen sind, kommt es unausweichlich zur Katastrophe. Das Ganze ist deswegen so schwierig, weil man selten einen Regisseur bekommt, der das Werk bereits inszeniert hat, das heißt, man weiß nicht genau, was auf einen zukommt. Wenn der Regisseur natürlich ein feines Gespür dafür hat, was die Musik zum Ausdruck bringt, kann etwas Großartiges dabei entstehen.

RCM: Ich denke, mit der Texttreue wird es dann kritisch, wenn Tiere im Spiel sind.

JL: Man kann den Text nicht immer stur befolgen. Als Wagner 1876 in Bayreuth den *Ring* inszenierte, kam er im zweiten Akt der *Walküre* am Beginn der Todesverkündigungsszene an die Stelle, wo es heißt: »Brünnhilde kommt, ihr Roß am Zaume geleitend, feierlich nach vorne geschritten.« Hier stand Wagner vor einem Problem, das er nicht vorausgesehen hatte. Was er sich in seiner poetischen Vorstellung ausgemalt hatte, ließ sich auf der Bühne nicht so ohne weiteres realisieren. Das Pferd mußte zwanzig Minuten lang auf der Bühne ausharren. Es trat ständig von einem Huf auf den anderen, wedelte mit dem Schwanz, wieherte und war im Grunde eine einzige Ablenkung. Die ganze Szene über sah man immer wieder zu dem Pferd hin. Deswegen entschied Wagner, das Pferd nicht auftreten zu lassen. Er sah also ein, daß etwas Sekundäres die gewünschte Wirkung stören kann.

RCM: Wir sehen selten, daß Frickas Wagen von Widdern gezogen wird. Solti hatte 1983 Widder, allerdings aus Plastik, und es gab auch ein paar Plastikpferde. Man sah sie als Teil der Bühnenausstattung, aber sie machten keine einzige falsche Bewegung. Für mich war das ein interessantes Experiment. Ich warte immer noch auf die Inszenierung, bei der in der Opferungsszene ein »Grane« aus Fleisch und Blut auf die Bühne kommt, auf den sich Brünnhilde wirft und sich dann in die Flammen stürzt. Das ist sicher ein phantastischer Effekt, auch wenn er sich auf der Bühne nicht realisieren läßt. Wahrscheinlich werde ich es als Computersimulation erleben, wenn Steven Spielberg die *Götterdämmerung* verfilmt.

JL: Denkt Spielberg schon an die *Götterdämmerung?*

RCM: Vielleicht schließen wir mit einem Abstecher in die Metaphysik. Wir kreisen schon seit längerem um eine ganz bestimmte Frage, und vielleicht sollten wir sie an dieser Stelle direkt stellen: Was ist überhaupt ein Kunstwerk? Naiv könnte man antworten, es ist ein konkretes, identifizierbares Objekt – ein Bild, eine Partitur, ein Gedicht –, doch wir merken schnell, daß das ein Irrtum ist. Das sind sicherlich Ausgangspunkte, aber ein Kunstwerk ist weit mehr. Nehmen wir ein scheinbar einfaches Beispiel, den Monolog »Sein oder nicht sein« aus *Hamlet*. Es ist jeweils etwas ganz anderes, ob er mir als gedruckter Text vorliegt, ob er von John Gielgud rezitiert oder aber von Marlon Brando vorgetragen wird.

Was also ist das »eigentliche« Kunstwerk, »das Ding an sich« in Kants Philosophie? Diese Frage ist besonders schwierig im Falle der Musik, insoweit diese eine reproduzierende Kunst ist. Sicher würde niemand behaupten, die Orchesterpartitur von Beethovens Opus 67 sei »Beethovens *Fünfte*«. Unter Musik verstehen wir normalerweise ein Klangphänomen, auch wenn ein Dirigent bereits beim Lesen der Partitur in seiner Vorstellung eine Interpretation »hören« mag. Wenn man ein Stück gut genug kennt, kann man es auch ohne Partitur »hören«. Schaut man nun aber in den Schallplattenkatalog, findet man vielleicht fünfzig verschiedene Einspielungen; keine gleicht der anderen, dennoch ist jede einzelne davon »Beethovens *Fünfte*«.

Um diesen Komplex zu verstehen, muß man das Phänomen des Wahrnehmungskontinuums verstehen. Dieses Wahrnehmungskontinuum kann durch etwas scheinbar so leicht zu Definierendes wie eine Statue ausgelöst werden. Eines der berühmtesten Kunstwerke der Antike war die *Aphrodite von Knidos* des Praxiteles. Das Original ist nicht erhalten, doch im Chicago Art Institute befindet sich eine ziemlich gute römische Kopie, und ich kann oft stundenlang um die Statue herumgehen und einfach zusehen, wie sie mit der geringsten Veränderung der Lichteinstrahlung oder des Blickwinkels immer wieder eine neue Identität annimmt.

JL: Und man kann sie jahrelang anschauen und immer noch das Gefühl haben, etwas Neues an ihr zu entdecken und sie eben aufgrund dieser Erfahrung und des vermehrten Wissens sogar noch spannender zu erleben. Opern entwickeln sich über eine Zeitspanne, die mehrere Stunden währen kann. Man kann das gesamte Werk gar nicht auf einmal wahrnehmen. Es besteht aus einer Reihe von Ereignissen.

RCM: Das gleiche gilt für das Betrachten einer Statue. Man kann sich die *Aphrodite* anschauen, zum nächsten Ausstellungsstück weitergehen und sich einbilden, man hätte sie gesehen.

JL: Dabei hat man sie gar nicht gesehen.

RCM: Man hat eine von -zig verschiedenen möglichen Ansichten wahrgenommen.

JL: So wie man eine Oper in einer von -zig möglichen Interpretationen gehört haben mag.

RCM: Aber wenn man die Statue jahrelang anschaut ...

JL: ... und sich die Oper jahrelang immer wieder anhört ...

RCM: ... wird man schließlich das wahre Wesen des Werks erahnen und vielleicht jene lebendige Quelle entdecken, die in Wechselwirkung mit der kreativen Phantasie diese Vielfalt an Eindrücken überhaupt erst entstehen läßt.

JL: Und solche Entdeckungen gehören mit zu den schönsten Erfahrungen im Leben.

Orchesterarbeit

Eines der auffallendsten Phänomene in der Geschichte der Musik seit der Mitte des 18. Jahrhunderts ist das Aufkommen des Dirigenten. Einst war lediglich ein Mitglied des Orchesters dafür verantwortlich, alles zu koordinieren, doch inzwischen bestimmt der Maestro jedes Detail der Aufführung und versucht dabei, die künstlerische Vision des Komponisten klanglich zu realisieren.

Die größten unter den Dirigenten scheinen dem allgemeinen Verständnis nach den Komponisten regelrecht verdrängt zu haben. Man spricht von »Toscaninis großer C-Dur-Symphonie« im Vergleich zu »Furtwänglers« (anstatt von Schuberts), von »Karajans Bruckner«, »Böhms Mozart«, »Beechams Haydn«, »Szells Brahms« und »Kussewitzkys Debussy«. Das hat seinen guten Grund. Diese Dirigenten haben mit ihren Interpretationen unsere Vorstellungen von den großen Werken der klassischen Musik immer wieder erneuert, haben Millionen von Hörern eindrucksvolle Momente ästhetischen Genusses beschert und können mittels ihrer Einspielungen noch kommende Generationen begeistern.

James Levine ist ganz eng in diese Entwicklung des Orchesterdirigierens eingebunden. Er ist ein direkter Erbe Haydns und Wagners. Sein Streben nach einer geschlossenen Interpretation stammt von Lully. Dieser Zusammenhang wird klar, wenn wir den historischen Hintergrund etwas genauer beleuchten.

Der Einsatz eines Dirigenten wird nötig, wenn ein Instrumentalensemble eine Größe erreicht, bei der die einzelnen Musiker nicht mehr einfach nur durch gegenseitiges Zuhören zusammenbleiben können. In der Kammermusik geht man davon aus, daß diese Grenze bei acht oder neun Musikern liegt. Wenn die Musiker etwas von ihrem Fach verstehen und gut eingeübt sind, kommt jedoch auch ein größeres Kammerorchester ohne Dirigenten aus. Die zeitgenössische Musikszene kennt mehrere Beispiele dafür. Auch die meisten größeren Symphonieorchester könnten ein Standardwerk notfalls ohne Dirigenten spielen, wobei das Spiel allerdings an Flexibilität einbüßen dürfte. Toscaninis NBC Symphony Orchestra bestritt ohne den Maestro ein Konzert und eine Plattenaufnahme, und zwar mit durchweg überzeugendem Ergebnis.

Im 17. Jahrhundert verstand man unter »Zusammenbleiben« nichts anderes als im selben Tempo zu spielen. Der Dirigent übernahm die Funktion, die man später dem Metronom zuwies: Er gab einen gleichbleibenden rhythmischen Impuls. Heute würde man es als ästhetisch abträgliche Ablenkung empfinden, wenn jemand mit einem langen Stab ständig auf den Boden klopfte, doch am Hofe König Ludwigs XIV. sorgte das permanente Klopfen mit einem spitzen Stock für die entsprechende Präzision im Orchester. Jean-Baptiste Lully (1632–1687), der wahrlich innovative Superintendent der königlichen Musik, muß als der erste große Dirigent angesehen werden. Die 16 Musiker seines Ensembles boten ein Beispiel an Präzision und kollektiver Virtuosität, das ganz Europa begeisterte und deutlich machte, mit welch grobem, unpräzisem Orchesterspiel man sich bis dahin abgefunden hatte. Akkurates Instrumentalspiel war jedoch nur ein Teil dessen, was Lully unter einer kunstvollen Aufführung verstand. Sämtliche Elemente eines Werks – Instrumentalmusik, Solisten- und Chorgesang sowie Tanz – mußten harmonisch aufeinander abgestimmt sein, um eine ästhetische Einheit entstehen zu lassen.

Lully bezahlte die Präzision mit dem Leben. Während einer Aufführung seines *Te Deum* stieß er sich, wohl in einem Augenblick völliger Selbstvergessenheit, mit der Spitze seines Stabs in den Fuß. Es kam zum Wundbrand, und Lully starb eines langsamen und qualvollen Todes. Seine Dirigiertechnik mag heute eher primitiv erscheinen, doch Lully definierte die Grundprinzipien des modernen Musiktheaters, auch wenn es anderen überlassen blieb, deren ganze Tragweite zu erkennen.

Der erste Generalmusikdirektor in unserem heutigen Sinne war Joseph Haydn. Von 1761 bis 1790, fast drei Jahrzehnte lang, stand er als Kapellmeister im Dienste der Fürsten Esterházy.

Unter der Gönnerschaft seiner reichen Mäzene konnte Haydn wohl das erlesenste Orchester in ganz Österreich und Ungarn rekrutieren und instruieren, Opern inszenieren und zahlreiche Kammermusikwerke, Symphonien und Konzerte einstudieren und aufführen. Nach dem Tod des Fürsten Nikolaus ging Haydn nach London, wo er das Publikum zwischen 1791 und 1795 mit einem Dutzend neuer Symphonien verblüffte, die seine geniale Handschrift trugen und von einem Orchester aufgeführt wurden, das ganz neue Maßstäbe setzte.

Haydn leitete die Aufführungen wohl meist vom Cembalo aus. Das Tasteninstrument stand, zum Orchester gerichtet, in der Mitte der Bühne zwischen den ersten und zweiten Violinen. Der Konzertmeister, der zu Haydns Linker saß, trug ebenfalls eine gewisse Verantwortung für den Zusammenhalt des Ensembles. Bei den frühen Symphonien war Haydn zugleich Instrumentalist und Leiter. Er spielte dem Stil der Zeit entsprechend Basso continuo, das heißt, er unterstützte das kleine Orchester, indem er die Baßlinie spielte und dazu die jeweiligen Harmonien improvisierte. Bei den Londoner Symphonien, die ein größeres Orchester verlangten, war dies nicht mehr nötig, doch im Finale der *Symphonie Nr. 98* schrieb Haydn für den Konzertmeister und sich selbst charmante Soli.

Allem Anschein nach markierte Haydn entscheidende Stellen durch Handzeichen beziehungsweise durch Signale mit einer Notenrolle, doch in Passagen, in denen die Musiker in einem klar festgesetzten Tempo spielten, folgten sie wahrscheinlich den Anweisungen des Konzertmeisters. Operndirigenten im Orchestergraben saßen übrigens auch an einem Cembalo, von dem aus sie die Sänger bei den Rezitativen begleiten konnten. Bruno Walter pflegte diese Praxis noch in der Mitte des 20. Jahrhunderts, als er an der Met dirigierte, allerdings verwendete er um des volleren Klanges willen einen kleinen Flügel. Heutzutage setzen die Dirigenten in der Regel einen eigenen Pianisten ein, um sich besser auf das Orchester konzentrieren zu können.

Ende des 18. Jahrhunderts war man der Meinung, der Komponist selbst sei am besten in der Lage, ein neues Werk aus seiner Feder zu dirigieren. Haydn war dazu durchaus befähigt, wie zahlreiche Quellen belegen. Auch Mozart beaufsichtigte die Proben seiner letzten Opern und dirigierte jeweils die ersten drei Aufführungen vom Cembalo aus, bevor er die Leitung einem anderen Dirigenten übergab. Sein Talent in dieser Rolle wurde allgemein bewundert.

Haydns Einfluß auf die Praxis des Orchesterspiels blieb in England bis etwa 1830 spürbar. Der sogenannte »Dirigent« saß vorn, in der Mitte der Bühne, an einem Klavier, war aber nicht mit der Leitung der Aufführung betraut; dafür war vielmehr der Konzertmeister verantwortlich. An den Pranger gestellt wurde diese Praxis von Louis Spohr, der 1820 einem Freund gegenüber die Art und Weise, wie in der Oper und im Konzertsaal dirigiert wurde, als heilloses Chaos bezeichnete. Im Grunde könne man sich auf keinen der beiden »Leiter« verlassen. Der sogenannte »Dirigent« am Klavier spiele nach der kompletten Partitur, gebe jedoch weder den Schlag noch das Tempo an. Das obliege vielmehr dem Konzertmeister, doch da dieser nur die Stimme der ersten Violine vor sich habe, könne er dem Orchester auch nicht groß behilflich sein und begnüge sich meist damit, seine eigene Stimme zu betonen und das Orchester nach besten Kräften folgen zu lassen.

Spohr betrachtete die Engländer als Sklaven der Tradition. Bei den Proben zu einem Konzert im Mai 1820 nahm er dem Pianisten die Partitur ab, stellte sich damit selbst vor das Orchester, zog aus der Innentasche seines Rocks einen schmalen weißen Stab und gab den Takt an. Auf diese Weise war er in der Lage, das Ensemblespiel zu koordinieren, den Blech- und Holzbläsern die Einsätze zu geben und (wie er später berichtete) beim darauffolgenden Konzert »ein brillanteres Resultat zu erzielen, als ich je zu hoffen gewagt hätte«. Wer glaubt, diese Demonstration hätte die bisherige Aufführungspraxis über Nacht umgewälzt, unterschätzt die Beharrlichkeit der Engländer. Es sollte noch ein Dutzend Jahre dauern, bis sich diese Neuerungen durchsetzten.

Im Laufe der Zeit stellte sich heraus, daß einige Komponisten ausgezeichnete Dirigenten waren, wie zum Beispiel Louis Spohr, Carl Maria von Weber und Felix Mendelssohn, andere dagegen miserable. Ludwig van Beethoven war zwar ein hervorragender Pianist, verfügte jedoch über keinerlei praktische Erfahrung in der Orchesterleitung; hinzu kam seine zunehmende Taubheit.

Seine Metronomzahlen gaben oft Tempi vor, die er in seiner Phantasie gehört haben mochte, die aber die Orchester jener Zeit unmöglich bewältigen konnten. Seine Versuche, diese Tempi zu realisieren und durch übertriebenes Gebärdenspiel die Dynamik zu steuern, stifteten wahrscheinlich bloß allgemeine Verwirrung. Man kann wohl annehmen, daß die meisten Aufführungen, die angeblich von Beethoven dirigiert wurden, in Wirklichkeit von einem Konzertmeister geleitet wurden, der sich die größte Mühe gab, das Schlimmste zu verhindern.

Anfang des 19. Jahrhunderts hatte man klar erkannt, daß kompositorisches Genie und dirigentische Begabung zweierlei waren. Franz Schubert brillierte vor allem, wenn er mit seinen Freunden musizierte. Robert Schumann trat zwar als Dirigent auf, hatte jedoch kein echtes Talent dafür. Dagegen erwiesen sich andere Musiker, die wiederum keine besondere Gabe für das Komponieren zeigten, als großartige Orchesterleiter, die die Werke anderer überzeugend darboten.

Richard Wagner erwähnt in seiner Abhandlung *Über das Dirigieren*, daß in seiner Jugend, in den zwanziger Jahren des 19. Jahrhunderts, bei Konzerten im berühmten Leipziger Gewandhaus die Orchesterstücke überhaupt nicht dirigiert, sondern einfach unter der Leitung des Konzertmeisters Matthäi heruntergespielt wurden. Matthäi gab wahrscheinlich einzelne Zeichen mit seinem Geigenbogen und spielte die übrige Zeit zusammen mit dem Ensemble. Bei gängiger Musik der klassischen Zeit konnte man auf diese Weise durchaus einen Vortragsstil erzielen, den Wagner als »glatt und präzise« empfand.

Es wäre indes falsch anzunehmen, daß die Leitung einer Aufführung vom Platz des Konzertmeisters inzwischen gänzlich der Vergangenheit angehört. In den Jahren, in denen ich die Konzerte des Chicago Symphony Orchestra rezensierte, erlebte ich es unzählige Male, daß der Konzertmeister die Zügel in die Hand nehmen mußte, wenn ein nicht ganz so versierter Dirigent oder ein glückloser Gast am Pult stand und die Kontrolle über das Orchester verlor.

Probleme ergaben sich vor allem bei neuer Musik im romantischen Stil, die nicht nur eine größere Besetzung, sondern auch einen flexibleren und ausdrucksvolleren Vortragsstil verlangte.

Der Orchesterleiter, der mit dem Geigenbogen dirigiert, ist bis zum heutigen Tag eine reizende Facette der Wiener Walzerorchester, doch kein vernünftiger Mensch würde versuchen, eine Symphonie von Gustav Mahler auf diese Weise zu aufzuführen. Auch in Frankreich wurde das Orchester in der Regel von einem Musiker mit dem Geigenbogen dirigiert, doch man erkannte schnell, daß die Aktion auf der Opernbühne auf diese Weise nur sehr schwer zu lenken war. Hier wurde zunächst, ähnlich wie zu Lullys Zeit, mit einem Stab ein durchgehender hörbarer Takt geschlagen. Als dieses Geräusch als störend empfunden wurde, kam anstelle des Lullyschen Klopfstabs der schlanke weiße Taktstock auf. Hector Berlioz, der selbst kein Geiger war, leitete seine Orchester mit diesem Taktstock, der sich bald auch außerhalb der Oper durchsetzte.

Das Dirigierwerkzeug, das etwa um die gleiche Zeit in Deutschland aufkam, unterschied sich deutlich von dem französischen Taktstock. In seiner ursprünglichen Form war der deutsche Taktstock ein schwerer Stab, der in der Mitte gehalten und mit dem der Takt in der Weise angezeigt wurde, wie dies der Tambourmajor eines Spielmannszuges auch heute noch tut. Und so wie der Tambourmajor drehte auch der damalige Dirigent seinen Musikern den Rücken zu und blickte ins Publikum. Weber dirigierte 1826 seine Oper *Oberon* im Londoner Covent Garden Theatre im alten Stil, mit einer Notenrolle, aber es ist nicht überliefert, ob er dabei den Sängern und Musikern oder dem Publikum zugewandt war. Ich halte es für unwahrscheinlich, daß er den Blick ins Publikum wählte. In Wien beschränkte sich sein Dirigieren auf ein Minimum. In der Regel schlug er nur ein paar Takte, um ein bestimmtes Tempo vorzugeben, und ließ das Orchester ohne weitere Anleitung spielen, bis ein Tempowechsel oder ein anderes wichtiges Detail sein Eingreifen erforderlich machte.

Ein Pionier der künftigen Praxis war der junge Felix Mendelssohn, der um 1825 den französischen Taktstock übernommen hatte und beim Dirigieren des Familienorchesters die Spieler ansah. Als er 1835 im Leipziger Gewandhaus Beethovens *Symphonie Nr. 2* aufführte, hielt er einen Taktstock in der Hand und Blickkontakt mit seinen Musikern. Solche Musik, meinte er, müsse durchgehend dirigiert werden, und zwar von jemandem, der nicht selbst spielt. Der Wert dieser Neuerung wurde sofort erkannt, und der Lokalkritiker bemerkte, er habe diese Symphonie selten so ausgezeichnet gespielt gehört.

In seinem Buch *The Orchestra from Beethoven to Berlioz* kommt Adam Carse zu der Feststellung: »Im Jahre 1800 dürfte es schwer, wenn nicht sogar unmöglich gewesen sein, ein Orchester zu finden, das von einem Musiker geleitet wurde, der nichts anderes tat, als den Takt zu schlagen und durch seine Gesten anzuzeigen, wie die Musik ausgeführt werden sollte. Um das Jahr 1850 dürfte es schwer gewesen sein, auch nur ein einziges Orchester zu finden, dessen Spiel nicht von einem Dirigenten geleitet wurde, der nichts anderes tat, als das Orchester zu leiten.«

Was wir heute unter Dirigieren verstehen, wurde um die Mitte des letzten Jahrhunderts von Richard Wagner definiert. Wie einst Lully und später auch Weber, war Wagner der Meinung, eine Opernaufführung müsse aus einem Guß sein. Gesang, Instrumentalmusik, Tanz, Regie und Ausstattung müßten zu einer Einheit verschmelzen und gemeinsam eine gesteigerte ästhetische Wirkung erzielen, die keines dieser Elemente allein erzeugen könne.

Ein kritischer Moment in Wagners Werdegang dürfte die Spielzeit 1855/56 gewesen sein, in der er die Programme der Londoner Philharmonic Society leiten sollte. Zu diesem Zeitpunkt blickte Wagner bereits auf eine zwanzigjährige Erfahrung als Dirigent zurück. Seine Vorgänger in London waren die reinsten Diplomaten gewesen. Die Engländer liebten Mendelssohn und schätzten Berlioz. Wagner, dem seine geringen Englischkenntnisse sehr zum Nachteil gereichten, war kein Höfling, sondern ein Revolutionär. Traditionell trugen die Dirigenten in London bei der Ausübung ihrer Tätigkeit weiße Glacéhandschuhe. Davon wollte Wagner jedoch nichts wissen. Er schlug ganz neue Töne an. Er legte die Handschuhe beiseite und dirigierte mit bloßen Händen. Ganz ohne Samthandschuhe behandelte er auch die Musiker und deren Mängel. Er wußte genau, was er wollte, und gab sich nicht mit Kompromissen zufrieden. Irgendwann wurde es dem Londoner Orchester und den herablassenden Londoner Kritikern zuviel. Ein Kritiker bemerkte: »Noch eine solche

Konzertreihe würde ausreichen, um die Philharmonic Society zugrunde zu richten.« Wagner kehrte London den Rücken und kam erst nach 22 Jahren wieder zurück.

In Deutschland sah man ihn in einem ganz anderen Licht. Selbst Eduard Hanslick, der Erzfeind des Komponisten Wagner, pflichtete bei und lobte ihn als einen ausgezeichneten Dirigenten voller Esprit und Feuer, dessen Neuerungen wunderbare Wirkung erzielten.

Wagner benutzte den Taktstock jedoch nicht, um den Takt zu schlagen. Er formte damit eine musikalische Linie und markierte so das Auf und Ab eines rhythmischen Pulsierens. Er verlangte von den Musikern, daß sie nicht von Taktstrich zu Taktstrich spielten, sondern in zusammenhängenden Phrasen. Wagners Aufführungen langweilten nicht durch eintönigen Trott, sondern reizten durch ihre gesangliche Linie.

Dieser Ansatz war ganz wesentlich für Wagners eigene Musik wie auch für die großen Werke jener Epoche. Der romantische Komponist verlangt selten ein gleichbleibendes Tempo. Ganz im Gegenteil: Das Tempo schwankt, es wird schneller und langsamer; der Rhythmus paßt sich der Melodielinie an; einzelne Noten werden akzentuiert oder verlängert; und dramatische Pausen werden zu einem elementaren Bestandteil des Werks. All dies macht es erforderlich, daß einer die Zügel fest in der Hand hält.

Wir leben heute in einer Zeit, in der ein großer Teil des Publikums wenig oder gar nichts mit den typischen Werken zeitgenössischer Komponisten anzufangen weiß und in der das gängige Konzertrepertoire vorwiegend aus Werken besteht, die hundert Jahre alt und noch älter sind. Im Gegensatz dazu waren die Konzertprogramme in der Mitte des 19. Jahrhunderts voll von – damals – neuer Musik. Die meisten Symphonien von Haydn und Mozart waren unbekannt, und die wenigen, die bekannt waren, galten als antiquiert und kaum vereinbar mit dem Geist der Romantik, der das kulturelle Leben in ganz Europa prägte.

Beethoven setzte zwar entscheidende neue Maßstäbe für die Symphonie, doch man kann vermuten, daß sämtliche Aufführungen Beethovenscher Symphonien zu seinen Lebzeiten schrecklich geklungen haben. Wahrscheinlich hat man in Wien diese Werke zum erstenmal in annehmbarer Form vernommen, als Otto

Nicolai 1842 die Wiener Philharmoniker gründete, die er übrigens mit dem Taktstock dirigierte. Die meisten Wiener Dirigenten waren Pianisten, wohingegen sich die französischen Dirigenten weitgehend aus den Streichern rekrutierten. Diese Tradition hat sich bis in dieses Jahrhundert gehalten; das beweisen Dirigenten wie Pierre Monteux, Charles Munch und Jean Martinon.

Erich Leinsdorf gestand mir einmal: »Den Deutschen fällt es schwer, Musik ernst zu nehmen, die nicht kontrapunktisch ist.« Und George Szell beteuerte: »Ein Dirigent muß unbedingt ein Instrument beherrschen, auf dem komplexer Kontrapunkt zu spielen ist.« Für Szell hieß das, er mußte Pianist sein. Toscanini studierte am Konservatorium Klavier und spielte dieses Instrument sein Leben lang; seine Musikerlaufbahn begann er jedoch als Cellist im Symphonieorchester.

James Levine kann aufgrund seiner Auffassung von der Operninterpretation und der Aufgabe des Dirigenten als direkter Erbe Richard Wagners betrachtet werden. Insofern ist es mehr als plausibel, daß Levine in Wagners Festspielhaus in Bayreuth wirkt, denn unter allen heute tätigen Dirigenten ist Levine meiner Meinung nach der kompetenteste Sachwalter des Meisters.

Wagner kann durchaus als Levines künstlerischer Urgroßvater bezeichnet werden. Bereits in früher Jugend war sich Levine der Bedeutung Wagners bewußt. Noch klarer war er sich jedoch über den Einfluß seines künstlerischen Großvaters, Arturo Toscanini. Toscanini war ein überzeugter Wagnerianer. In zwei Sommern, 1930 und 1931, revolutionierte er Bayreuth, und er hätte noch mehr bewirkt, wenn er noch länger geblieben wäre und beispielsweise den *Ring* dirigiert hätte. Soweit kam es jedoch nicht, weil Toscanini trotz persönlicher Bitten Adolf Hitlers die Festspiele mied, die der Führer zu seiner ideologischen Plattform gemacht hatte.

Man kann sogar sagen, daß die im 20. Jahrhundert herrschende Auffassung von der künstlerischen Funktion des Dirigenten unmittelbar vom Wirken Toscaninis geprägt worden ist. Selbst an der Schwelle zum 21. Jahrhundert bestehen noch immer im wesentlichen zwei Traditionen – die romantische aus dem 19. Jahrhundert, die den Dirigenten als Deuter eines Werks versteht, der durchaus vom Text der Partitur abweichen und seinen eigenen kreativen Regungen folgen darf; und die klassische Tradition, nach der es dem Dirigenten obliegt, die Intentionen des Komponisten zu erkennen, zu respektieren und nach besten Kräften umzusetzen. Die großen Romantiker unter den Dirigenten – Furtwängler, Kussewitzky und Stokowski – sind längst tot. Es gibt keinen Nachwuchs von ihrem Format, der ihre Tradition fortführt.

Toscaninis Tradition dagegen bleibt auch vierzig Jahre nach seinem Tod lebendig. Wir haben nach wie vor Toscaninis Platten, die heute sogar in noch größerem Umfang verfügbar sind als zu seinen Lebzeiten. Diese Einspielungen wurden mit den modernsten Verfahren der Tontechnik bearbeitet, um aus dem Material die bestmögliche Klangqualität herauszuholen.

Zum letztenmal öffentlich aufgetreten ist Toscanini 1954. Wohl keiner, der heute unter fünfzig ist, kennt ihn noch von Live-Auftritten. Die meisten seiner Anhänger, die seine Rundfunkübertragungen und Fernsehsendungen verfolgten, sind heute mindestens sechzig. Zu dieser Altersgruppe gehören Menschen wie ich, die einst der »Toscanini-Mafia« angehörten, wie wir es nannten.

Der Zirkel derer, die im Hause des Maestros, in der Villa Pauline, in Riverdale nördlich von Manhattan, ein und aus gingen, wird mit jedem Jahr kleiner. Für uns war er immer »der Alte«. Wir tranken den Rotwein, dem er seine Vitalität zuschrieb, aßen den unglaublichen Risotto seiner Köchin Isolina und fanden stets Zugang zu seiner Musikbibliothek und zu ihm selbst.

Heutzutage können wir uns die Schallplatten anhören und vor allem die neun überlieferten Fernsehmitschnitte von Konzerten ansehen. Wenn man sich über den Rang dieser Interpretationen klar wird, fragt man sich: Wer kann heute solche Musik machen?

James Levine kann es.

Leopold Stokowski bemerkte vor einem Vierteljahrhundert, es gebe inzwischen mehr gute Orchester auf der Welt als gute Dirigenten, und er fragte sich, wie lange so etwas wohl gutgehen könne. Die Lage hat sich mittlerweile sogar noch verschlimmert, unter anderem deswegen, weil sich begabten jungen amerikanischen Dirigenten kaum die Gelegenheiten bieten, die für ihre

Entwicklung nötigen Erfahrungen zu machen. Leinsdorf drückte seine Besorgnis etwa zur gleichen Zeit wie Stokowski folgendermaßen aus:»Die amerikanische Symphonik braucht das, was beim Baseball die ›Texas League‹ ist« – eine Plattform, auf der sich die Erfahrungen sammeln lassen, die für einen Aufstieg an die Spitze notwendig sind. Levine hat dieses Problem erkannt und überwunden, aber nicht allen war so viel Geschick oder so viel Glück beschieden.

Seit dem Tod Georg Soltis ist die Zahl der älteren Dirigenten, die in der internationalen Musikwelt tätig sind, so gering wie noch nie. Carlo Maria Giulini, der mit über achtzig Jahren inzwischen einer der Ältesten ist, tritt nur noch selten auf. Carlos Kleiber bezeichnet sich als pensioniert. Pierre Boulez widmet, seit er die Siebzig überschritten hat, die meiste Zeit dem Komponieren.

Vier Dirigenten sind in der internationalen Musikszene permanent aktiv und werden für ihr Wirken in Konzertsaal und Oper gleichermaßen gefeiert – Claudio Abbado, Bernard Haitink, Riccardo Muti und James Levine. In diesem Quartett ist Levine der Jüngste. Aus diesem und anderen Gründen wird er wohl den stärksten Einfluß auf die Musikkultur des kommenden Jahrhunderts ausüben. Er repräsentiert als einziger unter den vier Genannten die musikantische Tradition Toscaninis. Bereits als Kind hat er dessen Rundfunksendungen gehört; und mit dem Schallplattenvermächtnis des Maestros hat er sich sein Leben lang beschäftigt. Toscanini wurde sein Spiritus rector; dessen ästhetische Prinzipien gingen Levine in Fleisch und Blut über.

Die gemeinsame Hochachtung vor Toscanini bildete auch die Grundlage für Levines harmonische Lehrzeit bei George Szell, der zwar in Wien studiert hatte, aber stark von Toscanini beeinflußt worden war, dessen Werk zutiefst bewunderte und Levine in dessen Bestreben bestärkte, dem Weg zu folgen, den »der Alte« so klar vorgezeichnet hatte.

Mit Bruno Walter hatte Levine wenig Kontakt. Ich erinnere mich jedoch an Gespräche, in denen Walter selbst von einem gewissen Einfluß durch Toscanini sprach, besonders nach Gastdirigaten bei Toscaninis New Yorker Philharmonikern im Jahre 1932. Dieser Einfluß läßt sich anhand von Walters Plattenaufnahmen auch belegen.

Selbst deutsche Dirigenten, die in den dreißiger und vierziger Jahren in Deutschland blieben – also zu jener Zeit, in der Toscanini gar nicht in der deutschen Musikszene wirkte –, waren keineswegs gegen seinen Einfluß gefeit. Herbert von Karajan lernte Toscanini zunächst von Platten kennen, bevor er den Maestro 1926 in Berlin live hörte, als dieser ein Gastspiel der Scala dirigierte. Fünf Jahre später saß Karajan bei Toscaninis Proben im Bayreuther Festspielhaus im Orchestergraben. Nach dem Krieg beschaffte ihm Walter Legge weitere Platten von Toscanini.

Lange Zeit begegneten amerikanische Dirigenten einem umgekehrten Chauvinismus in der Form eines hartnäckigen Irrglaubens, wonach europäische Musiker gegenüber Amerikanern stets im Vorteil waren. Man kann nur hoffen, daß dieses Vorurteil durch die begeisterte Rezeption, die ein Leonard Bernstein in Europa erfuhr, inzwischen weitgehend ausgeräumt ist. Levine hat jedenfalls bewiesen, daß er sich in jeder Hinsicht mit all seinen europäischen Altersgenossen messen kann. Er feierte auch in Europa triumphale Erfolge. Inzwischen nehmen sogar einige talentierte amerikanische Dirigenten wichtige Posten in Europa ein. Allerdings wird zur Zeit keines der fünf großen amerikanischen Symphonieorchester (New York, Boston, Philadelphia, Cleveland und Chicago) von einem Amerikaner geleitet.

In bezug auf seine Interpretationskunst steht Levine dem alten Toscanini in nichts nach. Eine Interpretation in der Tradition Toscaninis zeichnet sich dadurch aus, daß sich der Dirigent in den Dienst des Komponisten stellt und das Orchester zu diesem Dienst heranzieht. Der Dirigent muß das Werk als Ganzes begreifen, als Synthese aus den übergeordneten Strukturen und einzelnen Details, und muß sämtliche Elemente in das richtige Verhältnis zueinander bringen. Er muß dem Werk einen klaren rhythmischen Puls, eine gesangvolle Melodielinie und eine transparente Struktur verleihen, damit der Hörer alles auskosten kann, was im Orchesterspiel zum Klangereignis wird. Genau das versteht man heute unter Dirigieren.

Wir dürfen unsere großen Künstler von heute nicht geringschätzen und in den Schatten früherer Interpreten stellen, die längst nicht mehr real zu erleben sind. Ich bin überzeugt, daß Plácido Domingo ein besserer Tenor und ein vollkommenerer

Künstler ist als Caruso, so großartig dieser gewiß gewesen sein mag. Und so ist auch Levine ein kompetenterer und vollendeterer Dirigent als Toscanini. Der historische Einfluß des alten Maestros läßt sich natürlich nicht bestreiten. Doch Levine beherrscht ein weitaus größeres Repertoire und ein viel breiteres Spektrum musikalischer Stile als Toscanini.

Ich bezeichne Levine immer als den »wohltemperierten Dirigenten«. Wie Bach mit seiner berühmten Sammlung von 48 Präludien und Fugen demonstrierte, klingt ein Tasteninstrument, das gleichschwebend gestimmt ist, in jeder Tonart rein. Für Levine ist die wohltemperierte Stimmung nicht eine Frage der absoluten Tonhöhe, sondern des Stils. Große Dirigenten der Vergangenheit brillierten meist mit Musik, die in jenem Stil gehalten war, der ihrem eigenen künstlerischen Naturell am meisten entsprach, hatten dagegen die unterschiedlichsten Probleme mit Werken in einem gänzlich anderen Idiom.

Toscanini bestach vor allem mit Werken, die in der italienischen Klassik wurzelten. Spielte er dagegen einen Wiener Walzer oder etwas so stark national gefärbtes wie Smetanas *Má vlast*, mangelte es ihm an Gespür für das heimische Idiom des Komponisten. Die Musik erklang sozusagen mit einem starken italienischen Akzent und ließ trotz gewisser Qualitäten jegliche Authentizität vermissen. Es kann durchaus sein, daß Toscanini die Musik Mahlers ablehnte, weil er mit deren starkem österreichischem Ausdruck nicht klarkam, und nicht nur, weil er den Dirigenten Mahler als Rivalen ansah. Mahlers Partituren, so vertraute Toscanini einmal seinem Sohn an, sollte man nur als Toilettenpapier verwenden – ein Urteil, dem sich heute kaum ein Musikfreund oder Dirigent mehr anschließen wird.

Bei Toscaninis großem Zeitgenossen Leopold Stokowski begegnen wir dem entgegengesetzten Phänomen. Stokowski stellte sich keineswegs in den Dienst des Komponisten. In einer Diskographie von nahezu 50 Seiten stoßen wir auf ein einziges authentisches Haydn-Werk, die *Symphonie Nr. 53*, und auf ein fälschlicherweise Haydn zugeschriebenes Werk in einer Bearbeitung Stokowskis. Die Mozart-Titel muten sogar noch merkwürdiger an; keine einzige Symphonie hat er komplett eingespielt. Doch das überrascht im Grunde nicht. Stokowskis Mozart-Interpretationen waren weder gut gespielt, noch wurden sie positiv aufgenommen. Die Kritiker empfanden sie als nervös, parfümiert und romantisiert. Stokowskis große Begabung lag darin, einer Phrase expressive Gestalt in romantischem Stil zu verleihen. Musik, die vor allem eine klare Linie verlangte, lag ihm nicht.

Man könnte durchaus behaupten, daß Toscanini und Stokowski bereits in jungen Jahren ganz stark von einer gewissen Richtung geprägt worden waren, die fortan ihr Wirken beherrschte und auch ihr Repertoire bestimmte. Levine und sein Mentor Szell waren zwar tief in die klassische Tradition eingebunden, bewiesen jedoch Flexibilität. Sie wußten, wann die klassische Methode nicht stur angewandt werden durfte. Ihr klassischer Hintergrund ließ gewisse Vorbehalte geboten erscheinen.

Wenn Levine eine Symphonie von Tschaikowski dirigiert, klingt sie gedämpfter als in der charakteristischen Interpretation Stokowskis, allerdings nicht weniger romantisch. Leidenschaft und Ekstase dürfen bei Levine niemals übertrieben, aber auch nicht unterdrückt werden. Levine scheut nicht vor Emotionen zurück, doch er würde sie nie zum Einsatz bringen, wo sie nicht angebracht sind.

Dieses sichere Gefühl dafür, wann etwas stimmig ist und paßt, macht Levines »wohltemperierte« Musikalität aus. Doch Levine ist noch in einer anderen Weise »temperiert«. Toscaninis Probenstil war geprägt von der gängigen italienischen Orchesterkultur des ausgehenden 19. Jahrhunderts. Viele Musiker verfügten damals über eine begrenzte Technik und wollten ihre Arbeit vielleicht einfach mit der geringsten Anstrengung erledigen. Toscanini schwebten Interpretationen vor, die von jedem Musiker maximalen Einsatz erforderten, und wenn die Spieler das Gewünschte nicht freiwillig gaben, rang er es ihnen erbarmungslos ab. Deswegen kam es während der Proben oft zu seinen notorischen Tobsuchtsanfällen. Doch seine Wutausbrüche waren beileibe nicht an der Tagesordnung, weil sie manchmal gar nicht nötig waren. Als er sich zum Beispiel im Herbst 1952 mit dem Philharmonia Orchestra mit zwei Brahms-Programmen vom Londoner Publikum verabschiedete, spürte er sofort, daß er ein höchst kooperatives Ensemble von ausgezeichneten Spielern vor sich hatte, und die Proben verliefen angenehm reibungslos.

Sein Sohn Walter spielte ihm einmal eine Platte von Bruno Walter vor. Es war eine Aufnahme von Mozarts *Linzer Symphonie*, zusammen mit sämtlichen Proben, bei denen sich Walter von einer höchst zivilisierten Seite gezeigt hatte. (Walter selbst sprach von einem »Überfall aus dem Hinterhalt«.) Der alte Toscanini zeigte sich völlig unbeeindruckt.

»Wieso, Vater?« fragte ihn der Sohn überrascht.

»Das Orchester ist so gut. Wenn du ein Diminuendo willst, bekommst du ein Diminuendo. Wenn du Pianissimo sagst, bekommst du ein Pianissimo«, erwiderte der Alte mit einem Schulterzucken. Er dagegen liebte die Herausforderung.

Levine hat, wie Szell, überhaupt kein Verständnis für Gleichgültigkeit und Mittelmaß. Wenn ein Musiker heute nicht bereit ist, überdurchschnittliche Leistungen zu erbringen, so gehört er, Levines Meinung nach, nicht in ein großes Symphonieorchester beziehungsweise in den Orchestergraben eines führenden Opernhauses. Levine hatte das Glück, daß seine Laufbahn einsetzte, nachdem das Niveau der Professionalität weltweit enorm gestiegen und kaum noch mit Problemen zu rechnen war, wie Toscanini sie vor einem Jahrhundert regelmäßig erlebt hatte. Bruno Walter, in den vierziger Jahren, stellte sich gerne vor ein Orchester und sagte: »Guten Morgen, Freunde, dann wollen wir mal zusammen musizieren.« Wenn ein Geiger an einem der hinteren Pulte das so verstand, als könne er sich zurücklehnen und sich sozusagen mit halbem Bogen durch die Probe mogeln, dann merkte er schnell, daß er sich irrte. Walter konnte genauso streng und unerbittlich sein wie Toscanini, allerdings explodierte er nicht, sondern setzte unbeirrt seine Meinung durch. Für Levine sind solche Konfrontationen die reinste Verschwendung von Zeit und Energie. Beim Musizieren sollten Besonnenheit, Professionalität und ein gemeinsames Bekenntnis zur Kunst im Vordergrund stehen; alle Beteiligten sollten bereit sein, harmonisch zusammenzuarbeiten, denn nur so teilen sich das gemeinsame Engagement und die gegenseitige Achtung mit. Es ist eine Frage des Respekts – für einander und für die Musik.

Als Levine einmal mit dem Orchester der Metropolitan Opera eine komplizierte Stelle in Alban Bergs *Lulu* durchging, mußte er einen scharfen Ton anschlagen, um sich die nötige Aufmerksamkeit zu verschaffen und um absolute Präzision zu erzielen. Da dieser Ton bei ihm so selten ist, zeigte er sofort die gewünschte Wirkung. »Seht ihr«, meinte er dann. »Jetzt klappt es. Aber wieso muß ich erst böse werden?« Und selbst dieser kleine Verweis war ihm absolut unangenehm. »Das ist unnötige Energieverschwendung«, erklärte er.

Sir Georg Solti beteuerte mehrfach, daß er in den mehr als zwanzig Jahren beim Chicago Symphony Orchestra fast nie laut werden mußte, um sich Aufmerksamkeit zu verschaffen. Seine Proben wirkten auf den Zuhörer oft sogar ziemlich langweilig, denn der Dirigent und die Spieler klärten die nötigen Details in knappen Sätzen, in sachlichem und sachtem Ton.

Levines Erfolg als musikalischer Leiter des Ravinia Festival beruhte sicherlich zum Teil auf dieser Arbeitseinstellung. Gegenüber Solti besaß er von Anfang an den Vorteil, ein verständliches und präzises Englisch zu sprechen (Soltis Englisch wurde erst während seines Aufenthalts in London allmählich besser), doch die Musiker erlebten keinen krassen Kontrast zwischen ihrer Arbeitsatmosphäre im Winter und der im Sommer, und die Aufführungen spiegelten diese Kontinuität.

Levine ist ein Universalmusiker. Viele berühmte Dirigenten beginnen ihre Musikerlaufbahn als Instrumentalisten, fürchten jedoch früher oder später, ihre Meisterschaft als Instrumentalist würde mit ihren Leistungen als Orchesterleiter verglichen werden. Levine läßt sich von solcher Scheu nicht hemmen. Im Rahmen seiner Arbeit sitzt er praktisch täglich am Klavier. Das Klavierspiel gehört genauso zu seinem Beruf wie das Dirigieren. Mit den eigenen Händen auf dem Klavier Musik zu machen liegt ihm genauso, wie auf einem »Instrument« von hundert Musikern zu »spielen«. Er greift ebenso beherzt in die Tasten wie zum Taktstock; und wenn er selbst die komplexeste Vokal- oder Instrumentalmusik dirigiert, hat er das Orchester genauso im Griff wie die Tasten des Klaviers etwa bei der Liedbegleitung.

Sein Repertoire ist extrem breit gefächert; dabei geht er mit den verzwicktesten Werken des 20. Jahrhunderts genauso sicher um wie mit kleineren Stücken für Barockorchester. Und dabei würde er noch viel mehr spielen, wenn es die Zeit erlauben würde. Es reizt ihn überhaupt nicht, alle paar Jahre immer wieder dasselbe zu spielen. Levine hat nur dann das Bedürfnis, sich erneut einem Standardwerk zuzuwenden, wenn er etwas Neues darin entdeckt.

James Levines Repertoire umfaßt drei Bereiche. Als Pianist spielt er Konzerte und Kammermusik und begleitet Liederabende. Als Dirigent von Symphonieorchestern spielt er Orchesterwerke und große Vokalwerke. Als Bühnendirigent leitet er Opern – und in einem Fall auch Ballett *(Le Sacre du printemps)*.

Für viele ist er der beste Liedbegleiter seit Gerald Moore. Sein Repertoire in diesem Fach läßt sich leicht beschreiben: Er spielt alles. Auch aus dem Bereich der Kammermusik mit Klavier hat er bereits viele wichtige Werke aufgeführt; und wenn es die Zeit erlaubt und sich die Möglichkeit ergibt, wird er wahrscheinlich auch noch weitere spielen. Als Konzertpianist interpretiert er am liebsten die Konzerte von Bach und Mozart. Die Zeit, die allerdings nötig wäre, um die großen romantischen Klavierkonzerte einzustudieren, hat er nicht und nimmt er sich auch nicht.

Mit dem Chicago Symphony Orchestra hat er in 23 Sommern fast alles dirigiert, was der große amerikanische Musiker und Kritiker Virgil Thomson in seiner Liste der »Fünfzig berühmtesten Stücke« aufzählte, darüber hinaus zahllose weitere Werke. Bei seiner Arbeit als Gastdirigent standen in den letzten Jahren Mahler und die Komponisten der Zweiten Wiener Schule im Vordergrund, mit denen er sich eng verbunden fühlt. Er hat auch zahlreiche Werke für Chor und Orchester, aus der Zeit Haydns bis in die heutige Zeit, dirigiert.

In den 37 Jahren zwischen seinem ersten Auftritt beim Aspen Festival im Jahre 1961 und dem Ende der Met-Saison 1998 dirigierte Levine 81 verschiedene Opern komplett und zwei *(Faust* und *Die Fledermaus)* in Ausschnitten. Nach heutigen Maßstäben ist dies ein enormes Repertoire, besonders für einen Dirigenten um die Mitte der Fünfzig, der sicherlich noch ein weiteres Vierteljahrhundert tätig sein und zahlreiche weitere Werke einstudieren wird.

Das Repertoire ist ausgesprochen kosmopolitisch. Es umfaßt Musik aus Deutschland, Österreich und Ungarn, russische Opern, eine tschechische Oper und natürlich französische und italienische Bühnenwerke. Sowohl englische als auch amerikanische Komponisten sind vertreten. Die Stile reichen vom Barock bis zum ausgesprochen modernen Idiom eines Arnold Schönberg. Es ist das typische Repertoire eines amerikanischen Dirigenten. Europäische Dirigenten stützen sich meist auf ihre nationalen Traditionen, Amerikaner dagegen sind oft freier, die Welt der Musik in ihrer ganzen Breite wahrzunehmen.

Levine nimmt ein Werk in der Regel nur dann in sein Repertoire auf, wenn es seine künstlerische Phantasie beflügelt. Er verfügt über eine ungewöhnliche ästhetische Auffassungsgabe, ein tiefes musikalisches Verständnis und einen subtilen Geschmack. Er ist sich dessen bewußt, daß es weit mehr gute Musik gibt, als ein einziger Musiker je zu spielen vermag. Rachmaninow sagte einmal: »Die Musik reicht für ein Leben, aber ein Leben reicht nicht für die Musik.« Levines Entscheidungen deuten darauf hin, daß er das genauso sieht. Er kann unmöglich alles spielen, aber es gibt ja andere Musiker, die das machen können, was er ausklammert. Er möchte lieber die Dinge machen, die er seiner Meinung nach am besten beherrscht. Levine betont immer wieder, er halte es nicht für konstruktiv, Opern zu dirigieren, zu denen man keinen unmittelbaren Bezug hat. Handelt es sich um ein Standardwerk, das man dem Publikum nicht vorenthalten sollte, engagiert er dafür lieber einen Kollegen.

Die Met ist wahrlich Levines künstlerisches Zuhause. Von den insgesamt 83 Opern in seinem Repertoire hat er immerhin 71 (also 86 Prozent) an der Met präsentiert. Sieben der zwölf Opern, die er nicht an der Met aufführte, dirigierte er vor 1973, bevor er Chefdirigent des Opernhauses wurde. Zwei weitere hat er für die Schallplatte eingespielt, aber nicht live im Theater dirigiert. Das einzige Werk, das er in einer szenischen Aufführung an einem anderen Haus leitete, war Schönbergs *Moses und Aron*, das die Met aber in der Spielzeit 1998/99 herausbringt. Glucks *Orfeo ed Euridice* und Saint-Saëns' *Samson et Dalila* hat er während seiner Zeit an der Met an anderen Orten konzertant aufgeführt.

Die Spannbreite dieses Repertoires ist, wie gesagt, ausgesprochen kosmopolitisch, doch anhand von Aufführungsstatistiken ergibt sich eindeutig, daß das Herzstück von Levines Repertoire die deutsche und österreichische Oper ist. An der Met hat er am häufigsten Verdis *Otello* dirigiert, nämlich 69mal. Weltweit gesehen ist jedoch Wagners *Parsifal* sein Rekord, und zwar mit 101 Aufführungen – 48 an der Met und 53 in Bayreuth. Ähnliche Spitzenwerte hat er mit der *Zauberflöte* vorzuweisen, die er an der Met 25mal und in Salzburg 51mal leitete.

Unter Levines Spitzenreitern in bezug auf die Aufführungshäufigkeit rangieren auf den ersten fünf Plätzen drei deutsche und österreichische Opern. Den ersten Platz nimmt, wie gesagt, *Parsifal* ein, gefolgt von der *Zauberflöte*. *Otello* steht an dritter Stelle. *Le nozze di Figaro* und *La forza del destino* folgen mit 61 beziehungsweise 57 Aufführungen auf Rang vier und fünf. Danach kommen *Die Walküre*, *La Bohème*, *Don Carlos* und *Don Giovanni*.

Levine dirigierte alle zehn großen Musikdramen Wagners (die Hälfte davon in Bayreuth), sieben Opern von Mozart und vier von Richard Strauss. Die Werke dieser drei Komponisten allein machen 27 Prozent seines Met-Repertoires aus.

Der Komponist mit den meisten Werken in Levines Repertoire – nämlich 17 – ist jedoch kein Deutscher, sondern der italienischste aller Musiker, Giuseppe Verdi. 21 Prozent von Levines Repertoire bestehen aus Verdi-Opern, wovon der Maestro 16 auf der Bühne spielte und eine nur für die Schallplatte einspielte. Verdi ist auch der absolute Spitzenreiter, was die Zahl der Aufführungen insgesamt betrifft – und zwar 464, rund 30 Prozent von Levines Auftritten an der Met. Die neun Verdi-Opern, die er nicht aufgeführt hat, sind allesamt Frühwerke; nur zwei davon, *Nabucco* und *I due Foscari*, gelten als einigermaßen bedeutsam.

Da viele Menschen bei Levine und Met zuallererst an Verdis *Otello* denken, lag es nahe, daß er mit diesem Werk seine 25. Spielzeit eröffnete. Den zweiten und dritten Rang auf seinem Met-Spielplan nehmen ebenfalls Verdi-Opern ein, nämlich *La forza del destino* und *Don Carlos* (den Levine ganz gewissenhaft in der Originalfassung präsentiert). Und als Beweis dafür, daß Statistiken leicht irreführen können, folgt auf dem vierten Platz Puccinis *La Bohème*, die Levine seit 1987 jedoch nur einmal aufgeführt hat.

Es sollte erwähnt werden, daß Levine in seinen Anfangsjahren relativ häufig Verismo-Opern dirigierte, weil dieses Genre einen großen Teil des gängigen Repertoires ausmacht und ihm Engagements sicherte. Als er sich mehr etabliert hatte und wählerischer sein konnte, konzentrierte er sich indes stärker auf Verdi als auf dessen Nachfolger.

Levines Repertoire hat also drei Standbeine – Mozart, Wagner und Verdi. Allein mit den Werken dieser Komponisten hat er an der Met rund 1000 Aufführungen bestritten. Das ergibt sich aus der schlichten Tatsache, daß Levine mit dem Œuvre dieser drei Komponisten einfach brilliert. Er ist vielleicht der größte nicht-italienische Verdi-Dirigent. Seine Mozart-Interpretationen stehen in der großen Wiener Tradition. Und er ist ein bedeutender Wagnerianer, was man in Bayreuth schon früh erkannte und längst zu würdigen weiß.

An der Met ist es Levine gelungen, ein Publikum heranzuziehen, das auch jene Opern akzeptiert und schätzt, die er selbst als künstlerische Herausforderungen betrachtet. Ein Werk wie *Moses und Aron* löst mitunter auch Proteste aus, doch die Vorstellungen sind gut besucht und die Reaktionen von Presse und Publikum äußerst positiv. Als Leiter eines amerikanischen Symphonieorchesters würde es ihm schwerfallen, eine vergleichbare Situation zu schaffen. Deren Programmgestaltung unterliegt dem Gebot, Karten zu verkaufen und Geldmittel aus privaten Quellen zu beschaffen, und dabei müssen auch die erzkonservativen Kreise innerhalb des Publikums berücksichtigt werden. Vielen Werken des 20. Jahrhunderts, die durchaus eine gewisse Popularität erzielen könnten, bleibt der Erfolg versagt, weil sie erst gar nicht bekannt werden. Obwohl Pierre Boulez beispielsweise seit über dreißig Jahren mit dem Chicago Symphony Orchestra zusammenarbeitet, blieben seine eigenen Kompositionen in Chicago relativ unbekannt.

Im Gegensatz dazu ist das Repertoire der Münchner Philharmoniker für die Saison 1999/2000 von unterschiedlichsten Werken dieses Jahrhunderts geprägt. Dieses städtische Orchester kann es sich leisten, die Gegenwart stärker einzubeziehen. Der 50. Todestag von Richard Strauss wird zum Beispiel mit einer Veranstaltungsreihe unter dem Titel »Richard Strauss und die Moderne« gewürdigt.

In Levines Konzertprogrammen für die Saison 1999/2000 sind das 20. Jahrhundert, die Spätromantik und die Romantik fast gleichwertig vertreten. Auf dem Programm stehen auch zwei

Werke Mozarts sowie eine Ouvertüre und ein Konzert von Beethoven. In seinen Beiträgen zum Strauss-Jahr stellt Levine dessen Werke bedeutenden Kompositionen von Strawinsky, Bartók und Webern gegenüber. Er dirigiert auch ein Programm mit Werken amerikanischer Komponisten von Ives bis Schuller.

Nie zuvor in seiner Laufbahn mußte er symphonische Programme für eine ganze Konzertsaison gestalten, und so ist es verständlich, daß er seine Ideen erst einmal eine Saison lang ausprobieren möchte, um zu sehen, wie sie funktionieren, bevor er ein bestimmtes Programmkonzept für die Zukunft verkündet. Levines Engagement für die Musik des 20. Jahrhunderts ist indes verbürgt, und man darf wohl einige Programme erwarten, in denen er neuere Werke mit älteren kombiniert. Aber er wird bestimmt nie Tschaikowskis *Fünfte* dirigieren, nur weil jemand in der Orchesterverwaltung meint, sie müsse gespielt werden.

Levine widmet sich einem ungemein breiten Spektrum an Aufgaben, die er allesamt glänzend meistert. Er scheint einem Werk nie seine subjektive Deutung überzustülpen, sondern vermittelt stets überzeugend den Eindruck, als spreche der Komponist mit seiner charakteristischen Stimme durch ihn, den Dirigenten. Keiner der tonangebenden Dirigenten von heute ist so transparent, nimmt sich selbst so weit zurück und macht sich so sehr zum Sprachrohr des Komponisten.

Aufgrund seiner entschieden klassischen Ausrichtung brilliert Levine mit Werken wie den frühen Mozart-Symphonien, bei denen der ästhetische Gehalt allein der Reinheit der Form entwächst. Die sich offenbarende musikalische Gestalt muß nicht um des Ausdrucks willen umgestaltet oder unterstrichen werden. Wie bei der Zeichnung eines alten Meisters liegt der gesamte Ausdruck allein in der Klarheit und Reinheit der Linienführung.

Bei Levine beruht jede Interpretation auf einem klaren rhythmischen Puls. Sein Schlag kann mit großem dramatischem Effekt erfolgen oder zu einem Hauch verblassen, doch er wird immer klar angezeigt. Auf dieser sicheren Grundlage baut er die einzelnen Stimmen, die Harmonien und den Kontrapunkt auf, die dem Werk Substanz verleihen; und über all dem schwebt die thematische Hauptstimme, die in Einklang mit den übrigen Elementen herausgearbeitet wird.

Levine verbindet eine Phrase mit der anderen. Die Musik schreitet stets zielstrebig voran. Es ist ihm völlig fremd, an der Musik in der Weise herumzufummeln und herumzupfuschen, wie es manche romantische Dirigenten zu tun pflegten. Hin und wieder probiert er zu seiner eigenen Erbauung gewisse romantische Effekte aus. Bei der Einspielung der *Symphonie Nr. 1* von Brahms 1975 in Chicago fügte er beim ersten Durchlauf des Finales eine lange rhetorische Pause in der Manier der Romantiker ein. Ich hielt mich immer an den Grundsatz, in solchen Situationen nie mit dem Dirigenten über sein interpretatorisches Konzept zu diskutieren, doch in diesem Fall war es so, daß er meinen Blick bemerkte, als er den Regieraum verließ.

»Halt«, sagte er. »Du mußt gar nichts sagen. Du bist die Stimme von George Szell. Ich wollte nur einmal hören, wie es klingt, aber ich werde das kein zweites Mal machen.«

Levine scheut sich nicht davor, eine Phrase durch Veränderungen in Klangfarbe und Dynamik expressiv zu gestalten, wenn er es für erforderlich und angebracht hält. Er legt großen Wert darauf, echtes Gefühl von unechtem zu unterscheiden. Ist ein Gefühl authentisch, das heißt wesentlich für den musikalischen Gehalt, dann muß es ausgedrückt werden.

Fragen der Klangfarbe und der Struktur sind schließlich entscheidend dafür, daß das Werk richtig gehört wird. Levine hat wenig übrig für träge Ohren, die nur die Oberfläche der Musik erfassen. Er möchte, daß der Hörer in die Tiefen des musikalischen Gefüges hineinhorcht und alles mitbekommt, was sich dort abspielt; und um dies zu ermöglichen, balanciert er seine Musik ganz sorgfältig aus. Jede Veränderung der Orchesterfarbe muß die größtmögliche Wirkung erzielen. Levines Ohr läßt sich mit dem Auge eines Monet oder Cézanne vergleichen. Er findet stets die richtige Farbe in der richtigen Intensität. Es überrascht kaum, daß er die Musik eines Berlioz liebt und mit einer Meisterschaft spielt, die man vielleicht nur von einem Franzosen erwarten würde.

Levine selbst ist zwar ungemein selbstkritisch, doch auch wer seine Laufbahn ganz von Anfang an verfolgt hat, wird sich nur schwer an eine wirklich schlechte Aufführung erinnern können. Es gelingt ihm immer wieder, aus Enttäuschungen zu lernen.

Sicherlich sind einige Interpretationen gelungener als andere. Das liegt in der Natur der Dinge. Er kann auch einmal erschöpft sein, obwohl dies sehr selten vorkommt. Kein Musiker ist ununterbrochen in absoluter Topform. Toscanini pflegte zu sagen: »Keiner ist rund um die Uhr ein Genie.« Das wäre menschlich gar nicht möglich. Doch die normale Tagesform, die Levine in der Regel erreicht und über lange Zeit hält, ist wirklich erstaunlich.

Es gibt heute viele exzellente Techniker, die aber leider unfähig sind, die emotionalen Tiefen eines Werks auszuloten, und es gibt ebenso viele sensible Musiker, denen es aber an den technischen Fähigkeiten mangelt, um ihre tiefe Empfindsamkeit voll zum Ausdruck zu bringen. Demgegenüber offenbart Levine stets ein absolutes Gleichgewicht zwischen Verstand und Gefühl. Szell betonte immer ein Wort, das seiner Meinung nach in der zeitgenössischen Kritik nicht genügend berücksichtigt wurde: *Geschmack*. Levines Geschmack ist mustergültig.

Virgil Thomson plädierte immer dafür, die Musikkritik solle keine bloße »Meinungsmache« sein, sondern faktische Aussagen darüber liefern, was sich bei einer Interpretation abspiele. Daß meine Aussagen über Levine der Wahrheit entsprechen, beweist sich, wenn wir ihm bei der Arbeit zusehen. Deshalb wollen wir ihm im Folgenden ein wenig über die Schulter blicken.

24. April 1995, Medinah Temple, Chicago

James Levine und das Chicago Symphony Orchestra sollen den zweiten Musikblock für den Disney-Film *Fantasia 2000* aufnehmen, einen Nachfolger von *Fantasia* aus dem Jahre 1940. Das Original mit dem Soundtrack von Leopold Stokowski und dem Philadelphia Orchestra ist längst ein Klassiker. Die Kombination aus symphonischer Musik und phantastischem Zeichentrickfilm hat Millionen Menschen zur Musik von Bach, Beethoven, Tschaikowski und sogar Strawinsky hingeführt. Mit seinem 17spurigen Soundtrack, »Fantasound«, war der Film seiner Zeit um zwanzig Jahre voraus. Die neue Version mit ihrem 48spurigen Master entspricht dem neuesten Stand der heutigen Technik.

(Ursprünglich war geplant, Musiksequenzen aus dem Original und neues Tonmaterial zu kombinieren. Der neue Soundtrack sollte ein Cocktail aus Stokowskis Philadelphia Orchestra und Levines Chicago Symphony Orchestra werden. Stokowski wurde groß mit einbezogen, und Levine war bereit, die Ehre mit ihm zu teilen. Erst im Laufe der Arbeit wurde immer klarer, daß dies unmöglich funktionieren kann. Für sich genommen ist der ursprüngliche Soundtrack von *Fantasia* nach wie vor beeindruckend, doch im direkten Vergleich mit heutiger Tontechnik gibt er sich ganz klar als historisches Dokument zu erkennen. Der alte und der neue Sound lassen sich schwer miteinander vereinbaren. Der neue Film soll deswegen einen komplett neuen Soundtrack haben, ausschließlich von Levine und dem Chicago Symphony Orchestra eingespielt. Im April 1995 steht diese Entscheidung allerdings noch nicht endgültig fest.)

Da ein Zeichentrickfilm immer erst zum fertigen Soundtrack hergestellt wird, beginnt die Produktion mit dem Einspielen der Musik. Bereits ein Jahr zuvor hatten Levine und das Chicagoer Orchester mit den Aufnahmen angefangen; darunter waren Respighis *Pinien von Rom*, eine stark komprimierte Version des ersten Satzes aus Beethovens *Symphonie Nr. 5*, Passagen aus Saint-Saëns' *Karneval der Tiere* sowie der erste und bekannteste Marsch aus *Pomp and Circumstance* von Elgar.

Beim heutigen Aufnahmetermin muß ein kurzer Ausschnitt aus dem Elgar-Marsch nochmals aufgenommen werden; außerdem soll mit dem Solisten Yefim Bronfman der erste Satz des *Klavierkonzerts Nr. 2* von Schostakowitsch aufgezeichnet werden.

Der Medinah Temple, ein klassischer Kultbau des Ordens der Shriner, wurde zu Beginn dieses Jahrhunderts erbaut und verfügt über einen der größten Säle Chicagos mit einer riesigen Bühne, auf der alljährlich ein Zirkus auftritt. Levine spielt hier seit 1974 Platten ein. Für die Toningenieure ist der Saal nicht ganz unproblematisch. Wenn man es richtig anstellt, bietet der Raum einen vollen, satten Klang. Wenn man es verhunzt, klingt das Ganze wie in einem Faß.

Die Musiker sitzen in der legeren Kleidung, die bei Proben und Aufnahmen üblich ist, in einem großen Halbkreis auf der Bühne, damit eine möglichst plastische Raumwirkung entsteht.

Levine trägt seine gewohnte Arbeitskleidung – ein weißes Polohemd, eine schwarze Hose und leichte hellbraune Schuhe. Sein Markenzeichen, ein zusammengerolltes Handtuch (diesmal in Dunkelgrün), liegt über seiner linken Schulter. Später überreicht ihm ein Zeichner der Disney-Studios eine Skizze von Donald Duck mit Taktstock und der gleichen Handtuchmode.

Während das Orchester das Ritual des Stimmens zu Ende führt und die Toningenieure ein letztes Mal die Plazierung der Mikrophone überprüfen, bespricht sich Levine auf dem Gang neben dem Regieraum kurz mit Roy Disney jun., dem Neffen des berühmten Walt Disney und Leiter des Zeichentrickstudios, und dem Musikproduzenten Jay David Saks, der bereits seit 1977 eng mit Levine zusammenarbeitet. Da Disney selten klassische Musik aufnimmt, hat das Studio für dieses Projekt erfahrene Leute von BMG/RCA und CBS/Sony angeheuert.

»Wollen Sie zuerst proben?« wird Levine gefragt.

»Ich glaube, wir sollten einfach anfangen zu spielen«, erwidert er. »Dann kriegen wir alle ein Gefühl für das Stück und den Saal. Wenn wir uns ein wenig eingespielt haben, können wir allmählich zulegen und dem Ganzen Form geben.« Er wendet sich an Saks und fügt hinzu: »Du sagst mir, wenn du glaubst, daß wir der Sache näherkommen.« Ein breites Lächeln erstrahlt über sein Gesicht. »Das Anfangstempo wird auf keinen Fall richtig sein!«

»Das hätten wir mitdrehen sollen«, bemerkt Disney auf dem Weg in den Regieraum. Man merkt sofort, daß dies keine Aufnahmesitzung für eine Schallplatte, sondern für einen Soundtrack ist. Es gelten völlig andere gewerkschaftliche Bestimmungen. (Man weist Levine darauf hin, daß er dem Orchester nur eine zehnminütige Pause pro Stunde gewähren muß.) Auch die Atmosphäre ist ganz anders. Es herrscht viel weniger Streß. Das Aufnahmeteam, das aus New York angereist ist, strahlt die gelassene Kompetenz erfahrener Profis aus.

Alles wird mit 48-Kanal-Digital-Recordern aufgezeichnet und später im kalifornischen Burbank gemischt, um die entsprechend präzise Klangbalance zu erzielen. Die Toningenieure haben fünf Mikrophone aufgestellt, die das Gesamtklangbild liefern – drei in einem Dreieck in der Mitte der Bühne und zwei an den Außenseiten. Am Klavier befinden sich zwei Stützmikrophone. Im Regieraum schallt die Musik aus zwei großen Monitorlautsprechern, die niemandem besonders zusagen. Saks zieht elektrostatische Kopfhörer vor.

Levine hat das Chicago Symphony Orchestra zwar seit einem Jahr nicht mehr dirigiert, doch der Dirigent und die Musiker sind bestens miteinander vertraut, und innerhalb von fünf Minuten sind sie so eingespielt, als hätten sie erst vor einer Woche zusammen gearbeitet. Sie wissen genau, was er will – Konzentration und Präzision. Und ihr Respekt vor ihm zeigt sich darin, daß sie ihm auf Anhieb ihr Bestes geben. Der Respekt ist natürlich gegenseitig. Levine zieht die gesamte Sitzung ohne die geringste Anspannung durch. Das ist genau die Arbeitsatmosphäre, die er schätzt.

Ein Grund für dieses reibungslose Arbeiten besteht darin, daß er aus der Sicht der Musiker ein idealer Dirigent ist. Von seinem großen Rollenvorbild Toscanini sowie bei seinem wichtigen Mentor Szell und in jahrelanger Erfahrung hat er sich eine Schlagtechnik angeeignet, die flüssig und elegant, zugleich aber völlig klar und eindeutig ist. (Im Gegensatz zu Toscanini, der oft angespannte Armmuskeln hatte, wird Levine wohl nie eine Schleimbeutelentzündung erleiden.) Kein professioneller Musiker dürfte auch nur die geringsten Schwierigkeiten haben, ihm zu folgen. Die Interpretation verdichtet sich ganz klar im Taktstock.

Dies ist im Medinah Temple besonders wichtig. In der Orchestra Hall, in der das Chicago Symphony Orchestra probt, konzertiert und die meisten Einspielungen macht, sind die Musiker es gewohnt, aufeinander zu hören und ihren Ohren genauso zu folgen wie dem Taktstock. Wenn die hinteren Violinen in dem riesigen Saal des Medinah Temple versuchen, nach dem Gehör mit den Kontrabässen auf der gegenüberliegenden Seite der Bühne zusammenzubleiben, hinken sie genau um jenen Bruchteil einer Sekunde hinterher, der den Unterschied zwischen Klarheit und Verschwommenheit ausmacht. Hier müssen sie sich ganz auf den Taktstock verlassen und klar dem Schlag folgen, weil die Raumakustik sie irreführen würde. Es dauert einige Augenblicke, sich darauf einzustellen.

Im Regieraum, hinter Saks, sitzen einige Mitarbeiter der Disney-Studios, allen voran Don Ernst, der Produzent des Films.

Ganz gelassen hört er sich ein paar kurze Takes an und meint: »Das Orchester klingt großartig, wenn es geschlossen spielt.« Es ist Levines Aufgabe, für Geschlossenheit zu sorgen, und er geht ganz systematisch vor. Wie immer muß man sich kurz die Zeit nehmen, um mögliche Fehler in den Noten des einen oder anderen Musikers zu korrigieren. Es wird auch über eine Stelle diskutiert, wo den Streichern ein Pizzikato vorgeschrieben ist, und erzielt schließlich Einigung. Nachdem all diese Fragen geklärt sind, kann man endlich richtig loslegen.

Levine geht ganz akribisch vor, wenn er mit dem Orchester arbeitet. Er hört Details, die korrigiert werden müssen, und greift sie sofort auf. Wenn etwa bei einem Bläserakkord die harmonische Balance nicht stimmt, kommentiert er beispielsweise: »Da ist zuviel C.« Oder ein Hornakzent muß verstärkt werden. Solcher Korrekturen wegen muß immer wieder abgebrochen und neu angefangen werden, und Saks hat im Nu 15 Takes auf Band.

»Das muß frisch, leicht, strahlend, rhythmisch und energiegeladen klingen«, erklärt Levine seinen Musikern. Allmählich nimmt die Musik diesen Ausdruck an. Die Kettenreaktion hat eingesetzt. Dirigent, Solist und Orchester interagieren miteinander, und eine Glanzleistung beflügelt sie zur nächsten.

Nach etwa einer halben Stunde möchte Levine hören, wie das Ganze auf dem Band ankommt, und macht 20 Minuten Pause. Er geht in den Regieraum, setzt sich neben Saks, hört sich die Mitschnitte an und dirigiert dabei mit winzig kleinen, präzisen Schlägen mit, die dem einstigen Chef des CSO, dem großen Fritz Reiner, durchaus gefallen hätten. Vom Band klingt die Musik viel dichter als im Saal, weil durch die Plazierung der Mikrophone einiges an Hall unterdrückt wird. Darauf ist Levine natürlich vorbereitet; er arbeitet schließlich seit Jahren im Medinah Temple; aber es freut ihn, seine Erwartungen bestätigt zu sehen.

»Ist es möglich, die Geigen etwas lauter zu haben, im Verhältnis zu den Bässen?« fragt er. »Bringt ihr das hier drin fertig, oder sollen wir es draußen machen?« Der Toningenieur kann die Balance ändern. Levine ist zufrieden. So ist es besser.

Kommt das Klavier gut heraus? Levine meint, die mittleren Oktaven klingen ein wenig dumpfer als die oberen und unteren.

Das Instrument, ein amerikanischer Steinway-Flügel aus der Orchestra Hall, klingt in der Mitte eigentlich recht klar. Auch dies erfordert eine kleine Regulierung.

Um zwei Uhr ist die gesamte Vorbereitungsprozedur abgeschlossen. Levine und Bronfman sind soweit, das Ganze unter Dach und Fach zu bringen. Die ersten Takte des Satzes, in denen das Klavier gegen eine kleine Bläsergruppe spielt, sind heikel, wenn es einem zugleich auf Präzision und Empfindung ankommt. Bronfman, der sich regelrecht in den Satz hineinstürzen muß, ist ein wenig angespannt.

»Ihre erste Note ist gut, aber die zweite klingt zögerlich«, bemerkt Levine. »Seien Sie ruhig forscher. Wagen Sie den Sprung.« Bronfman zuckt mit der Schulter: Es ist ja nur eine Aufnahme; wenn ich es verpatze, können wir es ja wiederholen. Er gewinnt an Selbstvertrauen und stürzt sich hinein, und sofort klingt die Phrase energischer. Jetzt scheinen alle vom Geist des Werks erfaßt zu sein, und Levine muß nur noch wenig erklären. Es läuft wie am Schnürchen, und jedes Detail ergibt sich fast wie von selbst. Das Orchester hat das Stück, das seit mehr als 15 Jahren nicht mehr in den Abonnementkonzerten gespielt wurde, inzwischen sicher im Griff. Die Aufnahmesitzung mutet fast nicht mehr wie Arbeit an, sondern wie eine willkommene Gelegenheit, miteinander zu musizieren.

»Schauen wir einmal, ob wir nicht das Tempo steigern können«, schlägt Levine vor, »ohne an Präzision zu verlieren.« Es funktioniert. Levine ist bereit, den Satz komplett durchzuspielen, hoffentlich ohne Fehler. Der erste Einsatz mißlingt, doch beim zweiten Versuch kommt etwas Brauchbares heraus. Ernst und sein Team im Regieraum wissen jedenfalls, daß das Filmstudio etwas damit anfangen kann. Die ganze Runde lacht zufrieden. Deswegen sind sie ja nach Chicago gekommen – um diesen Sound zu hören, der vielleicht noch phantastischer klingt, als sie es sich vorgestellt hatten.

Diese Leistung erinnert daran, daß das Chicago Symphony Orchestra in den letzten Jahrzehnten für eine ganze Reihe von Dirigenten unübertrefflich gut gespielt hat. Seine Höchstform erreichte es natürlich bei Reiner, doch auch bei Stokowski, Solti, Leinsdorf, Abbado und in jüngerer Zeit bei Boulez gab es sein

Bestes. Doch bei keinem spielt es so gut wie bei Levine. Die Musiker wissen, daß er ihren rückhaltlosen Einsatz verdient, und es ist eine Frage der Ehre, ihm alles zu geben.

Als ein kompletter Durchgang des Stücks aufgenommen ist, wissen Levine und Bronfman, daß sie zufrieden sein können, doch sie wollen auf Nummer sicher gehen. Nach einer kurzen Besprechungspause beschließen sie, das Stück noch einmal zu spielen. Levine läßt die Töne nur so sprühen. Der zweite Versuch klingt flott, heiter und exakt. Sie haben es geschafft.

Als das Schostakowitsch-Konzert abgehakt ist, kommt Adolph Herseth, der gefeierte Solotrompeter des CSO, auf die Bühne. »Schostakowitsch hat genau gewußt, warum er *dieses* Konzert ohne Trompete geschrieben hat«, bemerkt er trocken.

Während der Flügel von der Bühne gerollt wird, überdenkt Levine seine nächste Aufgabe. Elgar komponierte fünf Märsche mit dem Titel *Pomp and Circumstance*, wovon der erste, in D-Dur, wohl der bekannteste sein dürfte. Das Trio mit dem Text »Land of hope and glory« ist wohl vielen Amerikanern als musikalische Untermalung ihrer Schulabschlußfeier in Erinnerung. Das Disney-Studio verwendet die Musik in einem ganz anderen Kontext, nämlich in einer Episode um die Arche Noah – mit Donald Duck als Noahs Gehilfe. (Im ersten *Fantasia*-Film spielte Mickey Mouse eine größere Rolle, und so ist es nur gerecht, wenn Donald Duck, der inzwischen längst das Rentenalter erreicht hat, in diesem zweiten Film seinen großen Auftritt hat.)

Für die mittlere Sequenz des Zeichentrickfilms, so hat man inzwischen festgestellt, müßte das Tempo etwas langsamer sein, als Levine es ursprünglich ansetzte. Levine hört sich die ersten Mitschnitte an und berät sich mit Ernst. Langsamer ist okay, aber um wieviel? Das kann man erst sagen, wenn man es hört. Levine geht zurück ans Pult und spielt mit dem Orchester die Schluß-takte des vorausgehenden Abschnitts, um den Musikern den Einstieg in den zweiten Teil zu erleichtern. Diesmal ist das Tempo langsamer, doch die Disney-Leute sind sich nicht ganz sicher, ob dies genau ihren Vorstellungen entspricht. Levine wird entsprechend informiert und versucht es noch einmal.

Diesmal trifft er es – ein breites, fließendes Pulsieren, das die Melodielinie wunderbar trägt und das Orchester singen läßt. So sei es gut, teilt man ihm mit. Dann fragt Ernst an: »Können wir das Ganze noch einmal machen, mit einer weiteren Änderung? Am Ende kommt ein Paukenschlag, der im Film überhaupt keine Entsprechung hat und bloß stört. Kann man den weglassen?«

Aber sicher.

Und es wird noch ein weiterer Vorschlag gemacht. »Kann man in dem einen Takt, wo bei Elgar eine einzelne Paukennote steht, den Notenwert halbieren und durch eine gleich kurze Note eine Terz höher ergänzen, so daß aus dem Dah ein Da-de wird?«

Wieso nicht?

Diesmal verfolgen die Leute von Disney die Wiedergabe an den Monitoren noch aufmerksamer. Das Tempo ist perfekt. Mit den kleinen Änderungen in der Pauke paßt die Musik absolut zum Bild. Die Toningenieure hören genau das, was sie hören wollen. Als die letzte Note verklingt, bricht in der Kabine jubelnder Beifall aus.

Nach fast fünfzig Takes ist das Werk vollbracht.

»Das wär's für heute«, ruft Ernst laut. »Wir sehen uns nächstes Jahr im April.« (Es sollte jedoch anders kommen. Wegen Levines Jubiläumsgala an der Met gab es Terminschwierigkeiten, und so folgte der nächste Aufnahmetermin erst im September.)

Saks teilt Levine über die Gegensprechanlage mit, er könne das Orchester entlassen. Sein strahlendes Gesicht erscheint auf den beiden Fernsehmonitoren am Rand der Bühne, als er sich bei den Musikern bedankt. Diese verschwinden sofort. Kaum etwas bewegt sich so schnell wie ein Musiker, der vorzeitig entlassen wird.

Gegen halb fünf geht Levine wieder in den Regieraum. Er strahlt vor Zufriedenheit. »Wir haben den Schostakowitsch zweimal komplett«, stellt er fest. Er muß sich die Aufnahmen gar nicht anhören, um zu urteilen: »Ich glaube, die erste gefällt mir besser, aber beide sind gut, und wenn es sein muß, kann man beide zusammenfügen. Und wir hatten sogar noch eine halbe Stunde übrig. Ich halte diesen Streß nicht mehr aus!« scherzt er ausgelassen.

Dann wird er wieder ernst und sinniert: »Am einfachsten sind die Aufnahmen, wenn man ein Werk irgendwo aufgeführt hat und dann gleich auf derselben Bühne aufnimmt. Es ist immer problematisch, wenn man irgendwo hingeht, wo eine vollkommen andere Akustik herrscht. Opernaufnahmen sind allerdings immer schwieriger als Aufnahmen mit reiner Orchestermusik. Ganz schlimm sind die Sitzungen mit den Arien. Die meisten Sänger kommen bereits mit dem Gefühl, sie seien nicht gut genug bei Stimme, um die Musik so aufzunehmen, daß sie ihrem Ruf gerecht wird. Deswegen werden endlos viele Takes gemacht, es wird immer wieder neu aufgenommen und immer wieder abgehört – es ist die reinste Qual. Steht dagegen eine Aufnahme mit Solisten, Chor und unendlich viel kontrapunktischer Musik an und stellt man sich schon auf das Schlimmste ein, dann kann es sein, daß es überraschend gut läuft, daß man nur ein paar Takes machen muß und in der Hälfte der Zeit durch ist.«

»Am schlimmsten ist es jedoch, wenn man nach ein paar Live-Aufführungen ins Studio geht und von Anfang an merkt, daß es nicht zündet. Es mag alles präzise und absolut fehlerlos sein, doch es wird keine Musik daraus. Und ohne dieses gewisse Etwas ist das Ganze völlig wertlos. Also muß man sehen, ob man das Stück bei einer der folgenden Sitzungen zwischendrin einschieben und noch einmal mit etwas mehr Pep aufnehmen kann.«

»Nichts verschleißt einen Operndirigenten schneller als die ewig gleiche Schinderei mit Standardwerken wie *Carmen*, *Traviata* und *Barbier*. Zuviel davon bringt einen um. Als ich dieses Frühjahr wieder an die Met kam, habe ich alles mögliche gemacht: *Idomeneo*, *Simon Boccanegra*, *The Ghosts of Versailles* und *Pelléas et Mélisande*. Wenn man das macht, dann kann man auch *Le nozze di Figaro*, den *Rosenkavalier* und *Parsifal* machen. Das reibt einen nicht so auf. All diese Musik in den paar Wochen – das hat mich wach und fit gehalten, das hat mich begeistert und beglückt.«

Nur wer das Leben im Jet-set nicht kennt, würde annehmen, daß Levine nach einer halbtägigen Aufnahmesession in Chicago dort auch übernachtet. Schließlich war er erst im Laufe des Vormittags von New York nach Chicago geflogen, ganze 36 Stunden nach der Abschlußvorstellung der Met-Saison. Nein, Levine wird am frühen Abend nach Florida weiterfliegen und dort eine Woche Urlaub machen.

»Wenn wir jetzt zum Flughafen fahren, brauchen wir mindestens eine Stunde«, meint sein Fahrer.

»Na gut«, erwidert er. »Ich habe es nicht eilig. Dann rede ich noch ein wenig mit den Leuten von Disney.«

Die Techniker fangen an, im Regieraum die Aufnahmeapparatur abzubauen und einzupacken. Auch sie wurden aus New York eingeflogen und werden wahrscheinlich um Mitternacht wieder zu Hause sein. In ein paar Stunden wird nichts mehr daran erinnern, daß sich auf der Bühne des Medinah Temple etwas abgespielt hat, das durch den Film zeitlos werden wird. Doch in einem halben Jahrhundert wird vielleicht ein Kind zu der Musik lachen, die heute lebendig wurde und im Film weiterleben wird.

10. Mai 1995, Orchestra Hall, Chicago

Es ist durchaus berechtigt, den Abend als »Familienangelegenheit« zu bezeichnen. Zunächst ist die Familie Levine versammelt: Jim, sein Bruder Tom und ihre Mutter Helen, die extra zu diesem Anlaß aus Cincinnati anreiste und sich riesig darauf freut, sich nach dem Konzert in Jims Garderobe mit ihren beiden Söhnen zusammenzusetzen.

Aber auch seine alte Orchesterfamilie ist versammelt – nicht der Kreis der Musiker, die heute spielen, nämlich das Orchester der Metropolitan Opera, sondern das Orchester, das in diesem Saal zu Hause ist, das Chicago Symphony Orchestra. Für einen altgedienten Orchestermusiker ist es mindestens genauso ungewöhnlich, an einem freien Abend ins Konzert zu gehen, wie für einen Briefträger, an einem freien Tag spazierenzugehen. Heute abend sitzt etwa ein Drittel des CSO – sehr viele Solisten und Leute von den ersten Pulten – im Saal, offensichtlich gespannt darauf, Levine einmal aus der ungewohnten Perspektive des Publikums zu erleben. Wer ihm in Ravinia über zwanzig Jahre lang zu Füßen saß, kann es sicherlich genießen, jetzt hinter seinem Rücken Platz zu nehmen und entspannt zuzuhören.

Auch die eingeschworene Gemeinde des Ravinia Festival hat sich eingefunden. Nichts ist schwieriger, als einen wohlhabenden Vorortbewohner dazu zu bewegen, während der Woche abends in der Stadt zu bleiben. Doch der heutige Abend ist etwas Besonderes: Jim ist wieder da.

Keiner vermittelt das Gefühl, es handele sich um eine Prüfung, aber dennoch wird dieser Abend ein Test sein, ein Nachweis über Levines Fähigkeiten als Orchestererzieher. In Ravinia hatte er die Ressourcen des Chicago Symphony Orchestra nutzen können, das von Fritz Reiner bis zur Perfektion verfeinert und von Sir Georg Solti noch weiter geschliffen worden war. Seine Lehrzeit hatte Levine bei dem phantastischen Symphonieorchester absolviert, das George Szell in Cleveland geschaffen hatte. Das Orchester der Metropolitan Opera, das Levine 1973 übernahm, war dagegen ein mittelmäßiger Verein, der selten auch nur ein bißchen besser spielte, als unbedingt erforderlich war.

In den fünfziger Jahren spielte in Reiners Chicagoer Orchester ein Geiger, der beim Vorspielen und bei Proben brillierte, aber regelrecht erstarrte, wenn er Publikum vor sich hatte. Er konnte unmöglich bei Reiner bleiben, und so bewarb er sich um eine freie Stelle beim Cleveland Orchestra. Reiner gab ihm ein glühendes Empfehlungsschreiben mit. Einige Jahre später erzählte mir Szell die Fortsetzung der Geschichte. »Beim Vorspielen war er wunderbar, und ich stellte ihn sofort ein. Ich dachte mir noch: Wie schön von Reiner, mir einen so erstklassigen Musiker zu schicken. Innerhalb weniger Wochen kam natürlich die Wahrheit ans Licht, und ich mußte den Mann am Ende der Spielzeit entlassen. Doch er hat eine neue Stelle gefunden, genau das Richtige für ihn.«

»Wo?« fragte ich.

»Im Orchester der Metropolitan Opera.«

Vielleicht war es höhere Gerechtigkeit, daß Szells Musterschüler ausgesandt wurde, diesen Augiasstall auszumisten. Mittelmäßigkeit ist Levines Erzfeind. Er stellte sofort klar, daß eine langfristige Bindung an die Met für ihn nur dann in Frage kam, wenn er das Niveau des Orchesters heben könne. Das Orchester hatte bisher ganz annehmbar gespielt, wenn ein großer Dirigent am Pult stand, doch insgesamt war das Niveau sehr schwankend. Levine arbeitete langsam und systematisch mit dem Klangkörper. Im Jahre 1980 war das Met-Orchester bereits in der Lage, auf der Bühne der Met Mahler zu spielen, und 1991 konzertierte es schließlich in der Carnegie Hall. Und mit diesem Gastspiel in

Chicago soll nun eine kleine Amerikatournee eröffnet werden, die bis nach Kalifornien führt. [Im Jahre 1996 reiste das Orchester durch Europa und 1997 nach Fernost.]

Blasierte Musikkritiker werden vielleicht müde abwinken und darauf verweisen, daß auf Tourneen selten taufrische Programme zum besten gegeben werden. Wenn ein Gastspielkonzert nicht mit Strauss' *Don Juan* beginnt, dann mit Beethovens *Fünfter*. Levine wählte zum Auftakt tatsächlich ein vertrautes Werk, Schuberts *Unvollendete*, vielleicht weil das Orchester dieses Stück vor kurzem für die Schallplatte eingespielt hat. Doch das darauffolgende Stück, *Of Reminiscences and Reflections* von Gunther Schuller als Chicagoer Erstaufführung, ist genau die Art von Musik, die die meisten Tourneemanager als Gift für die Kasse betrachten. Und Strauss' *Don Quixote*, der nach der Pause folgt, zieht weniger als *Ein Heldenleben* oder *Also sprach Zarathustra*, die Levine beide nicht im Repertoire hat. Das Chicago Symphony Orchestra hat eine lange und bemerkenswerte Strauss-Tradition vorzuweisen; etliche seiner berühmtesten Werke, darunter *Don Quixote*, erlebten ihre amerikanische Erstaufführung durch das CSO. So war es naheliegend, daß sich Levine genauso gern der Herausforderung stellte, in Chicago Strauss zu spielen wie Wagner in Bayreuth oder Mozart in Wien.

Dieses Konzert bietet vielleicht die letzte Gelegenheit, die Akustik der Orchestra Hall so zu erleben, wie sie in der Ära Solti wirkte. Im Sommer wird eine grundlegende Instandsetzung, auch mit akustischen Neuerungen, in Angriff genommen, in der Hoffnung, daß der renovierte Bau ab 1997 mit den großen europäischen Konzertsälen mithalten kann. Der Solti-Sound und der Levine-Sound gleichen sich in vieler Hinsicht; beide verfügen über Klarheit, Präzision und eine einwandfreie Registrierung der Orchesterstimmen. Es ist eine gute Gelegenheit, von dieser Ära Abschied zu nehmen.

Die Schubert-Symphonie empfindet Levine als lyrisches Drama, das nach den gleichen klassischen Prinzipien wie Mozart zu spielen ist, dem aber unbedingt die Wärme und die Farbe beigegeben werden müssen, die der frühen Romantik entsprechen. Die Essenz des Werks besteht in einem kühnen gesanglichen Bogen, der weder durch Sentimentalität geschwächt noch durch markante Merkmale forciert werden darf, sondern in Phrasen dahinfließen muß, die dem Atem der menschlichen Stimme entsprechen.

Anscheinend besteht die *Symphonie* deswegen nur aus zwei Sätzen, weil Schubert nicht dazu kam, das Werk abzuschließen. Er fing zwar mit einem Scherzo an, vollendete es aber nicht. Romantische Geister, die meinen, er habe seine Passion und seine Inspiration verloren und unmöglich noch ein Finale schreiben können, sind ziemlich sicher auf dem Holzweg. Er komponierte später ein unglaubliches Finale für die »große« *Symphonie C-Dur* und hätte wahrscheinlich ein wunderbares Finale für die *Unvollendete* geschrieben, wenn er nur die Gelegenheit dazu gehabt hätte. Die zwei vorliegenden Sätze stehen beide im Dreiertakt (Dreiviertel beziehungsweise Dreiachtel), sind jedoch von völlig unterschiedlichem Ausdruck geprägt. Der Dirigent sollte eher die kontrastierenden Aspekte beleuchten, anstatt zu sehr ein Gleichmaß herauszustreichen.

Die Aufführung bestätigt das, was Levines Platteneinspielung vermittelt. Dies ist zweifellos ein Orchester von höchstem Niveau, und die Art, wie es Schubert spielt, wäre selbst in Wien bejubelt worden.

Die Aufführung des Stücks von Schuller gewinnt dadurch noch an Bedeutsamkeit, daß der Komponist als junger Mann, von 1945 bis 1959, im Orchester der Metropolitan Opera Horn spielte. Heute, im Alter von 69 Jahren, ist er einer der Leitsterne der amerikanischen Musik. Man schätzt ihn als vielseitig begabten und innovativen Komponisten, als bedeutenden Musikpädagogen und als ehrliche und überzeugende Stimme im amerikanischen Musikleben.

Of Reminiscences and Reflections ist eines der vielen beeindruckenden Werke, die vom Louisville Symphony Orchestra in Auftrag gegeben und aus der Taufe gehoben wurden. Das Werk entstand nach dem Tod von Schullers Frau im September 1993 innerhalb von nur 17 Tagen und wurde im Dezember desselben Jahres unter der Leitung des Komponisten uraufgeführt. Schuller setzt hier sehr wirkungsvoll ein ungewöhnlich großes Orchester mit riesigem Schlagzeug ein. Die Instrumentierung ist durchweg kühn; unterschiedliche Farben und Strukturen unterstreichen die Wirkung prägnanter musikalischer Ideen. Schuller sah das Werk als eine Spielart der Symphonie; die fünf Sätze werden ohne Pausen gespielt, weisen jedoch die gleichen Kontraste auf, die wir von der traditionellen symphonischen Form her kennen.

In Ravinia bedauerte Levine immer sehr, daß die zeitgenössische Musik zu kurz kam, vor allem weil es an ausreichender Probenzeit mangelte. Wenn er jetzt mit seinem bestens vorbereiteten eigenen Orchester nach Chicago kommt, ist es also plausibel, daß er seiner Neigung folgt und mit einem packenden modernen Stück loslegt. Und er beweist damit auch, daß man mit einem wirklich guten Stück in einer gelungenen Interpretation alle bis auf die konservativsten Zuhörer gewinnen kann. Viele Musikfreunde haben sich von Schullers Werk nicht nur nicht abschrecken lassen, sondern darin noch einen zusätzlichen Anreiz gesehen, eine Karte für das Konzert zu kaufen. Dem Applaus und den anschließenden Kommentaren nach zu schließen, ist das Publikum durchweg angetan.

In der guten alten Zeit von 1898 reichten für einen Skandal bereits die Trompeten, die in Strauss' *Don Quixote* Schafe imitieren. Strauss sah darin einen brillanten Scherz, und die Kritiker und das Publikum sind inzwischen längst seiner Meinung. *Don Quixote* ist Levines Lieblingsstück unter den längeren Kompositionen von Strauss, vor allem wohl deswegen, weil es das klassischste seiner Werke ist. Es besteht aus einem Thema mit Variationen – einer Form, wie sie auch von Mozart und Beethoven geschätzt wurde – und wirkt daher viel geschlossener als die freieren, rhapsodischeren Tondichtungen. Es handelt sich außerdem um eine Art Doppelkonzert für Violoncello und Viola – als Verkörperungen des fahrenden Ritters und seines Knappen –, die in diesem Fall von zwei Solisten aus dem Met-Orchester, Jerry Grossman und Michael Ouzounian, gespielt werden. Beide sind erfahrene Solisten. Die Aufgabe, mit ihren Instrumenten zwei so unterschiedliche Charaktere darzustellen, meistern sie mit Phantasie und Virtuosität.

Levine möchte den Hörer auf die Schönheit, die Raffinesse und den musikalischen Ideenreichtum dieses Werks aufmerksam machen, was sich eher durch geschicktes Understatement als durch Effekthascherei erreichen läßt. *Don Quixote* steckt voller entzückender, einnehmender Details. Schon bald folgt der Hörer gebannt der Darstellung der Charaktere und der Entwicklung der Ereignisse, die Strauss mit seiner Kompositionsweise so anschaulich porträtiert. Die Interpreten werden dem sublimen Witz des Komponisten im höchsten Maße gerecht.

Wenn ein Gastorchester zum erstenmal in der Orchestra Hall konzertiert, sind die Reaktionen des Publikums ein ziemlich verläßlicher Maßstab für seinen Erfolg. Beim Boston Symphony Orchestra oder bei den Wiener Philharmonikern applaudiert und jubelt man vielleicht nur, weil man meint, das gehöre sich so, doch das Orchester der Metropolitan Opera genießt nicht diesen Bonus. Es bekommt nur, was es verdient.

Und es verdient die Ovationen. Seit einem halben Jahrhundert besuche ich nun schon Konzerte in diesem Saal, doch selten habe ich es erlebt, daß ein Orchester mit so viel Begeisterung und Zustimmung aufgenommen wurde. Das läßt sich nicht nur an der Stärke des Beifalls ermessen. Man spürt regelrecht, wie neugierig, freundlich und enthusiastisch das Orchester willkommen geheißen wird.

Nach dem Konzert begrüße ich den Maestro hinter der Bühne. »Wenige New Yorker hätten es sich wohl träumen lassen, daß das Met-Orchester eines Tages besser spielt als ihre Philharmoniker. Wo nehmen die Musiker nur diese Konzentration her?«

»Ist es nicht phantastisch? Sie sind voll da, total präsent, jede Sekunde. Damit das möglich wird, muß man erst einmal eine Atmosphäre schaffen, in der die Musiker ihren Beruf lieben, in der sie begeistert spielen, ihr Bestes geben wollen und das Gefühl haben, voll im Mittelpunkt zu stehen.«

2. Oktober 1995, Metropolitan Opera

Die Metropolitan Opera eröffnet ihre 111. Spielzeit mit ihrer 197. Aufführung von Verdis *Otello*. Im Orchestergraben steht James Levine, der an der Met keine Oper so häufig dirigiert hat wie diese. Es wird seine 63. Aufführung dieses Werks an der Met sein.

Auf der Bühne, auf der die Met zum allerersten Mal *Otello* spielte, erklingt auch heute noch Musik (allerdings eher *Das Phantom der Oper* und weniger klassische Oper). Sie befindet sich über 1200 Kilometer westlich von New York, in Chicago. Das Auditorium an der Ecke Congress und Michigan Avenue wurde damals auch als »The Met West« bezeichnet, denn es war durchaus üblich, daß die Kompanie bereits Wochen vor der Eröffnung der New Yorker Opernsaison hier auftrat. In Chicago hatte man das Gefühl, keine eigenen Opern produzieren zu können, und so versorgte die Met bis 1911 im Grunde beide Städte.

Bei der amerikanischen Erstaufführung am 23. November 1891, viereinhalb Jahre nach der Uraufführung in Mailand, sang Jean de Reszke die Titelrolle. Das Valisi-Mandolinenorchester spielte das Ständchen für Desdemona im zweiten Akt. Ob Verdis ursprünglicher Absicht entsprechend ein Dudelsack zum Einsatz kam oder aber eine Oboe, die der Komponist als Alternative gelten ließ, ist nicht bekannt. Am 11. Januar sang Reszke die Rolle auch in New York, wo statt des Valisi-Orchesters der Ricca Mandolin Club spielte.

Die damaligen Opernkompanien brachten zahlreiche neue Werke auf die Bühne, zögerten bisweilen jedoch, eine eigene Ausstattung für eine Oper zu produzieren, solange nicht klar war, ob sich die Investition lohnte. So wurde bei Premieren zuweilen eine Standardausstattung verwendet, wie sie an jedem Haus zu finden war. In der Spielzeit 1894/95 wurde *Otello* schließlich mit eigener Ausstattung wiederaufgenommen und 13mal gegeben – viermal in New York und neunmal auswärts, davon zweimal in Chicago. Als Otello hörte man Francesco Tamagno, der in Mailand als erster die Titelrolle gesungen hatte.

Otello ist eine Rolle für einen Supertenor, einen »tenore robusto«, wie die Italiener es nennen. Caruso ließ die Finger davon. Luciano Pavarotti studierte die Partie zwar ein und sang sie in einer konzertanten Aufführung, die live mitgeschnitten wurde, meinte jedoch gegenüber der Presse, das sei »nicht mein Fall«. Plácido Domingo, der die sieben Aufführungen in dieser Saison bestreitet, hat die Rolle erstmals 1975 gesungen und bereits 1978 mit Levine eingespielt. Er verkörperte die Rolle auch in der umstrittenen Verfilmung der Oper durch Franco Zeffirelli. (Die

Met-Produktion von 1995/96 wird im Fernsehen ausgestrahlt und erscheint wahrscheinlich auf Laserdisc.) Seit Jon Vickers sich von der Bühne verabschiedete, hat Domingo keinen ernsthaften Rivalen in der Rolle des tragischen Mohren.

Levine hat *Otello* acht Spielzeiten lang an der Met dirigiert und dabei mit fast allen gefeierten Interpreten dieses Werks zusammengearbeitet. Domingo hat die Titelrolle 25mal für ihn gesungen, nicht ganz so oft wie Vickers, der mit 27 Otello-Auftritten den Rekord hält. McCracken sang in zehn Aufführungen. Milnes hält mit 27 Jagos den Rekord in dieser Rolle. Als Desdemona traten ein Dutzend Sopranistinnen auf, unter anderem Mirella Freni, Teresa Stratas, Margaret Price, Renata Tebaldi, Kiri Te Kanawa, Renata Scotto, Katia Ricciarelli und Gilda Cruz-Romo, die diese Rolle am häufigsten sang, nämlich 13mal.

Die Met eröffnet die Spielzeit selten mit einer neuen Produktion; trotzdem werden Karten zum Preis von bis zu 1000 Dollar verkauft. Die fein abgestimmte Verkaufsstrategie folgt der Erkenntnis, daß das Haus einfach deswegen ausverkauft sein wird, weil es sich um die Saisoneröffnung handelt, und daß man den Reiz einer Neuheit für einen anderen Abend aufsparen kann.

Einst war die Eröffnung der Opernsaison eine Modenschau, ein festlicher Rahmen zur Vorführung des Prestigekonsums, eine Parade der High Society (die sich nicht unbedingt mit dem Kreis der versierten Musikkenner deckte). Nach 35 Saisoneröffnungen in Chicago fällt mir inzwischen auf, daß immer weniger reiche Gesellschaftslöwen und immer mehr ernsthafte Musikfreunde vertreten sind. New York, das seit jeher mehr an Kultur zu bieten hat, weist dagegen ein Publikum auf, das eine Operngala aus den richtigen Gründen zu schätzen weiß, und Levine legt großen Wert darauf, dem Publikum genau das zu bieten, worauf es erpicht ist.

Die *New York Times* spricht von einem »spannenden Abend, an dem die Met ihre Tugenden und ihre Sünden gleichermaßen virtuos zu erkennen gibt. Die Wirkung dieser Oper beruht zum großen Teil auf den Orchester- und Chorpartien. James Levine verbindet diese Elemente zu einem Musikereignis, das durch seine Klarheit und Spannkraft besticht.« Soviel zu den Vorzügen. Zu den »Sünden« gehört die Hilflosigkeit gegenüber den »riesigen Dimensionen der Bühne, die sich selbst in den intimen Momenten der Oper so gewaltig ausnimmt, daß die menschliche Not vor den Kulissen aus gigantischen Ölgemälden aus der Sicht des Zuschauers regelrecht unterzugehen droht«. Idealerweise sollte die Bühne in der Schlußszene auf die Größe eines Schlafgemachs schrumpfen.

Das Format dieses Eröffnungsabends und die Tatsache, daß diese Oper später weltweit im Fernsehen ausgestrahlt werden soll, beleuchten indes einen zentralen Aspekt im Kulturleben der Nation: Die Oper löst das Symphoniekonzert als primäres Vehikel der »ernsten« beziehungsweise »klassischen« Musik ab.

Vom Beginn dieses Jahrhunderts bis zum Zweiten Weltkrieg erlebte die ernste Musik in Amerika einen gewaltigen Auftrieb im Bereich der symphonischen Musik. Dieser Aufschwung stagnierte aus dem gleichen Grund, der die einst lebendige Tradition des Liederabends aushöhlt: Es gibt zu wenige wirklich gute Interpreten und ein beschränktes Repertoire mit viel zuwenig Musik aus diesem Jahrhundert. Doch während die Zuhörerschaft im Bereich der symphonischen Musik schrumpft, erschließt sich die Oper ganz neue Hörerkreise.

Dies mag vor allem daran liegen, daß die Oper auch jüngere Leute unmittelbar anspricht, während Symphoniekonzerte und Liederabende hauptsächlich ältere Hörer anziehen. Eine Studie des National Endowment for the Arts ergab, daß die Altersgruppe der 18- bis 24jährigen zwischen 1982 und 1992 in der Gesamtbevölkerung zwar um 16 Prozent zurückging, daß die Zahl der Opernbesuche innerhalb dieser Altersgruppe jedoch um 18 Prozent stieg. Da sich die Verhaltensmuster bei der Rezeption von Musik und Theater im allgemeinen bis zum Alter von dreißig Jahren klar herausgebildet haben, darf man davon ausgehen, daß die Oper auch im kommenden Jahrhundert mit einem Publikum rechnen kann.

Die Oper ist schließlich *Theater total.* In der Oper wird die Wirkung des Wortes durch die Intensität der Musik noch verstärkt. Nirgendwo sonst in der Welt der darstellenden Künste wird ein so hohes Maß an ästhetischer Wirkung erzielt wie hier. Kaum eine Form des Theaters vermittelt ein solch großartiges ästhetisches Erlebnis wie eine gut inszenierte Oper. Und diese erhebende

Erfahrung läßt sich zu Hause wiederholen, denn sehr viele Opern sind auf Videokassette und Laserdisc verfügbar. Wenn man erst einmal dahintergekommen ist, was die Oper einem geben kann, kommt man nicht mehr davon los. So erging es Levine als Kind, und so erging es vielen anderen.

Ist eine volle Palette an Ohrenschmaus und Bühnenschauer erwünscht, muß man nur Domingo und Levine zusammentun. In der Mitte des letzten Aktes von *Otello*, kurz vor dem tragischen Höhepunkt, wendet sich die Frau neben mir an ihren Mann und fragt ihn, vermutlich rein rhetorisch: »Kannst du dir etwas Dramatischeres vorstellen?« Domingo ist ganz in seinem Element: Er spielt die große Rolle grandios. Domingo ist zwei Jahre älter als Levine. Sie haben seit 1970 bei so vielen verschiedenen Projekten zusammengearbeitet, daß die Verständigung zwischen ihnen oft fast schon telepathisch ist.

Weil sie sich schon so lange kennen, können sie einander voll vertrauen. Was der eine macht, wird den anderen niemals überrumpeln oder überraschen. Die beiden sind eine der seltenen Verbindungen, die in gewisser Weise mit dem Duo Toscanini/Caruso verglichen werden kann. Allerdings stand Caruso nie am Dirigentenpult. Domingo dagegen dirigiert selbst – und zwar sehr gut. In der Spielzeit 1996/97 tritt er an der Met in einer bemerkenswerten Doppelrolle auf, nämlich als Sänger *und* als Dirigent. Deswegen bringt er als Gesangsinterpret ein Maß an Verständnis mit, das oft Erstaunliches entstehen läßt. Daß die Stimme des Mittfünfzigers nicht mehr dieselbe ist wie die des Dreißigjährigen, sollte selbstverständlich sein. Stimmen verändern sich im Laufe der Zeit wie erlesene Weine; an die Stelle der jugendlichen Frische kann die vollmundige Reife treten. Domingo besitzt zweifellos eine der größten Stimmen dieses Jahrhunderts.

Aufgrund seiner langjährigen Erfahrung mit diesem Werk ist Levine in der Lage, das Timing ungewöhnlich geschickt zu gestalten. Er verleiht dem gesamten Werk ein ungeheuer dramatisches Profil. Die Spannung entsteht mit den ersten Tönen und hält sich bis zum letzten Takt. Innerhalb dieses Bogens ziseliert er die Dynamik jeder einzelnen Szene. Jeder Höhepunkt entwickelt sich aus einer anschwellenden Woge von Musik und

Gesang und vermittelt das Gefühl dramatischer Unausweichlichkeit.

Der derzeitige *Otello* der Met, in der Regie von Elijah Moshinsky und der Ausstattung von Michael Yeargan, ist seit der Spielzeit 1993/94 zu sehen. Diese Produktion löste eine gefeierte Inszenierung von Zeffirelli aus dem Jahre 1972 ab, die viele Opernfreunde noch immer schätzten, die nach Meinung der Chefs jedoch ausgemustert werden mußte. In der neuen Inszenierung werden die ersten beiden Akte ohne Pause gespielt, und auch die letzten beiden führen ohne Unterbrechung zum Höhepunkt der Schlußszene. Die Oper dauert drei Stunden und geht flott über die Bühne, weil die Met über eine hochmoderne Bühnentechnik verfügt, mit der selbst große Kulissen rasch verändert werden können. In der Mitte des ersten Aktes etwa verschwindet plötzlich eine Wand und eröffnet einen tieferen Blick auf die Bühne. Solch ein phantastischer Effekt läßt sich an keinem anderen amerikanischen Opernhaus erzielen.

In seinen späteren Schaffensjahren erkannte Verdi, daß sein musikalisches Genie nur erstklassige Libretti als Arbeitsgrundlage verdiente, denn er hatte bereits genügend drittklassige Stoffe vertont. Er war glücklich, mit Arrigo Boito zusammenarbeiten zu können, der selbst ein begnadeter Komponist war. Verdi hatte drei Opern nach Dramen Shakespeares ins Auge gefaßt – *Othello*, *Die lustigen Weiber von Windsor* sowie *König Lear* (aus letzterem wurde indes nichts). Die Texte der Shakespeare-Dramen lassen sich kaum noch verdichten. Verdi wußte zunächst nicht genau, wie er die Stoffe musikalisch gestalten sollte. Doch *Falstaff* (in Anlehnung an *Die lustigen Weiber*) und *Otello* bilden die absoluten Triumphe seines Spätwerks. Boito lieferte ihm zwei der genialsten Libretti, die einem Komponisten je vorgelegt wurden. Sie weisen das authentische Idiom Shakespeares auf, aber auch den straffen Aufbau, den die Oper braucht. Worte zu singen dauert schließlich doppelt so lang, wie sie zu sprechen.

Diese Inszenierung ist für viele Opernkenner eine Musterinszenierung. Levine hat Sänger engagiert, die bereits seit mehreren Jahren eng mit ihm zusammenarbeiten. Die längste Verbindung ist die zu Domingo. Diese Spitzenbesetzung entspricht zwar den allgemeinen Erwartungen, doch sind zumindest einige Opernbesucher überrascht, daß James Morris in seiner 25. Spielzeit an der Met zum erstenmal den Jago singt. Morris war ein tragendes Element in Levines ersten Aufführungen von Wagners *Ring* Ende der achtziger Jahre. Nur wenige Wotans sind zugleich Jago, und nur wenige Jagos würden sich an Wotan wagen. George London war eine berühmte Ausnahme. Tito Gobbi, der gefeiertste Jago seiner Zeit, hätte niemals den zweiten Akt der *Walküre* überstanden. Morris gestaltet die Rolle jedoch nicht bloß mit stimmlichem Durchhaltevermögen (so wichtig dieses auch sein mag), sondern mit einer Tiefe und Kraft des Tons und einer unglaublichen Präsenz. Er zeichnet Jago glaubhaft als den Urheber dieser Tragödie.

Kein Operndirektor kann sich auf eine Lieblingsprimadonna kaprizieren, doch Levine konnte für die Rolle der Desdemona Renée Fleming gewinnen, die derzeit zu den gefragtesten Sopranistinnen zählt. Die Opernwelt wurde 1988 auf sie aufmerksam, als sie bei einem wichtigen Wettbewerb, den National Council Auditions, ausgezeichnet wurde. Levine erkannte sofort ihr Potential, und so gab sie drei Jahre später in einer großen Partie (der Gräfin in *Le nozze di Figaro*) ihr Debüt an der Met. Sie hat an allen großen amerikanischen Opernhäusern Erfolge gefeiert und erobert zur Zeit Europa. Mitten in den Vorbereitungen zu diesem *Otello* brachte sie eine Tochter zur Welt. Sie eilte direkt aus der Probe zur Entbindung und gleich wieder zurück. Besonders ergreifend gestaltet sie das Duett mit Otello im ersten Akt, jenen Moment verzückter Liebe, der den letzten Akt um so bitterer erscheinen läßt.

Wenn man sich Ende der vierziger Jahre im New Century Theater, unweit der alten Metropolitan Opera, eine andere Shakespeare-Bearbeitung ansah, nämlich Cole Porters *Kiss Me, Kate* (nach Motiven aus *Der Widerspenstigen Zähmung*), so erlebte man eine Form des Musiktheaters, wie man sie an einem amerikanischen Opernhaus damals wohl nicht zu sehen bekam. Eine Show von Cole Porter bot das Modernste an Bühnentechnik. Dagegen war die Met ein Relikt aus der Zeit der Jahrhundertwende. An der Met herrschte eine völlig antiquierte Vorstellung davon, wie Ausstattung, Kostüme und Beleuchtung aussehen und wie die Sänger agieren sollten; das Ganze erinnerte oft an Victor Herberts frühe amerikanische Operetten.

Es ist Rudolf Bings Verdienst, endlich klar erkannt zu haben, daß die Oper und das Broadway-Theater in dieselbe Dekade desselben Jahrhunderts gehören. Ab 1950 unternahm Bing stetige lobenswerte und oft auch erfolgreiche Versuche, Opernproduktionen auf den Stand der Zeit zu bringen.

Seit die Met vor nunmehr dreißig Jahren in das Lincoln Center umzog, hat die Oper gegenüber dem Broadway-Musiktheater kräftig aufgeholt. Inzwischen verfügt die Met über eine Bühnentechnik, die sogar noch komplexer ist als die der meisten kommerziellen Theater, und kann somit technisch weit aufwendigere Produktionen präsentieren als die Broadway-Produzenten. Das Blatt hat sich wirklich gewendet, das beweist auch dieser *Otello*. Die Opernaufführungen, die ich in meiner Jugend, also in den dreißiger Jahren, erlebte, waren oft einfältig und unzeitgemäß. Die Oper erschließt sich heute auch deswegen neue Hörerkreise, weil sie mit den Spitzenleistungen des Sprechtheaters längst mithalten kann.

Ein weiterer, sicherlich ebenso wichtiger Grund besteht darin, daß der Opernbesucher inzwischen – wie der Theaterbesucher – genau weiß, was sich auf der Bühne abspielt. Damit der Opernbesucher auch den Text und somit mehr von der Oper mitbekommt, sind viele Häuser inzwischen dazu übergegangen, Obertitel zu projizieren. Bei dieser Saisoneröffnung haben auch die »Met Titles« Premiere – eine geniale Vorrichtung, die es dem Opernbesucher erlaubt, den gesungenen Text auf einem kleinen Display am Rücken des Sitzes vor ihm abzulesen. Levine war der Meinung, Obertitel seien für die Met ungeeignet, und so wurde als Alternative diese raffinierte, unauffällige Variante entwickelt.

Die Verwendung von Titeln scheint ein für allemal die Diskussion darüber beendet zu haben, ob Opern in Amerika in englischer Übersetzung gesungen werden sollten. Die Befürworter englisch gesungener Oper gingen von der unrealistischen Annahme aus, daß englischsprachige Sänger den englischen Text klar genug artikulierten, um selbst in einem großen Haus verstanden zu werden. Die New York City Opera verwendet sogar bei amerikanischen Werken mit englischem Text vernünftigerweise Obertitel.

Die »Met Titles« haben den Vorteil, daß sie nur dann erscheinen, wenn man das System aktiviert; wer sie benutzen möchte, kann sie jederzeit einschalten. Sie sind völlig diskret und unauffällig; und der Text erscheint absolut synchron zum gesungenen Wort. (Die Lacher kommen also immer an der richtigen Stelle.) Dies ist wahrscheinlich die derzeit teuerste Lösung, aber auch die beste.

15. Oktober 1995, Carnegie Hall, New York

Die New Yorker Philharmoniker treten in ihrer Konzertsaison zwischen Herbst und Frühjahr mehrere Male pro Woche auf. So gut sie auch spielen mögen: ihre Leistung sollte nicht verabsolutiert werden. Das Orchester der Metropolitan Opera spielt in derselben Zeit drei Sonntagnachmittagskonzerte in der Carnegie Hall, wovon jedes zu Recht als Ereignis gilt. Die Situation ist ähnlich wie bei den Wiener Philharmonikern, die die meiste Zeit im Orchestergraben der Wiener Staatsoper tätig sind, aber zehnmal pro Saison am Samstagnachmittag und Sonntagvormittag Konzerte geben. (Den wöchentlichen Konzertbetrieb bestreiten die Wiener Symphoniker und andere Orchester.)

Das Orchester der Met kann aufgrund seiner Opernproben und Aufführungen nur eine begrenzte Zahl von Konzerten geben. »Ich könnte pro Jahr gut und gern zehn verschiedene Programme bringen, wenn der Terminplan es erlauben würde«, sagt Levine.

Seit mehr als sechzig Jahren mußten und müssen sich die New Yorker Philharmoniker in ihrer Heimatstadt mit auswärtigen Orchestern messen, die zu Gastspielen nach New York kommen und ihnen hier ihren Rang streitig machen. In den dreißiger Jahren bestand eine regelrechte Rivalität mit Kussewitzkys Boston Symphony Orchestra und Stokowskis Philadelphia Orchestra. Beide Klangkörper gaben Abonnement-Konzertreihen im Stammhaus der Philharmoniker, der Carnegie Hall.

Unter Toscanini (bis 1936) und unter Rodzinski (ab 1943) waren die New Yorker Philharmoniker ihrer Konkurrenz gewachsen, doch sieben Jahre lang waren sie ziemlich in der Versenkung verschwunden. In den Kriegsjahren herrschte nur eine eingeschränkte Gastspieltätigkeit, aber in den vierziger Jahren erwiesen sich die Bostoner, immer noch unter Kussewitzky, und die Musiker aus Philadelphia, inzwischen unter der Leitung von Eugene Ormandy, als mächtige Rivalen. Boston blieb auch ein starker Konkurrent, als Kussewitzky 1950 von Charles Munch abgelöst wurde.

Die große Überraschung aus dem Westen war in den fünfziger Jahren das Cleveland Orchestra unter George Szell, das immer häufiger zu Gastspielen kam. In dieser Zeit ging der potentielle Rivale aus dem Nordwesten, das Chicago Symphony Orchestra unter Fritz Reiner, nur selten auf Tournee. Das Boston Symphony Orchestra blieb nach wie vor der große Herausforderer, besonders nachdem Erich Leinsdorf 1962 dessen Chefdirigent geworden war. Trotzdem war für anspruchsvolle New Yorker fast zwei Jahrzehnte lang das Cleveland Orchestra das führende Symphonieorchester. Dies änderte sich erst mit dem Tode Szells im Jahre 1970 und dem raschen Aufstieg des Chicago Symphony Orchestra unter seinem neuen Chefdirigenten, Georg Solti, der die Szene bis zu seinem Abschied im Jahre 1991 beherrschte.

Levine meinte, wenn die Wiener Philharmoniker ein »Doppelleben« führen könnten, dann könne sein Met-Orchester das auch; und für die künstlerische Entwicklung sei dieser Wettbewerb sogar absolut notwendig. Deswegen gastierte er mit seinem Orchester am Ende der Saison 1990/91 erstmals in der Carnegie Hall. Nun bekamen die New Yorker Philharmoniker also erstmals Konkurrenz innerhalb der eigenen Stadt.

Aufgrund der Erfolge der ersten Konzerte in der Carnegie Hall wagte das Met-Orchester 1995 eine Konzertreise nach Europa und eine Tournee durch die Vereinigten Staaten. Es ist natürlich von Vorteil für die Met, im Ausland Präsenz zeigen zu können, ohne gleich mit der gesamten Kompanie losziehen zu müssen. [Auf der Europatournee 1996 wurden in Frankfurt drei Opern in konzertanter Form aufgeführt.]

Das Orchester der Metropolitan Opera hat nach einem Vierteljahrhundert unter Levine ein Niveau erreicht, das man bis dahin für undenkbar hielt. Inzwischen spielt es sogar besser als die Philharmoniker, die nicht auf eine so langjährige Zusammenarbeit mit einem Dirigenten von Levines Format zurückblicken können. Zubin Mehta, der die New Yorker Philharmoniker von 1978 bis 1991 leitete, war in der jüngeren Geschichte dieses Orchesters der Chefdirigent mit der längsten Vertragszeit, doch die Orchestererziehung gehört nicht zu seinen größten Stärken.

Dadurch, daß sich das Met-Orchester zu einem Klangkörper entwickelte, der auch symphonisches Repertoire aufführen und für die Platte einspielen kann, hat sich Levines Horizont immens erweitert. Seit ich ihn kenne, spricht er davon, möglicherweise die Leitung eines großen amerikanischen Orchesters zu übernehmen, und seine Jahre in Chicago wiesen im Grunde in diese Richtung. Doch Levine wollte keine derartige Verpflichtung eingehen, solange er nicht in der Lage war, dieser Aufgabe seinem eigenen Anspruch gemäß gerecht zu werden, ohne die Kontinuität der künstlerischen Entwicklung an der Met zu beeinträchtigen.

Inzwischen will er verstärkt symphonische Werke aufführen und einspielen und dieses Repertoire ausbauen, doch nicht auf Kosten seiner Tätigkeit an der Oper. Die derzeitige Lösung – drei Konzerte in New York, eine Tournee und ein paar Wochen Gastdirigate in Berlin beziehungsweise Wien, in Boston oder Philadelphia – erscheint nahezu ideal.

Levine gilt zwar vor allem als großer Operndirigent und als leidenschaftlicher Bewunderer der menschlichen Stimme – ob in Oper, Oratorium oder Lied –, doch sein Interessensspektrum erstreckte sich seit eh und je über die gesamte Bandbreite der Musik. Er hat sich schon immer für neue und zeitgenössische Musik eingesetzt. Oft hat er, in Anwesenheit des Komponisten, neue Werke von John Cage, Darius Milhaud, Milton Babbitt, Elliott Carter und Gunther Schuller dirigiert. Er will dieses Gebiet in Zukunft noch weiter erkunden, und die jüngsten Entwicklungen scheinen darauf hinzudeuten, daß er dazu häufiger Gelegenheit haben wird. Dabei kann er sich auch auf die Tradition berufen: Toscanini, so betont er, dirigierte 80 Prozent seiner symphonischen Konzerte nach seinem 60. Lebensjahr.

[Im September 1997 gab die Metropolitan Opera bekannt, daß man für Valery Gergiev, den Direktor des Mariinski-Theaters in St. Petersburg, einen neuen Posten, den eines »ersten Gast-dirigenten«, geschaffen habe. Der russische Dirigent soll fünf Spielzeiten lang jeweils acht Aufführungen dirigieren. Zeitgleich mit dieser Ankündigung wurde bekannt, daß Levine das Angebot angenommen habe, ab September 1999 die Leitung der Münchner Philharmoniker zu übernehmen.]

Mitte Oktober 1995 – die Saison der Met hat bereits begonnen – präsentiert Levine mit dem Orchester der Met in der Carnegie Hall ein reines Mahler-Programm. Der Konzertsaal wurde seit seiner Einweihung im Jahre 1891 mehrfach renoviert, vor allem 1960, als Isaac Stern und seine Mitstreiter den Bau vor dem Abriß bewahrten. New York brauchte die Carnegie Hall, ganz besonders nach der Eröffnung des neuen Konzertsaals im Lincoln Center, der sich als akustisches Desaster erwies. Die akustischen Mängel wurden schließlich behoben, doch in der Zwischenzeit war die Carnegie Hall der einzige große Konzertsaal der Stadt, der dem Niveau von Spitzenorchestern gerecht wurde. Der breite, halbrunde Saal mit schmalen Logenrängen, einem schmalen Balkon und einer großen Galerie gleicht einem europäischen Opernhaus aus dem 19. Jahrhundert. In meinen mageren Jahren hörte ich sehr viele Konzerte von ganz oben, und in meiner Zeit als Kritiker saß ich mindestens ebensooft unten. Beides hat seine Vorteile. Bei diesem Mahler-Konzert sitze ich in einer der ersten Reihen im Parkett.

Solist des Konzerts ist der Baßbariton Bryn Terfel. Levine nimmt nicht für sich in Anspruch, Terfel entdeckt zu haben – das geschah in dessen walisischer Heimat –, doch im Juni 1992, im selben Jahr, in dem er erstmals im Londoner Covent Garden Theatre auftrat, gab der junge Sänger in Ravinia mit Levine und dem Chicago Symphony Orchestra in Mahlers *Symphonie Nr. 8* sein Amerikadebüt. Er sang auch eine kleine Rolle in einer konzertanten Aufführung von *Samson et Dalila* und gab im selben Monat mit Levine einen Liederabend – ein »Coup«, wie er in Ravinia in der Ära Levine typisch war. An der Met debütierte Terfel 1994.

Terfel ist ein Sänger ganz nach Levines Geschmack. Erstens verfügt er über eine große, satte, edle Stimme mit einem wunderbaren Spektrum an Farbe und Schattierung. Zweitens ist er ein versierter, aufmerksamer und sensibler Musiker. Drittens ist er ein Naturtalent auf der Bühne, denn in seinen Bewegungen mischen sich auf subtile Weise Kraft und Charme. Am Abend zuvor hat er als Leporello in *Don Giovanni* unter Levines Leitung geglänzt.

Mahlers *Kindertotenlieder* gehören zu den herzergreifendsten Werken der Vokalmusik. Die Texte stammen von Friedrich Rückert; sie bilden die Grundlage für einige der schönsten Lieder, die Mahler komponierte. Rückert verarbeitete in den Gedichten seinen Schmerz über den Verlust eines Sohnes und einer Tochter, die 1833 und 1834 an Scharlach starben. Mahlers älteste Tochter starb 1907, und viele vermuten, dies sei der Grund gewesen, weshalb er Rückerts Gedichte aufgriff, doch Mahler hatte seinen Liederzyklus bereits 1901–04 komponiert, so als habe seine empfindsame Seele die Tragödie vorausgeahnt.

Da die Gedichte von einem trauernden Vater geschrieben wurden, hat es mich stets gewundert, daß der Liederzyklus von vielen als ein Werk für Frauenstimme verstanden wird. Terfel räumt in dieser Hinsicht jeden Zweifel aus und artikuliert das Gefühl der Trauer mit einer Intensität und einem Pathos, wie man dies von einem walisischen Barden durchaus erwartet. Er setzt seine stimmlichen Mittel eindrucksvoll ein und verleiht dem Text mit seiner klaren Artikulation vollen Ausdruck. Die fünf Gedichte, die Mahler aus einer größeren Sammlung auswählte, leuchten das Leid des unwiederbringlichen Verlustes in unterschiedlicher Weise aus und steigern sich in Text und Musik bis in die tiefsten Tiefen der Trauer hinein. Terfel ist sich dieser Entwicklung innerhalb des Zyklus bewußt und gestaltet das letzte Lied als dramatischen Höhepunkt mit einer ausdrucksvollen Auflösung.

Für mich sind die bittersten Verse jene zu Beginn des zweiten Liedes: »Oft denk' ich, sie sind nur ausgegangen! Bald werden sie wieder nach Hause gelangen!« Wenn ich diese Zeilen höre, fühle ich mich an Walter Toscanini erinnert, der ein paar Monate nach dem Tode seines Vaters sagte: »Manchmal denke ich, er ist nur unterwegs. Wenn die Tournee zu Ende ist, kommt er wieder heim.«

Die Lieder, denen eine kurze Pause folgt, sind eine geschickte psychologische Vorbereitung auf Mahlers *Symphonie Nr. 6*. Viele ältere amerikanische Musikfreunde meinen, es sei vor allem das Verdienst Bruno Walters gewesen, die Musik seines Freundes und Kollegen Gustav Mahler in Amerika bekanntgemacht zu haben, doch in Wahrheit spielte Walter zu seiner Zeit in Amerika nur fünf der neun vollendeten Symphonien (die *Zehnte* verwarf er als unvollendet). Für die übrigen Symphonien setzte sich dann in New York und auch anderenorts besonders Dimitri Mitropoulos ein; neben der *Dritten*, der *Siebenten* und der *Achten* spielte er auch die *Sechste*, deren amerikanische Erstaufführung er 1947, 41 Jahre nach ihrer Uraufführung, in der Carnegie Hall dirigierte. Interessanterweise hat Levine – obwohl er Walter als Mahler-Interpreten sehr schätzt – die von Mitropoulos bekanntgemachten Mahler-Symphonien viel häufiger gespielt als die im Repertoire von Walter.

Ein Grund, weshalb Mahlers Musik nur langsam in das Konzertrepertoire einging, war die Tatsache, daß der Komponist seine publizierten Werke immer wieder überarbeitete und korrigierte und so eine verwirrende Vielfalt unterschiedlicher Fassungen schuf, die erst lange nach seinem Tod vereinheitlicht wurden. Um die *Symphonie Nr. 5* in New York aufzuführen, mußte Mitropoulos die Orchesterstimmen erst einmal so einrichten, daß sie mit der letzten Bearbeitung der Partitur übereinstimmten. Andere Dirigenten hatten das Werk wieder weggepackt, als sie bei der ersten Probe merkten, daß sie oft ganz andere Noten vorliegen hatten als die Orchestermusiker.

Levine präsentiert Mahlers *Sechste* in der Fassung, die im Rahmen der kritischen Gesamtausgabe als eine Art »Endfassung« erschien. Obwohl das Werk drei- bis viermal so lang ist wie eine typische Haydn- oder Mozart-Symphonie und etwa doppelt so lang wie die längste von Beethovens rein instrumentalen Symphonien (die *Eroica*), hat Mahler hier ungewöhnlich streng die traditionelle Form der Gattung gewahrt. Der Kopfsatz entspricht der Sonatenhauptsatzform mit einer nach klassischer Manier wiederholten Exposition; die weiteren Sätze folgen einem Muster, wie man es von Bruckner kennt – Scherzo, Andante und Finale.

Mit der Komposition begann Mahler 1903, ein Jahr nach seiner Heirat mit Alma Schindler. Das lyrische Motiv im ersten Satz wird oft als »Alma-Thema« bezeichnet. Bisweilen spricht man auch von der »Alma-Symphonie«. Es ist jedoch unüberhörbar, daß die *Symphonie* nicht gerade von der Freude eines Bräutigams erfüllt ist, sondern von den düsteren Ahnungen eines Pessimisten. Daher ist die häufig verwendete, wenn auch nicht authentisch belegbare Bezeichnung »Tragische Symphonie« um einiges treffender.

Mahler hegte zunächst die Vorstellung, daß der tragische Held von drei Hammerschlägen zu Fall gebracht wird, und ließ im Finalsatz drei Abschnitte mit dem Schlag eines Hammers enden. In der letzten Revision der Partitur tilgte Mahler den dritten Hammerschlag als perkussiven Effekt, obwohl dieser Effekt in der Harmonik und Orchestrierung noch erhalten ist. Levine respektiert diese Entscheidung in seiner Interpretation. Mein Sinn für Purismus stößt in diesem Fall an Grenzen, zumal Mahlers Änderungen hier bereits zunehmend neurotische Züge tragen. Drei Hammerschläge sind ästhetisch gesehen plausibler; der dritte sollte daher wieder eingesetzt werden.

Es ist übrigens gar nicht so leicht, den Klang dieses Schlags richtig zu erzeugen. Einer Anweisung in der Partitur zufolge soll er nicht metallisch, sondern hölzern klingen und laut genug sein, um die Instrumente zu übertönen. William Steinberg erzählte mir einmal, er habe für eine Londoner Aufführung eine perfekte Lösung gefunden: Ein Schlagzeuger sprang von einer Leiter auf einen hölzernen Tisch, der im Bühnenhintergrund stand. Bei Levines Konzert wird auf derlei Akrobatik verzichtet. Die einzige Bühnenaktion ist das Öffnen von Türen in dem Moment, wo aus der Ferne Herdenglocken erklingen. Die Hammerschläge, die nach einer geheimen Methode erzeugt werden, klingen genau so, wie Mahler sie sich vorgestellt haben dürfte.

Wenn das Orchester der Metropolitan Opera ein Werk wie dieses spielt, so hat das den Vorteil, daß es überhaupt nicht schal und routiniert, sondern vollkommen frisch und unverbraucht klingt. »Das war alles ganz neu für das Orchester«, bemerkt Levine nach dem Konzert. »Aber wenn es *Salome* oder *Elektra* spielen kann, dann kann es auch eine Mahler-Symphonie spielen – und *sollte* es auch, denn wenn man das eine versteht, wird man das andere um so besser verstehen.«

Auch Erich Leinsdorf hat immer wieder betont, daß Musik nur im entsprechenden Zusammenhang richtig verstanden werden kann, daß man Beethovens Symphonien nur dann überzeugend spielen kann, wenn man auch mit Beethovens Kammermusik vertraut ist. Mahler und Strauss waren befreundet. Beide waren große Dirigenten. Beide komponierten ihre besten Werke zur selben Zeit. Bei Mahler findet sich nichts, was sich mit Strauss' Opern vergleichen läßt, und bei Strauss gibt es nichts, was sich mit Mahlers Symphonien vergleichen läßt. Aber ein tieferes Verständnis des einen erfordert eine Vertrautheit mit dem anderen.

Mahler starb mit dem Namen Mozarts auf den Lippen, und man kann durchaus sagen, daß die Symphonien Mozarts und die Symphonien Mahlers die beiden tragenden Säulen in Levines symphonischem Repertoire bilden. Er interpretiert beide Œuvres unglaublich brillant, denn er weiß genau, wie diese Musik konstruiert ist. Wenn man eine Symphonie Mozarts oder Mahlers treffend interpretieren will, muß die Form des Werks klar und plastisch hörbar gemacht werden. Die Dramatik muß vollständig entwickelt werden, allerdings ohne jede Übertreibung.

Levine lernte die Mahler-Symphonien etwa ab seinem zwölften Lebensjahr kennen. Mitte der fünfziger Jahre war Bruno Walter nach wie vor der einflußreichste Mahler-Interpret in den Vereinigten Staaten, und Levine ist sich des prägenden Einflusses von Walters Schallplatten durchaus bewußt. Später sprachen ihn die Interpretationen von Mitropoulos und Szell an. Levine weiß auch zu würdigen, welch wichtige Rolle Leonard Bernstein bei der Verbreitung Mahlers in Amerika spielte, doch Bernsteins Einfluß auf Levine war eher gering.

Ich habe nicht miterlebt, wie Mitropoulos 1947 Mahlers *Sechste* interpretierte, deshalb kann ich nicht sagen, ob die Wiedergabe von Levine besser ist oder nicht. Aber ich würde behaupten, daß die Carnegie Hall nicht so schnell von einer vergleichbaren Interpretation der »Tragischen Symphonie« Mahlers widerhallen wird.

21. November 1995, Metropolitan Opera, Ebene C

Die Aufführungen der Metropolitan Opera finden in einem eleganten Opernhaus statt, das in Weiß, Dunkelrot und Gold ausgestattet ist. Vorbereitet werden die Darbietungen jedoch in Räumlichkeiten, die fast ein wenig zu schlicht und funktional gehalten sind. Der Bühneneingang befindet sich an der Nordseite des Gebäudes im Lincoln Center. Dort, wo sich heute in einem unterirdischen Labyrinth aus grauem Beton Orchester und Ballett auf künftige Vorstellungen vorbereiten, lag in den sechziger Jahren, vor der Erbauung des Musentempels, ein großes, tiefes Wasserloch, das gemeinhin als »Lake Bing« – »Bing-See« – bezeichnet wurde.

Dem inzwischen verstorbenen Herbert Zipper, der in Amerika vor allem als Dirigent und Musikpädagoge bekannt war und der in seiner Jugend als engagierter Antifaschist sowohl in deutschen als auch in japanischen Konzentrationslagern inhaftiert war, entfuhr es einmal beim Anblick der Betonblockbauweise in den Korridoren der Met: »Ah ja, genau wie in Dachau.«

Der Probenraum ist viel größer als der Orchestergraben der Met. Hier können sich die Musiker ausbreiten und sogar Wagner mit voller Lautstärke spielen, ohne daß die Trommelfelle platzen. Die Nordwand, hinter dem Dirigentenpult, ist mit einer großen Spiegelfläche verkleidet, so daß hier auch Ballett- und Bühnenproben abgehalten werden können, doch meist sitzen hier die Musiker und sehen in dem Spiegel das Bild eines Phantompublikums, das aus ihnen selbst besteht.

Im Gegensatz zu dem eleganten Pult oben im Orchestergraben ist dieses Podium absolut schmucklos. Der Hang zur Einfachheit geht sogar so weit, daß man dem Podium einen dringend nötigen neuen Farbanstrich versagt. Das Notenpult des Dirigenten ist eine stabile Konstruktion aus Holz, die an vier Stellen – sozusagen erdbebensicher – festgeschraubt ist. Darunter, auf einer Ablage, stehen die diversen Flüssigkeiten, die Levine während der Proben unentwegt zu sich nimmt, beispielsweise kalter schwarzer Tee (den er jedem Kaffee vorzieht) oder Mineralwasser. Für den Bedarfsfall steht in der Nähe ein hoher Hocker mit niedriger Lehne für ihn bereit, wie Kontrabassisten ihn ver-

wenden. Auf dem Pult, neben der Partitur, liegen zwei Taktstöcke.

Bei den Aufführungen trägt das Orchester der Met dunkle
Robe, doch bei den Proben schillert die Kleidung in allen Varianten, die den Musikern für diesen Zweck geeignet erscheinen.
Das einzig Entscheidende ist, daß die Kleidung praktisch ist und
beim Spielen nicht behindert. Das gilt für niemanden mehr als
für Levine selbst. Toscanini erschien in glänzenden schwarzen
Schuhen, gestreiften Hosen und einem schwarzen Jackett mit
Stehkragen zu den Proben. Levine dagegen tritt mit dem nicht
wegzudenkenden Handtuch auf der linken Schulter leise in
den Raum.

Rein optisch unterscheidet er sich nicht von den übrigen
Anwesenden. Man sieht ihm nicht an, daß er der Maestro ist. Er
könnte auch der Triangelspieler sein. Aber er ist der Maestro.
Seine Autorität leitet sich nicht aus seiner Kleidung, sondern aus
seiner Kompetenz ab. Kaum nimmt er seinen Platz ein, herrscht
absolute Stille. Ich erinnere mich noch an das Ritual, das in den
vierziger Jahren im Studio 8-H in der Radio City stattfand, wenn
Toscanini probte. Die Musiker des NBC Symphony Orchestra
kratzten und dudelten munter drauflos, bis aus dem Regieraum
die Ankündigung ertönte: »Der Maestro kommt!« Auf der Stelle
kehrte die gespannte Stille ein, mit der das Orchester den Maestro empfing. Levine nickt, die Oboe gibt den Musikern ein A,
und es wird ein letztes Mal kurz gestimmt.

Die Neuproduktion der *Meistersinger* unter Levine erschien im
Januar 1993 erstmals im Repertoire der Met. Sie ist ein klassisches Beispiel für die Arbeit des Wagner-Teams der Met: Der
Regisseur Otto Schenk und der Bühnenbildner Günther Schneider-Siemssen sind, zumindest für meinen zugegebenermaßen
konservativen Geschmack, die besten Kräfte auf dem Gebiet der
Wagner-Inszenierung.

Levine bereitet für den Dezember fünf *Meistersinger*-Auf-
führungen vor. Die Sänger proben oben auf der Bühne und werden von einem Klavier im Orchestergraben begleitet. Hier unten
in »Nibelheim« wird das Orchester präpariert. Wenn Sänger und
Orchester in der folgenden Woche zusammenkommen, werden
die Musiker ihren Part vermutlich so weit beherrschen, daß man

dem Orchesterspiel keine weitere Aufmerksamkeit mehr widmen muß und sich mit der Oper als Ganzes befassen kann. Manch ein Zuhörer würde diese Orchesterprobe vielleicht als langweilig empfinden. Levine verlangt ruhiges, ernstes und konzentriertes Arbeiten.

Früher hat Levine die Klavierproben im Theater oft selbst geleitet und selbst Klavier gespielt. »Mir ist jedoch bald klargeworden«, bemerkt er, »daß ich das Ganze so nicht koordinieren kann. Der Pianist muß im Orchestergraben sitzen, aber ich brauche den vollen Blick auf die Bühne.« Heute arbeitet Levine mit den Sängern in Einzelsitzungen in seinem Studio, wo er sich ebenfalls oft ans Klavier setzt. Dort können die Feinheiten der einzelnen Rollen ungestört ausgefeilt werden, Phrase für Phrase, bis man sich einig ist.

Diese Arbeitsweise ist nur bei Sängern der neuen Generation möglich. Künstlern der älteren Generation war diese Vorgehensweise bisweilen fremd. So liest man mit Erstaunen in einem Brief von Rudolf Bing an Jussi Björling aus dem Jahre 1950, daß der Impresario den großen Tenor tadelte, weil dieser nicht zu den Proben erschien. »Die italienischen Künstler kommen pünktlich zu jeder Probe und müssen ihre Ensembles, Duette und alles andere ohne Tenor proben.« Björling – das weiß ich aus eigener Anschauung – gehörte zu jener Generation von Sängern, die sich einfach auf die Bühne stellten und loslegten. Er beherrschte seine Rollen und begnügte sich damit, bei den Aufführungen auf die Bühne zu treten, sich an einer geeigneten Stelle am vorderen Bühnenrand zu postieren und seine Nummer zu bringen. Die Tatsache, daß er in ein komplexes musikalisches und dramatisches Geschehen eingebunden war, schien ihn wenig zu berühren. Nur gelegentlich entstand durch den Auftritt eines Bühnenpartners ein Moment echter emotionaler Beteiligung, wie etwa beim Amerikadebüt von Anna Moffo in einer Chicagoer Inszenierung von *La Bohème* im Jahre 1957.

Das Orchester der Met spielt *Die Meistersinger* auf Anhieb so, daß es in jedem Opernhaus der Welt absolut annehmbar klingen würde. Nach traditioneller Auffassung sind *Die Meistersinger* eine recht markige, kernige deutsche Oper, doch heute sieht man sie in einem etwas anderen Licht.

Vor einigen Jahren ging Ferdinand Leitner, der sich an der Lyric Opera in Chicago wie kaum ein anderer für Wagner einsetzte, die Partitur der *Meistersinger* mit mir durch. »Sehen Sie«, sagte er immer wieder, »es ist eigentlich Kammermusik.« Diese neue Auffassung lag auch der Interpretation zugrunde, die Sir Georg Solti zu Beginn der Saison 1995/96 in Chicago in konzertanter Form darbot (und für die Platte einspielte) und die eindrucksvoll demonstrierte, wie leicht, wie transparent und wie fein instrumentiert dieses Werk sein kann. »Wer eine schwere Ausführung mit Fleisch und Kartoffeln will«, kommentierte Solti, »für den habe ich vor zwanzig Jahren eine Einspielung gemacht!«

Levine arbeitet in genau dem gleichen Geist. Ben Heppner und Karita Mattila, die bereits für Solti gesungen hatten, sind hier in denselben Rollen zu hören. Bei diesen Proben wird immer wieder klar, daß die Musik nicht extra unterstrichen werden muß, um ausdrucksvoll zu sein, sondern daß leichtes, rhythmisch pointiertes Spielen das Werk viel eindringlicher erscheinen läßt als gemeißelte Phrasen. Levine sieht die Ursprünge dieses Ansatzes bereits in Toscaninis Salzburger Aufführungen von 1937, von denen eine inzwischen auf Platte vorliegt und analysiert werden kann.

Levine hat die ersten beiden Akte der *Meistersinger* bereits in früheren Proben durchgearbeitet und will jetzt den monumentalen dritten Akt in Angriff nehmen. Er hebt seinen Taktstock und gibt den Einsatz zum Vorspiel. Die Art, wie sich Levine mit dem Taktstock ausdrückt, ist für jeden professionellen Musiker ausgesprochen leicht zu verstehen. Er gibt die Eins klar und entschieden; der Taktstock zeigt den Fluß der Noten in einem eleganten Muster an. Levine wirft seinen Musikern keine Effetbälle zu. Sie sitzen an ihren Pulten – das eine Auge auf den Maestro und das andere auf die Noten gerichtet – und spielen wunderbar geschlossen.

Ein altgedientes Mitglied der Schlagzeuggruppe lacht mich an. »Bei Levine ist es gar nicht möglich, sich zu vertun. Es liegt alles in seiner Hand. Man kann total locker sein und das Ganze so richtig genießen. Er hat immer alles im Griff.«

Nirgendwo zeigt sich diese Einstellung deutlicher als im Vorspiel zum dritten Akt. Levine spielt das Vorspiel einmal durch; es klingt edel, lyrisch und absolut fehlerlos. Doch dann beginnt er sofort, daran zu arbeiten. Was hat beim ersten Mal nicht gestimmt? Levine meint, der Ausdruck könne noch vertieft werden, aber nicht indem man dem Klang mehr Gewicht verleiht, sondern indem man die Klangfarbe etwas dunkler macht und die Phrasierung sowie die subtilen Wechsel in der Dynamik noch feinfühliger gestaltet. Er geht das Vorspiel noch einmal durch. Diesmal klingt es ganz anders. Er legt den Taktstock nieder, nickt den Musikern lächelnd zu und lobt: »Ausgezeichnet.«

Levine wird bei den Proben niemals laut und herrscht nie jemanden an. Wenn er etwas korrigieren will, steigt er vom Podium und klärt das Problem mit dem betreffenden Musiker sozusagen unter vier Augen. Er unterläßt alles, was einen seiner Musiker in Verlegenheit bringen oder verletzen könnte. Levine meint: »Musikalische Probleme zu lösen ist schon schwierig genug, auch ohne viel Staub aufzuwirbeln und groß Theater zu machen.« Toscanini dagegen ließ oft ein gereiztes »porco« oder »pagliaccio« über die Lippen kommen, wofür er sich anschließend wieder entschuldigte.

Nun wendet sich Levine der ersten Szene zu. Eine vertraute Oper ohne Singstimmen zu hören ist eine ganz neue Erfahrung. In diesem Fall wird dabei aber der symphonische Charakter von Wagners Kompositionsstil deutlich. Der Orchesterpart zu *Lucia di Lammermoor* dürfte die Aufmerksamkeit des Hörers nicht allzu lange fesseln. Die Musik der *Meistersinger* dagegen ist auch ohne Sänger ausgesprochen spannend.

Levine ist für diese Arbeit wie geschaffen. Er instruiert seine Musiker präzise und überzeugend. Er will einen leichten Klang, einen singenden Klang, einen klaren Rhythmus und eine stetige Bewegung. Er ermahnt die Musiker, unbedingt die Wechsel der Klangfarbe zu beachten, besonders an den Stellen, wo bei einer klanglichen Unausgewogenheit ein Kolorit entstehen würde, das dem gesungenen Text beziehungsweise der dramatischen Situation widerspricht. Wenn im Opernhaus die Sonne aufgehen soll, muß sie genauso hell aus dem Orchestergraben strahlen wie von der Bühne.

Toscanini pflegte bei reinen Orchesterproben mitzusingen; seine Tenorstimme ist stellenweise sogar auf einigen seiner

Opernplatten zu hören. Auch Levine singt gelegentlich mit, wenn er meint, das Verhältnis zwischen Singstimme und Orchester klar markieren zu müssen. In der Schlußszene, beim Aufmarsch der Zünfte, läßt er an der Stelle, wo die Schneider abtreten, ein lautes »Baaah, baaah, baaah« erschallen. In der Regel verkneift er es sich jedoch mitzusingen, um das Orchester besser zu hören.

Im Hintergrund sitzen ein paar Zuhörer, einige davon über Partituren gebeugt, ganz in die jeweilige Aufgabe vertieft, die sie hierherführt. Es sind auch ein paar Mitarbeiter des Hauses, Musiker und Dramaturgen, anwesend. Der Allgemeinheit sind die Proben nicht zugänglich. Die meisten Opern- und Konzertbesucher haben gar keine realistische Vorstellung davon, was sich in solch einer Sitzung eigentlich abspielt. Wer selbst in einem Schul- oder Laienorchester mitgespielt hat, denkt vielleicht, daß die Proben der Berufsmusiker in etwa so ablaufen, wie er sie kennt. Dem ist jedoch nicht so.

Aus eigener Erfahrung weiß ich, daß das Musizieren mit Laien und die Arbeit mit Berufsmusikern zweierlei sind. Von einem professionellen Musiker kann man verlangen, daß er die Noten in der korrekten Höhe und Länge spielt. An der Dynamik und den Akzenten muß man vielleicht arbeiten, aber man fängt mit den richtigen Tönen an. Bei Schülern und Laien, egal auf welchem Niveau man einsteigt, muß man sich oft damit begnügen, die Minimalanforderung an Profis – fehlerfreies Spielen – als Maximalziel zu erreichen. Bei Berufsmusikern besteht ein Spielraum für Innovation und persönliche künstlerische Reifung. Schüler und Amateure sind häufig mit reinen Taktschlägern am zufriedensten. Versucht man hingegen, freier zu dirigieren und Phrasen zu gestalten, sind sie unter Umständen verwirrt.

Eine wertvolle Lehrzeit absolvierte Levine in Cleveland und Aspen, wo er mit Musikschülern und Studenten (und zwar sehr guten) in unterschiedlich großen Ensembles arbeitete. Josef Krips bemerkte einmal über die Lehrjahre junger Dirigenten an den Provinzbühnen in Österreich-Ungarn: »Am Anfang lernt der Dirigent von den Musikern; dann, nach ein paar Jahren, lernen sie von ihm.«

Doch selbst das größte Dirigententalent der Welt wird sich nicht entwickeln, wenn es nicht die Möglichkeit hat, in der Praxis zu üben und regelmäßig mit professionellen Musikern zu arbeiten. In den siebziger Jahren rankte sich eine traurige Legende um eine gewisse Antonia Brico, die in einem Film als große Dirigentin dargestellt wurde, der angeblich wegen ihres Geschlechts die Karriere versagt geblieben war. Sie hatte jahrelang Schüler- und Laienorchester in Colorado dirigiert. Aufgrund dieser Publicity sicherte sie sich einen Auftritt mit dem Chicago Symphony Orchestra. Ich besuchte damals die Probe. Sie wußte absolut nichts mit dem Orchester anzufangen, das vom ersten Takt an sämtliche Noten einwandfrei und wunderschön für sie spielte. Weiter wußte die Dirigentin eben nicht zu gehen. Gespielt wurde Brahms' *Symphonie Nr. 1* in einer »Standardinterpretation«, wie es die Kritiker nannten, das heißt in einer Interpretation, die ein Orchester von diesem Format wahrscheinlich auch ohne Dirigenten zustande bringt. Die Frage, ob die Dirigentin bei entsprechender Trainingsmöglichkeit je gelernt hätte, ein Orchester vom Rang des Chicago Symphony Orchestra tatsächlich zu »dirigieren«, wird wohl für immer ungelöst bleiben.

George Szell sagte immer: »Das Cleveland Orchestra beginnt dort mit dem Proben, wo andere aufhören.« Von den vier Proben, die Szell normalerweise vor jeder Abonnementreihe durchführte, hätten viele Zuhörer wahrscheinlich bereits die erste für konzertreif gehalten. Szell dagegen fand immer etwas, das noch verbessert werden konnte.

Aber hört das Publikum diese Feinheiten überhaupt? Sir Thomas Beecham bemerkte einmal, vermutlich nicht ganz ernst: »Es ist absolut notwendig, daß das Orchester gleichzeitig anfängt und gleichzeitig aufhört. Was dazwischen passiert, ist eigentlich egal.« Einem Dirigenten wie Toscanini oder Szell war es nicht egal, und für Levine gilt mit Sicherheit dasselbe.

Bei einem Gastspiel in Chicago spielten Serge Kussewitzky und das Boston Symphony Orchestra einmal Debussys *La Mer*. Nach dem Konzert ging ich hinter die Bühne, um dem Dirigenten zu einem ungewöhnlich schönen Klangeffekt im ersten Satz zu gratulieren.

Er sah mich mit weisem Blick an und fragte: »Das hat Ihnen gefallen?«

»Ja, Dr. Kussewitzky, das war phantastisch.«

»Daran habe ich 17 Jahre gearbeitet.«

Kussewitzky besaß eine unglaubliche musikalische Phantasie; er übertraf damit sogar Toscanini und wurde lediglich von Stokowski übertrumpft. Sein Gespür für Klangfarbe und Struktur war phänomenal. Um aber das, was er in seiner Vorstellung hörte, in ein hörbares Klangereignis im Konzertsaal zu verwandeln, war eine geschickte Dirigiertechnik erforderlich, und hierin übertraf ihn sogar mancher durchschnittlich begabte Maestro. Er brauchte 17 Jahre, um jenen Klangeffekt in *La Mer* zu erzielen, weil er seine Intention nicht mit dem Taktstock umzusetzen vermochte. Die gewünschte Wirkung stellte sich erst nach unzähligen Wiederholungen ein, nachdem er seine Musiker in einer Mischung aus Französisch, Russisch und gebrochenem Englisch immer wieder ermahnt hatte, das zu spielen, was er hören wollte. Und schließlich spielten sie es denn auch.

Levine könnte ein ähnliches Ergebnis wahrscheinlich in weniger als drei Proben erzielen. Levine ging schließlich bei Szell in die Lehre. Kussewitzky kam ursprünglich aus der Baßgruppe des Bolschoi-Theaters. Man fragt sich, was er wohl vollbracht hätte, wenn er in seinen jungen Jahren in den Genuß einer Ausbildung gekommen wäre, wie Szell sie bot. Und man kann sich fragen, welche Laufbahn ihm heute wohl beschieden wäre, wo der Anspruch an technische Fähigkeiten so hoch ist.

Einige Romantiker propagierten die seltsame Vorstellung, Technik und musikalische Sensibilität stünden im Widerspruch zueinander. Levine widerlegt dies ein für allemal. Die Orchesterproben zu den *Meistersingern* beweisen, daß der zur Zeit wohl geschickteste Schlagtechniker wie kaum ein zweiter in der Lage ist, die Musik auf höchst ausdrucksvolle, raffinierte und phantasievolle Weise zum Klingen zu bringen. Und aufgrund dieser Technik läßt er den Zuhörer Dinge vernehmen, die weniger begabte Dirigenten vielleicht nur in ihrer Vorstellung hören.

8. Februar 1996, Metropolitan Opera

Così fan tutte ist wohl die problematischste Oper Mozarts. Es ist seine dritte (und letzte) Gemeinschaftsarbeit mit Lorenzo Da Ponte, der (sozusagen als lebendes Beispiel für den Geist des Stücks) die weibliche Hauptrolle seiner eigenen Mätresse zugedacht hatte. Die Uraufführung erfolgte am 26. Januar 1790 im Wiener Burgtheater. Im Zuschauerraum saß Joseph Haydn, der großes Gefallen an dem Werk gefunden haben dürfte, zumal auch ihm amouröse Abenteuer nicht fremd waren. Das Publikum reagierte positiv. Ein Weimarer Kritiker schrieb: »Daß die Musik von Mozart ist, sagt wohl alles.«

Der Triumphzug des Werks nahm nach einigen erfolgreichen Aufführungen ein jähes Ende, da nach dem Tode Kaiser Josephs II. eine offizielle Trauerzeit angeordnet wurde. *Così* konnte zwar nicht an den Erfolg von *Don Giovanni* anknüpfen, war jedoch im folgenden Jahr mit dem Originaltext in Prag, Leipzig und Dresden zu hören – allesamt Städte, denke ich, deren Bürger sich genauso skandalös gebärdeten wie die in Wien.

Alfred Loewenberg kommentierte in seinen *Annals of Opera*: »Vermutlich keine andere Oper unterzog man so vielen Bearbeitungen und so vielen Versuchen, das Libretto zu ›verbessern‹.« Er zählt etwa drei Dutzend Übersetzungen und Bearbeitungen auf; die ersten stammten bereits aus dem Jahr 1791. Edward J. Dent schreibt in seiner klassischen Studie *Mozarts Opern*: »Der Text ist fast immer als unsagbar töricht, wenn nicht gar abstoßend, bezeichnet worden.« In England hielt man das Stück für unmoralisch. In London kam es erst 1811 heraus. Der Originaltext wurde fast ein Jahrhundert lang mißachtet, bis Sir Thomas Beecham (ein gottloser Mensch) ihn 1911 wiederherstellte.

Beecham meinte: »Wenn wir etwas so absolut Schönes wie die Musik Mozarts hören, können wir nur bedauern, daß mit ihm eine goldene Heiterkeit verlorenging, die nie wieder aufgetaucht ist. In *Così fan tutte* wirft das ausgehende 18. Jahrhundert einen Blick zurück auf eine Epoche des europäischen Geisteslebens, die sich wie keine zweite durch Anmut und Charme auszeichnete; es wendet den Blick von dem neuen Zeitalter ab, das vom Credo der Bilderstürmerei geprägt ist, und stimmt einen Schwanengesang zum Lobe einer Kultur an, die für immer untergegangen ist.«

Die Neuproduktion der Met zeichnet sich vor allem dadurch aus, daß sie die Oper im Lichte des eben zitierten Kommentars von Beecham präsentiert. Dies macht wenigstens zum Teil die sträfliche Vernachlässigung wieder wett, die das Werk an den Opernbühnen der Vereinigten Staaten 130 Jahre lang erfuhr. Die amerikanische Erstaufführung erfolgte 1922 an der Metropolitan Opera in New York – einer angemessen verderbten Stadt. Trotz ihres Erfolgs verschwand die Oper bis 1951 vom Spielplan; erst Rudolf Bing brachte sie wieder heraus, und zwar in einer Produktion von Rolf Gérard und Alfred Lunt. Sie sollte dem Haus über zwei Jahrzehnte lang dienen. Die Oper wurde von englischsprachigen Sängern auf Englisch gesungen.

Virgil Thomson war von dem Ergebnis so angetan, daß er flehte: »Nie wieder, so wollen wir hoffen, wird das Gebaren auf der Opernbühne der Improvisationskunst der Sänger anheimgestellt bleiben.« In den folgenden beiden Spielzeiten wurde die Oper wiederaufgenommen und nahm fortan einen festen Platz im Repertoire ein. Doch je weiter sich das Werk vom ursprünglichen Regiekonzept entfernte, desto mehr traten an die Stelle von Geist und Witz purer Schwank und reine Farce. In Chicago war *Così* erstmals 1959 zu hören, und zwar in einer Version, die um einiges eleganter und wienerischer war als die Met-Inszenierung von 1951.

Besonders charakteristisch für Mozarts Wien ist die Vorstellung, daß die magnetische Anziehung zwischen Mann und Frau ganz natürlich sei und daß gegen eine romantische Tändelei nichts einzuwenden sei, solange diese in gegenseitigem Einvernehmen erfolgt. Ehebruch gilt zwar als Sünde, doch ist dies wohl die menschlichste aller Schwächen überhaupt – und in einem katholischen Land einer der zwingendsten Gründe zur Beichte. Mozart selbst lebte nach diesem Motto, ebenso sein Librettist und vermutlich auch die Mehrzahl der Sänger auf der Bühne, der Musiker im Orchestergraben und des Publikums im Theater. Die puritanischen Norddeutschen nahmen Anstoß an dieser Freizügigkeit, doch sie hatten ohnehin eine schlechte Meinung von Wien.

Folgt man Levines Leitsatz, wonach der Operninterpret dazu verpflichtet ist, die Intentionen des Komponisten und des Librettisten zu erkennen und zu respektieren, so kann man *Così fan tutte* nur dann richtig inszenieren, wenn man sich auf den Geist der Zeit und des Ortes besinnt, aus dem das Werk geboren wurde. Dies ist das Leitprinzip hinter der Neuinszenierung der Oper in der Saison 1995/96 an der Met.

Vor der Premiere meinte Kenneth Furie in der *New York Times* über die Produktion von 1982: »Endlich sind wir sie los! ... Schluß mit den albanischen Pantoffeln.« Er hoffte auf »eine Produktion, die den Kern eines der größten Meisterwerke Mozarts erfaßt«. Und genau das beschert die Met ihrem Publikum bei der Premiere. Die *New York Times* fand die Inszenierung »ansehnlich und respektabel«. Anscheinend wandten sich einige Premierenbesucher an die *Times* und meinten, die Inszenierung verdiene durchaus ein paar Superlative. Die Zeitung selbst räumte immerhin ein, die Met habe »in den letzten Jahren selten ein so empfängliches und begeistertes Publikum erlebt«.

Die *Los Angeles Times* war eine der wenigen amerikanischen Zeitungen, die extra einen Kritiker nach New York schickten, um diese wichtige Premiere zu besprechen. Ihr Kritiker Martin Bernheimer interessierte sich vor allem für das New Yorker Operndebüt von Cecilia Bartoli (»sensationell, unwiderstehlich«), wies jedoch darauf hin, daß die Regisseurin Lesley Koenig »die komplexe Handlung geschickt motivierte, ergreifende Szenen schuf und nie gegen das Libretto beziehungsweise die Musik arbeitete ... Das Drama auf der Bühne und das Drama im Orchestergraben entsprechen sich vollkommen. Würden doch nur alle *Così fan tutte* so machen«, schrieb er. »Würden doch nur alle so Oper machen.«

Martin Mayer kommentierte in der englischen Zeitschrift *Opera*: »Das ist sicher eine knifflige Oper für eine Regisseurin, die es darauf anlegt, die Beziehungen zwischen den Figuren zu veranschaulichen.« Koenig war »zu gewitzt, zu musikalisch«, um die Probleme nicht direkt anzugehen und zu lösen. »Musikalisch gesehen ließ die Aufführung vom 13. Februar jede Kritik keuchend hinter sich zurück. Der Welt bestes Mozart-Orchester war in Topform.«

Über eines ist sich Levine inzwischen absolut im klaren: Wenn er Opern in einem Stil inszeniert haben will, der seinen ästhetischen Prinzipien entspricht, muß er Produktionsteams zusammenstellen, die gemeinsam mit ihm an der Verwirklichung dieses Ziels arbeiten. Man kann nicht einfach einen Regisseur engagieren und hoffen, daß er sich als kongenial erweist. Hingegen kann man einen Regisseur, von dem man weiß, daß er denselben Werten verpflichtet ist, im eigenen Haus heranbilden. Lesley Koenig ist solch eine Regisseurin. Sie kam in der Saison 1980/81 an die Met und ist bei dieser *Così* erstmals für eine Neuproduktion verantwortlich. Koenig arbeitet auf der Bühne genauso brillant wie Levine am Pult: Sie ist »unsichtbar«. Die Aufmerksamkeit des Zuschauers wird nicht von cleveren Tricks und netten Ideen in Anspruch genommen, sondern kann sich ganz auf die Essenz des Werks konzentrieren, die höchst authentisch und überzeugend zum Ausdruck gebracht wird. Es ist ein Vergnügen, ihr bei der Arbeit zuzuschauen.

Ausstattung und Kostüme stammen von Michael Yeargan; die Beleuchtung besorgte Duane Schuler. Die Bühne ist in neapolitanisches Sonnenlicht getaucht. Die Optik der Inszenierung steckt voller raffinierter Details. Zwei Falltüren in der hölzernen Vorderbühne neben dem Souffleurkasten dienen als Depot für Requisiten, die schnell zur Hand sein müssen. Der Souffleurkasten selbst hat die Form einer Bank, auf der sich die Figuren auch einmal kurz niederlassen können. Der reibungslose Übergang von einer Szene zur anderen unterstreicht die Wirkung, die der durchgehende musikalische Bogen erzielen soll. (Eine lange Oper mit vielen kurzen Szenen büßt an Wirkung ein, wenn die Handlung immer wieder stockt.)

Bei der Auswahl der Sänger war man bestrebt, ein Starensemble aufzubieten, das nicht wie ein Ensemble von Stars auftritt, sondern in der alten Wiener Tradition wie ein echtes Ensemble zusammenwirkt. *Così* ist im Grunde ein Stück für ein Solistensextett – drei Frauen und drei Männer –, abgerundet durch einige kurze Chorszenen. (Man hoffte – allerdings vergeblich –, die Besetzung für sämtliche Aufführungen beibehalten zu können.) Jerry Hadley und Dwayne Croft verkörpern die jungen Offiziere, Carol Vaness und Susanne Mentzer deren Bräute. Den etwas weltverdrossenen älteren Herrn, Don Alfonso, singt Thomas Allen. Die Rolle des Kammermädchens Despina bietet Cecilia Bartoli bei ihrem Debüt eine ideale Gelegenheit, ihre stimmliche und mimische Begabung voll unter Beweis zu stellen.

Don Alfonso zweifelt an der Treue; man mag sich einreden wollen, sie existiere, doch er hält sie für reine Illusion. Die jungen Offiziere Ferrando und Guglielmo erheben Einspruch; ihre Bräute, die Schwestern Fiordiligi und Dorabella, seien Vorbilder an Charakterfestigkeit und Tugend. Der alte Hagestolz und die jungen Männer schließen eine Wette. Die Offiziere wollen die Treue ihrer Bräute auf die Probe stellen. Sie geben vor, die Stadt zu verlassen, um in den Krieg zu ziehen, kehren aber verkleidet zurück. Damit das Ganze noch spannender wird, schlägt Don Alfonso vor, jeder solle um die Braut des anderen werben. Haben sie Erfolg, so hat er die Wette gewonnen. Scheitern sie, so muß er die Reinheit der Liebe dieser Frauen anerkennen.

Alfonso verbündet sich mit Despina, der Kammerzofe der beiden Frauen; Despina betrachtet die Treue genauso skeptisch wie der Alte. Als die beiden Männer in exotischen Kostümen auftauchen, werden sie von den Schwestern zunächst abgewiesen. Die Frauen werden hartnäckig bestürmt, bis sie einsehen, daß eine kleine Liebelei lustiger ist als das einsame Leben einer Strohwitwe. Als das romantische Spiel so weit gediehen ist, daß die beiden Paare kurz davor stehen, Ehebündnisse zu unterzeichnen, ziehen sich die fremden Bewerber zurück und kehren in ihrer wahren Gestalt aus dem »Krieg« heim. Sie tun so, als hätten sie ahnungslos die Wahrheit aufgedeckt. Nun muß die verworrene Situation irgendwie gelöst werden.

Noch nie habe ich das Zusammenspiel von Musik, Text und Handlung in dieser Oper so subtil und gleichzeitig so klar herausgearbeitet gesehen. Nach der Aufführung spreche ich mit Levine über die Fehler und Mängel anderer Inszenierungen:

RCM: Der erste große Fehler, den viele bei *Così* machen, besteht darin, daß sie aus der höchst raffinierten Wiener Komödie des 18. Jahrhunderts eine französische Farce des 19. Jahrhunderts machen. Diese Oper ist keine Farce, und man tut ihr Gewalt an, wenn man aus ihr eine Farce machen will.

JL: Richtig.

RCM: Der zweite Fehler, der in jüngster Zeit oft begangen wird, besteht darin, *Così* als Übung in Misogynie, als Traktat der Frauenhasser zu verstehen.

JL: Im Gegenteil. *Così* beweist sehr viel Mitgefühl und Verständnis für die Frauen. Das zeigt sich insbesondere darin, daß die Frauen die Situation am Ende allein dadurch klären können, daß sie sich entschuldigen. Daß Mozart diese Frauen wirklich verstand und liebte, hört man aus der Musik, die er ihnen in diesem Moment zu singen gibt. Und das Ganze wird durch die wunderbare Dramaturgie natürlich noch unterstrichen.

Nachdem die Entschuldigung ausgesprochen wurde, ist die Geschichte für die Männer, einschließlich Don Alfonsos, so gut wie gelaufen, und das gesamte Finale dreht sich im Grunde darum, welche Folgen dieses Drama für die Frauen – einschließlich Despinas natürlich – haben wird. Die Frauen haben ungeheuer viel an Selbsterkenntnis gewonnen; sie können am Schluß gar nicht mehr dieselben sein wie zu Beginn der Oper. Der Schluß ist im Grunde offen. Wir wissen, daß die Männer und Frauen wieder zusammenkommen werden, aber in welcher Kombination? In gewisser Hinsicht paßten die Persönlichkeiten in der zweiten Kombination besser zusammen.

RCM: Wir dürfen auch nicht vergessen, daß Mozart im Grunde tief religiös war. Und im christlichen Glauben spielt der Gedanke der Versöhnung eine große Rolle – denken wir nur an das Gleichnis vom verlorenen Sohn. Auch *Così* ist, wie *Le nozze di Figaro*, eine große Parabel über die Versöhnung.

JL: Ganz richtig. Die Verkleidungsepisoden fördern bei allen vier Figuren die Reifung der Persönlichkeit und die Entwicklung von Verständnis, und am Schluß finden sie alle wieder unter Freudentränen zueinander. Augenblicke wie diese erneuern immer wieder meinen Glauben an die klassischen Meisterwerke. Nirgendwo sonst findet man eine so tiefe Humanität. Da wird uns klar, daß die löblichste Funktion der Oper oder des Theaters nicht darin besteht, uns zu unterhalten, sondern uns über uns selbst aufzuklären.

Das Libretto ist phantastisch, doch Mozarts Leistung besteht darin, das Drama in einen musikalischen Rahmen von gewaltigen Dimensionen gestellt zu haben. Wenn man bedenkt, daß Komponisten wie Berlioz, Wagner und Schönberg ihre Libretti selbst verfaßten und dabei all das berücksichtigen konnten, was für ihre musikalischen Intentionen erforderlich war, versteht man, wie schwierig die Situation für Komponisten wie Mozart und Verdi war, die Libretti aus der Feder anderer vertonten und es durch ihre Musik schafften, dem Publikum das Gefühl zu geben, direkt an der emotionalen Reaktion der Figuren teilzuhaben.

Natürlich kann und will sich nicht jeder mit jeder Figur identifizieren. Bei der großen Aufklärungsoper, der *Zauberflöte*, haben wir Tamino, der nach Erkenntnis strebt, und Papageno, der sich mit einer niedrigeren Bewußtseinsstufe zufriedengibt. Selbst wenn die Papagenos auf dieser Welt in der Mehrheit sind, muß es in einer Zivilisation, die diesen Namen verdient, für jeden Menschen Möglichkeiten geben, ein höheres Bewußtsein zu erlangen. Dieses Streben als elitär zu bezeichnen und die Wachstumschancen zu begrenzen ist nichts anderes als eine Rückkehr in die Barbarei. Es ist unglaublich, was Mozart alles erkannt und erspürt hat.

RCM: Der dritte große Fehler, der bei *Così* oft gemacht wird, besteht darin, die beiden Männer, wenn sie verkleidet wiederkommen, als Clowns auftreten zu lassen. Sie sollen zwar als Vertreter einer fremden, exotischen Kultur erscheinen, zugleich aber als Individuen mit Würde, die Respekt verdienen. Steckt man sie aber in alberne Kostüme und läßt ihr Gebaren auf die Ebene der Posse abgleiten, zerstört man jede dramatische Glaubwürdigkeit des Werks. Sie müssen als Männer erscheinen, an denen jede junge, unerfahrene, aber feine Dame Gefallen finden könnte.

JL: In ihrem Soldatenaufzug, der Uniform, erscheinen die Männer anfangs in ein standardisiertes militärisches Korsett gezwängt, das sie bis zu einem gewissen Maß in ihrer Leidenschaftlichkeit und Spontaneität als Liebhaber einengt. In den exotischen Kostümen dagegen sollen sie passionierter und spontaner erscheinen, weil sie sich darin ja freier bewegen und individueller fühlen können. Diese Freiheit muß vollständig vermittelt werden, ohne das Werk zur Farce zu machen.

RCM: Die erste *Così*, die ich hörte, war übrigens die erste, die in Chicago überhaupt gespielt wurde – mit Elisabeth Schwarzkopf, Christa Ludwig, Léopold Simoneau und Walter Berry. Josef Krips dirigierte.

JL: Eine geniale Besetzung!

RCM: Sie entsprach ganz der Wiener Tradition. Und sie setzte Maßstäbe. Krips arbeitete intensiv daran und klagte dann: »Es dauert einige Zeit, bis wir endlich alles im Griff haben, aber dann ist es auch schon wieder zu Ende.« Später sah ich in Chicago und auch an anderen Orten Inszenierungen, bei denen ich fürchtete, *Così* drohe zu Mozarts Antwort auf den *Barbier von Sevilla* zu werden – Inszenierungen, bei denen das Werk zur grellsten Karikatur seiner selbst wurde. Und ich fragte mich, was man wohl von diesem Werk halten mußte, wenn man es in solch einer Inszenierung kennenlernte. Es ist wirklich lange Zeit gründlich mißverstanden worden.

JL: Beethoven hielt es für unmoralisch.

Diese Neuproduktion der Met, die ich inzwischen als die beste *Così* bezeichnen würde, die ich je auf der Bühne erlebt habe, kann ich bereits vor der Premiere, bei einer Kostümprobe mit Klavier, mitverfolgen. Levine dirigiert die Sänger und den Pianisten; Koenig steht links außen auf der Bühne, um nötigenfalls eingreifen zu können. Wenn sie »stopp« ruft, hält alles inne. Sie tritt resolut näher und korrigiert einzelne Details. Meistens sind es Feinabstimmungen und Korrekturen an Kleinigkeiten, auf die man an den meisten Bühnen gar nicht besonders eingehen würde. Doch sobald sie eine Möglichkeit sieht, etwas zu verbessern, eine Figurenkomposition zu verdichten oder einer Geste mehr Bedeutung zu verleihen, greift sie ein.

Früher mußten die Solisten an der Met manchmal nicht einmal bei der Generalprobe Kostüm tragen, doch diese Sänger proben bereits seit einiger Zeit in Kostümen.

»Die Kleidung ist ein Teil der Figur«, erklärt Koenig. »Wenn der Sänger sich darin nicht wohl fühlt, zeigt sich das an der Art, wie er sich bewegt. Die Sänger sollen sich in den Kostümen des 18. Jahrhunderts genauso wohl fühlen wie in Jeans und Pulli.«

Ein Bravourstück der Regie ist der Moment, in dem Despina das Haus der beiden Schwestern auf die Bühne zu ziehen scheint. (In Wirklichkeit wird es von unsichtbaren Bühnenarbeitern geschoben.) Bei einem zweiten Durchgang läßt sich das Haus nicht bewegen, sehr zum Kummer von Cecilia Bartoli. »Ich dachte schon, ich muß es tatsächlich selbst herausziehen«, gesteht sie in der Pause. Cecilia Bartolis natürliche Begabung für das Komische und ihr absolut ungezwungener Umgang mit der Sprache und dem Stil erleichtern Koenig die Arbeit; die Regisseurin nutzt diese Gaben der Interpretin beim Ausfeilen der Rolle, anstatt ihr einfach aufzutragen, was sie zu tun habe.

Die Kostümprobe mit Klavier ist für Dirigent und Regisseur die letzte Gelegenheit, entscheidend in die Gestaltung der Inszenierung einzugreifen und Dinge zu ändern. Kleinere Details können auch bei der Generalprobe mit Orchester noch korrigiert werden, doch im großen und ganzen steht die Aufführung dann längst. Es ist regelrecht beeindruckend, wie reibungslos sich hier alles ineinander fügt. Dennoch schart Levine nach dem Ende des Durchgangs in der ersten Reihe des Zuschauerraums seinen Stab und das Regieteam um sich und bespricht eine halbe Stunde lang mit ihnen, was sie gehört und gesehen haben und was man eventuell noch verbessern könnte.

Die Inszenierung besticht von Anfang an durch die klare und sorgfältige Exposition der dramatischen Motive. Ich frage Lesley Koenig, wie sie bei ihrer Arbeit vorgeht, wieviel geplant und wieviel improvisiert ist. »Am Anfang«, erläutert sie, »habe ich immer eine recht detaillierte Folge von Abläufen im Kopf, die ich gerne auf der Bühne sehen würde. Für jeden heiklen musikalischen oder dramatischen Moment habe ich eine Lösungsmöglichkeit parat. Das heißt aber nicht, daß ich immer an meinen Vorstellungen festhalte. Bei den Proben ist es sehr wichtig, flexibel zu bleiben, etwas ganz neu zu sehen und auf den Beitrag der Sänger zu hören, wenn sie zu meinen Ideen Alternativen bringen, die mir vielleicht sogar noch besser gefallen. Die Art und Weise, wie ein Sänger das interpretiert, was ich haben möchte, ist manchmal viel besser als das, was ich mir ursprünglich vorgestellt habe.«

Natürlich kommt es vor, daß ein Sänger erkrankt und ersetzt werden muß. Auf die Frage, wie diese fein abgestimmten Nuancen auch bei Besetzungswechseln beibehalten werden können, erklärt sie: »Besetzungswechsel müssen gar kein Problem sein, wenn die Erst- und die Zweitbesetzung gleich gut präpariert sind. Die Zweitbesetzung probt zum einen selbst, wenn auch nicht auf, sondern hinter der Bühne; zum anderen verfolgt sie die Bühnenproben der Erstbesetzung mit Falkenaugen. Die Zweitbesetzung muß auch ohne eigene Bühnenproben jederzeit einspringen können. Sehr oft werden in einer Aufführungsserie mindestens drei oder vier Sänger für eine Rolle eingeteilt. Dafür sind sehr viele Proben erforderlich, aber um ein Ensemble zu kreieren und zu erhalten, muß jeder gründlich vorbereitet sein.«

Im Rückblick auf ihre Ausbildung und ihren Werdegang sagt sie: »Mein bestes Training war die Zusammenarbeit mit Jimmy an der Met. Er ist der ideale Kollege und Partner. Er schafft eine absolut entspannte und kreative Arbeitsatmosphäre. Nichts ist starr und unbeweglich. Ich habe das Gefühl, alles ausprobieren zu können. Ich habe oft gedacht, selbst wenn ich ihn um eine fünf Minuten lange Fermate bitten würde, würde er nicht nein sagen. Er würde wahrscheinlich sagen: ›Zeig mir, was du damit machen willst‹, und wenn ich ihn von meiner Vorstellung überzeugen könnte, würde er voll mitgehen.«

Die Produktion von 1995/96 wird für das Fernsehen aufgezeichnet und soll als Modellinszenierung und Vorbild für andere Opernkompanien auf Laserdisc erscheinen. Im November 1996 wird *Così* in neuer Besetzung wiederaufgenommen und von Anthony Tommasini in der *New York Times* als »Meisterleistung« gelobt.

Koenig sagt dazu: »Mit der neuen Besetzung war es zum Teil so, als würde man noch einmal ganz von vorn anfangen. Dabei habe ich einige Details der Inszenierung noch einmal geändert und meiner Meinung nach verbessert. Das bedeutet, wenn einige Mitglieder der ersten Besetzung 1997 zu den Proben für die Japantournee wiederkommen, werden sie die neuen Dinge lernen müssen. Doch viele sind froh, daß ich ihnen Spielräume für eine Weiterentwicklung aufzeige, anstatt einfach ein Erfolgsrezept wieder aufzuwärmen.«

Die Inszenierung wird sicher Bestand haben und den Spielplan der Bühne noch viele Jahre zieren.

17. März 1996, *Alice Tully Hall, Lincoln Center*

Es gab schon immer Dirigenten, die vorzügliche Pianisten waren. Ein gutes Beispiel war nicht zuletzt George Szell. Zur Zeit kennen wir sogar eine ganze Anzahl namhafter Dirigenten, die sich auch als Pianisten hervortun. Von diesen Kollegen unterscheidet sich James Levine jedoch dadurch, daß er fast nie allein auftritt und selten Konzertrepertoire aufführt und sich statt dessen auf Kammermusik und vor allem auf die Begleitung von Liederabenden konzentriert. In New York hört man ihn mehrmals pro Saison in dieser Sparte. Auch in Ravinia war er fast jeden Sommer mit solchen Programmen zu hören. Dieses Repertoire ist auch in seinen Schallplattenaufnahmen dokumentiert.

An diesem Sonntagabend begleitet Levine den jungen Tenor Paul Groves bei dessen Recitaldebüt in der Alice Tully Hall, einem der Schmuckstücke des Lincoln Center. Als in den sechziger Jahren in vielen Teilen des Landes Kulturzentren gebaut wurden, vergaß man in der Regel, daß sehr viel wichtige Musik überhaupt nicht für den großen Konzertsaal gedacht ist. Die Alice Tully Hall dient speziell der Kammermusik. Sie eignet sich ideal für Kammerorchester und kleinere Ensembles, Duos und Instrumentalsolisten sowie für Liederabende. Der moderne Saal ist nicht nur optisch ansprechend, sondern verfügt vor allem über eine tadellose Akustik.

Eingestimmt wurde ich auf diesen Abend einen Monat zuvor, als ich in einer Samstagsmatinee *Falstaff* hörte. Groves trat in der Rolle des Fenton auf; er sang und spielte ungewöhnlich überzeugend. Levine hat sehr viel für ihn getan: Er hat Rollen mit ihm einstudiert, hat ihn in der Wahl seines Repertoires und der Engagements beraten und ihn vor allem auf die Bühne der Met geholt. Eine umfassendere und professionellere Unterstützung beim Start der Karriere kann sich ein begabter junger Sänger gar nicht erhoffen.

Groves stammt aus Louisiana, hat das Young Artist Development Program der Met absolviert und 1995 den Preis der Richard-Tucker-Stiftung gewonnen. Er wurde 1991 bei den National Council Auditions ausgezeichnet, debütierte im Jahr darauf an der Met und trat seither regelmäßig dort auf. Inzwischen ist er

271

auch auf europäischen Bühnen zu hören. Er hat bei den Salzburger Festspielen gesungen und war in der Saison 1995/96 in Paris, an der Wiener Staatsoper und der Mailänder Scala verpflichtet.

Levines Interesse und Einsatz sind natürlich nicht völlig altruistisch. Er braucht Künstler wie Groves. Und er hält viel davon, sie in Amerika zu entdecken, an heimischen Bühnen auszubilden und in die internationale Musikszene zu integrieren. Die Met war in den letzten Jahren bahnbrechend in der Entdeckung und Förderung amerikanischer Talente. Die großen amerikanischen Sänger, die die Met im Laufe der Jahre engagierte, bewiesen oft eine größere Ausdauer als die Importe aus Europa. Es ist durchaus sinnvoll, wenn sich amerikanische Opernbühnen zu Hause nach Sängern umsehen.

Groves besitzt nicht nur eine phantastische Stimme; er gestaltet seine Interpretationen intelligent und fühlt sich wunderbar in seine Rollen ein. Er ist ein wahrer Musiker – keine singende Maschine, sondern ein aufgeweckter und sensibler Interpret, der seine Stimme kunstvoll einzusetzen versteht.

»Dieser junge Mann ist sehr begabt«, bemerkt Levine später. »Wir haben intensiv an diesem Programm gearbeitet. Er hatte eigentlich gar keine Erfahrung mit Liederabenden, aber er hat seine Sache sehr gut gemacht – vor allem weil er einer jener Sänger ist, die in der Oper sehr viel Dramatik in ihre Interpretation legen.«

»Ich habe ihm für diesen Liederabend sehr viele schwierige Sachen gegeben. Das Programm war sehr anspruchsvoll, aber wir haben es sorgfältig geprobt. Er sollte in drei Sprachen singen – Italienisch, Französisch und Deutsch. Und die drei Komponisten – Bellini, Debussy und Schumann – weisen jeweils einen ganz eigenen, persönlichen Stil auf, der beachtet werden muß. Er hat die Schwierigkeiten bestens gemeistert. Wir haben sehr intensiv zusammengearbeitet, und ich war sehr zufrieden.«

»Wenn er auf Tournee geht und konventionelle Liederabende gibt, wird er Stücke auswählen, die öfter in ein höheres Register steigen. Aber beim ersten Liederabend in New York protzt man nicht bloß mit hohen Tönen. Ich wollte, daß er zeigt, wieviel Phantasie er hat – daß er seine Stimme benutzt, um die Musik darzustellen, und nicht die Musik benutzt, um seine Stimme zur Schau zu stellen!«

Im echten Kunstlied verschmelzen die Lyrik des Dichters und die Musik des Komponisten zu einer Einheit, sie ergänzen und verstärken sich. Das Kunstlied ist nicht bloß ein vertontes Gedicht, sondern ein geschlossenes Ganzes aus Wort und Ton.

Levine und Groves beweisen bei diesem Liederabend, daß Bellini, Debussy und Schumann allesamt Meister der lyrischen Form waren, allerdings jeder auf eigene Weise. Bellini, der Meister des Belcantos, betont als Klassiker die klare Linie. Wer wirklich zu singen versteht – und das kann man von Groves eindeutig sagen –, der kann hier Phrasen von einer ungewöhnlichen lyrischen Schönheit gestalten. Der leichte Fluß der italienischen Vokale darf jedoch nicht dazu verführen, statt Versen bloß schöne Töne zu singen. Jeder Popsänger weiß, daß er den Text so ausdrucksvoll wie möglich artikulieren muß, damit der Song ankommt. Anscheinend sagen sich sehr viele junge Sänger, besonders wenn sie in einer fremden Sprache singen: »Das Publikum versteht den Text ohnehin nicht, also was soll's!«

Die klare Artikulation des Textes ist ein ganz wesentlicher Aspekt in Levines Umgang mit Vokalmusik. Groves trägt die Texte klar und prägnant vor, allerdings ohne jegliche Abstriche bei der Melodik.

Das Programm umfaßt drei kontrastierende Stile – die klassische Manier Bellinis, die sinnliche Frühform der Moderne eines Debussy (die stark von *Parsifal* beeinflußten *Baudelaire-Lieder*) und die reife Romantik Schumanns. Bei Debussys Liedern nach Texten Baudelaires ist man zunächst von Groves' ausgezeichnetem Französisch beeindruckt. In einer Zeit, in der sich viele Hörer längst damit abfinden, französische Lieder mit fremdem Akzent zu hören, ist es schön, einmal etwas zu hören, das authentisch klingt, besonders wenn der Sänger Amerikaner ist. Diese fünf Lieder stechen besonders durch die subtile Nuancierung und Phrasierung und die raffinierte Gestaltung des Sinnlichen und Exotischen hervor.

Schumann komponierte seine *Dichterliebe* in einer einzigen Woche lyrischer Inspiration und romantischer Schwärmerei. Die Texte stammen aus Heines *Lyrischem Intermezzo*; Schumann verwendete jedoch nur ein Viertel der Sammlung und ordnete die Verse so an, daß sich ein großes Finale ergibt. Da er in erster Linie immer auch für das Klavier komponierte, besteht hier ein besonders enges Zusammenwirken zwischen Gesang und Klavier, und es gibt zahlreiche Passagen, in denen der Klavierpart sogar in den Vordergrund tritt.

Ich habe den Eindruck, daß Levine und Groves bei dem Liederzyklus von Schumann den größten Spaß miteinander haben, ohne daß dies von ihrer Leistung im geringsten ablenkt. Sie schwelgen in der Musik. Sie begeistern sich an dem, was Schumann ihnen aufgetragen hat. Und sie genießen es, diese wunderbaren Lieder mit einem urwüchsigen romantischen Temperament vorzutragen. Wenn Levine musiziert, fällt immer wieder auf, wieviel Freude, Spaß und Begeisterung er mitbringt und auch auf die ausstrahlt, die mit ihm musizieren. Würde je die Frage aufkommen, ob er sich etwas Schöneres vorstellen könne, als Musik zu machen, so lautete die Antwort mit Sicherheit »nein«.

Der Zyklus endet mit den »alten, bösen Liedern«, den Alpträumen und den Erinnerungen an verflossene Lieben, die in einen Sarg gelegt und im Meer versenkt werden. Diese Befreiung von der Vergangenheit läßt wiederum die Hoffnung auf eine neue Liebe, auf ein neues Leben keimen. Mit diesem optimistischen Ausblick endet das offizielle Programm.

19.–21. März 1996, Academy of Music, Philadelphia

Die Academy of Music in Philadelphia ist eine »heilige« Stätte. Sie ist der älteste Konzertsaal der Vereinigten Staaten, der noch in Betrieb ist, und für viele Musikfreunde das schönste Opernhaus des Landes. Zwischen zwei reich verzierten Bühnenlogen liegt ein Orchestergraben, der groß genug ist für Opern aus der Mitte des 19. Jahrhunderts, aber elend klein für Wagner und Strauss. Für Konzertabende wird der Orchestergraben abgedeckt und bestuhlt. Das Haus wurde 1857 nach dem Vorbild der Mailänder Scala erbaut. Der halbrunde Zuschauerraum der Academy ist um einiges kleiner als die Carnegie Hall. Dies verleiht der Academy eine gewisse Intimität, aber auch ein Gefühl der Enge, zumal sie über 2980 Plätze verfügt, 220 mehr als der New Yorker Konzertsaal.

Von den drei gleichnamigen Opernhäusern, die das amerikanische Musikleben des 19. Jahrhunderts prägten, ist die Academy of Music in Philadelphia als einzige noch erhalten. Die Academy of Music an der Fourteenth Street in New York war das führende Opernhaus der Stadt, bis im Jahre 1883 die Metropolitan Opera eröffnet wurde. Auch in Chicago gab es eine Academy of Music, die eine gewisse Bedeutung erlangte, aber immer von anderen Sälen in den Schatten gestellt wurde. Die Academy in Philadelphia steht noch und ist auch noch in Betrieb; allerdings wird seit einiger Zeit diskutiert, ob der alte Musentempel weiterhin aufpoliert oder durch einen Neubau ersetzt werden soll.

In allen Theatern spuken die Geister vergangener Aufführungen. Auf dieser Bühne sang Caruso unter der Leitung Toscaninis am 20. Dezember 1910, weniger als zwei Wochen nach der New Yorker Uraufführung, in Puccinis *La fanciulla del West*. Die zweite noch existierende Bühne, an der Caruso und Toscanini gemeinsam wirkten, ist das Auditorium in Chicago. Ihre wichtigste Spielstätte, die alte Met in New York, wurde vor dreißig Jahren abgerissen.

In der hintersten Reihe des obersten Rangs bekommt man ein besonders gutes Gefühl für die Schwingungen des alten Saals. Bei voll besetztem Haus wirkt die Akustik etwas trocken, wie es bei vielen Opernhäusern im italienischen Stil der Fall ist, weil man großen Wert auf die Verständlichkeit der Aussprache legte. Der leere Saal weist mehr Resonanz auf; die Musik klingt oben genauso voll und satt wie unten. Wenn man sich überlegt, was diese Wände in ihrer 140jährigen Geschichte schon alles gehört haben, wird einem fast schwindelig.

Der wichtigste Geist, der in der Academy von Philadelphia spukt, ist Leopold Stokowski. Er übernahm 1912 das damals zwölf Jahre alte Philadelphia Orchestra. »Es war ein deutsches Orchester«, erklärte er mir einmal. »Ich fand es gut, ein deutsches Orchester zu haben.« Mit diesem Klangkörper bestritt er die amerikanischen Erstaufführungen von Mahlers *Symphonie Nr. 8*, Strawinskys *Oedipus Rex*, Bergs *Wozzeck* und Schönbergs *Gurre-*

Liedern. Es ist unvorstellbar, daß Toscanini eines dieser Werke gespielt hätte; diese vier Komponisten lagen ihm überhaupt nicht.

Stokowski war äußerst innovativ – in bezug auf die Sitzordnung des Orchesters, die Einspielung von Schallplatten, die Gestaltung des Repertoires und die Interaktion mit dem Publikum. Als er einmal Schönbergs *Fünf Orchesterstücke* spielte, ließ er das unruhig raschelnde Publikum wissen: »Sie haben das Recht, Lärm zu machen; wir hingegen haben das Recht, die Werke zu spielen, von denen wir überzeugt sind.« Wenn man bedenkt, wie konservativ der Verwaltungsrat und wie provokativ Stokowski war, überrascht es eigentlich, daß der Maestro 24 Jahre auf seinem Posten blieb. Im Jahre 1936 kam Eugene Ormandy nach Philadelphia. Stokowski blieb bis 1941 dort, allerdings mit schwindendem Einfluß.

In diesem Saal wurde im Rahmen der Experimente mit den Bell Telephone Laboratories die stereophone Klangaufzeichnung geboren. Und in diesem Saal wurde 1939 auf 17spurigem Tonfilm der Soundtrack zu dem Filmklassiker *Fantasia* aufgezeichnet. Und vor allem spielten Leopold Stokowski und das Philadelphia Orchestra in diesem Saal die unglaublichen Victor-Red-Label-Scheiben ein, an die sich all jene erinnern, die in den dreißiger und vierziger Jahren Platten sammelten.

Niemand ist sich all dieser Zusammenhänge mehr bewußt als Levine. Das Philadelphia Orchestra war eines der ersten amerikanischen Symphonieorchester, die sein Potential erkannten und ihn zu Gastdirigaten einluden. Bereits 1977 spielte er mit diesem Klangkörper Mahlers *Fünfte* ein; es folgten weitere Mahler-Symphonien und eine Ausgabe der Schumann-Symphonien. Zum letztenmal aufgetreten ist er in der Academy of Music in Philadelphia bei einem Benefizkonzert mit Leontyne Price Anfang der achtziger Jahre. Insofern ist die Rückkehr ans Pult des Philadelphia Orchestra etwas anderes als die Rückkehr zum Chicago Symphony Orchestra oder zu den Berliner oder Wiener Philharmonikern, die er regelmäßig dirigiert und mit denen er rasch wieder ein enges Arbeitsverhältnis aufbauen kann. Hier in Philadelphia begegnet er vielen neuen Musikern, selbst an so wichtigen Pulten wie der ersten Trompete.

In Philadelphia darf der Dirigent Gäste zu den Proben einladen – im Gegensatz zu Chicago, wo die Gewerkschaften mit ihrer Paranoia dafür sorgen, daß niemand vor dem Konzert etwas mitbekommt. Hier werde ich nicht nur eingelassen, hier bin ich regelrecht willkommen! Von allen Seiten begegnet man mir freundlich und hilfsbereit. Es ist schön zu wissen, daß es noch so etwas wie echte Kultur gibt.

Levine hat für dieses Programm Mahlers *Symphonie Nr. 3* ausgewählt. Er soll sie am Dienstag, Mittwoch und Donnerstagvormittag proben und am Donnerstag-, Freitag- und Samstagabend aufführen. Für ihn ist es fast wie eine Woche Urlaub – keine Zwölfstundentage und nur ein einziges Werk.

Am Dienstagvormittag um 10.20 Uhr finden sich die Musiker allmählich auf der Bühne ein. Da dieses Haus immer noch regelmäßig für Opernaufführungen genutzt wird (demnächst steht *Aida* auf dem Spielplan), muß die Konzertmuschel leicht genug sein, um von wenigen Bühnenarbeitern auf- und abgebaut werden zu können. Vom Zuschauerraum aus sieht die Kulisse akzeptabel aus. Aus der Nähe betrachtet wirkt sie jedoch etwas heruntergekommen. Und für mein Gefühl ist sie am unteren Rand zu dünn, um sämtliche Baßtöne zu reflektieren. Das Alter des Baus wird vor allem hinter der Bühne sichtbar. Es gibt nur wenige Räumlichkeiten für die Musiker. Mir ist ein herrlicher Konzertsaal mit schäbigen Garderoben jedoch lieber als ein ordinärer Saal mit noblen Garderoben.

Auf der Bühne sitzen einige Bläser, die sich einspielen und hitzig über Rohrblätter diskutieren. In der Mitte des Bühnenrandes stehen ein schlichtes Podium, ein großes Notenpult und ein hoher Stuhl, falls der Maestro zu sitzen wünscht. Tom Levine bringt eine große Flasche Evian. Bei der Arbeit wird Bruder James mit Mineralwasser betankt. Es gibt keinen geeigneten Stellplatz, wo der Maestro die Flasche leicht erreichen kann; also besorgt Tom einen kleinen Tisch, der rechts neben dem Pult aufgestellt wird. Die Verschlußkappe wird aufgedreht. Plastikbecher sind nicht nötig. Levine trinkt sein Mineralwasser aus der Flasche.

Um halb elf haben alle Musiker ihre Plätze eingenommen und die Instrumente gestimmt. Einer der Musiker – ein Vertreter der Gewerkschaft – macht eine Ankündigung. Levine tritt mit einem grünen Handtuch über der Schulter ein. Er bewegt sich zielstrebig auf das Podium zu, postiert sich vor dem Pult, hebt den Taktstock und fängt mit der Arbeit an. Die ersten sechseinhalb Takte sind ein österreichisches Marschlied, das von acht Hörnern unisono gespielt wird. Dann gehen die Stimmen auseinander. Ab dem zehnten Takt gehen die Hörner, jeweils in Zweierpaaren, fast das gesamte Stück hindurch getrennte Wege. Levine hält sie mit einem bemerkenswert sparsamen und präzisen Schlag zusammen.

Innerhalb weniger Minuten spürt man, daß ein gewisses Gefühl der Verbundenheit entsteht. Orchestermusiker können einem unvertrauten Gastdirigenten äußerst skeptisch begegnen. Vor vierzig Jahren konnte es vorkommen, daß er mit falschen Tönen auf die Probe gestellt wurde. Wenn er nicht unterbrach und korrigierte, war er Freiwild für Falschspieler. Szell konnte es während einer Probe nicht fassen, daß jemand viermal denselben Fehler machte, brach ab und fragte: »Haben Sie einen Fehler in Ihren Noten?« Der heutige Dirigent nimmt derlei Korrekturen nicht vor, denn vom heutigen Musiker wird erwartet, daß er seine Fehler selbst hört und selbst behebt.

Einer der größten Vorzüge Levines besteht darin, daß er – wie Toscanini – unübertroffene Führungskompetenz beweist. Wenn man sich die Noten und seine Schlagtechnik ansieht, fragt man sich, wie ein professioneller Musiker da überhaupt fehlgehen kann. Da dieses Orchester für Levine praktisch ganz neu ist, geht er keinerlei Risiken ein. Er zeigt mit dem Taktstock alles ganz klar und eindeutig an.

Levine hat ein sehr enges Verhältnis zu Mahlers *Symphonie Nr. 3*. Er hat sie 1975 mit dem Chicago Symphony Orchestra aufgeführt und eingespielt und seither viele weitere Male in New York, Berlin, Wien, London und Israel dirigiert. Dies ist eine der Symphonien von Mahler, die in den Vereinigten Staaten erst relativ spät bekannt wurden; die Gründe dafür sind erstens die Länge (insgesamt sechs Sätze, ein abendfüllendes Programm) und zweitens die ungewöhnlich große Besetzung (übergroßes Orchester, Altsolo sowie Frauenchor und Knabenchor). Dem geistigen und musikalischen Gehalt nach steht Mahlers *Dritte* seiner *Vierten* nahe, die allerdings viel schneller Eingang ins amerikanische Konzertrepertoire fand. In diesen Werken verlagert sich Mahlers Aufmerksamkeit von einer romantischen Naturbetrachtung mit Anklängen an die österreichische Volksmusik hin zu abstrakteren und dramatischeren Themen.

Normalerweise würde man annehmen, daß Levine das Werk von Anfang an Satz für Satz durchgeht, doch in diesem Fall ist es so, daß die Sänger erst am letzten Tag zur Verfügung stehen. Daher widmet er die erste Probe dem ersten und dem letzten Satz, die beide rein instrumental sind, und konzentriert sich in der zweiten Probe auf den zweiten und dritten Satz mit ihrer kontrastierenden Anlage. Erst beim Konzert am Donnerstagabend erklingt das Werk vollständig und in der richtigen Reihenfolge. Wegen der Länge des ersten Satzes, der mit 104 von insgesamt 230 Partiturseiten zu den längsten und unkonventionellsten in Mahlers Œuvre zählt, folgt Levine Mahlers eigener Praxis und macht bei der Aufführung eine Pause.

Bereits nach wenigen Probenminuten unterbricht Levine, um eine unsaubere Phrase zu korrigieren. Bevor er fortfährt, trinkt er einen kräftigen Schluck Mineralwasser. Er nutzt jede Pause, um seinen Flüssigkeitsbedarf zu decken, denn die Arbeit strengt an, und er kommt leicht ins Schwitzen.

In den ersten 35 Minuten der Probe wird jedoch relativ wenig unterbrochen. Levine möchte den Satz zunächst einmal ganz durchspielen, um zu sehen, was das Orchester bereits mitbringt, und dann mit der Feinarbeit beginnen. Die Verbesserungen, die er macht, werden deutlich zu hören sein. Der Feinschliff setzt nach dem ersten Durchgang auf den letzten Seiten ein. »Geben Sie alles, was Sie haben«, fordert er die Musiker auf dem Höhepunkt auf. Die Instrumente sollen frei und völlig ungehemmt klingen. Der Anfang des Satzes ist dagegen leichter und transparenter; hier spielt »ein großes Orchester, das sich als kleines Orchester ausgibt«, wie Donald Francis Tovey es einmal nannte. Hier werden feinste Details dargelegt, die unbedingt stimmen müssen.

»Kontrast!« fordert Levine, wenn die Musik zu monochrom zu werden droht. »Spielen Sie die Triolen gleichmäßig«, ermahnt er die Streicher, wenn der Puls zu schwanken beginnt. Einen Augenblick später erinnert er die ersten Violinen: »Jede einzelne

Note hat einen Akzent.« Er verlangt viel, aber er spart auch nicht mit Lob. »Das war wunderbar«, sagt er anerkennend, wenn genau seinen Wünschen entsprochen wird. Durch all dieses Tüfteln wird die Musik unglaublich viel wirkungsvoller und weit subtiler und empfindungsreicher im Ausdruck.

An der Stelle, wo sich die Symphonie zu ihrem ersten gewaltigen Ausbruch steigert, möchte Levine ein Gefühl der Hemmungslosigkeit spüren. »Fangen Sie wild an und hören Sie wild auf!« instruiert er die Musiker. »Es muß heftig klingen.« Er arbeitet sorgfältig daran, die besten Ausdrucksmittel für die dramatische Steigerung dieser Passage zu finden. Es geht nicht nur darum, laut zu spielen (auch wenn dies eindeutig gefordert ist). Es geht vielmehr darum, sich langsam bis zum Höhepunkt zu steigern und die Steigerung so zu gestalten, daß der rhythmische und harmonische Gipfel über das Gebirge der Musik hinausragt.

Es folgen weitere Kontraste. »Das soll leicht und locker fließen«, sagt er. »Es soll scharf fokussiert und fast forsch klingen.« Eine weitere Passage muß wieder ganz anders angegangen werden. »Halten Sie das Ganze lyrisch und fließend«, fordert er die Spieler auf, »verkürzen Sie die Noten nicht und singen Sie die gesamte Phrase.« Um den Musikern zu zeigen, wie er es meint, singt er ihnen die Phrase vor. Sie spielen sie – so wie er es wünscht. Er lobt die Musiker und nimmt einen ordentlichen Schluck Wasser. Nach einer Stunde konzentrierter Arbeit freuen sich alle auf eine zwanzigminütige Pause.

Danach will sich Levine dem Finale zuwenden. »Man kann bei den Proben ohne weiteres vom ersten Satz zum Finale übergehen«, erklärt er mir später, »dagegen ist es schwierig, erst an einem Satz mit Chormusik zu arbeiten und dann direkt in etwas so gänzlich anderes wie den Finalsatz einzusteigen. Allerdings, wenn man diesen bereits präpariert hat, ist der Übergang nicht so schlimm.«

Im Gegensatz zu den ersten beiden Mahler-Symphonien, die mit gewaltigem Getöse enden, verklingt das Finale der *Dritten* langsam und ruhig in einer Art mystischer Naturvision mit all den typisch spätromantischen Gefühlsmomenten. Levine stellt zufrieden fest, daß das Orchester ausgesprochen sensibel auf seinen Taktstock reagiert. Er strebt nach Präzision (»ebenmäßiger«) und subtilerer Dynamik, besonders bei den Übergängen (»ganz langsam verklingen lassen«). Im Nu ist eine Stunde vergangen, aber die Arbeit ist angenehm und produktiv. Levine ist eindeutig zufrieden mit dem, was er hört. Und es ist deutlich zu spüren, daß sich die älteren Mitglieder des Orchesters, die ihn bereits von früher kennen, auf die erneute Zusammenarbeit mit ihm gefreut haben und daß die neuen Leute, die ihn zum erstenmal erleben, ihn sympathisch finden und nach besten Kräften unterstützen.

Der zweite Satz der Symphonie, den sich Levine am Mittwoch vornimmt, ist ein zehnminütiges Stück mit der Bezeichnung »Tempo di Menuetto«. Dieser Satz ist wohl ein gutes Beispiel dafür, weshalb Toscanini Mahlers Symphonien so unbegreiflich fand. Der Satz hat nicht das geringste mit dem klassischen höfischen Menuettsatz eines Haydn oder Mozart zu tun, sondern klingt ganz und gar nach einer ländlichen Weise. Er ist eindeutig auf dramatischen Kontrast hin angelegt. Nach dem gewaltigen Finale des ersten Satzes läßt die Intensität nach. Mahler beginnt hier, einen weiteren großen Bogen bis zum Höhepunkt des abschließenden Finales zu spannen. Das Menuett birgt indes ganz eigene Klippen. Es erfordert ein natürliches Gefühl für den Rhythmus, die Bewegung der Phrasen und den Fluß der Themen. Doch all das ist nichts Neues für die Musiker. Das Philadelphia Orchestra hat bereits genug Mahler gespielt.

Levine, der heute ein purpurrotes Handtuch »trägt«, betritt um halb elf leise die Bühne, macht seine Wasserflasche auf und gibt den Einsatz. Einer der Bläser stößt in einem der ersten Takte auf ein Problem. Levine hält kurz inne, und der Musiker trägt sein Problem vor.

»Das ist eine gute Frage«, erwidert Levine.

Wenn bei Fritz Reiner ein Musiker eine Frage aufwarf, bekam er nur zu hören: »Wir machen es so, wie ich gesagt habe.« Levine dagegen ist recht offen. Er begrüßt es, wenn Probleme gemeinsam gelöst werden. Nach einer kurzen Erörterung wird eine provisorische Lösung gefunden. Man spielt die entsprechende Stelle. Es funktioniert. Die Sache ist abgehakt. Schon nach kurzer Zeit läuft alles glatt. Das Orchester spielt locker und präzise und hat den entsprechenden Stil sicher im Griff. Levine läßt den Satz brillant und anmutig zugleich verklingen und belohnt sich mit einem großzügigen Schluck aus seiner Flasche.

Der dritte Satz ist doppelt so lang wie der zweite und gänzlich anders im Ausdruck. Kaum ein Satz in Mahlers Symphonien ist so volkstümlich geprägt wie dieser. Etwa in der Mitte des Satzes erklingt das erste von mehreren langen Posthornsoli, die an den Postillion erinnern, wie er durch die Gebirgstäler reitet und sein Signalhorn bläst. Das Posthorn ist ein gewundenes Blasinstrument ohne Ventile, das eng mit dem Wald- oder Jagdhorn verwandt ist und von österreichischen Komponisten sehr geschätzt wurde. Mozart verwendete es in seiner sinnfällig danach benannten *Posthorn-Serenade*. Das Posthorn in Mahlers *Dritter* erinnert stellenweise an Themen aus Richard Strauss' *Rosenkavalier*, was insofern erstaunlich ist, als die Symphonie 1895/96 komponiert, *Der Rosenkavalier* dagegen 1911 uraufgeführt wurde.

Möglicherweise wären einige Bläser in der Lage, dieses Solo auf einem traditionellen Posthorn zu blasen, doch Mahler selbst hat ein Ventilinstrument vorgeschrieben, und so wird diese Maßgabe in den heutigen Orchestern stets befolgt, um eine saubere Intonation zu gewährleisten. In diesem Fall spielt der erste Trompeter des Philadelphia Orchestra, David Bilger, diese Soli auf einem seiner regulären Instrumente. Das unterschiedliche Timbre wird wahrscheinlich nicht groß auffallen. Absolut auffallend sind jedoch der feine Ton, die fugenlose Phrasierung und die Präzision, mit der Bilger spielt.

Bei Ziffer 23 in diesem Satz schreibt Mahler des dramatischen Kontrastes wegen den Trompeten, Hörnern, Fagotten und tieferen Streichern eine derbe, rauhe Spielweise vor. Seine Spielanweisung lautet »grob«. So wie das Orchester spielt, ist es Levine nicht grob genug. »Nein«, meint er, »Mahler will es richtig grob.« Das ist genau das Gegenteil des »Philadelphia-Sound«, doch diesmal muß das Orchester seiner eigenen Linie untreu werden und Levines und Mahlers Wunsch entsprechen.

Die Musiker haben inzwischen Geist und Stil des Werks erfaßt. Sie treffen genau das entsprechende Idiom, spielen leicht und akzentuiert. Seit Charles Munch habe ich keinen Dirigenten erlebt, der bei den Proben so großen Wert auf Leichtigkeit legt wie Levine. »Leicht, leicht, und immer atmen.« Er empfiehlt den Musikern, in den Phrasen ähnlich innezuhalten, wie es ein Sänger beim Atemholen tun muß. Nur weil ein unhörbarer Bogenwechsel möglich ist, heißt das nicht, daß er auch immer richtig ist.

»Diese Noten müssen leichter und länger sein«, meint er an einer Stelle. An einer anderen Stelle verlangt er einen volleren Klang. »Celli und Fagotte: bitte sehr viel Resonanz.« Ein paar Takte später ermahnt er andere Stimmen: »Nein, das muß ein Mezzoforte sein, kein Pianissimo.« Auch die Harmonien müssen unbedingt stimmen. »Man muß genau hören, ob Sie ein E oder ein Es haben«, fordert er. »Das muß klar und sauber klingen. Das ist hier wichtig.« Was dem einen Musiker ans Herz gelegt wird, nimmt sich auch ein anderer zu Herzen. So lernt einer durch den anderen, und viele weitere Kommentare erübrigen sich.

Bei Ziffer 30 erinnert Levine sie daran, daß ab hier pro Takt zwei Schläge erfolgen und daß sich das Ganze zu einem Crescendo steigert, auch wenn die Streicher anfangs noch mit Dämpfer spielen. Dieser ausgedehnte Schluß ist typisch für Mahler: Der Steigerungsprozeß wird immer komplexer. Unter Levines sicherem Schlag fließt die Musik, steigert sich großartig, erreicht ihren Höhepunkt und klingt überwältigend.

»Pause gefällig?« fragt er.

Am Donnerstagvormittag bricht Levine eine von Stokowskis Grundregeln, wonach an einem Konzerttag nicht geprobt werden sollte. Keiner verstieß gegen diese Regel öfter und tragischer als Szell, der bei der vormittäglichen Probe oft eine Frische an den Tag legte, die ihm beim abendlichen Konzert dann fehlte. (Wie sagte einst der Sportreporter über den übertrainierten Boxer: »Er gab den Kampf im Trainingsstudio auf.«) Doch diesmal hat Levine keine andere Wahl. Die Sänger stehen erst jetzt zur Verfügung. Außerdem ist dies eine öffentliche Probe für die Freunde und Förderer des Orchesters, die natürlich etwas geboten haben wollen.

Nun erscheint Waltraud Meier, die Solistin im vierten Satz. Sie ist eine der großen Schönheiten in der Opernwelt von heute. Ganz der Tradition gemäß erscheint sie zur Probe in schlichter Garderobe, nimmt ihren Platz in der Mitte der Bühne ein und wartet auf den Maestro. Das Protokoll verlangt es, daß er als letzter auf die Bühne kommt. Die Sänger und Musiker warten auf ihn.

Levine läßt jedoch nicht lange auf sich warten und macht sich sogleich an die Arbeit. Er nimmt so gut wie keinerlei Notiz von den anwesenden Zuhörern. Diesmal muß er dafür sorgen, daß sich das Orchester und eine Singstimme, die obendrein noch pianissimo singt, die Waage halten. Der Text des Solos ist »Zarathustras Mitternachtslied« aus Nietzsches philosophischem Traktat *Also sprach Zarathustra*, das auch Strauss zur Komposition seiner gleichnamigen Tondichtung anregte.

Konzertbesucher, die nur selten, wenn überhaupt Orchesterproben besuchen, haben oft keine genaue Vorstellung von dem, was sich bei Proben eigentlich abspielt. Selbst vierzig Jahre nach Toscaninis Tod sorgen die Anekdoten um seine Wutanfälle noch immer für völlig falsche Vorstellungen und unrealistische Erwartungen. Levine dirigierte den *Parsifal*, in dem Waltraud Meier 1983 ihr Debüt in Bayreuth gab, und hat seither unzählige Male mit ihr zusammengearbeitet, unter anderem bei einer Aufführung von Mahlers *Dritter* in Wien im Jahre 1990. Es ist faszinierend, zwei absolute Vollprofis zu erleben, die sich in gegenseitigem Respekt ihrer jeweiligen Aufgabe widmen. Wer aber erwartet hätte, daß bei der Begegnung zwischen einer großen Diva und einem großen Maestro zwangsläufig die Fetzen fliegen, hätte diese Probe sicherlich als enttäuschend, ja als langweilig empfunden. Man kommt sofort zur Sache und bleibt völlig nüchtern im Ton.

Waltraud Meier verfügt über eine große Stimme, doch sie will am Abend in Form sein und sich bei der Probe nicht übermäßig verausgaben. Levine hat volles Verständnis. Er sorgt dafür, daß die Begleitung stets leicht und durchsichtig bleibt. Meier singt wunderschön verhalten, klingt aber dennoch klar und absolut hörbar. Auf die ersten sechs Verse folgt eine kurze Kontrastpassage mit größerer Instrumentalbesetzung, doch sobald die Singstimme wieder einsetzt, wird die Instrumentierung leichter. »Lust tiefer noch als Herzeleid«, spricht Zarathustra, »doch alle Lust will Ewigkeit.« Bei diesen Worten schwillt die Musik freudestrahlend an, verklingt allmählich und verharrt dann auf einem Orgelpunkt, bis die »Engelszungen« einsetzen. Levine und Meier wissen beide, worauf es ankommt, und sprechen sich in knappen Bemerkungen ab. Sie lächeln einander zu, und die Solistin setzt sich.

Die »Engel« sind natürlich Kinder, und zwar die Stimmen des American Boy Choir, die im fünften Satz zusammen mit einem Frauenchor einsetzen, dem Philadelphia Singers Chorale. Die Kinder ahmen mit einem »Bimm-bamm« Glocken nach. Der Text, den die Frauen singen, stammt aus *Des Knaben Wunderhorn*, einer Sammlung von Volksliedern, auf die Mahler in dieser Schaffensperiode häufiger zurückgriff.

In diesem Gedicht geht es um die Vergebung von Sünden. Die Solistin setzt noch einmal kurz ein und singt die Verse einer bußfertigen Sünderin, begleitet vom »Glockenklang« des Kinderchors. Der Chor verkündet, daß jeder sündige Mensch, wenn er nur zur Buße bereit sei, die »himmlische Freud« erlange. Dann leiten die Glocken in den ruhevoll verklärten Schlußsatz über. Die Probe verläuft völlig reibungslos. Die Besucher mögen es bedauern, daß sie nicht das gesamte Werk zu hören bekommen, doch was sie hören, ist außerordentlich erhebend.

Am Donnerstagabend füllt ein gut gekleidetes, wohlsituiertes Publikum den Saal, wie man es von den Konzerten des Philadelphia Orchestra seit über achtzig Jahren kennt. Die Musiker tragen Abendrobe. Levine tritt im Frack auf – ohne Handtuch. Bei einem Konzert weiß man nie genau, was passiert. Es kann sein, daß das Orchester im großen und ganzen genauso spielt wie bei den Proben. Oder es kann sich gegenüber den Proben sogar noch steigern und besser spielen als zuvor. Es kann aber auch sein, daß es einfach die Noten abspielt und nicht einmal annähernd das Niveau der Proben erreicht. Das kommt gelegentlich vor, doch nicht bei einem Dirigenten mit der Erfahrung eines James Levine. Jeder auf der Bühne scheint zu spüren: Jetzt kommt es darauf an, dort sitzt das Publikum, und wir müssen zeigen, was wir können.

Das Konzert ist ein sensationeller Erfolg. Es bietet eine der komplexesten und noch immer relativ wenig bekannten Symphonien Gustav Mahlers in einer packenden und überzeugenden Interpretation. Und es zeigt auch, daß es eines der großartigsten

Musikerlebnisse in Amerika ist, in der Academy of Music das Philadelphia Orchestra unter einem großen Dirigenten zu hören. Am Schluß ist Levine erschöpft, aber er lächelt und gratuliert den Musikern zu ihrer Leistung. Dann schaut er auf sein durchnäßtes Hemd, gibt kurz zu verstehen, »ich muß meine nassen Sachen ausziehen«, und verschwindet in seiner Garderobe.

Für die Konzertbesucher endet solch ein triumphaler Abend mit der Fahrt nach Hause, auf die sie viele beglückende Eindrücke mitnehmen, oder bei einem Gespräch in einer netten Bar, bei dem sie das Erlebte noch einmal Revue passieren lassen. Für die Interpreten klingt der Abend unter Umständen damit aus, daß sie sich aus einem verschwitzten Hemd schälen.

In einem Interview des *Music Magazine* der BBC im Oktober 1994 hatte Levine noch erklärt: »An der Oper dirigiert man über einen bestimmten Zeitraum verteilt sechs, acht oder zehn Aufführungen, oft mit verschiedenen Sängern. Ein symphonisches Programm zu dirigieren ist etwas ganz anderes. Ich persönlich finde es fast nicht machbar, bei einem Gastdirigat vier Tage nacheinander beispielsweise Mahlers *Symphonie Nr. 3* aufzuführen.«

Doch an diesem Donnerstagabend konzentriert sich Levine ganz auf die erste Aufführung der Mahler-Symphonie und darauf, was sie für ihn bedeutet: Seine Verbindung zum Philadelphia Orchestra, die in seinen Anfangsjahren so wertvoll für ihn gewesen war, ist wiederhergestellt.

27. April 1996, Metropolitan Opera

Offiziell ist es eine Gala, eine Feier zur Erinnerung an James Levines Debüt an der Metropolitan Opera vor 25 Jahren. Bei den Proben ist mir das Ganze bisweilen wie eine Party vorgekommen, doch am Ende der Festveranstaltung ist klar: Dies ist eine einzigartige Bezeugung des Danks, der Anerkennung, der Bewunderung und vor allem der Zuneigung, die jenem Mann gilt, der mit seinem Taktstock sechs Stunden lang Musik hervorgezaubert hat. Damit an dieser Zuneigung auch nicht der geringste Zweifel aufkommt, weigert sich das Publikum, das Opernhaus zu verlassen. (Kaum einer der Anwesenden dürfte je um zwei Uhr morgens noch im Zuschauerraum der Met gesessen haben.) Der Applaus will nicht enden und wird auch nicht mit den üblichen höflichen Gesten zum Verstummen gebracht, sondern tobt in einem fort und bekundet: »Maestro, wir sind stolz auf die Met, so wie sie heute dasteht, und wir wissen, daß Sie hinter dieser großartigen Leistung stehen. Nehmen Sie unseren Dank entgegen für das, was Sie uns geschenkt haben.«

Die Würdigungen begannen bereits zehn Tage zuvor, bei der 16. Jahresversammlung der Metropolitan Opera Guild im Hotel Waldorf-Astoria. Bruce Crawford, der Präsident der Metropolitan Opera Association, schrieb in der Festschrift: »Als James Levine vor 25 Jahren zum erstenmal in der Metropolitan Opera den Taktstock hob, hat wohl kaum jemand geahnt, daß dies ein Wendepunkt in der Geschichte der Met war. Kaum hatte Jim sein Debüt gegeben, war von einem neuen Star am Opernhimmel die Rede. Doch wie gründlich er diese Verheißungen erfüllen sollte, konnte damals noch niemand wissen. Als General Manager führte ich vier Spielzeiten lang mit James Levine als künstlerischem Leiter die Met. In jenen Jahren lernte ich ganz direkt und unvergeßlich seine grenzenlose Energie und sein musikalisches Genie zu schätzen.«

Worte des Lobes sprachen auch Joseph Volpe, der derzeitige General Manager des Opernhauses, und die Sopranistin Teresa Stratas, die 1959 an der Met debütiert hatte und eine der wenigen Sängerinnen war, die diesem Haus über Levines gesamtes Vierteljahrhundert hinweg verpflichtet gewesen war. Gesanglich würdigten ihn zwei der »Drei Tenöre«, Plácido Domingo und Luciano Pavarotti.

»Es ist nicht zu glauben«, gestand Volpe, »daß ein Vierteljahrhundert vergangen ist, seit James Levine und ich zum erstenmal zusammenarbeiteten. Wir nahmen sozusagen eine parallele Entwicklung an der Met; deswegen war es, als ich vor sechs Jahren General Manager wurde, kein Neuanfang, sondern die Fortsetzung und Vertiefung einer idealen Arbeitsbeziehung, die, wie ich glaube, in der heutigen Opernwelt einzigartig ist. So vielseitig Jim auch sein mag, er zeichnet sich meiner Meinung nach vor allem durch zwei Eigenschaften aus – durch sein unbeirrbares

Festhalten an den höchsten musikalischen Maßstäben und seine aufrichtige Treue gegenüber unserem Haus. Kein anderer musikalischer oder künstlerischer Leiter opfert seinem Haus so viel Zeit und Energie, wie Jim es Saison für Saison getan hat.«

Teresa Stratas scheute selbst Superlative nicht. »James Levine? Der größte Dirigent unserer Zeit? Der Dirigent, mit dem die meisten Opernsänger am liebsten zusammenarbeiten? Der verständnisvollste und großzügigste Dirigent, den es gibt? Nein, er ist viel mehr als das... Er gibt sich nicht wie ein Genie. Er *ist* eines. Jimmy, ich müßte eine Dichterin sein, um zu beschreiben, was du mir bedeutest. Hast du gewußt, daß du eine der drei prägendsten Personen in meinem Leben bist? (Die anderen beiden sind meine Mama und Mutter Teresa.) Die Flügel deiner Liebe und deines Glaubens haben mich in magische Sphären gehoben. Wäre ich eine Poetin, würde ich Liebessonette über dein Lächeln und dein Handtuch schreiben. Mögen dich die Götter mit Gesundheit segnen, damit du unsere Herzen noch lange mit deinem herrlichen Musizieren erfüllst. Ich liebe dich, Jimmy, und ich feiere dich. Möge dir ein langes Wirken beschieden sein.«

All jene, die nicht sprechen konnten, würdigten Levine in persönlichen Gratulationsschreiben – eine wahre Flut von Briefen, wie sie Szell oder Reiner trotz ihres Ruhms und Ansehens wahrscheinlich nie erhalten hätten.

Jon Vickers schlug nostalgische Töne an: »Ich habe viele schöne Erinnerungen, nicht nur an Aufführungen, sondern auch an Momente nach den Aufführungen, wenn wir etwa in ein einfaches Restaurant irgendwo ganz unten an der East Side gingen und über deine Pläne und Absichten sprachen... Du hattest eine ganz klare Vorstellung davon, was du erreichen wolltest, und ich erinnere mich, daß ich dir riet, dich nicht mit einem Vertrag unter zehn Jahren abzufinden – und siehe da, nun sind es schon fünfundzwanzig!«

Frederica Von Stade schrieb: »Mit Staunen nimmt man sein Talent und sein Wissen wahr. Mit Staunen nimmt man wahr, wie es ihm gelingt, so vieles so wunderbar zu schaffen, so als sei nichts auf der Welt zu schwierig, nichts zu kostspielig. Mit Zuneigung dagegen begegnet man ihm als Menschen, als Lehrer, als Ratgeber, als Schutzengel der Musik und des Gesangs.«

James Morris beteuerte: »Es ist kein Geheimnis, daß er mein Lieblingsdirigent ist. Jimmy ist nicht nur der kompetenteste und vielseitigste Dirigent, den ich kenne, er ist auch der ideale Dirigent für Sänger. Sein Draht zur Bühne ist einzigartig. Wenn er lächelt oder einem seine Anerkennung signalisiert, weiß man, daß man nicht einfach nur Musik macht, sondern ein freudiges Erleben hat.«

Dwayne Croft gestand: »Es ist ganz einfach und ohne jeden Zweifel so, daß ich James Levine meine Karriere verdanke. Es hat seinen Grund, daß so viele Sänger ihn für den besten Dirigenten halten. Er atmet mit dir, er fühlt mit dir, und letztlich singt er mit dir und dem Orchester mit.«

Neben diesen Worten eines jungen Sängers stehen die einer geachteten Primadonna, Leontyne Price: »Es ist eine Ehre, an dieser Leistung teilgehabt zu haben. Dein Beitrag zur klassischen Musik weltweit ist enorm und verdient größtes Lob. An unserem Haus, der Met, hast du die höchsten Qualitätsmaßstäbe, die überhaupt nur möglich sind, erreicht und bewahrt.«

»Unsere erste Begegnung in Cleveland«, erinnerte sich Christa Ludwig, »als du noch Assistent bei George Szell warst, ist schon sehr lange her, aber später hatte ich die wunderbare Gelegenheit, mit dir Musik zu machen – nicht nur mit dir zu singen. Nein, Musik zu machen ist etwas ganz anderes. Da wird es möglich, einander durch die Musik zu verstehen; und wir erlebten dieses besondere Vergnügen nicht nur in der Oper, sondern auch bei unseren Liederabenden. Da hast du einen musikalischen Teppich für mich ausgebreitet, da hast du mit mir geatmet, denn du liebst nun einmal die menschliche Stimme.«

Ben Heppner schrieb: »Mein Debüt als Idomeneo war einer der Höhepunkte meiner Laufbahn. Ich kann mir nicht vorstellen, daß man beim Einstand an diesem renommierten Haus mehr Unterstützung und Ermutigung erfahren könnte. Mit jeder weiteren Zusammenarbeit wuchs meine Bewunderung für deine musikalische Tiefgründigkeit, deine Sorgfalt und dein Gespür für die Bühne und die menschliche Stimme.«

Elisabeth Söderström erinnerte sich an »eine erste Probe des *Rosenkavaliers*. Ein stickiger, muffiger Raum. Ein Maestro mit einem türkischen Handtuch über der Schulter. Und eine schwedische Sopranistin, die seit 25 Jahren die Marschallin singt – ein ideales Paar für eine romantische Episode aus dem Wien des 18. Jahrhunderts. Doch nach kaum zehn Minuten waren wir mittendrin – in Wien, im Schlafzimmer, im Bett, mit Schokolade und allem drum und dran. Die Musik ist eine heilige Kunst!«

Neil Shicoff erklärte: »Zwanzig Jahre sind vergangen, seit du mein Debüt dirigiert hast. Du warst regelrecht davon besessen, würde ich sagen, dein außergewöhnliches Können zu teilen. Dabei warst du fast wie ein Bruder, der seinen jüngeren Bruder zu einer schwer erreichbaren Perfektion anleitet.«

Renata Scotto war sich ganz sicher: »Die besten Jahre meiner Laufbahn waren die, in denen ich mit dir zusammengearbeitet habe.«

Samuel Ramey unterstrich einen anderen Aspekt. »Für mich«, schrieb er, »waren die unvergeßlichsten Stunden mit ihm die Einzelproben, bei denen er am Klavier saß und mit mir die Geheimnisse hinter den gedruckten Noten auf dem Papier ergründete. In solchen Momenten offenbart sich sein Genie am deutlichsten.«

Leonie Rysanek, die kurz zuvor selbst ihr 25jähriges Bühnenjubiläum an der Met gefeiert hatte, bescheinigte Levine, er sei weitgehend verantwortlich für ihren Erfolg an »seinem« Haus, »ganz zu schweigen von unserer wunderbaren Zusammenarbeit bei den Jubiläumsaufführungen des *Parsifal* in Bayreuth. Und ich hätte nie geglaubt, daß mir jemand sagen könne, wie ich meine Angst vor dem schwierigen ›Gebet‹ im dritten Akt [des *Tannhäuser*] verlieren und die Intonation halten kann. ›Hol tief Luft‹, hast du gesagt, ›versuche zu lächeln und denk an die *Erlösung*.‹ Das habe ich dann auch getan, und es hat wunderbar geklappt!«

Vom Chor der Metropolitan Opera kam selbstverständlich ein ganzer Chor von Lobeshymnen: »Er ist anregend, aufmerksam, ausdrucksstark, bereichernd, berühmt, beschwingt, ein Bonvivant, brillant, charismatisch, dynamisch, ehrfurchtgebietend, einzigartig, engelhaft, entgegenkommend, geduldig, genial, göttlich, großzügig, gründlich, hartnäckig, himmlisch, imposant, intuitiv, jugendlich frisch, klar verständlich, konsequent, konzentriert, liebenswürdig. Er ist der ›Maestrissimo‹, er ist pädagogisch, perfektionistisch, phantastisch, prägnant und präzise, sängerfreundlich, schlichtend, ein seltener Vogel, spirituell, super, überschwenglich, unermüdlich, unvergleichlich, verständnisvoll, visionär, ein vollendeter Gentleman – und Musiker, wißbegierig, wunderbar und zweifellos der größte lebende Mozart- und Wagner-Dirigent.«

Und es stimmt sogar alles.

Bei der Probe für die Gala sprach ich Levine in einer Pause an und sagte zu ihm: »Wenn du am Samstagabend all den Beifall hörst, denk dran: Du hast ihn verdient.«

»So habe ich das noch gar nicht gesehen«, erwiderte er leise, was mich an Toscaninis häufig geäußerte Beteuerung erinnerte: »Ich bin nur ein redlicher Musiker.« In einem Metier, in dem man nicht selten Größenwahn und Überheblichkeit erlebt, bildet Levines selbstlose Hingabe an die Musik einen angenehmen Kontrast.

Nie und nimmer würde Levine eine ungenügend geplante Gala tolerieren, bei der man sich darauf verläßt, daß sich das festlich gestimmte Publikum mit routinemäßigem Herunterleiern abgedroschener Nummern zufriedengibt. Nein, es mußte mit jedem Sänger geprobt werden. Am Mittwoch, Donnerstag und Freitag verwandte man jeweils mehr als sechs Stunden auf die Vorbereitungen.

Die einzigen Probleme bei den Proben bereitete der Chor. Levine bestand darauf, daß der Text klar verständlich ist, und so mußte immer wieder die Aufstellung geändert und getestet werden, ob dies die gewünschte Wirkung brachte. Hinzu kam, daß der Chor nicht immer in den Kulissen probte, in denen er am Samstag auftreten sollte.

»Rückt den Chor weiter vor«, meinte Levine.

»Stellt euch dichter zusammen – nicht so aufgelockert«, meinte der Chorleiter.

Es war erfreulich zu sehen, wie schnell diese Profis, die mit dem Haus so gründlich vertraut sind, diese Probleme lösten.

In einem vorab aufgezeichneten Interview, das während der Fernsehübertragung in der ersten Pause ausgestrahlt werden sollte, fragte Garrick Utley den Maestro, wie er es schaffte, sechs Stunden lang zu dirigieren. »Das schaffe ich deswegen«, erwiderte Levine, »weil mich die Musik und meine Kollegen inspirieren. Diese Inspiration ist wohl ungeheuer energiespendend.«

In dem Zusammenhang fällt mir ein Gespräch mit Sir Georg Solti ein, in dem er mir erzählte, wie er einmal eine Wagner-Oper dirigierte und allmählich müde wurde. »Ungefähr zwanzig Minuten vor dem Schluß fragte ich mich: Wie soll ich das schaffen? Halte ich noch durch? Doch dann spürt man: Du mußt weitermachen, die Musik läßt dich nicht los. Also dirigiert man noch eine Seite, und dann noch eine, und eh man sich versieht, ist man am Ende. Es ist ein Wunder. Es liegt ganz am eigenen Willen, es zu schaffen. Aber wenn es vollbracht ist, ist man wirklich erschöpft.«

Solch ungeheuer lange Arbeitstage sind für Levine indes gar nichts Ungewöhnliches. Zwei Tage vor der Gala absolvierte er einen ähnlichen Marathon. Von elf bis drei Uhr dirigierte er eine Probe für die Gala, traf sich nach einer Pause mit verschiedenen Künstlern, die bei der Gala mitwirken sollten, zu einer Klavierprobe, hielt ein kurzes Nickerchen, zog sich um und stand um 20 Uhr im Orchestergraben und dirigierte *Andrea Chénier* – mit der zusätzlichen Erschwernis, daß für die Titelpartie ganz kurzfristig die Zweitbesetzung einspringen mußte. Die Vorstellung dauerte bis 23.15 Uhr. Es war ein Zwölfstundentag, doch selbst die letzte Szene der Oper war voller Dynamik und Leidenschaft und steigerte sich noch bis zum dramatischen und emotionalen Höhepunkt. Wer Levine nicht kennt, hätte meinen können, er habe den Vormittag im Bett verbracht, wie es Sir Thomas Beecham vor seinen Auftritten zu tun pflegte.

Als Toscanini und Solti in den Fünfzigern waren, bewiesen sie vielleicht eine ähnliche Ausdauer, doch es gibt wohl selten einen Dirigenten, der über so viel psychische und physische Energie verfügt. Schwierig ist die Gala für Levine nicht so sehr wegen ihrer Länge als vielmehr wegen der ständig wechselnden Stile.

»Es ist wahnsinnig, ein Programm zusammenzustellen, das solch ein Spektrum großer Künstler und großartiger Musik umfaßt, und alles in unterschiedlichen Stilen. Das ist etwas ganz anderes, als wenn man eine Oper, selbst eine besonders lange, einstudiert. Eine Oper ist *ein* Stück, von *einem* Komponisten. Hier muß ich bei jedem Stück in einen anderen Gang schalten, und auch das Orchester und die Zuhörer müssen ständig umschalten.«

Man ging bei den Proben so vor, daß jeweils ein Künstler auf die Bühne kam, sich mit Levine kurz austauschte und das betreffende Stück vortrug. Die Atmosphäre war sehr entspannt, überall strahlende Gesichter, und zwischen Orchestergraben und Bühne warf man sich viele Kußhände zu. Doch es wurde ernsthaft gearbeitet; die Zeit wurde maximal genutzt.

Typisch für die Stimmung während der Proben war der Moment, in dem Samuel Ramey, dicht gefolgt von Plácido Domingo, auf die Bühne spazierte, um das Duett aus dem ersten Akt des *Faust* durchzugehen.

»Hallo, Sam!« rief Levine.

»Hi, Jim«, rief Ramey zurück.

Toscanini hätte sich nie auf solch einen Umgang eingelassen, denn er meinte, er müsse seine Autorität wahren, um die Disziplin zu sichern, die für eine gute Interpretation vorausgesetzt wird. Wäre ein Sänger auf die Idee gekommen, ihn mit »hallo, Arturo« zu begrüßen, hätte er gefürchtet, der Sänger würde womöglich glauben, schlampig singen zu können und damit durchzukommen. Im Fall von Ramey und Domingo, die Levines Werte in jeder Hinsicht teilen, stehen Zwanglosigkeit und intensive Zusammenarbeit nicht im Widerspruch zueinander.

Allerdings schienen sie Lust zu haben, die Szene, in der Faust seine Seele Mephistopheles überschreibt, ein wenig zu überzeichnen, indem sie sich einer breiten Gestik bedienten, die an einen Sketch mit den Marx Brothers erinnerte. Levine fand Gefallen an dem Spaß, denn er wußte genau, daß die beiden ihren Ulk vor Publikum nicht wiederholen würden. Am Ende der Szene sahen die Sänger den Dirigenten an.

»Nehmt es auf!« rief Levine.

Kiri Te Kanawa sang »Mi tradì quell'alma ingrata« aus *Don Giovanni* und anschließend mit Renée Fleming, Hei-Kyung Hong, Jerry Hadley, Julien Robbins und Bryn Terfel das Sextett aus dem zweiten Akt der Oper. Te Kanawas langes, dunkles, figurbetontes Kleid wirkte ausgesprochen gesetzt, bis man merkte, wie weit der Schlitz reichte, der, in schwarzen Strümpfen, die vielleicht längsten und sinnlichsten Beine der Opernwelt erkennen ließ.

Terfel spielte hier den Leporello in der Maske seines Herrn. Wie um zu zeigen, daß Donna Elvira Don Giovanni noch immer begehrt, umarmte Te Kanawa ihn von hinten und schlang eines ihrer formschönen Beine um ihn – mit einer Inbrunst, die sofort zur Versöhnung geführt haben dürfte. Terfel grinste und spielte das Spiel mit, das ihm sicherlich größten Spaß bereitete.

Es soll erwähnt werden, daß Te Kanawa in bezug auf die Garderobe am Ende der Gala Konkurrenz bekommt, als Frederica Von Stade mit dem Ensemble in einem roten Kleid auftritt, dessen Saum so kurz ist, daß man es bedauern muß, daß sie so viele Hosenrollen singt.

Bereits bei den Proben war klar, daß die Gala auch ein ganz besonderer persönlicher Triumph für Carlo Bergonzi sein wird, der bereits sein 40jähriges Bühnenjubiläum an der Met feierte. Sein »Quando le sere al placido« aus *Luisa Miller* war ein Meisterkurs in Stimmsitz und Tonbildung, von dem sich jeder jüngere Tenor im Hause eine Scheibe abschneiden konnte. Er trat noch ein zweites Mal auf; in dem Terzett »Qual voluttà trascorrere« aus *I lombardi* sprang er für den erkrankten Pavarotti ein – ein würdiger Ersatz für einen großen Sängerkollegen.

Bei der Gala am Samstagabend ist der Zuschauerraum um 18 Uhr bis auf den letzten Platz besetzt. Viele der etwa 4000 elegant gekleideten Besucher haben ihre Karten bereits Monate im voraus gekauft, und einige kommen von weit her angereist. Die eigentliche Zahl der Zuhörer und Zuschauer ist jedoch unendlich viel größer. Die großzügige Unterstützung verschiedener Sponsoren macht es möglich, das Ereignis in den Vereinigten Staaten über »public television« auszustrahlen. Und mit der CD, der Musikkassette und der Laserdisc, die noch im selben Jahr erscheinen sollen, werden Bild- und Tondokumente vorliegen, die noch von vielen kommenden Generationen gesehen und gehört werden können.

Die Gala als reales Ereignis auf der Bühne der Met bildet somit den Ausgangspunkt für zwei völlig unterschiedliche Arten der Rezeption. Die 4000 Besucher erleben die Darbietung live, allerdings aus der gewohnten Perspektive des Opernbesuchers, das heißt von einem unveränderlichen Blickpunkt aus. Dieses Live-Ereignis findet nur ein einziges Mal statt. Die Fernsehkameras dagegen konzentrieren sich auf Nahaufnahmen; statt der gesamten Bühne kann man am Bildschirm einzelne Gesichter oder Gruppen von Gesichtern aus der Nähe sehen. In diese Bildfolge wird häufig auch Levines Gesicht eingeblendet, das der Zuschauer im Opernhaus überhaupt nicht zu sehen bekommt. (Levine sieht auch um zwei Uhr morgens noch unglaublich frisch aus.)

Beim realen Ereignis müssen natürlich längere Pausen eingelegt werden. Die sechs Stunden reine Musik werden durch insgesamt zwei Stunden Pause unterbrochen. Die Fernsehausstrahlung beginnt um 19 Uhr; dabei wird der Bandmitschnitt der ersten Stunde zeitversetzt gesendet, während die zweite Stunde aufgezeichnet wird. Während die Veranstaltung im Opernhaus durch eine längere Pause unterbrochen wird, geht die Ausstrahlung fast nahtlos weiter. Am Ende der zweiten Pause hat die Fernsehausstrahlung die Bühnenaufführung sozusagen eingeholt. Das letzte Drittel der Sendung wird echt »live«, das heißt zeitgleich, ausgestrahlt. Es ist den Produzenten des Public Broadcasting hoch anzurechnen, daß die abschließende zwanzigminütige Ovation, die nicht vorauszusehen war, nicht sofort ausgeblendet, sondern ausführlich dokumentiert wird.

Der eine oder andere ältere Musikfreund mag vor fast genau dreißig Jahren, am 16. April 1966, zugegen gewesen sein, als in der alten Met zum letztenmal der Vorhang fiel. Wer jene und diese Gala erlebt hat, wird vielleicht nicht auf Anhieb sagen können, welche nun spektakulärer war, wobei einem bei drei Jahrzehnten Abstand natürlich das Gedächtnis einen Streich spielen kann. Die Met hatte 1966 einige unglaubliche Stimmen aufzuweisen, doch insgesamt stand jener Abend mindestens genauso im Zeichen der Nostalgie wie des Gesangs. Alles in allem finde ich Levines Gala eindrucksvoller. Jedenfalls gibt es ein bleibendes Dokument, an dem sich dieser Eindruck auch in Zukunft wird messen lassen.

Dies ist ein ganz ungewöhnlicher Opernabend, eine reiche Kostprobe aus dem Füllhorn der neuen Met. Zu hören sind Sänger, die bereits vor dreißig Jahren hier auftraten; es treten aber auch die großen Stars von heute auf, von denen manche nicht mehr ganz so jung sind und einige dem ungewöhnlichen Kreis von Nachwuchskünstlern angehören, die Levine herangebildet hat. Es versteht sich von selbst, daß bei insgesamt 44 Programmpunkten einige Momente glänzender wirken als andere, auch wenn solche Wertungen natürlich stark vom persönlichen Geschmack und von subjektiven Vorlieben abhängen. Die Aufmerksamkeit wird jedoch unentwegt wachgehalten.

Aufgrund der perfekten Organisation, die für Levines Projekte typisch ist, geht die Gala bis ganz zum Schluß glatt und flüssig über die Bühne. Etwa sechzig Sänger nehmen teil. Auch Birgit Nilsson, die große alte Dame der Oper, tritt auf; sie hält eine Hommage und schmettert sogar ein paar Töne. Viele Einladungen wurden verschickt, als das Ereignis offiziell angekündigt wurde, und zur Freude und Überraschung, ja zur Bestürzung der Organisatoren wurden fast alle angenommen. Ein paar Sänger sind für diesen Abend bereits anderweitig verpflichtet. Es gibt auch einige krankheitsbedingte Ausfälle. Fünf Künstler, die zugesagt hatten, sind erkrankt und mußten absagen.

Carlo Bergonzi ist eine lebende Erinnerung an die alte Met mit all ihren Eigenheiten. Rudolf Bing produzierte Opern – und konsumierte Sänger. Die Gesangsstars mußte er auf dem freien Markt zu den gängigen Preisen einkaufen. Auch Levine muß dies tun, doch er hat sehr früh schon erkannt, daß es von Vorteil ist, über eine Quelle zu verfügen, die ihn zu annehmbaren Preisen mit jungen Talenten versorgt. Das bedeutete, daß man die Met nicht nur als Spielstätte für die Oper betrachten durfte, sondern auch als Ausbildungsstätte nutzen mußte. Dies führte 1980 zur Gründung des Young Artist Development Program, eines Schulungsprogramms für Nachwuchskünstler. Es spricht für Levines pädagogisches Engagement, daß einige der Glanzpunkte der Gala von jenen Sängern gestaltet wurden, die er entdeckt und gefördert hat, allen voran Dawn Upshaw und Dwayne Croft.

Die Türen stehen aber auch verheißungsvollen jungen Sängern offen, die sich an anderen Häusern einen Namen gemacht haben. Das beste Beispiel dafür sind Angela Gheorghiu und Roberto Alagna, die frisch vermählt sind und Mascagnis »Kirschenduett« [aus *L'amico Fritz*] daher mit einem besonders romantischen Touch vortragen. Selbst im Opernhaus überträgt sich die emotionale Stimmung wunderbar, doch in diesem Fall ist die Live-Darbietung einmal nicht ganz vergleichbar mit der Wirkung am Fernsehbildschirm, auf dem sämtliche Nuancen der

Mimik und Gestik sichtbar werden und die Erfüllung einer jungen Liebe nicht nur musikalisch, sondern auch visuell anschaulich wird.

Gleichermaßen intensiv vermittelt das Fernsehen die zornige Erregung, mit der Waltraud Meier Isoldes »Erzählung« vorträgt. Die rothaarige Meier hat den Vorteil, tatsächlich wie eine irische Prinzessin auszusehen. Der optische Eindruck unterstreicht die Intensität ihrer Interpretation und macht ihren Auftritt zu einem der erhebendsten Augenblicke des Abends. Bei einem Programm dieser Länge, bei dieser Vielfalt von Darbietungen auf höchstem Niveau ist es unmöglich, sämtliche Glanzpunkte zu nennen. Einige Auftritte verdienen dennoch Erwähnung. Von Stade tritt zweimal auf, als Cherubino und als Périchole; in beiden Arien leuchtet sie die Rollen wunderbar plastisch aus. Die Hoffnung, daß Renée Fleming *Louise* auf die Bühne der Met bringen wird, wird voll bestärkt, als sie »Depuis le jour« singt. Den ersten Teil des Abends beendet auf eindrucksvolle Weise der Wotan der Met, James Morris, mit »Wotans Abschied« aus dem dritten Akt der *Walküre*.

Im zweiten Teil brillieren Ruth Ann Swenson als Juliet, Dawn Upshaw als Figaros Susanna und Alfredo Kraus als Werther. Jessye Norman dagegen schöpft das volle Pathos in »D'amour, l'ardente flamme« aus *Fausts Verdammnis* aus. Diesen Teil beschließen Samuel Ramey und der Chor der Met mit »Va pensiero« und der anschließenden Arie aus Verdis *Nabucco*.

Im letzten Drittel des Abends bildet die hochdramatische Schlußszene aus *Eugen Onegin*, interpretiert von Catherine Malfitano und Dwayne Croft, einen spannenden Kontrast zu »Prenderò quel brunettino« aus *Così fan tutte*, gesungen von Carol Vaness und Susanne Mentzer. Es ist ein besonderer Glücksfall, daß Grace Bumbry, die bei Levines Met-Debüt (mit *Tosca*) die Titelpartie sang, an diesem Abend zugegen ist und »Mon cœur s'ouvre à ta voix« aus *Samson et Dalila* darbietet. Einen eindrucksvollen Gegensatz bilden auch Maria Ewings pikante Interpretation von »My man's gone now« aus *Porgy and Bess* und Jane Eaglens leidenschaftliche Darbietung der Opferszene aus der *Götterdämmerung*. Mit Musik von Wagner schließt auch der Abend. Am Ende der Gala erklingt passenderweise der Schluß der *Meistersinger*.

Doch bevor die Meistersinger ihre Stimme erheben, kommt Birgit Nilsson zu Wort. (Auf dem Mitschnitt der Gala, der auf CD und als Laserdisc erschienen ist, wurde ihre Hommage gekürzt, doch sie verdient es, hier in vollem Wortlaut wiedergegeben zu werden.)

»Vielen Dank«, beginnt sie, nachdem sie von einem wahren Beifallssturm begrüßt wurde. »Was für ein unglaublicher Abend! Solch herrliche Musik, solch wunderbare Sänger und Musiker! In meinem Herzen habe ich den ganzen Abend mit Maestro Levine mitgesungen, und glauben Sie mir, mit dem Maestro zu singen ist genauso schön wie ihm zuzuhören, nicht nur heute abend, sondern 25 herrliche Jahre lang.

Lieber Jimmy, ich bin sehr stolz und glücklich, daß du mich 1980 zu deiner ersten Elektra auserwählt hast. Was für eine fabelhafte Interpretation hast du doch damals hingelegt. Und du hast mich so sehr inspiriert und mir geholfen, mein Verständnis dieser Rolle sogar noch zu erweitern, von der ich längst glaubte, ich hätte sie vollständig verinnerlicht. Aber von solch einem Maestro lernt man viele wunderbare neue Dinge.

Nach unserer *Elektra* wolltest du dich mit mir über weitere Pläne unterhalten. Ich wußte zwar, daß ich ›meine Zukunft‹ eher hinter mir als vor mir hatte, aber ich lud dich trotzdem zum Mittagessen in meine Wohnung ein. Und du bist pünktlich auf die Minute und mit einem strahlenden Lächeln erschienen. Allerdings ohne dein übliches Markenzeichen. Und ich glaube, es hat dir gefehlt, denn du bist ganz plötzlich in mein Bad gegangen, hast dir mein größtes Handtuch geschnappt und über die Schulter gelegt. Ab da fühltest du dich wie zu Hause, und es war ein sehr nettes Gespräch und wohl auch ein nettes Mittagessen.

In deiner Gegenwart vergeht die Zeit wie im Flug. Du hattest noch weitere Probentermine, und so hast du dich mit einer freundlichen Umarmung und vielen Küssen verabschiedet und dich auf den Weg gemacht – mit meinem Handtuch über der Schulter. Ich hätte es dir gerne geschenkt, aber ich hatte es selbst von einem meiner Fans geschenkt bekommen, und es war groß und breit bestickt mit der Inschrift ›Ich liebe Birgit, meine schwedische Nachtigall‹. Ich brachte es nicht fertig, meinen

Maestro mit dieser Riesenreklame über der Schulter die Colum-
bus Avenue hinunter und in die Met marschieren zu lassen. Mir
hätte es nichts geschadet, aber was hätten die anderen Nachti-
gallen gesagt, wenn du so ins Haus spaziert wärst? Also lief ich dir
nach und schnappte mir das Handtuch, bevor du im Aufzug verschwunden warst.

Lieber Maestro, ich möchte dir für 25 großartige Jahre danken
und dir gratulieren. Für die Metropolitan Opera war dies eine
phantastische Ära. Wären wir in Schweden, würden wir zu solch
einem Anlaß ein viermaliges Hoch auf dich anstimmen. Doch als
Tochter der Wikinger lasse ich dich auf meine Weise hoch-
leben ...«

Und sie läßt ein lautes »Hojotoho!« erschallen, als Beweis
dafür, daß die Stimme, die uns so viele Jahre begeisterte, nicht an
Kraft eingebüßt hat. Es ist besonders schön, daß die Fernsehkameras während dieser Rede auf beide, auf Nilsson und Levine,
gerichtet sind, so daß man aus seiner beredten Mimik seine Reaktionen auf ihre bewegenden Worte ablesen kann.

Für viele Opernfreunde ist diese Gala eine überzeugende
Demonstration dessen, was Levine aus der Met gemacht hat –
das derzeit führende Opernhaus der Welt. Die Proben zu der Gala
veranschaulichten ebenso überzeugend, wieso und wie diese
Leistungen erbracht werden. Die Met von heute stützt sich auf
zwei sichere Fundamente: eine musikalische Professionalität von
höchstem Niveau und eine innige Liebe zur Musik.

Die professionelle Einstellung zur Musik kommt auf den vorausgehenden Seiten des öfteren zur Sprache. Ebenso wichtig
sind jedoch die Freude an der Musik und die Liebe zur Musik.
Diese Liebe vereint die Mitglieder einer glücklichen Orchesterfamilie, die unter nahezu idealen Bedingungen auf ein gemeinsames Ziel hin arbeiten. Alle, die an Levines Met wirken, teilen
die gleichen künstlerischen und menschlichen Werte. Man ist
füreinander da – um sich gegenseitig zu stützen, zu fördern oder
zu beraten. Wer Hilfe braucht, wird unterstützt, wer Lob verdient, wird gelobt. Es herrscht ein echter Korpsgeist.

Toscanini und auch Szell in seiner Anfangszeit standen vor
dem Problem, daß es damals selten Sänger gab, die sich durch
eine hochentwickelte musikalische Professionalität auszeichne-

ten. Die Sänger, die heute herangebildet werden, verkörpern einen ganz anderen Künstlertyp. Sie ermöglichen einen Stil der Opernproduktion, der vor fünfzig Jahren nahezu undenkbar gewesen wäre. Josef Krips brachte die damaligen Verhältnisse auf die knappe Formel:»Die Sänger wurden von den Dirigenten herangezogen.« Heute – und besonders im Fall von Musikern wie Levine – lernen Sänger und Dirigenten gegenseitig voneinander. Und dadurch entsteht eine ganz neue Art der Operninterpretation. Dieser neue Ansatz kennzeichnet Levines neue Met.

Als ich um zwei Uhr morgens in der letzten Woge des Beifalls im Zuschauerraum stehe, kann ich mir, ohne allzuviel Einbildungskraft aufbieten zu müssen, vorstellen, Toscanini zu hören, wie er in seinem typisch heiseren Tenor »bene, bene, bravo, bravo!« ruft.

20. Juli 1996, Giants Stadium, East Rutherford, New Jersey

Wenn man sich im Flachland von New Jersey dem Giants Stadium nähert, fühlt man sich an die Einschlagskrater auf dem Mond erinnert. Das Stadion sieht so aus, als sei ein Asteroid mit großer Wucht vom Himmel gefallen und habe einen riesigen runden Erdwall aufgeworfen. Das Stadion gehört zum Meadowlands Sports Complex und liegt theoretisch in East Rutherford. Genaugenommen liegt es in einem Niemandsland – irgendwo an einer Autobahnausfahrt etwa zehn Kilometer vor dem Lincoln-Tunnel, der zur Westseite von Manhattan führt. Wer kein Auto besitzt, kommt sich hier genauso verloren vor wie auf dem Mond, es sei denn, er läßt sich – wie James Levine – mit dem Hubschrauber absetzen. Bei günstigem Verkehr ist die Fahrt von New York City bis hierher relativ kurz und schmerzlos.

Hier können die New Yorker die heißeste Nummer der klassischen Musik, die »Drei Tenöre«, bei ihrem ersten Auftritt an der amerikanischen Ostküste hören. Wird die volle Kapazität des Stadions genutzt, faßt es an die 78 000 Zuschauer. Errichtet man an einem Ende eine Bühne, verliert man zwar einige Plätze auf der Tribüne, andererseits gewinnt man zusätzliche Sitzreihen, indem man das Spielfeld sozusagen zum »Parkett« eines improvisierten Freilichttheaters umfunktioniert. An diesem Abend kommen 56 000 Zuschauer. Normalerweise werden in dem Stadion American Football und Fußball gespielt, doch fanden hier auch schon 15 ausverkaufte Popkonzerte statt, die insgesamt 38 Millionen Dollar einspielten. Im Jahre 1995 zelebrierte der Papst in diesem Stadion eine Messe, und wenn der Papst hier auftritt, kann es wohl kein unwürdiger Ort für den Auftritt klassischer Gesangskünstler sein.

Die »Drei Tenöre«, José Carreras, Plácido Domingo und Luciano Pavarotti, traten 1990 bei dem inzwischen berühmten Konzert in den Caracalla-Thermen in Rom erstmals gemeinsam auf. Damals zählte man nur etwa 8000 Besucher. Zubin Mehta dirigierte dieses Konzert und auch das zweite, das 1994 in Los Angeles stattfand. Mit dem Konzert von 1990 feierte man Carreras' Genesung von einer Leukämie und die Fußballweltmeisterschaft. Die Tenöre spendeten ihre Gagen für wohltätige Zwecke. Das Konzert wurde für das Fernsehen aufgezeichnet und hat verschiedenen öffentlichen Fernsehsendern in den Vereinigten Staaten inzwischen üppige Summen eingebracht. Die Rechte an dem Soundtrack besaß der offizielle Veranstalter des Konzerts, der Bologneser Impresario Mario Dradi; er verkaufte die Rechte gegen eine Pauschale an die britische Decca. Die Decca hielt den Preis für zu hoch, ging das Wagnis aber dennoch ein und sicherte sich damit die umsatzstärkste Klassikaufnahme aller Zeiten – eine wahre Goldader. Bis zum Beginn der Tournee von 1996 wurden von dem römischen Konzert insgesamt 23 Millionen CDs und Videos verkauft, wobei die drei Sänger keinen Pfennig an Tantiemen einstrichen, denn sie waren an Verträge gebunden, die solch einen Erfolg nicht vorausgesehen hatten.

Das Konzert verlangte regelrecht nach einer Neuauflage. Das zweite fand 1994 im Rahmen der Fußballweltmeisterschaft im Dodger Stadium in Los Angeles statt. Schätzungsweise 1,3 Milliarden Menschen in 100 Ländern sahen das Konzert im Fernsehen. Das war ein ganz neuer Rekord für ein Medienereignis mit Opernsängern und Opernmusik. Der Veranstalter des Konzerts von Los Angeles war Tibor Rudas, der seit 1982 die Großkonzerte von Pavarotti organisiert hatte. Diesmal erwarb Warner Music die Rechte an den Aufnahmen.

Nach dem Erfolg des Konzerts von Los Angeles diskutierte man sofort über die Möglichkeit, auf Welttournee zu gehen, aber da Künstler dieses Ranges Jahre im voraus ausgebucht sind, war der Sommer 1996 der erste Zeitraum, der in Frage kam. Mehtas Terminkalender war bereits voll, und so bot man Levine an, die Leitung zu übernehmen. Levines Termine in Bayreuth ließen genügend Spielraum, und so willigte er ein.

Die Arrangements der Medleys stammten, wie bereits bei den früheren Konzerten, von Lalo Schifrin. Ins Spiel kam nun auch Matthias Hoffmann, der seit Mitte der achtziger Jahre die Europakonzerte von Carreras und später auch von Domingo gemanagt hatte. Man einigte sich schließlich auf einen Deal, bei dem Rudas und Hoffmann als Veranstalter und Manager fungierten und etwa 100 Millionen Dollar investierten. Rückblickend kann man sagen, daß das Geschäft kein besonders großes Risiko war. Die »Drei Tenöre« galten inzwischen als einer der weltweit größten Kassenmagneten aller Zeiten.

Die Tournee begann am 29. Juni 1996 in Tokio; es folgten in mehr oder weniger wöchentlichem Abstand Konzerte in London, Wien, New York und München. Es zeigte sich bald, daß weitere Termine erforderlich waren. So wurde zwischen New York und München noch Göteborg eingeschoben und Ende August Düsseldorf angehängt.

[Am Ende des Jahres gaben die »Drei Tenöre« ein Silvesterkonzert in Vancouver und vier Tage später ein Neujahrskonzert in Toronto. Das zehnte Konzert auf dieser Welttour fand am 1. März 1997 in Melbourne statt. Auf ärztlichen Rat hin sagte Levine diese Reise wegen einer Nebenhöhlenentzündung ab. Statt dessen reiste er direkt nach Florida und dirigierte am 8. März das Konzert in Miami. In Australien sprang Marco Armiliato ein, Levines Vertretung für die Tourneetermine.

Am 17. Juni gaben die Tenöre im italienischen Modena, der Heimatstadt Pavarottis, ein Benefizkonzert zugunsten des venezianischen Opernhauses La Fenice, und am 13. Juli gastierten sie (ohne Levine) in Barcelona, dem Geburtsort von Carreras, und sangen zugunsten des dortigen Opernhauses, des Liceu. Noch im selben Jahr besuchten sie Madrid. Im Juli 1998 traten die »Drei Tenöre« mit Levine in Paris auf, wiederum im Rahmen der Fußballweltmeisterschaft. Am 9. Januar 1999 gastierten sie im Tokyo Dome und im Juli 1999 in Detroit. Für die Zukunft sind auch Auftritte in Südamerika geplant.]

Die Auftritte spielen sich auf einer fast 60 Meter breiten Bühne ab, die von 20 Säulen flankiert wird. Für den interkontinentalen Transport ist die Ausstattung dieser Megaproduktion viel zu gigantisch. (16 Lastwagen sind erforderlich, um alles zu befördern.) In Nordamerika wird jene Bühne verwendet, die 1994 in Los Angeles gebaut wurde. Für die Konzerte in Europa und Asien wurden jeweils eigene Bühnen konstruiert.

In New York kann Levine mit seinem Met-Orchester spielen. Auf den übrigen Stationen der Tournee kamen viele verschiedene Orchester zum Einsatz. Bei den Konzerten in Kanada spielte das Toronto Symphony Orchestra. An verschiedenen Terminen in Europa sowie in Tokio und Miami war das Philharmonia Orchestra London zu hören. Das Konzert in Melbourne bestritten Musiker zweier einheimischer Orchester. Und in Modena spielten die Turiner Philharmoniker.

Die Konzerte der »Drei Tenöre« sind ganz klar kommerzielles Entertainment für die Massen. Sie würden niemals stattfinden, wenn nicht mit gigantischen Gagen und Gewinnen zu rechnen wäre. Die *New York Times* schätzt, daß jeder der drei Tenöre allein bei den ursprünglich geplanten Terminen etwa zehn Millionen Dollar verdient. Da die Tournee jedoch erweitert wurde, dürfte insgesamt etwa doppelt soviel herausspringen. Einer neuerlichen Schätzung im September 1996 zufolge verdienten die drei Sänger in jenem Jahr zusammen etwa 40 Millionen Dollar, wovon Pavarotti etwa die Hälfte einnahm. »Mein Gott, es ist gutes Geld«, soll er dazu gesagt haben. Und der Manager Hoffmann meinte: »Wenn Janet Jackson einen Deal für 80 Millionen Dollar machen kann, dann sind die ›Drei Tenöre‹ absolut unterbezahlt.« Levine soll 500 000 Dollar pro Konzert erhalten haben, das sind etwa 200 000 Dollar pro Stunde, wenn man die Probenzeit abrechnet. Das muß man allerdings mit zwei Monaten schwieriger und intensiver Arbeit in Bayreuth aufrechnen, für die Levine vergleichsweise nichts bekommt.

Es gibt sicherlich nichts Unamerikanischeres als die schnöde Verachtung gegenüber der Möglichkeit, das große Geld zu machen. Für die Stars des Showgeschäfts ist es das ultimative Statussymbol, wieviel Geld ihre Auftritte wert sind. Als ich Levine auf der Tournee über die Schulter schauen konnte, gewann ich jedoch den Eindruck, daß er das Ganze ebensosehr aus Freude wie des Geldes wegen macht. Ich denke, für Levine ist Geld eine abstrakte Größe, der er gelegentlich Beachtung schenken muß, die ihm im Grunde jedoch nicht sehr viel bedeutet.

So mancher der traditionell unterbezahlten Idealisten unter den Künstlern kleidet seinen Neid auf einen Kollegen, der an das große Geld gekommen ist, in den Vorwurf, jener habe sich korrumpieren lassen. Aber ist es denn moralisch verwerflich, eine Menge von 56 000 Menschen anzulocken? In diesem Vorwurf begegnen wir oft dem gängigen elitären Vorurteil: Was populär ist, kann nicht gut sein.

Das Programm der »Drei Tenöre«, das bei jedem Konzert weitgehend identisch ausfällt, ist genial darauf abgestimmt, ein breites Spektrum an Geschmacksrichtungen anzusprechen. Es ist unwahrscheinlich, daß ein Konzertbesucher gar nichts hört, was ihm gefällt und was ihn begeistert.

»Das Repertoire ist sehr breit gefächert«, bemerkt Carreras. Es fängt an mit der Oper. Die meisten Operntitel sind kurze, stimmungsvolle Nummern, Hits von der Art, wie sie bereits vor hundert Jahren das Grammophon zum kulturellen Statussymbol machten. Von da ist es nicht mehr weit bis zur Wiener Operette, zur Filmmusik, zum Broadway-Hit sowie zum populären amerikanischen Song und zum europäischen Volkslied. Doch es sind stets starke Titel, gute Beispiele für das jeweilige Genre, bewährte Evergreens. Wie viele Menschen haben bei ihrer Hochzeit »Because« gehört? Gewiß, dieser Song kann selbst mit dem schwächsten Lied von Hugo Wolf nicht mithalten, doch er hat einen festen Platz im Leben und in den Erinnerungen von Millionen Menschen. Wieso sollte er also nicht in solch einem Konzert erklingen?

Wenn sich die »Drei Tenöre« stellenweise hart an der Grenze zur Selbstparodie zu bewegen scheinen, dann deswegen, weil sie sich darüber im klaren sind, daß das Bild, welches der Durchschnittsbürger vom Opernstar hat, größtenteils selbst schon eine Karikatur ist und sich somit förmlich dafür anbietet, verulkt zu werden. Diese Konzerte erheben nicht den Anspruch, »hehre Kunst« zu sein.

Viele Menschen scheuen sich vor dem Unvertrauten. So haben auch viele Hörer Berührungsängste gegenüber dem Neuen und wenden sich aus Furcht, sich möglicherweise zu langweilen, lieber Altbekanntem zu. Aber sobald man aus Tschaikowskis *Klavierkonzert Nr. 1* eine Popversion macht, verkauft sich auch das Original. Und sobald man ein Klavierkonzert von Mozart als Filmmusik verwendet, wird es zum Hit. Ich vermute, daß einige wenige, vielleicht nicht mehr als fünf Prozent der Fans der »Drei Tenöre«, den Sprung machen und nach einem Konzert auch einmal in die Oper gehen, vielleicht in eine Aufführung, in der einer der drei auftritt. Und ich denke auch, daß nicht wenige der Konzertbesucher bereits regelmäßige Opernbesucher sind, die die großen Stimmen einmal in einer anderen Umgebung hören wollen. Die meisten wollen jedoch wahrscheinlich genau das, was ihnen geboten wird, nämlich eine Mischung unterschiedlicher Stile und Stücke, die auf jeden Fall ankommen. Und dieses »Produkt« werden sie so lange kaufen, wie es ihnen angeboten wird.

»Ich finde die drei und das, was sie machen, ganz toll«, sagt Levine über die Tenöre. »Sie zeigen ihre Liebe zur Musik und unsere Freude am gemeinsamen Musizieren, das wir im Laufe der Jahre in vielen verschiedenen Formen praktiziert haben. Künstlern bedeutet es sehr viel, eine große Zahl von Menschen zu erreichen, die Freude an dem haben, was sie machen. Unter den Besuchern im Giants Stadium sind viele, die aus dem einen oder anderen Grund zögern, zu einer Aufführung in die Met zu kommen. Aber die Arien, die sie hier hören, sprechen sie an, und wenn ihnen ein Song wie ›Because‹ oder ›Moon River‹ oder ›O sole mio‹ etwas bedeutet, werden sie ihn in dieser Form nicht so schnell wieder hören. An dieses Erlebnis werden sie sich noch jahrelang erinnern. Natürlich kann man sich Platten anhören, aber es ist etwas ganz anderes, wenn man im Augenblick der Aufführung real dabei ist, selbst in einer Arena, in der Tausende Platz finden. Wenn die drei in Aktion sind, überträgt sich etwas in einer

Intensität, die nicht wiederholt werden kann, außer in einer weiteren Live-Aufführung.«

Domingo meint dazu: »Ich glaube, für uns drei ist es ein Glück, Maestro Levine dabeizuhaben. Er kennt uns sehr gut. Und es gibt wenige von diesem Format, die genausoviel Spaß am Musizieren haben wie wir.«

Levine ist sich durchaus bewußt, daß niemand auf die Idee kommen würde zu behaupten, die Konzerte der »Drei Tenöre« seien etwas Neues. Für Levine stehen sie »in einer altehrwürdigen Tradition, ein größeres Publikum anzusprechen«. Einen Präzedenzfall findet man sogar in der Geschichte der Met, nämlich in der ausgedehnten Konzerttätigkeit ihres größten Tenors zu Beginn dieses Jahrhunderts, Enrico Caruso. Er machte eine der ersten »Crossover«-Platten (George M. Cohans »Over there«) und trat gemeinsam mit Al Jolson in einer Varieténummer auf. Er spielte sogar in einem Stummfilm mit! Vor allem aber reiste er durchs Land und sang (ohne Verstärkung – das gab es noch nicht) meist im größten Saal, den eine Stadt zu bieten hatte. Bei seinem Debüt in Mexiko-Stadt trat er auf einer improvisierten Bühne auf der Plaza de Toros in *Samson et Dalila* auf. Auf dem Höhepunkt seiner Karriere verdiente er 2500 Dollar pro Opernabend. Für einen Konzertauftritt strich er dagegen 7000 Dollar ein.

Da er in der Oper durchschnittlich drei Arien sang, trug er auch im Konzert nicht mehr als drei Arien vor. Die Konzertabende liefen stets nach demselben Schema ab: Erst spielte ein Geiger, ein gewisser Francis Xavier Cugat, die »Meditation« aus *Thaïs* oder ein ähnliches Stück, das man von den Platten kannte, die man zu Hause auf dem Grammophon spielte. Dann trat eine Sopranistin, meist Nina Morgana, auf und sang eine Arie. Schließlich kam der große Tenor auf die Bühne und sang seine erste Arie. Diese Abfolge wiederholte sich, dann folgte eine Pause. Im zweiten Teil des Konzerts traten der Geiger, die Sopranistin und der Tenor jeweils einmal auf. Danach sang Caruso vielleicht noch ein paar neapolitanische Lieder – wenn er nicht den letzten Zug ins nächste Kaff erwischen mußte.

Dagegen sind die »Drei Tenöre« richtig großzügig. Jeder singt zunächst viermal; dann treten sie gemeinsam mit zwei längeren Medleys auf. Die Zugaben fallen ebenfalls üppig aus.

»Wir sind eng befreundet«, erklärt Carreras, »und jeder weiß, wie unglaublich viel Freude es macht, mit den anderen auf der Bühne zu singen. Wir alle halten sehr viel von diesem Konzert.« Domingo fügt hinzu: »Man kann sehen, daß jeder für den anderen mitatmet, wenn er singt, denn wir wissen, wie schwierig es ist. Und ich denke, wenn einer gut ankommt, dann kommt das Ganze gut an.« Wenn das nächste Konzert erst eine Woche später folgt, gönnt man sich nach dem Auftritt auch schon einmal ein wenig Spaß.

Die Vorbereitungen für das Konzert der »Drei Tenöre« beginnen auf der Ebene C der Metropolitan Opera. Die Mitglieder des angekündigten Met Orchestra finden sich in leichter sommerlicher Kleidung zur Probe ein und gehen mit Levine das Programm durch. Es wäre absurd, ein englisches Orchester nach New York zu holen, wo Levine hier doch über einen absolut phantastischen Klangkörper verfügt. Das strahlende Lächeln, mit dem er den Probenraum betritt, zeigt, wie sehr er sich über diese Gelegenheit freut.

»Das ist eine große Show«, erklärt Levine seinen Musikern, »von der Länge her aber eher kurz.« Das heißt, das Konzert ist kürzer als das Vorspiel und der erste Akt der *Götterdämmerung*. Levine ist nicht so sehr daran interessiert, die Begleitung der Arien durchzuspielen, denn damit ist das Orchester bestens vertraut. Er möchte vielmehr an den neuen Dingen, an den Arrangements, arbeiten. »Moon River« gehört nicht zu den Melodien, denen das Orchester der Met im Rahmen seiner normalen Tätigkeit regelmäßig begegnet. Doch es zeigt sich schnell, daß die Musiker damit auf Anhieb klarkommen. Kaum gibt der Maestro den Einsatz, spielen die Musiker das neue Material mit einem so sicheren Gefühl für die unterschiedlichen Stile, als hätten sie den ganzen Sommer über nichts anderes gespielt.

»Ausgezeichnet«, lobt Levine und legt den Taktstock nieder. Doch er warnt: »Denkt daran – wenn die drei unisono singen, nehmen sie sich gewisse Freiheiten heraus; paßt auf die Harmonien auf und achtet auf mögliche Veränderungen gegenüber dem, was in den Noten steht. Das kann sehr kritisch werden.«

Zum Glück besteht dieses Orchester aus so guten Musikern, daß man sich darauf verlassen kann, daß sie sich jederzeit auf das einstellen, was sie hören. »Hört auf den Sänger und folgt ihm«, mahnt Levine. »Achtet auf meinen Schlag, doch stellt euch darauf ein, eurem Ohr zu folgen. Wenn er eine Note hält, dann haltet ihr sie mit ihm.« In einigen Passagen der Arrangements singt Levine mit, um dem Orchester ein Gespür für die Singstimme zu geben.

Großen Wert legt er auch auf die Klangbalance. »Wenn ich irgendwo mehr Ton verlange«, erklärt er, »dann gebt ihn mir sofort. Die Toningenieure werden dafür sorgen, daß es ausbalanciert ist.« Er macht einen Versuch, und es funktioniert. »Wunderbar«, lobt er.

Das Programm enthält auch ein paar reine Instrumentalstücke, etwa die Ouvertüre zu Bernsteins *Candide*, die das Eintreffen Zuspätkommender überbrücken soll, und das »Bacchanal« aus *Samson et Dalila*, das den Tenören im zweiten Teil des Konzerts eine Verschnaufpause verschaffen soll.

»Wieso fragt mich niemand, warum wir ausgerechnet dieses Stück spielen?« wirft Levine in die Runde.

»Warum spielen wir ausgerechnet dieses Stück?« ertönt es aus der Bläsergruppe.

»Weil es einen absoluten Kontrast zu den Gesangsnummern bildet«, erwidert er. »Und weil es nicht das geringste mit *Siegfried* zu tun hat.«

[Levine ist nämlich seit Anfang Juli zwischen den Proben für die Bayreuther Festspiele und denen für die »Drei Tenöre« hin und her gependelt. Die Termine liegen so eng, daß er nicht die Zeit hat, mit regulären Flügen von und nach Nürnberg zu reisen, sondern mit Chartermaschinen fliegt, die auf dem kleinen Flugplatz von Bayreuth landen können. Wenige Stunden nach dem letzten Takt des New Yorker Konzerts sitzt er bereits wieder in einer Concorde und überquert den Atlantik.]

»Du wechselst ja inzwischen ganz gewaltig die Gangart«, kommentiere ich.

Sein Gesicht wird von einem breiten Grinsen überstrahlt.

»Das habe ich in Ravinia gelernt!« erwidert er.

Eine weitere Probe, diesmal im Stadion, ist für den frühen Freitagabend angesetzt; dann sollen sich die »Drei Tenöre« zu Levine und dem Orchester hinzugesellen, damit die Toningenieure das Soundsystem testen können. Es droht jedoch zu regnen, und so wird die meiste Zeit auf das Proben der Begleitung verwendet. Der Rest wird am Samstagnachmittag durchgegangen.

Nach dem recht wechselhaften Wetter am Freitag beschert der Samstag den New Yorkern einen idealen Sommertag. Niemand möchte auch nur daran denken, daß das Konzert möglicherweise ins Wasser fällt. Als ich mich am Samstagnachmittag zu der letzten Probe im Stadion einfinde, komme ich mir wie auf einer Baustelle vor. Die Bühne steht seit 24 Stunden, doch erst jetzt werden die Blumenarrangements am Bühnenrand angebracht. Ein riesiger Trupp Hilfskräfte legt wie wild rote Teppiche aus – entsprechend dem Rang (und Preis) der Sitzplätze vorne viel und hinten weniger.

Während die Teppiche ausgerollt werden, spielen Levine und sein Orchester oben auf der riesigen Bühne, die von durchsichtigen Säulen umrahmt ist, welche von innen beleuchtet werden. Auf den ersten Blick würde man meinen, die Säulen tragen das Dach der Bühne, doch das ist nicht der Fall. Das Dach, ein wahres Lichterfirmament, hängt an stählernen Bögen. Am hinteren Ende der Bühne befindet sich ein schmales Podest für die New Amsterdam Singers, die während der Pause auftreten. Zum Publikum hin glänzt und glitzert alles. Wer von hinten auf die Bühne steigt, muß über eine steile, schmale, ungestrichene Treppe klettern.

Auf dem Spielfeld stehen reihenweise schmale metallene Klappstühle ohne Armlehne. Die vorderen Sitzplätze für 1000 Dollar sind immerhin mit Kissen gepolstert. Die Stühle weiter hinten bieten den schlichten Sitzkomfort von blankem Metall.

Das Tonsystem im Giants Stadium scheint eine typisch amerikanische Beschallungsanlage mit elektroakustischer Verstärkung zu sein, bei der die Endstufen in Hornlautsprecher gespeist werden, die auf hohen Türmen thronen. Wenn man weiß, wie die Tenöre auf der Bühne der Met klingen, hat man im Stadion den Eindruck, den Stimmen fehlt der natürliche Glanz.

Hinter der Bühne hält sich ein Trupp Sicherheitskräfte bereit. Hier befinden sich auch provisorische Garderoben und Aufenthaltsräume, in denen die Musiker bis zum Beginn des Konzerts

Karten spielen und in der Pause einen kleinen Imbiß verzehren können.

Alle paar Minuten fliegt ein Jet vorbei – das Stadion liegt nur wenige Kilometer vom Newark Airport entfernt –, doch der Lärm stört nur minimal. Levine scheint die Flugzeuge gar nicht zu bemerken. (Er ist schließlich den Eisenbahnverkehr von Ravinia gewohnt.) Nachdem er eine Stunde lang mit dem Orchester gespielt hat, ist er bereit für den Auftritt der Tenöre. Es gibt noch immer einiges zu feilen. Zu dieser Probe erscheinen die Sänger nicht, wie später beim Konzert, im Frack, sondern in salopper Kleidung, die selbst mit der des lässigsten Orchestermusikers mithalten kann. Pavarotti sieht aus wie ein sizilianischer Bandit – ein recht üppiger sizilianischer Bandit.

Domingo beklagt sich bei den Toningenieuren, er könne sich nicht hören, und sofort wird entsprechend reguliert. Nirgendwo im Stadion hört man Live-Sound. Selbst die Bühne, die schließlich keinerlei geeignete Resonanzflächen aufweist, wird über Lautsprecher beschallt. Anscheinend ist keiner der Tenöre sonderlich darauf erpicht zu proben. Sie möchten sich nicht schon vor dem Konzert verausgaben. Es ist an Levine, das Ganze zu koordinieren. Die drei singen sich eine Weile ein und nehmen sich dann die neue Zugabe vor. Ein spezieller Gag der Tournee besteht darin, daß man für jede Stadt, in der man gastiert, eine eigene Nummer vorbereitet. Diesmal ist es »New York, New York«. Den Text beherrschen die Sänger, und nach ein paar Durchgängen klappt die Nummer. Levine beendet die Probe, und das Orchester verschwindet hinter der Bühne.

Ohne Karte kann ich nicht zum Konzert bleiben. Falls ich eine wolle, so erfahre ich, müßte ich 1000 Dollar bar hinblättern – natürlich würde ich dann nur wenige Stühle von Expräsident George Bush entfernt sitzen. Trotzdem winke ich höflich ab und ziehe es vor, das Konzert wie so viele andere in Manhattan über Pay-TV zu verfolgen. Selbst im Stadion kommt man bei dem Konzert nicht ohne Fernsehmonitore aus. Die Bühne wird von zwei Großleinwänden flankiert, auf denen die ganz hinten sitzenden Zuschauer die Gesichter der Gestalten auf der Bühne in riesiger Nahaufnahme sehen können. Außerdem klingt der Sound über das Fernsehgerät viel besser als über die Stadionlautsprecher.

Und wieder einmal wird mir bewußt, daß ein Ereignis auf zwei völlig unterschiedliche Weisen rezipiert werden kann. Die Musik ist dieselbe, doch der Stadionbesucher erlebt die Tenöre ganz anders als der Fernsehzuschauer, der viele verschiedene Einstellungen aus ganz unterschiedlichen Perspektiven und Distanzen zu sehen bekommt. Zu Beginn der Fernsehübertragung kommt es jedoch zu einer Panne: Aufgrund einer Fehlschaltung überlagert eine eingeblendete Stimme auf höchst störende Weise die Musik, doch das Problem ist bald behoben.

Die 56 000 Zuschauer im Giants Stadium sind zwar eine Riesenmenge, aber fast nichts im Vergleich zu dem vielfach größeren Publikum, das dieses Konzert im Laufe der Jahre am Fernsehbildschirm sehen wird. Es ist ein gelungener Fernsehmitschnitt – geschicktes Timing, ansprechendes Material, dynamisch präsentiert.

Das Fernsehen strahlt während der Pause ein Interview aus, in dem man für einen Augenblick Levine pur erlebt. Er hält eine Flasche Evian in der Hand und stillt seinen Durst, während er befragt wird.

Und als Domingo bei der letzten Zugabe, der Wiederholung von »Moon River«, Carreras die Hand auf die Schulter legt und singt, »Three tenors, off to see the world«, heißt es Abschied nehmen.

27. Juli – 1. August 1996, Festspielhaus, Bayreuth

Wahrscheinlich kennt jeder Musikfreund einen Ort, den er als Allerheiligstes betrachtet, einen Ort, der von einzigartigen Ereignissen geweiht ist und ihm als höchstes Symbol der Musikkultur gilt. In Italien kommt diese Bedeutung dem Teatro alla Scala in Mailand zu. In Frankreich ist es die Opéra in Paris. Für viele ist es jedoch das Bayreuther Festspielhaus, das Wagner als Spielstätte für seine Opern bauen ließ. Das Festspielhaus wurde 1876 mit der ersten kompletten Aufführung des *Rings des Nibelungen* eröffnet. Ab 1882 (bis zum Erlöschen des Urheberschutzes) war das Haus die exklusive Aufführungsstätte für den *Parsifal*, der nach Wagners Willen nur in Bayreuth gespielt werden sollte. Gekrönte Häupter und alle Musikgrößen Europas waren bei diesen Aufführungen zugegen. Die Bayreuther Festspiele waren das erste große internationale Sommermusikfestival. Nach dem Tod des Komponisten übernahm dessen Witwe Cosima die Leitung der Festspiele. Inzwischen ist ein Enkel des Komponisten, Wolfgang Wagner, Herr auf dem Grünen Hügel. In den vergangenen Jahren wurde das Haus renoviert und mit einer modernen Belüftungsanlage und ähnlichem Komfort ausgestattet, wobei die ursprüngliche Bauform bewahrt wurde. Die Einrichtungen hinter der Bühne und die Nebengebäude, die nicht unter Denkmalschutz stehen, sind genauso zeitgemäß wie die eines jeden anderen großen deutschen Theaters.

Das Budget wird gedeckt durch die Zuwendungen der Freunde und Förderer, durch die Unterstützung von etwa sechzig Sponsoren, meist große Firmen, sowie durch erhebliche staatliche Subventionen und Lizenzen des Bayerischen Rundfunks, der die exklusiven Übertragungsrechte innehat. Mit etwa 1900 Plätzen ist das Haus relativ klein. In keinem Opernhaus der Welt sitzt man auf so spartanischen Stühlen wie hier. Wagner ließ das Festspielhaus nach griechischem Vorbild bauen. Längs durch die Sitzreihen führen keinerlei Gänge; man fädelt sich an den Seiten von ganz außen ein, sucht seinen Platz auf und bleibt stehen, bis diejenigen, die an einem vorbei müssen, ihre Plätze eingenommen haben. Am Ende des Aktes müssen die Zuschauer auf den mittleren Plätzen warten, bis die auf den äußeren Plätzen aufstehen. Es ist vielleicht unkonventionell, aber es funktioniert. In Bayreuth verläßt nie jemand vorzeitig den Saal, und es bleibt nie ein Platz frei.

Für die gesellschaftlichen Gleichmacher ist Bayreuth auf die arroganteste Weise elitär. Die Produktionskosten sind extrem hoch. Die Karten für den kompletten *Ring* kosten – so man welche bekommt – bis zu 1200 DM. Das Publikum ist bis auf wenige Ausnahmen festlich gekleidet. Die Herren tragen Smoking, die Damen elegante Kleider unterschiedlicher Länge. Das Festspielhaus steht inmitten einer gepflegten Parkanlage auf dem Grünen Hügel oberhalb der Stadt. In unmittelbarer Nachbarschaft bieten vorzügliche Restaurants und Kioske Speisen und

Getränke an, und man hat tatsächlich Zeit, sich in den Pausen in aller Ruhe zu erholen. Die meisten Vorstellungen fangen um vier Uhr nachmittags an. Die Pausen dauern etwa eine Stunde. Die meisten Aufführungen sind also kurz nach zehn Uhr zu Ende. Nach dem Ende der Vorstellung kommt es auf den kostenlosen Parkplätzen bisweilen zu Staus, die sich aber meist rasch auflösen.

Ich persönlich schätze und liebe Bayreuth wie keinen zweiten Ort in der Welt der Musik. Ich spüre dort etwas Heiliges, wie ich es sonst nirgendwo erlebt habe, außer vielleicht am Hochaltar des Petersdoms in Rom. Die Gleichmacher kritisieren, daß hier in verschwenderischer Weise Steuergelder für ein Opernhaus verschleudert werden, in dem sich die Reichen vergnügen und in dem Aufführungen subventioniert werden, die sich als kommerzielle Massenunterhaltung niemals halten würden. Bayreuth unterscheidet sich eben gerade durch die Aura des Hehren und Heiligen von der kommerziellen Massenunterhaltung. Dennoch – und das wird von den Kritikern geflissentlich übersehen – werden die Aufführungen durchaus von einem Massenpublikum rezipiert. Die Bayreuther Opernaufführungen werden in zahlreichen Ländern im Rundfunk ausgestrahlt und von Millionen Hörern verfolgt; in den letzten Jahren sind einige Produktionen nicht nur auf Platte und CD, sondern auch auf Video und Laserdisc erschienen.

Levine war erst der dritte Amerikaner, der am Bayreuther Dirigentenpult wirkte. (Die ersten beiden, Lorin Maazel und Thomas Schippers, waren vor mehr als dreißig Jahren für kurze Zeit dort tätig.) Levine übernahm 1982 die Jubiläumsproduktion des *Parsifal*. Es liegt vielleicht etwas Schicksalhaftes darin, daß *Parsifal* hundert Jahre zuvor von Hermann Levi aus der Taufe gehoben worden war und nun von einem weiteren Sohn des Stammes Levi in sein zweites Jahrhundert geleitet wurde. In den folgenden Jahren hat Levine den *Parsifal* 53 mal dirigiert. Im Sommer 1994 übernahm er für fünf Jahre die Leitung eines neuen Bayreuther *Rings*.

Seinen ersten vollständigen *Ring* hatte er fünf Jahre zuvor in New York dirigiert. Im September 1986 hatte er begonnen, die Tetralogie sukzessive in den Spielplan der Metropolitan Opera aufzunehmen. In der Saison 1989 dirigierte er unter dem Beifall der Kritik und des Publikums drei komplette Zyklen. Otto Schenk führte Regie; Bühnenbild und Ausstattung stammten von Günther Schneider-Siemssen. Rolf Langenfaß entwarf die Kostüme, und die Beleuchtung besorgte Gil Wechsler. Der Zyklus wurde 1990 vom Fernsehen aufgezeichnet und ausgestrahlt und liegt auch auf Laserdisc vor. Für mich ist dies eines der größten Tondokumente aller Zeiten.

Toscanini hätte uns vielleicht einen ebenso intensiven *Ring* beschert, doch er hatte nie die Gelegenheit dazu. Fragt man sich, wie ein Toscanini-*Ring* wohl geklungen hätte, so liefert Levines Met-*Ring* wohl die Antwort. Der gänzlich anders angelegte Bayreuther *Ring* wird von Alfred Kirchner inszeniert. Bühnenbild und Kostüme stammen von Rosalie. Gero Zimmermann fungiert als technischer Direktor, und das Lichtdesign besorgt Manfred Voss.

Im 19. Jahrhundert gab es nur eine einzige Methode, den *Ring* zu inszenieren, nämlich als deutsche romantische Oper. Inzwischen lassen sich im wesentlichen drei Inszenierungsstile unterscheiden. Der erste Ansatz folgt der deutschen romantischen Tradition. Levines Met-*Ring* entspricht diesem Typus. Auch der Bayreuther *Ring* von 1983 in der Regie von Peter Hall und der Ausstattung von William Dudley war eine romantische Neuschöpfung des Dramas. Diesen *Ring* dirigierte im ersten Sommer Sir Georg Solti und nach Soltis Ausscheiden, von 1984 bis 1987, Peter Schneider.

Der zweite Ansatz folgt in bezug auf Musik und Text der ursprünglichen Intention Wagners, löst sich aber in der Regie von der romantischen Tradition. Diesem Modell entsprach der Bayreuther *Ring* von 1988, den Harry Kupfer inszenierte, Hans Schavernoch ausstattete und Daniel Barenboim dirigierte. Diese Produktion war sehr eindrucksvoll, wobei ich allerdings fand, daß der optische Eindruck stärker war als der musikalische. In diese Kategorie fällt auch der *Ring* von Levine, Kirchner und Rosalie, auch wenn er in den Details und der Ausführung völlig andere Wege geht. Was man hört, ist beeindruckender als das, was man sieht; dennoch ist diese Inszenierung einfallsreich und spannend.

Die dritte Methode, den *Ring* zu inszenieren – die dekonstruktivistische, postmoderne Richtung –, liegt in exemplarischer Gestalt in der Bayreuther Jubiläumsinszenierung von 1976 vor, die von Patrice Chéreau inszeniert, von Richard Peduzzi ausgestattet und von Pierre Boulez dirigiert wurde. Hier wurde jedoch das Grundthema des Zyklus, Erlösung durch Liebe, verworfen. Man hatte den Eindruck, daß hier zwei radikale Franzosen gegen eine der Hochburgen der deutschen Kultur zu Felde zogen. Diese Produktion war für das Auge so faszinierend wie für das Ohr, doch die dahinterstehenden Intentionen und die angewandten ästhetischen Mittel konnte ich nicht unterschreiben.

Hall erklärte, er habe sich bei seiner Inszenierung von dem Prinzip leiten lassen, »den Text auszuleuchten, aber sich daran zu halten«. Das ist meiner Meinung nach der richtige Ansatz. Der *Ring* sollte nicht (wie bei Chéreau) aus der Welt der Mythologie jenseits jeder historischen Dimension in den konkreten Raum des 19. Jahrhunderts verlegt werden. Wotan in der Gestalt Wagners auftreten zu lassen (wie es Chéreau und andere taten) ist zwar ein wirksames Mittel, um Ressentiments gegen Wagner auszudrücken, doch es unterhöhlt den dramatischen Stoff. Wagner war ebensowenig Wotan wie Shakespeare Lear war. Ich bin absolut nicht der Meinung, daß jede wirklich moderne Inszenierung des *Rings* eine massiv revisionistische Haltung einnehmen muß, die sich aus der Ablehnung gegenüber Wagner und seinen Ideen speist, auch wenn man in Intellektuellenkreisen viel für diese Bilderstürmerei übrighaben mag.

Die beiden Produktionen, die Levine dirigiert, unterscheiden sich deutlich, doch für ihn lassen sich beide miteinander vereinbaren, denn sie legen es nicht darauf an, dem Geist des Werks zuwiderzulaufen und Wagner zu demontieren.

Häufig wird gesagt, der *Ring* von Kirchner und Rosalie spiegele den Stil der Pop-art. Falls der Begriff Avantgarde überhaupt noch etwas bedeutet, könnte man ihn hier anwenden. Dieser *Ring* ist in meinen Augen eine antiromantische High-Tech-Inszenierung, die man am besten als »modern chic« bezeichnen könnte. Das Bayreuther Publikum bekundet seine Meinung sehr gern durch Buhen, besonders beim Schlußapplaus. Wird die Ausstattung ausgebuht, kann es sein, daß man sie als zu radikal oder aber als nicht radikal genug empfindet – es ist schwer zu sagen. Während des ersten Aufführungszyklus im Sommer 1996 ließen Kirchner und Rosalie, besonders letztere, tapfer die vielen Buhrufe über sich ergehen. Die Ausstattung stieß auf wenig Zustimmung. Levine und die Sänger wurden dagegen von einer Woge des Beifalls umbrandet. Man schien sich einig zu sein, daß ihre Leistungen bravourös waren. An der Met dirigierte Levine den *Ring* wieder zum Ende der Spielzeit 1996/97. Danach dirigierte er den Zyklus erneut, zum viertenmal, in Bayreuth. Es ist ungewöhnlich, daß ein Dirigent zwei *Ring*-Produktionen parallel leitet, besonders wenn sie so unterschiedlich angelegt sind. Sieht er darin ein Problem? Kaum, meinte er 1996. »Im Frühjahr mache ich den *Ring* wieder an der Met. Das wird bestimmt Spaß machen, denn die Kompanie ist von früheren Aufführungen hinreichend mit der Musik vertraut und kann sich auf dieses Wissen stützen und so zu einem noch tieferen Verständnis des Werks vorstoßen.«

Im Laufe der Jahre habe ich diese Werke viele Male in Bayreuth und an anderen großen Häusern gehört. Inzwischen habe ich mich damit abgefunden, daß ich wohl nie eine Produktion erleben werde, die vollkommen meinen Vorstellungen entspricht. Von allen *Ring*-Inszenierungen, die ich bisher gesehen habe, finde ich jedoch Levines Version an der Met, die ich live auf der Bühne, im Fernsehen, auf Audio- und Videokassette sowie auf Laserdisc gesehen und gehört habe, insgesamt am befriedigendsten.

Der Vergleich unterschiedlicher Inszenierungen wirft eine grundlegende Frage auf: In welchem Maß wird unsere Reaktion auf den musikalischen Gehalt einer Oper von der visuellen Dimension beeinflußt? Theoretisch ist die Musik immer dieselbe. Beim Bayreuther *Ring* 1996 gibt es Augenblicke, in denen ich einfach die Augen zumache und so die meiner Meinung nach störende Bühnenoptik ausblende. Manche Kritiker äußerten den Eindruck, daß Levines Interpretationen in Bayreuth gegenüber denen an der Met sogar noch an Reife und Tiefe gewonnen hätten. Das empfinde ich genauso. Er konzentriert sich vollkommen auf diese Musik. Und die Interpretation wird Wagner in wunderbarer Weise gerecht.

(Levine – das sollten wir nicht vergessen – begann in Bayreuth mit einer Inszenierung des *Parsifal*, die alles andere als konven-

tionell war. Im Jahre 1989 wurde sie von einer neuen Inszenierung abgelöst, die ebenfalls unorthodox war, wenn auch in
anderer Weise. Der neue Met-*Parsifal* von 1991, bei dem wiederum Schenk und Schneider-Siemssen zusammenarbeiteten,
fiel dagegen recht konservativ aus.)

»Ich finde diesen Bayreuther *Ring* ästhetisch interessant«,
erklärt Levine kurz nach dem Abschluß des ersten Zyklus im
Sommer 1996. »Dort, wo er scheitert, scheitert er auf ganz andere
Weise als die meisten anderen *Ringe*, die nicht den Erwartungen
entsprechen. Das ist sehr interessant. Ich kann den Met-*Ring*
und diesen und viele andere nebeneinander stehen lassen. Der
Ring ist ungeheuer komplex, und allein der Gedanke, es gebe eine
einzige ›richtige‹ Weise, ihn zu interpretieren, ist absurd. Wagner
wußte das. Nicht umsonst sagte er am Ende des ersten Zyklus im
Jahre 1876, ›beim nächsten Mal wird alles ganz anders‹. Leider
gab es zu seinen Lebzeiten kein ›nächstes Mal‹, und so haben
Aufführungspraktiken, die niemals zur Tradition hätten erstarren
dürfen, einen Geltungsanspruch gewonnen, den sie gar nicht verdienten.«

Mich stört an Rosalies *Ring*-Ausstattung, daß darin glänzende
Einfälle und seltsame und auch gewöhnliche Dinge nebeneinander stehen. Das Grundelement des Bühnenbilds, eine riesige
Scheibe, die während des gesamten Zyklus immer wieder auftaucht, bietet nur begrenzte Möglichkeiten, und selbst diese
werden mit ganz unterschiedlichem Erfolg genutzt.

Die Eröffnungsszene des *Rheingolds*, in der der lüsterne Alberich den Rheintöchtern nachstellt, erlebte ich selten so gelungen, höchstens vielleicht 1983 bei Solti, der »echte [nackte]
Frauen in echtem Wasser« wünschte und auch durchsetzte.
Rosalie plaziert die Rheintöchter auf einem Karussell, das auf
und ab geht und um das Gold kreist. Die dramaturgische Idee ist
einfach, aber effektvoll.

Die zweite Szene des *Rheingolds* findet wohl jeder Regisseur
und Bühnenbildner schwierig. Die Musik ist nicht sonderlich
aufregend, und im Verhältnis zur Handlung wird viel zuviel geredet. Die Riesen, die stets ein Problem darstellen, verleiten
heutzutage fast immer zu mehr oder weniger fatalen Tricks. In
dieser Produktion tragen die Sänger eine überlebensgroße Maske

über dem Kopf, doch diese Lösung ist visuell wenig überzeugend. Die besten Riesen – das sieht auch Levine so – waren die lebenden Hünen, die Chéreau 1976 auf die Bühne brachte: Bei ihm saßen die Sänger auf den Schultern professioneller Bodybuilder, die unter den Kostümen der Sänger verborgen blieben. Einen lebhaften Kontrast bietet die dritte Szene des *Rheingolds*, die einen kühnen Einfall nach dem anderen enthält. Den Drachen habe ich selten so raffiniert, inspiriert und eindrucksvoll dargestellt gesehen wie hier.

Die letzte Szene hat den Vorteil, daß sich sowohl in der Musik als auch in der Handlung sehr viel tut. Es kann ein wunderbar spannender Moment sein, wenn die Götter über eine Regenbogenbrücke auf die Götterburg Walhall zugehen. In sehr vielen modernen Inszenierungen bleibt uns der Blick auf Walhall – aus unerfindlichen Gründen – verwehrt. Hier wird am Ende einer spektakulären Regenbogenbrücke in der Ferne die Götterburg wenigstens angedeutet.

Der Beginn der *Walküre* ist einfach, aber wirkungsvoll und funktioniert gut. Den zweiten Akt finde ich weniger gelungen, vor allem weil die Bühne es einem unmöglich macht, Wagners Regievorstellungen zu folgen. Doch der dritte Akt, in dem die Walküren – jede in einer eigenen Gondel – wild durcheinander durch die Lüfte fliegen, liefert eine geniale Lösung für eines der größten Probleme beim Inszenieren dieser Oper. Eindrucksvoll ist auch die Schlußszene, in der Brünnhilde, umgeben von einem Feuerwall, in Schlaf versinkt.

Ich frage Levine, wie der »Walkürenritt« in dieser Inszenierung funktioniert.

»Das kann man nur in Bayreuth so machen, weil dies keine Repertoirebühne ist, an der man immer viele verschiedene Ausstattungen im Schnürboden hängen hat. An einer Repertoirebühne hätte man gar nicht die Zeit, alles immer wieder auf- und abzubauen. In Bayreuth, wo die Aufführung um vier Uhr beginnt, hat man genügend Zeit, zwischen den Aufführungen alles technisch komplett neu einzurichten. Die Gondeln, in denen sich die Damen befinden, sind jeweils separat aufgehängt; jede Gondel bewegt sich auf einer eigenen Spur, so daß sie nicht miteinander kollidieren. Ein versierter Bühnenmeister steuert jede einzeln.«

Der schönste Augenblick im ersten Akt des *Siegfried* ist der Auftritt des Bären. Normalerweise erscheint in dieser Szene (wenn sie nicht gestrichen wird) ein Mensch, der im Kostüm eines wilden Bären herumtapst. In dieser Inszenierung erscheint der Held mit einem großen Teddybären in der Felsenhöhle; und die beiden verabschieden sich mit einer heftigen Umarmung, als Siegfried den Bären wieder laufen läßt. Das ist ein innovativer, szenisch virtuoser Ansatz. Das Schmieden des Schwerts am Ende des Aktes bringt wahrscheinlich jeden Metallurgen zum Lachen, reicht für die Darstellung der Handlung jedoch völlig aus.

Zu Beginn des zweiten Akts fragt sich der Zuschauer bereits, wie der berühmte Kampf mit dem Drachen wohl dargestellt wird. Jeder wartet gespannt auf den Augenblick, in dem der Drache auftaucht. Rosalie bedient sich eines raffinierten Tricks: Der Drache ist von Anfang an da – in Form eines großen grünen Haufens, der den Hintergrund der Bühne ausfüllt. Das ist eine clevere Idee, doch sie widerspricht der Beschreibung des Drachen im Textbuch und läßt auch nicht die Art von Drachenkampf zu, die Wagner skizzierte. Gelungen finde ich dagegen den Moment, in dem Fafner nach Siegfrieds Sieg über den Drachen noch einmal als Riese im Todeskampf erscheint.

Die erste Hälfte des dritten Akts ist eindrucksvoll in Szene gesetzt, die Schlußszene mit Siegfried und Brünnhilde dagegen wirkt unbefriedigend, denn es herrscht eine große Diskrepanz zwischen dem, was die Figuren singen, und der Art, wie sie agieren.

In der Szene mit den Nornen im Vorspiel zur *Götterdämmerung* fehlen die dramatische Schärfe und der Höhepunkt. Auch wenn Siegfried und Brünnhilde auf dem flammenumloderten Felsen wie Obdachlose hausen, sollte ihr Abschiedsduett bewegen. Die Halle der Gibichungen im ersten Akt ist schrecklich; von dem, was man sieht, scheint nichts zur Musik zu passen. Die Szene Brünnhilde/Waltraute begnügt sich mit kläglichen Ansätzen einer optischen Umsetzung, ebenso die darauffolgende Szene mit Siegfried (in der Gestalt Gunthers).

Der zweite Akt dagegen weist ein relativ zweckmäßiges Bühnenbild auf und funktioniert recht gut. Auch die Szene am Rhein, mit der der dritte Akt beginnt, ist ansprechend. Völlig inakzeptabel finde ich jedoch die nächste Szene, in der ich mir unter einer Handvoll Telegraphenmasten einen Wald vorstellen soll. Mein Protest regt sich auch, als der Trauermarsch erklingt, aber kein Trauerzug zu sehen ist. Die kurze Szene, in der Siegfrieds Leichnam in die Halle der Gibichungen getragen wird, bildet einen gelungenen Übergang zur schwierigsten aller Szenen bei Wagner überhaupt – Brünnhildes Opfer. Rosalie bedient sich relativ schlichter Mittel, doch das Konzept geht auf. Mit ganz wenigen Ausnahmen (der Wanderer, Erda) sind Rosalies Kostüme durchweg scheußlich. Levine findet viele störend und unmotiviert. Ich meine, sie sind schlichtweg häßlich, der jeweiligen Figur und der Handlung unangemessen und für die Sänger oft hinderlich.

Levine hat diesen Zyklus drei Sommer lang weitgehend mit derselben Besetzung aufgeführt. (Sein Wotan und seine Brünnhilde hatten ihre Rollen bereits in der Kupfer-Inszenierung gesungen.) In der Besetzung der Walküren ergaben sich von Jahr zu Jahr einige Wechsel, doch in den Hauptpartien waren erst 1996 neue Stimmen zu hören, als eine neue Gutrune und (weil Hans Sotin krankheitsbedingt ausfiel) ein neuer Hunding verpflichtet wurden. Doch die neuen Kräfte waren sorgfältig präpariert und wirkten bereits bei den ersten Auftritten sicher und überzeugend.

Nachdem Levine drei Sommer lang knapp die Hälfte aller Aufführungen in Bayreuth dirigiert hat, ist das Orchester der Bayreuther Festspiele im gleichen Sinne wie das Orchester der Metropolitan Opera ein »Levine-Orchester« geworden. Im Sommer 1996 war er der Meinung, daß sehr viele neue Musiker erst etwa in der Mitte des ersten *Rings* voll integriert waren, doch danach herrschte die Geschlossenheit, die er anstrebt. Mit Levine erzeugt dieses Orchester den Wagner-Klang, den Toscanini in Bayreuth einführte – transparente Kantilenen auf der Bühne wie im Orchestergraben, markante Einsätze und ein langes, kräftiges Legato. Dieser Dirigierstil unterscheidet sich ganz deutlich vom Stil Siegfried Wagners, der die Festspiele zu Beginn des Jahrhunderts prägte.

Levine ist sich dessen bewußt, daß Wagner in der Musik des *Rings* fast das gesamte Spektrum menschlicher Gefühle abdeckt.

Es gibt kaum etwas Ergreifenderes als die Liebeslyrik in der *Walküre*, kaum etwas Böseres als die Schurkerei eines Alberich und nichts Edleres als Brünnhildes Selbstaufopferung zur Errettung der sittlichen Ordnung. Levine ist bestrebt, all diesen Motiven immer tiefer auf den Grund zu gehen, diese Werke so lange zu studieren und zu interpretieren, bis sich deren Geheimnisse offenbaren – und er kommt seinem Ziel stetig näher. In dieser Produktion hört man John Tomlinson als Wotan/Wanderer, Hanna Schwarz als Fricka und Birgitta Svendén als Erda. Siegfried Jerusalem singt den Loge. René Pape und Eric Halfvarson sind die Riesen. Ekkehard Wlaschiha tritt als Alberich auf, Manfred Jung als Mime. In den Rollen des Siegmund und der Sieglinde wirken Poul Elming und Tina Kiberg. Matthias Hölle singt den Hunding. Deborah Polaski ist als Brünnhilde, Wolfgang Schmidt als Siegfried zu hören. Im letzten Teil der Tetralogie wirken Falk Struckmann als Gunther, Halfvarson als Hagen, Anne Schwanewilms als Gutrune und Hanna Schwarz als Waltraute. Das Ensemble ist solide und ausgewogen, stets kompetent, oft brillant.

Wieso, könnte man sich fragen, wird in Bayreuth etwa alle fünf Jahre immer wieder ein neuer *Ring* herausgebracht? Wieso macht man nicht einen wirklich guten und bleibt dabei? Die Antwort ist ganz klar: Das würde dem *Ring* nicht dienen, sondern ihn verraten. In diesen Opern steckt sehr viel mehr, als in einer einzigen, selbst in einer genialen Produktion auszuschöpfen wäre. Deswegen nimmt man sie sich immer wieder vor. Und deswegen hört man sie sich immer wieder an. Und irgendwann offenbart sich die wahre Größe dieses Werks in seinen vielen Facetten.

3. August 1996, Olympiastadion, München

Ich muß erst 6500 Kilometer zurücklegen, um die »Drei Tenöre« endlich doch noch im Kreise eines Massenpublikums live (beziehungsweise verstärkt) zu hören. Dieses Konzert findet im Münchner Olympiastadion statt. Das Stadion wurde für die 20. Olympischen Sommerspiele von 1972 erbaut. Es bietet 78 000

Besuchern Platz. Dieses Stadion unterscheidet sich von ähnlichen Anlagen durch das einzigartige Zeltdach, das einen Teil der Ränge vor dem Regen schützt. Das weit geschwungene Dach und die steil aufragenden Flutlichtanlagen verleihen dem Stadion sein typisches Gepräge. Die Zuschauer betreten die Arena von oben und gehen über eine breite Treppe zum Spielfeld hinunter.

Normalerweise werden in dem Stadion Fußballspiele und Leichtathletikwettkämpfe ausgetragen, doch für die »Drei Tenöre« wurde es, wenigstens für einen Abend, in einen offenen Konzertsaal verwandelt. Auf dem Spielfeld stehen dichte Reihen schmaler metallener Klappstühle ohne Armlehnen, wie ich sie bereits aus dem Giants Stadium kenne. Die Bühne hier in München gleicht jener in New York aufs Haar. Doch in München ist bereits Stunden vor dem Beginn des Konzerts alles fertig und bereit. Es ist kein einziger Techniker zu sehen.

Es heißt, man könne die letzte Stunde der Proben mitverfolgen, wenn man sich bereits um 19 Uhr einfindet (für die Besucher mit den teuersten Karten ist schon ab 18.30 Uhr Einlaß). Dies ist übrigens die *einzige* Probe für das Konzertereignis. Levine reist aus Bayreuth an, wo er gerade den ersten seiner drei *Ring*-Zyklen dieses Sommers abgeschlossen hat; das Philharmonia Orchestra kommt aus Salzburg (wo es *Oberon* spielte); und die »Drei Tenöre« treffen aus verschiedenen Himmelsrichtungen ein. Da sie mit diesem Dirigenten bereits fünf solcher Konzerte bestritten haben, reicht es ihrer Meinung nach, wenn man kurz die Tonanlage prüft. Die Besucher, die frühzeitig kommen und erwarten, eine echte Probe zu erleben, sind enttäuscht. Es wird gerade einmal so lange geprobt, bis sich die goldenen Stimmen warmgesungen haben, und das war's dann.

Der Veranstalter mobilisiert für die »Drei Tenöre« ein Aufgebot an Security, das eines Staatsoberhauptes würdig wäre. Da das Konzert ausverkauft ist, muß man sich auch nicht der Presse stellen; die Reporter kommen an die Sänger gar nicht heran. Trotzdem landet Carreras am Tag des Konzerts in den Schlagzeilen. Die Lokalpresse berichtet auf der ersten Seite, er spende sechs Millionen Mark zugunsten krebskranker Kinder in München. »Was machen die drei Tenöre, wenn sie nicht singen?« fragt die Zeitung. Antwort: Carreras spendet, Pavarotti kocht, und Domingo joggt. Groß reden tut keiner.

Wie in New York hat man die Gänge im Stadion mit roten Teppichen ausgelegt. Die vorderen Sitzreihen sind großzügig angeordnet. Auch hier sind die harten Metallsitze mit Kissen gepolstert, die das Emblem der »Drei Tenöre« tragen. Auf den teuersten Plätzen, die umgerechnet genausoviel kosten wie in New York, liegt jeweils eine Tüte mit einem Opernglas und einem hübsch verpackten Präsent – Toilettenartikel für die Damen und seltsamerweise ein Haarwuchsmittel für die Herren.

In München sind die Lautsprecher – große elektroakustische Paneele – viel tiefer plaziert als in New York; sie befinden sich nicht *über* dem Stadion, sondern *im* Stadion. Wie bei allen Außenanlagen fehlen die tiefen Bässe, doch die Stimmen werden mit ihrem wahren Timbre und den Obertönen relativ getreu wiedergegeben. Durch elektronische Verzögerung wird sogar die Illusion eines geschlossenen Raums erzeugt.

Äußerst enttäuschend ist die Tatsache, daß das Philharmonia Orchestra inzwischen nur noch ein schwacher Abglanz jenes virtuosen Klangkörpers ist, den Walter Legge vor etwa fünfzig Jahren ins Leben rief und der von Karajan, Klemperer und Toscanini zu großen Höhen geführt wurde. Die Musiker sind der großen englischen Tradition gemäß aufmerksam, kooperativ und professionell, doch die meisten Londoner Musiker wechseln so schnell von einem Job zum nächsten, daß sie sich gar nicht richtig fortentwickeln können, was nur in der engen Zusammenarbeit mit *einem* Dirigenten und *einer* Gruppe von Kollegen möglich ist. Und das hört man. Es fällt bereits bei der Ouvertüre zu Bernsteins *Candide* auf, der jenes Funkeln und jenes Feuer fehlt, das die Musiker der Met bei diesem Stück entfachen. Trotz einer anstrengenden Woche in Bayreuth und einer leichten Nebenhöhlenentzündung hängt Levine sich voll hinein.

Etwa zwanzig Minuten nach dem Beginn des Konzerts steht für mich fest, daß das Spektakel als Fernsehshow viel besser rüberkommt. Und meine Vorahnung wird bestätigt, daß nämlich selbst das Live-Ereignis im Grunde eine verkappte Fernsehshow ist. Der Veranstalter Tibor Rudas weiß ganz genau, daß das Fernsehpublikum um ein Vielfaches größer sein wird als das Live-

Publikum, egal wie viele Plätze im Stadion verkauft sind, und daß es entscheidend darauf ankommt, daß das Konzert auf dem Bildschirm gut aussieht. Auf den hintersten Plätzen des Stadions braucht man mindestens ein Teleskop, um die Gesichter der Stars zu erkennen. Abhilfe schaffen hier, ähnlich wie in New York, zwei riesige Monitorflächen zu beiden Seiten der Bühne. Wenn Levine dirigiert, sieht man einen sechs Meter großen Dirigenten, und wenn einer der Tenöre singt, ist ein riesiges Gesicht im Bild, das die winzige Figur darstellen soll, die wenige Meter neben der Bildschirmwand vor dem Mikrophon steht.

Ich sitze zwischen einer fülligen Dame in schwarzem Satin und einem zappeligen Herrn, der den Eindruck erweckt, daß er eigentlich viel lieber woanders wäre. Die Dame zu meiner Linken hebt ständig die Hand und winkt jemandem im Orchester zu. Die Stühle sind nicht unbedingt der ideale Untersatz für Personen unseres Umfangs, doch aufgrund meiner eigenen Leibesfülle bin ich nicht so leicht zu entthronen. Wir sitzen also dicht an dicht, doch während der ersten Hälfte des Konzerts bin ich froh, daß mich meine Nachbarin zumindest warmhält.

Fast pünktlich um acht Uhr fängt es an zu tröpfeln. Es tröstet wenig, daß das Konzert aufgrund von Verkehrsbehinderungen etwa eine Viertelstunde später beginnt. Als es nämlich soweit ist, hat ein leichter Nieselregen eingesetzt. Die Künstler haben immerhin ein Dach über dem Kopf. Levine stürzt sich, anscheinend unbeeindruckt vom Wetter, auf die Ouvertüre.

Das Publikum auf dem Spielfeld sitzt völlig ungeschützt. Ich habe einen leichten Regenmantel dabei, doch ich kann ihn nicht anziehen, weil ich gänzlich unbeweglich zwischen meinen Nachbarn eingeklemmt bin. In der Hoffnung, sich einen improvisierten Regenschutz zu konstruieren, zerreißt der Mann zu meiner Rechten das illustrierte Hochglanzprogrammheft, das er für teures Geld gekauft hat, doch das Ergebnis scheint ihn nicht zu befriedigen. Die dicke Dame ist vor allem um ihr Haar besorgt. Ich nehme eine stoische Haltung an.

Es ist immerhin eine ganz neue Erfahrung, Carreras mit »Il lamento di Federico« zu hören, während einem der Regen den Rücken herunterläuft. Trotzdem verläßt keiner den »Saal«. Zum einen sind natürlich alle, die nicht direkt an den Gängen sitzen, so dicht eingezwängt, daß sie nicht ohne weiteres aufstehen und gehen können, doch vor allem spürt man einen vielleicht typisch deutschen Willen, auszuharren und durchzuhalten. Es handelt sich schließlich um etwas ganz Besonderes. Außerdem haben die Karten ein Heidengeld gekostet. Also will man sich vergnügen, komme, was da wolle.

Auf der Bühne scheint niemand mitzubekommen, daß wir allmählich bis auf die Knochen durchnäßt sind. Und so nimmt das Programm seinen Lauf. Der erste Teil endet mit dem ersten Medley, und dieses gipfelt in einem so glühenden »Torna a Sorrente«, daß einem richtig warm ums Herz wird und man jeden Gedanken an die Nässe vergißt.

In der Pause verschwindet die mollige Lady hinter der Bühne und taucht nicht wieder auf. Auch der Herr links neben ihr, der aber nicht ihr Begleiter zu sein scheint, bricht mit einer Entschlossenheit auf, die vermuten läßt, daß wir ihn nicht wiedersehen werden. Nachdem der Schraubstock nun also gelockert ist, kann ich mich endlich erheben und meinen Regenmantel anziehen. Kaum habe ich ihn an, läßt der Regen prompt nach.

Als die Zuhörer nach dem Ende der Pause wieder ihre Plätze einnehmen, tauchen zwei auffallend hübsche Damen um die Dreißig auf, die sich offensichtlich nach besseren Plätzen umsehen; sie entdecken die beiden leeren Stühle und lassen sich neben mir nieder – ein Wechsel, den ich durchaus begrüße. Doch etwa zehn Minuten nach dem Beginn des zweiten Teils erscheint jener Mensch wieder, der so entschlossen aufgebrochen war, kämpft sich mühsam, aber heroisch durch die Reihe und nimmt seinen Platz in Anspruch. Die verdrängte Dame sucht Zuflucht auf dem Schoß ihrer Begleiterin. Gemeinsam bieten die beiden eine größere Körpermasse auf als die Dicke, aber da sich ihr Volumen auf einer vertikalen statt auf der horizontalen Achse ausdehnt, kann ich mich nicht beklagen.

Die »Drei Tenöre« sehen auf der Bühne alle gleich jugendlich aus, obwohl ein beträchtlicher Altersunterschied zwischen ihnen besteht. Carreras ist 48, Domingo 55 und Pavarotti 60 – was man ihm nicht ansieht. Keine Stimme gleicht der anderen. Domingo singt Wagner genauso gut wie das italienische Fach. Pavarotti eignet sich ideal für die großen Werke Verdis und Puccinis. Der besondere Reiz in Carreras' Stimme liegt in ihrem lyrischen Schmelz, der allerdings verlorengeht, wenn er den Ton forciert. Auch der zweite Teil nimmt seinen Gang. Wenn Pavarotti als Höhepunkt seinen Hit, »Nessun dorma« aus *Turandot*, schmettert, steht außer Zweifel, daß er es brillant versteht, selbst ein Massenpublikum in den Bann zu ziehen. Diese Magie verleiht Veranstaltungen wie dieser solchen Erfolg. Auch die zweite Programmhälfte endet mit einem Medley, das in einem vesuvischen Ausbruch von »O sole mio« gipfelt. Da es inzwischen aufgehört hat zu regnen, steigt auch die Stimmung des Publikums. Die Zugaben könnten ewig weitergehen. Der Schauer ist längst vergessen. Man wird einen großartigen Abend in Erinnerung behalten. Es war überhaupt kein Problem, sich am frühen Abend in den Olympiapark zu begeben. Die U-Bahn war fast leer. Man konnte lässig durch den Park zum Stadion spazieren. Um Mitternacht zusammen mit etwa 70 000 anderen Konzertbesuchern den Heimweg anzutreten ist eine ganz andere Sache. Ich kann das Stadion nicht durch dasselbe Tor verlassen, durch das ich es betreten habe, und finde nur mit Mühe den Weg zur U-Bahn-Station. Es ist bereits zwei Uhr, als ich endlich die Tür zu meinem Hotelzimmer aufschließe. Der Nachhauseweg hat fast genauso lange gedauert wie das Konzert.

28. September 1996, Medinah Temple, Chicago

Fantasia 2000 soll mit Respighis *Pinien von Rom* beginnen, die längst aufgenommen wurden, und mit vier Abschnitten aus Strawinskys Ballett *Der Feuervogel* enden, die Levine und das Chicago Symphony Orchestra heute vormittag einspielen sollen. Die ausgewählten Passagen sind etwa fünfzehn Minuten lang. Vorgesehen ist eine dreistündige Sitzung, und es besteht die Möglichkeit, eine Stunde zu überziehen.

Um zehn vor zehn herrscht hektisches Treiben auf der Bühne; die Musiker sind eifrig in das Ritual des Stimmens vertieft. Die Toningenieure sind dieselben wie beim letzten Mal; es sind die Pendler aus New York, die bei dem Projekt von Anfang an dabei waren. Levine geht kurz in den Regieraum und plaudert ein paar Takte mit dem Produzenten des Films, Don Ernst, und dem Musikproduzenten Jay David Saks. Dann marschiert er auf die Bühne und überzeugt sich, daß sein Stuhl und das Notenpult die richtige Höhe haben. Die Partitur liegt auf, zwei Taktstöcke liegen parat, und eine frische Flasche Mineralwasser steht griffbereit.

Von Strawinskys *Feuervogel* existieren die ursprüngliche Ballettmusik von 1910, die viele für die gelungenste Version des Werks halten, sowie diverse Suiten. Am häufigsten gespielt wird die Adaption, die der Komponist 1919 schuf. Aus dieser Fassung wurden Passagen ausgewählt, die zur Handlung des Disney-Films passen. Die Instrumentierung wurde von Bruce Coughlin leicht geändert. Coughlin sitzt neben Ernst im Regieraum und kann notfalls Beistand leisten.

Saks begibt sich an seinen Platz und setzt sich die elektrostatischen Kopfhörer auf, denen er mehr vertraut als den Monitorlautsprechern. Er und Levine arbeiten seit zwanzig Jahren zusammen; sie kennen einander bestens. Saks ist ruhig, konzentriert und durch nichts aus der Ruhe zu bringen. Levine weiß, daß er sich in allen technischen Details auf ihn verlassen kann.

Als Levine seinen Platz auf der Bühne einnimmt, wird kurz, aber heftig applaudiert. »Wie Sie wissen«, sagt er, »wollen wir das Ganze heute abschließen. Ich habe die Trickfilmszenen zu den *Pinien von Rom* gesehen. Es ist unglaublich – eine neue Kunstform. Es ist einfach phantastisch, wie die Bilder und die Musik aufeinander abgestimmt sind und aufeinander einwirken. Ich fühlte mich sofort wieder wie das Kind, das damals *Fantasia* gesehen hat.«

Levine dirigiert das Chicago Symphony Orchestra nun zum drittenmal, seit er im Juni 1993 nach 23 Jahren die musikalische Leitung des Ravinia Festival abgab. Inzwischen sind einige neue Spieler im Orchester. Seine Vorgehensweise zeigt, daß er auf Nummer sicher gehen will. Der alte Grundsatz – daß er das Orchester kennt und das Orchester ihn kennt – gilt längst nicht mehr. Sein Schlag ist einfach und klar.

In dem Disney-Film illustriert Strawinskys Musik eine ganz andere Geschichte als in dem ursprünglichen Ballett. »1940 konnte man *Fantasia* mit Schuberts *Ave Maria* enden lassen«, bemerkt Ernst. »In unserer heutigen multikulturellen Zeit ist das nicht mehr möglich. Wir wollten eine universelle Geschichte über den Tod und die Wiederauferstehung, die mit einer eindringlichen Botschaft über die Erneuerung des Lebens schließt. Man sieht eine friedliche Landschaft. Ein Vulkan bricht aus und löst eine große Verwüstung aus. Doch im Laufe der Zeit kehrt das Leben wieder zurück. Aus der Asche sprießen Blumen.« Levine probiert mit dem Orchester den ersten Teil des Arrangements, den »Reigen der Prinzessinnen«. Es klingt phantastisch. Für das Chicago Symphony Orchestra ist dies schließlich Standardrepertoire.

»Wie klingt es?« fragt Levine über die Sprechanlage.

»Klingt gut«, erwidert Ernst.

Levine geht weiter zur nächsten Nummer, dem »Höllentanz des Zauberers Kaschtschei«. Hier, so zeigt sich, ist noch jede Menge Arbeit erforderlich. Das Stück ist für großes Orchester geschrieben, weist schnelle und komplexe Rhythmen und mehrfach übereinandergeschichtete Themen auf. Levine besteht darauf, daß die vollen Notenwerte gespielt werden. »Bom, bom, bom«, singt er den Bläsern vor, »abgesetzt, aber nicht abgehackt.« Bei einem Stück wie diesem kommt es ganz entscheidend auf die Artikulation an. Bald zeigt sich, daß »Artikulation« zum zentralen Thema dieser Sitzung wird.

Das Chicago Symphony Orchestra war es lange Zeit gewohnt, mit der größten Präzision zu spielen. Das war über zwanzig Jahre lang unter Sir Georg Solti der Fall und auch in der Zeit, in der Solti Ehrendirigent und Pierre Boulez erster Gastdirigent waren. Auch unter Levine ist es zu dieser Präzision fähig, wenn genügend Zeit gegeben ist. Glücklicherweise ist das Orchester kooperativ.

Levine kehrt noch einmal an den Anfang zurück.

»Am Ende der Phrase brauche ich mehr Sound«, betont er, »aber bitte durchweg dolce.« Nun folgt er seiner gewohnten Praxis und geht über die akkurate Wiedergabe der Noten hinaus, um eine Interpretation im eigentlichen Sinn zu gestalten. Ein kleines Cellosolo wird höchst feinfühlig gespielt. Levine lächelt.

»Das gefällt mir«, lobt er.

Die Atmosphäre, die er heraufbeschwört, entspricht der auf jener alten Platte, die mich mit dieser Musik vertraut machte, einer Einspielung von Leopold Stokowski und dem Philadelphia Orchestra aus den dreißiger Jahren: Die exotische russische Legende wird mit lyrisch-schmelzender Sinnlichkeit erzählt. In der ersten Pause spreche ich mit Levine über jene Einspielung. »War sie nicht wunderbar?« schwärmt er. »Keiner konnte eine kratzende alte 78er-Platte mit so viel Atmosphäre aufladen wie Stokowski. Und vor allem: Wenn die Atmosphäre stimmte, kümmerte er sich überhaupt nicht um irgendwelche Fehler. Wenn man genau hinhört, kann man einige heraushören. Aber wenn er eine vier oder fünf Minuten lange Seite erneut einspielen mußte, gelang es ihm oft nicht, die gleiche Atmosphäre ein zweites Mal zu schaffen. Wenn das ›Feeling‹ stimmte, opferte er lieber die Präzision. Das sollten wir nicht vergessen.«

Coughlin hört einen Bruch in den Streichern und eilt auf die Bühne. An der betreffenden Stelle wurde etwas gestrichen; um für einen glatten Übergang zu sorgen, mußte einiges geändert werden.

»Spielen Sie nicht einfach das, was Sie seit 35 Jahren kennen«, mahnt Levine. »Halten Sie sich an die Noten. Es ist ein E und ein C«, erläutert er einer Gruppe. Einer anderen erklärt er: »Bei Ihnen ist es ein G und ein E.« Ein Brummen geht durch die Reihen der älteren Orchestermitglieder, doch sie nehmen Notiz von der Änderung.

»Hier haben wir sehr viele Marcato-Noten hintereinander«, bemerkt Levine einen Augenblick später. »Bitte kurze Achtel, sonst wird das Crescendo trüber anstatt strahlender.«

Um zehn vor elf ist die Probe beendet. Levine ruft laut: »Also, fangen wir an.« Das Band läuft, die Nummer wird einmal ganz durchgespielt. Dann macht das Orchester zwanzig Minuten Pause. Levine geht in den Regieraum.

»Wir haben jede Menge phantastisches Material im Kasten«, meldet Ernst ganz erfreut darüber, daß alles so glatt läuft. Levine setzt sich hin, hört sich den Mitschnitt an und meint: »Wir brauchen mehr Kontrast.«

Er kehrt beschwingt zum Orchester zurück. »Das war ausgezeichnet, aber wir können noch mehr mit Farbe und Dynamik arbeiten. Und wenn es schneller wird, müssen wir auf die Artikulation achten. Bei diesem Stil dürfen die Töne nicht gebunden werden, wenn es nicht vorgeschrieben ist.«

Man macht sich wieder an die Arbeit. Bei diesen frühen Balletten von Strawinsky schleicht sich leicht der Fehler ein, daß man den Pausen nicht ihren vollen Wert gibt.»Ich will nach den Achtelnoten eine volle Achtelpause hören«, fordert Levine.»Nicht die Note halten und den Rest abschneiden. Dadurch entsteht eine völlig falsche Wirkung.«

Wieder hat er das Gefühl, daß sie ein wenig schleppen.»Nicht an den Noten kleben«, mahnt er.»Es muß zünden.« Es klingt immer besser. Ein paar Takte später lobt er die Musiker.»Ausgezeichnet. Wunderschön.«

Wie die meisten Orchester hat auch das Chicago Symphony Orchestra gelernt, nach Gehör zu spielen. Auf der Bühne des Medinah Temple ist dies jedoch nicht möglich. Die reflektierenden Flächen sind zu weit entfernt. Wenn man sich hier beim Einsatz auf sein Gehör verläßt, hinkt man hinterher.

Mit dem»Tanz des Kaschtschei«ist Levine noch unzufrieden.»Er muß mit einer wirklich scharfen Attacke beginnen. Und wir sind nicht ganz beisammen. Sie müssen mir folgen. Nur so kriegen wir den gewünschten Klang.« Und so kleben die Musiker wenigstens dieses eine Mal mit den Augen am Taktstock ihres Dirigenten, und es funktioniert. Es dauert nicht lange, und Levine strahlt.»Einfach toll!« frohlockt er.

Um Viertel nach zwölf macht das Orchester abermals Pause. Levine geht wieder in den Regieraum und meldet Saks:»Wir haben es fast.«

»Ich habe fünf Kleinigkeiten«, meint Saks.

»Die sollten wir dann mit Inserts korrigieren«, erwidert Levine.»Wenn wir das Ganze noch einmal komplett durchgehen, wird sich eine gewisse Ermüdung bemerkbar machen.«

Eines der Probleme hat nichts mit der Artikulation, sondern mit dem Tempo zu tun. Die Filmleute fürchten, daß die Musik unter Umständen nicht ganz zu den Filmbildern paßt. Könnte die Musik eine Idee langsamer sein? Kein Problem.

»Der letzte Take war sensationell. Das Tempo ist ideal«, kommentiert Ernst einen erneuten Versuch.

Am Ende des Stücks hat Coughlin einen Wirbel auf der gro-
ßen Trommel eingefügt, wo Strawinsky nur einen einzelnen
Schlag vorschreibt. Man versucht es auf beide Weisen.
»Der Schlag klingt besser«, meint Levine.
Coughlin stimmt zu. So ist der Einsatz markanter. Er streicht
seine Änderung im Schlagzeug. In ein paar Takten im »Tanz des
Kaschtschei« sind die Bläser immer noch nicht ganz zusammen.
»Wenn Sie meinen, Sie kriegen es besser hin, wenn Sie sich
einfach aufeinander konzentrieren und den Taktstock ignorieren, dann machen Sie es so«, schlägt Levine vor. Es klappt. Sie
spielen harmonisch und geschlossen und trotzdem synchron zu
seinem Schlag.

Als Schallplatten im analogen Verfahren produziert wurden,
konnte man immer nur bei Pausen Schnitte machen. Die digitale
Technik erlaubt eine viel größere Flexibilität bei der Nachbear-
beitung. Sobald Saks überzeugt ist, daß er irgendwie aus all den
Mitschnitten eine absolut perfekte Version zusammenstellen
kann, ist er zufrieden. Den Rest kann man getrost dem Editor im
Tonstudio überlassen.

Das Finale ist im ungewöhnlichen 7/8-Takt notiert und weist
in den Bläserstimmen vier Takte auf, die Stokowski jahrelang
strich, weil er fürchtete, sie seien unmöglich akkurat zu spielen.
Levine gibt nicht so schnell auf, doch fast drei Stunden hoch-
konzentriertes Arbeiten verlangen ihm und den Musikern einiges ab. Sie versuchen es. Es klappt ganz gut.

»Spielen wir es noch einmal, zur Sicherheit«, schlägt Levine
vor. Die Passage wird wiederholt.

»Mit dem, was wir jetzt haben, ist alles abgedeckt«, meldet
Saks. Um drei Minuten vor eins, nach mehr als dreißig Takes,
wird die Sitzung beendet. Es wird kurz applaudiert, und viele
Musiker kommen nach vorn, um sich vom Maestro zu verabschieden. Die Bühnenarbeiter fangen an abzubauen, und die
Filmleute richten eine Ecke ein, in der Saks und Levine interviewt werden können, denn parallel zur Produktion von *Fantasia
2000* wird ein Dokumentarfilm über die Entstehung des Disney-
Films gedreht.

Beim zweiten Aufnahmetermin 17 Monate zuvor hatte man
am Schluß sogar noch Zeit übrig gehabt, und Levine war ent-

spannt und zufrieden gewesen. Diesmal ist er erschöpft. Das Orchester hatte zwei Pausen, doch er hat drei Stunden lang höchst konzentriert durchgearbeitet; dabei hat er gerade einen ganzen Monat aufreibender Proben zur Vorbereitung der Spielzeit an der Met hinter sich. Er zieht sich in seine provisorische Garderobe zurück, trocknet sich ab, zieht sich um und kehrt in den Saal zurück, wo das Gespräch aufgenommen werden soll. Als Profi nimmt er keine Rücksicht darauf, ob er müde ist oder nicht, sondern zieht das Interview durch, und zwar mit Bravour.

Roy Disney, der Leiter des Zeichentrickstudios, der zahlreiche Schnappschüsse von den Musikern bei der Arbeit gemacht hat, knipst noch ein paar Bilder. Levine kann sich mit Mühe ein Lächeln abringen. Ich gratuliere ihm zu seiner Leistung. »Diese absolute Präzision, die du am Schluß erzielt hast, ist unglaublich.«

»Man muß sie erarbeiten«, erwidert er. »Aber mit solchen Musikern geht das. Die haben es drauf. Andere Dinge fallen ihnen vielleicht leichter, aber sie dürfen diese Präzision, die sie einmal für selbstverständlich gehalten haben, nicht verlieren.«

Levine und seine Mitarbeiter packen ihre Sachen zusammen und begeben sich langsam zu der Limousine, mit der sie zu einem wartenden Jet düsen. Sie sind müde, aber zufrieden. Es war eine wichtige Arbeit, die gut gemeistert wurde. Sie werden am späten Nachmittag in Manhattan eintreffen. Am Montagabend soll die Saison der Metropolitan Opera beginnen.

Das Team der Techniker ist noch eine Weile damit beschäftigt, im Saal und im Regieraum Kabel auszustecken und die Ausrüstung in die roten Koffer zu verstauen, in denen sie transportiert wird. Sie werden wahrscheinlich erst spät in der Nacht in New York ankommen. Die blonde junge Toningenieurin, die bei den drei Aufnahmesitzungen die 48 Kanäle überwacht hat, bemerkt mit stoischer Gelassenheit: »Es dauert acht Stunden, alles aufzubauen und zu testen, und es dauert sechs Stunden, alles wieder abzubauen. Und gebraucht wird das Zeug drei Stunden.«

Aber was für drei Stunden! Das Destillat dieser drei Stunden sind 15 Minuten größter Virtuosität, die ganz neue Maßstäbe setzen wird.

Levines Aufnahmen

Kein Operndirigent der Geschichte hat sein Repertoire im gleichen Maße für die Nachwelt erhalten wie James Levine. Theoretisch existiert von jeder Oper, die er an der Met vollständig dirigiert hat, zumindest eine Einspielung, wobei allerdings etwa ein Drittel dieses Materials (in der Regel Fernseh- und Rundfunkmitschnitte) noch nicht auf Tonträgern erschienen ist.

Auch Herbert von Karajan war sich dessen bewußt, daß sich Operninterpretationen mit modernen digitalen Medientechniken wirkungsvoller und intensiver denn je dokumentieren lassen, doch zu seinen Lebzeiten waren diese Mittel noch nicht vollständig ausgereift. Leonard Bernstein wußte sich vor allem der Zugkraft des Fernsehens zu bedienen. Aber keiner der beiden verfügte über eine Wirkungsbasis, die mit der eines James Levine vergleichbar gewesen wäre. Levine nutzt die elektronischen Medien auf planvolle und wirkungsvolle Weise. Toscanini verstand im Grunde nicht viel vom Aufnahmeprozeß; er stand ihm mit Scheu, ja Abscheu gegenüber und betrachtete die Elektronik als störenden Eingriff in die Musik. Das führte dazu, daß er bei Aufnahmen oft nicht die bestmöglichen Resultate zu erzielen vermochte.

Levine nutzt das Fernsehen und den Tonträger als logische und natürliche Erweiterung der Live-Aufführung. Als Kind war er tief beeindruckt von dem Disney-Film *Fantasia*. Seine Einstellung gegenüber der Bedeutung des Films, des Fernsehens und der Schallplatte für die Musik wurde stark von Stokowski und Toscanini geprägt. Besonders imponiert hat ihm die Tatsache, daß Toscanini das NBC Symphony Orchestra 17 Jahre lang im Radio zu dirigieren bereit war. Damit erreichte er ein »elektronisches« Publikum, das weit größer war als die paar hundert Zuhörer im RCA-Studio.

Es überrascht also nicht, daß bis auf wenige Ausnahmen (aus Levines frühen Jahren) fast alle seine Operninterpretationen dokumentiert sind. Auch sein symphonisches Repertoire liegt weitgehend lückenlos auf CD vor; sein Wirken als Liedbegleiter und Kammermusiker ist ebenfalls durch vorzügliche Beispiele belegt, von denen man sich vielleicht noch mehr wünschen würde.

Von den 71 Opern, die Levine in seinen ersten 28 Jahren an der Met komplett dirigiert hat, sind 46 auf Tonträgern erschienen. Die übrigen 25 wurden für Rundfunk- oder Fernsehübertragungen mitgeschnitten, liegen aber noch nicht auf Tonträgern vor. Das eine große Ballett, Strawinskys *Le Sacre du printemps*, das er an der Met dirigiert hat, wurde ebenfalls für die kommerzielle Verwertung aufgezeichnet. 29 Opern, also stattliche 43 Prozent, liegen auch als Video vor – was der Live-Aufführung am nächsten kommt. 14 der Opern, die es auf Laserdisc gibt, sind nur in dieser Form erhältlich. Außerdem liegen auf CD zwei Opern in Studioeinspielungen vor, die Levine noch nie im Theater dirigiert hat.

Gelegentlich hat Levine auch nur einzelne Opernakte dirigiert. Auf Laserdisc gibt es von ihm den zweiten Akt der *Fledermaus* und jeweils den dritten Akt von *Otello* und *Rigoletto*. Von den beiden Verdi-Opern liegen auch Gesamteinspielungen auf CD vor. Seine Aufführungen des zweiten Akts des *Faust* und des dritten Akts von *Madama Butterfly* im Jahre 1990 wurden nicht aufgezeichnet. (*Butterfly* hat er komplett aufgeführt, allerdings nicht an der Met.) Von *Tosca*, die auch zu seinem Met-Repertoire zählt, gibt es eine wunderschöne Einspielung, allerdings nicht die der Met-Produktion.

Elf Werke, die Levine nicht gesondert eingespielt hat, wurden für die Übertragung im Fernsehen aufgezeichnet und liegen als Video vor. Von einigen Werken gibt es sowohl Fernsehmitschnitte als auch CD-Einspielungen. Zwölf Opern wurden in der Sendereihe der Samstagsmatineen ausgestrahlt und existieren auf Band. Nach den derzeit geltenden Gewerkschaftsbestimmungen dürfen diese Materialien erst nach 25 Jahren als historische Tondokumente herausgegeben werden. (Bei Levines Jubiläumsalbum wurde jedoch eine Ausnahme von dieser Regel gemacht.) Entscheidend ist, daß diese Bänder existieren und daß die Interpretationen für die Nachwelt erhalten sind. (Eine Gesamtübersicht über Levines Met-Repertoire findet sich auf den Seiten 377–380.)

In seiner Kindheit wurde Levine durch Toscaninis Konzertübertragungen geprägt. Von Toscaninis Konzerttätigkeit gibt es etwas mehr als zehn Stunden Filmmaterial; diese Zeugnisse aus der Anfangszeit des Fernsehens sind von unterschiedlicher technischer Qualität, oft sogar recht primitiv, aber dennoch von unschätzbarem Wert. Auf diesen Streifen zeigt uns der Alte, wie er es gemacht hat. Der Taktstock tanzt. Die Musik klingt. Seine Augen leuchten, und sein Blick bannt den Betrachter. Für jemanden wie Levine, dem es darum geht, eine bestimmte Einstellung zur Musik zu entwickeln und zu vermitteln, bildet dieses Material ein wichtiges Verbindungsglied zur Vergangenheit. Paradoxerweise haben wir nicht einmal annähernd zehn Stunden, in denen die Kamera auf Levine gerichtet ist. Auf den Laserdiscs sieht man ihn, wie er die Ouvertüren dirigiert, doch sobald ein Sänger auftritt, verschwindet er. Wenn ich einen besonders effektvollen Ausdruck im Ensemble höre, frage ich mich oft, was der Dirigent an der Stelle wohl mit dem Taktstock macht, aber er wird nicht gezeigt.

Mahler, so heißt es, habe in Wien ganz neue Maßstäbe in der Opernaufführung gesetzt. Brahms bewunderte Mahler bereits, als jener noch in Budapest wirkte. Das glaube ich, doch es läßt sich nur schwer nachvollziehen, was sich hinter dieser Aussage genau verbirgt. Welche Maßstäbe galten bis dahin? Was war das Neue an Mahlers Methode? Vermutlich legte er Wert auf größere Präzision im Ensemblespiel und stärkere Beachtung des authentischen Charakters eines Werks. Um diese Frage umfassend zu beurteilen, müßten wir uns indes auf Details beziehen, die uns jedoch niemals zugänglich sein werden. Im Falle der New Yorker Met sind diese Details kein Geheimnis. Man vergleiche nur einmal Levines Einspielung von *La forza del destino* mit einer früheren; es wird sofort hörbar, wie sich die Herangehensweise an das Werk im Laufe der Jahre verändert hat. Bei einigen der älteren Platten wurde wunderbar gesungen, aber auch rigoros gestrichen. Besonders ältere Musikfreunde und Plattensammler ermessen die phänomenale technische Entwicklung von der kratzenden 78er-Scheibe mit vier Minuten Spieldauer pro Seite zur CD mit einer Spieldauer von über einer Stunde. Vor etwa dreißig Jahren faszinierten uns Opernaufnahmen in Stereo, die eine räumliche Klangvorstellung suggerierten; und später, mit dem Vier-Kanal-Decoder, ließ sich bisweilen die Illusion erwecken, man befinde sich direkt auf der Bühne und mitten im Operngeschehen. Inzwischen kann man Oper hören *und* sehen. Die neue Technik hat uns irrsinnig verwöhnt.

»Wenn Laserdiscs Abstriche bei der Klangqualität bedeuten würden«, kommentiert Levine, »müßte man abwägen, ob man sie der CD mit ihrer ausgezeichneten Klangqualität vorzieht. Aber der Klang der Laserdisc befriedigt selbst anspruchsvolle Hörer und ist darüber hinaus mit dem Bild gekoppelt. Dadurch läßt sich die Oper in einer Intensität erleben, mit der die CD nicht mithalten kann.«

Ferner bietet die Laserdisc in einer Schriftzeile am unteren Rand des Bildschirms laufend die Übersetzung des gesungenen Textes. Viele finden diese Methode besser als die Obertitel im Opernhaus und sogar noch besser als die genialen »Met Titles«. Zugegeben, beim CD-Hören kann man die Partitur oder das Libretto mitlesen, doch Untertitel auf dem Bildschirm sind weitaus praktischer. Das Auge kann sich auf das Geschehen konzentrieren und bekommt dabei alle Facetten der Mimik und Gestik mit, die den gesungenen Text begleiten.

Der erfahrene Opernbesucher weiß, daß das Erleben einer Oper ein komplexes Wahrnehmungsphänomen ist, bei dem der visuelle Kontakt zu den Darstellern eine grundlegende Rolle spielt. Lange Zeit erforderte dies die persönliche Anwesenheit im Opernhaus. Dabei erlebte man eine Opernaufführung so, daß man als Zuschauer zusammen mit anderen im Auditorium saß, die Musiker im Orchestergraben spielten und die Sänger auf der Bühne sangen. Opernfilme bieten nun eine völlig neue ästhetische Erfahrung. Fernsehübertragungen, Videoaufzeichnungen und Laserdiscs, die zu Hause gehört und gesehen werden, unterliegen gänzlich anderen Rezeptionsbedingungen als ein Besuch im Opernhaus, doch obwohl die Oper in dieser Form nicht live erlebt wird, besitzen diese Medien eine ganz eigene, höchst eindrucksvolle Unmittelbarkeit. Ich habe zu Hause ein eigenes kleines »Opernhaus«, in dem ich jederzeit jede meiner Lieblingsopern sehen und hören kann. Selbst dem Bayernkönig Ludwig, dem angeblich wahnsinnigen Mäzen Wagners, der sich Opern gerne in privater Abgeschiedenheit vorspielen ließ, standen solche Mittel nicht zu Gebote.

Die Laserdisc führt in die Rezeption der Oper ein Element ein, das wir beim Film längst für selbstverständlich halten – die Naheinstellung. Wenn es angebracht ist, wird die Opernbühne in ihrer ganzen Breite gezeigt, doch im allgemeinen sieht der Betrachter am Bildschirm kleinere Ausschnitte, bestimmte Figurengruppen oder einzelne Gestalten, und zwar aus den unterschiedlichsten Entfernungen und Blickwinkeln – gelegentlich sogar aus Perspektiven, die kein Besucher des Opernhauses einnehmen kann, nämlich aus der Sicht direkt von oben. Der Gesichtsausdruck wird so zu einem wesentlichen Aspekt der Interpretation. Gewiß, es gibt Opernbesucher, die die stärksten Ferngläser dabeihaben und damit auf die Bühne spähen, aber es fällt schwer, sich dabei auch noch auf die Musik zu konzentrieren. Inzwischen ist es also eine unumstößliche Tatsache, daß Oper auf zwei verschiedene Weisen gesehen werden kann, von denen jede gewisse Vorteile aufweist; und wir sind gut beraten, die Vorteile beider Rezeptionsweisen zu nutzen.

Levines Laserdisc-Aufnahmen dokumentieren nicht nur seine Arbeit als Künstler, sondern vermitteln auch ein treffendes, rundes Bild des Menschen. Viele Dirigenten (Bernstein war ein gutes Beispiel) kreieren und kultivieren als Persönlichkeit des öffentlichen Lebens ein Image, das sich vom Bild der Privatperson deutlich unterscheidet. Dagegen gibt es nur *einen* James Levine, den glücklichen, warmherzigen Workaholic, der sich rückhaltlos der Musik verschreibt, weil er allein in der Musik Ziel und Sinn findet. Es gibt nichts, was er lieber tun würde.

Betrachten wir zunächst Levine als Pianisten. Im Jahre 1986 entstand unter der Regie von Jean-Pierre Ponnelle eine Laserdisc, für die er im Saal des Schlosses Heilbrunn in Salzburg mit dem Ensemble Wien–Berlin Kammermusik von Mozart und Beethoven einspielte. Der damals 43jährige tritt klar als bestimmendes Element der Gruppe auf: Er führt, er formt, er feuert an; trotzdem ist und bleibt es Kammermusik und kein Miniatur-

Solokonzert für den Pianisten. Die fünf Musiker hören aufeinander und konzentrieren sich gemeinsam darauf, den beiden unterschiedlichen Stilen und Intentionen gerecht zu werden. Es geht ihnen darum, etwas mitzuteilen. Hier geht es nicht um Show, hier geht es um Kunst.

Zwei Jahre später bestritt Levine auf der Bühne der Metropolitan Opera mit Luciano Pavarotti einen Liederabend, der für das Fernsehen und für Laserdisc aufgezeichnet wurde. Die beiden Künstler zollen einander den höchsten Respekt. Pavarotti weiß es offensichtlich zu schätzen, einen Begleiter zu haben, der etwas von Gesangstechnik versteht. Viele Dirigenten erschweren den Sängern die Arbeit, indem sie ihnen eine Gesangslinie abverlangen, die allein den musikalischen Vorstellungen des Dirigenten entspricht. Levine geht von praktisch möglichen, nicht von theoretisch denkbaren Resultaten aus. Er versucht genau zu verstehen, wie der Sänger eine Phrase gestaltet, und sieht seine Aufgabe darin, ihn bei diesem Gestaltungsprozeß in der Weise zu unterstützen, daß die Interpretation, selbst eines schlichten Liedes, den ästhetischen Ansprüchen beider genügt.

In der Einführung zu Plácido Domingos Disc *Homage to Seville* wird der Betrachter Zeuge eines Gesprächs zwischen Domingo, Levine und dem Regisseur Ponnelle. Dieser Einstieg ist reizvoll und dramaturgisch überzeugend. Levine ist gelassen und routiniert; er ist offen für Vorschläge und bereit zu improvisieren. Genauso kenne ich ihn seit dreißig Jahren.

Die römisch-katholische Beichte ist kaum vertraulicher als die Einzelsitzungen, zu denen sich Levine mit einem Sänger in sein Arbeitszimmer zurückzieht, um unter vier Augen die Details einer Interpretation herauszuarbeiten. Levine fungiert nicht als Lehrer, der dem Sänger seine Partie beibringt. Der Sänger kennt die Musik in- und auswendig. Vielmehr verfeinern die beiden die technischen und gestalterischen Aspekte einer Interpretation. Hier können sie einander vollkommen offen und ehrlich begegnen. Hier steht nicht zu befürchten, daß in aller Öffentlichkeit ein Ego angekratzt wird. Hier kann man sich erst einmal ganz intim und intensiv mit der Musik beschäftigen und die Grundlagen für die nächste, öffentlichere Phase der Arbeit schaffen – das Singen auf der Bühne.

Mitverfolgen läßt sich solch eine Sitzung in der Proben-sequenz nach dem Prolog in der Laserdisc-Aufnahme von *Ariadne auf Naxos.* Bei der Probe können sich die Künstler gemeinsam dar-über freuen, zusammen etwas unglaublich Schönes zu schaffen. Levine findet sehr schnell lobende und ermutigende Worte. (Im Orchestergraben kann er aber auch sehr fordernd sein.) Konzen-triertes Arbeiten – das ist die beste Umschreibung für Levines Proben. Wenn der Sprung über die Höchstmarke gelingt und etwas wahrlich Leuchtendes erklingt, findet die Freude über den Erfolg oft spontanen Ausdruck in einem herzlichen Lachen.

Als er mit Kathleen Battle am Klavier arbeitet, fragt er an einer Stelle:»Brauchst du hier eine Tempoverzögerung?«

»Nein, eigentlich nicht«, erwidert sie.

»Gut. Ich habe hier nämlich einen von dir ganz unabhängigen Part und würde das Tempo halten, außer du brauchst die Ver-zögerung.«

Sie probieren es mit Klavier.»Phantastisch«, sagt er.»Also, warte und setze ein, wann immer du willst. An der Stelle kannst du ohne Rücksicht auf die Eins einsetzen. Die Eins kommt be-reits von mir. Ich spiele, und du stößt dann dazu. Für mich ist das Tempo gut, solange die allererste Phrase nicht zu schwer wird.«

Kurz darauf fragt er:»Gehe ich dir hier zu schnell vorwärts? Ich frage mich immer: Mache ich auch genau das, was du möchtest? Brauchst du Zeit, um auf das A zu kommen?«

»Es ist wie bei der Lotterie«, erwidert Battle; beide lachen.

»Lieber Gott«, fleht Levine,»laß mich die Lotterie gewin-nen! Okay. Ich weiß, was du meinst.«

Da nur wenige Opernbesucher wissen, wie Opernproben, spe-ziell in diesem Stadium, normalerweise ablaufen, wird nicht jedem, der sich diese Laserdisc anschaut, sofort auffallen, daß Levine seinen Sängern viel mehr Freiheit gewährt als manch anderer Dirigent. Die Interpretation entsteht aus echter Zusam-menarbeit. Deswegen kommen die Sänger so gerne an die Met und arbeiten mit Levine, obwohl sie bei Engagements an ande-ren Häusern um einiges mehr verdienen könnten.

In der Klavierprobe mit Jessye Norman sagt die Sopranistin:»Ich wünschte, wir könnten auf der Bühne auch so eng beisam-men sein.«

»Das sind wir doch«, entgegnet er.

»Ja?«

»Na klar, genau wie bei einem Strauss-Liederabend. Ich weiß genau, was du machst, und das Orchester kann sich mühelos darauf einstellen. Du kannst dir also Zeit lassen, wann und wo du willst.« Sie singt weiter, bis zum Ende einer Phrase. Es klingt wunderbar. Levine fragt leise: »Spürst du da nicht auch ein Kitzeln?« Diese routinierte Gelassenheit beweist, daß er ein absoluter Meister seiner Kunst ist.

Die Probenszenen wirken deswegen so glaubwürdig, weil Levine hier mit Künstlern zusammenarbeitet, die er sehr gut kennt; keiner scheint die Anwesenheit der Kamera zu bemerken. Der Zuschauer hat das Gefühl, daß die Szenen nicht gestellt sind, sondern so ablaufen, wie sie normalerweise vonstatten gehen. Ein Künstler, der talentiert und genauso engagiert ist wie Levine, kann die Zusammenarbeit mit ihm nur als Vergnügen empfinden. Für ihn gibt es nichts Schöneres auf der Welt, als eine Oper einzustudieren.

Zwangsläufig blicke ich zurück in die Vergangenheit und erinnere mich an Toscaninis Opernproben. Außer bei ganz seltenen Ausnahmen hat er seine Sänger nie danach gefragt, was *sie* wollten oder sich vorstellten, weil er fürchtete, das, was dann kommt, könnte lächerlich, unmusikalisch oder unmotiviert sein, wie beispielsweise ein eingefügter Spitzenton. Allerdings hatte es Toscanini fast sein ganzes Leben lang mit Sängern zu tun, die keine ausgebildeten Musiker waren. Viele konnten nicht einmal Noten lesen; und die wenigsten konnten selbständig eine Partie einstudieren. Sie waren singende Maschinen, denen von Paukern Rollen eingetrichtert wurden und die sich einfach auf die Bühne stellten und blind dem Dirigenten folgten.

Die Met von heute erreichte ihr hohes Niveau nur deswegen, weil die Sänger, die dort auftreten, eine umfassende Ausbildung erfahren haben. An Einrichtungen wie der Juilliard School, dem Curtis Institute, dem New England Conservatory, der Eastman School, dem Mannes College und der Indiana University wurden sie zu kompetenten Musikern ausgebildet, und Levine begegnet ihnen entsprechend. Wenn sie dieser Anforderung

340

nicht genügen würden, wäre eine Zusammenarbeit gar nicht möglich. Wenden wir uns nach diesem kurzen Einblick in die Opernwerkstatt den Opernaufnahmen auf Laserdisc zu. Es sollte erwähnt werden, daß fast alle Opern, die auf Laserdisc erschienen sind, auch auf Video vorliegen – einem Medium, das zwar preisgünstiger, aber technisch weniger befriedigend ist.

Historisch gesehen ist von den Einspielungen auf Laserdisc keine so bedeutend wie die erste, Strauss' *Elektra* mit Birgit Nilsson, die im Februar 1980 aufgenommen wurde. Dies ist sicherlich eines der größten Tondokumente der Operngeschichte dieses Jahrhunderts. Die Nilsson bemerkte etwas wehmütig, aber mit ihrem typischen Witz, daß sie ihre Zukunft schon weitgehend hinter sich hatte, als sie erstmals mit Levine zusammenarbeitete. Doch hier erleben wir sie in einer ihrer größten Rollen. Sie meistert sie mit überragenden stimmlichen und schauspielerischen Mitteln, die sie in zahlreichen Aufführungen verfeinert hat. Die Besetzung ist insgesamt ungewöhnlich stark. Dies ist ein Markstein, der es erforderlich machte, den Begriff der Operneinspielung ganz neu zu überdenken. Das gleiche gilt übrigens auch für die eben erwähnte Laserdisc-Aufnahme von *Ariadne auf Naxos* mit Kathleen Battle, Jessye Norman und James King. Selten wurde dieses bezaubernde, phantastische Werk von Strauss so vorzüglich interpretiert.

Levines Laserdisc-Edition von Wagners *Ring des Nibelungen*, die 1989/90 produziert wurde, bildet wahrlich eine Klasse für sich. Es gibt zahlreiche wertvolle Wagner-Einspielungen aus den letzten siebzig Jahren, doch diese Verbindung von Bild und Ton ist und bleibt eine einzigartige Meisterleistung. Man fragt sich unwillkürlich, wie diese Aufnahme wohl ausgefallen wäre, wenn einige ganz große Wagner-Sänger der jüngeren Vergangenheit, allen voran Birgit Nilsson, zur Verfügung gestanden hätten. Doch Levine stellte hier ein Ensemble zusammen, das in jener Zeit jedem großen Opernhaus der Welt Ehre gemacht hätte.

Vor vierzig Jahren hätten viele Plattensammler alles für eine erstklassige Einspielung des *Siegfried* oder der *Götterdämmerung* gegeben. Doch in der Plattenindustrie glaubte man, ein kompletter *Ring* auf Platte sei nicht realisierbar, da es für eine Einspielung des *Rheingolds* keinen Markt gebe. (Dieses Märchen wurde durch den Erfolg von Soltis Wiener *Ring* beim Label London Records kurzfristig widerlegt.) Die Vorstellung, einen kompletten *Ring* in einer einheitlichen Produktion sowohl hören als auch sehen zu können, hätte damals die Erfüllung unserer kühnsten Träume bedeutet.

Bei den Laserdisc-Aufnahmen weiterer Wagner-Opern, die Levine einspielte, setzten vor allem drei Rolleninterpretationen ganz neue Maßstäbe, nämlich Tatiana Troyanos als Venus in *Tannhäuser*, Leonie Rysanek als Ortrud in *Lohengrin* und Waltraud Meier als Kundry in *Parsifal*. Und die drei Damen sind von starken Ensembles umgeben. Levine ist der einzige Dirigent, der *Parsifal* dreimal, mit unterschiedlicher Besetzung und für zwei verschiedene Medien, aufgenommen hat. Jede Einspielung weist ihre eigenen Vorzüge auf, doch kaum jemand wird sich die Gelegenheit entgehen lassen, Waltraud Meier und Siegfried Jerusalem im zweiten Akt des *Parsifal* sowohl akustisch als auch optisch zusammen zu erleben. In dieser Hinsicht ist die Laserdisc-Edition den beiden CD-Versionen, so gut diese auch sein mögen, einfach überlegen.

Levine befaßte und befaßt sich nicht ausschließlich mit populären Opern. Er produzierte für Laserdisc Coriglianos *The Ghosts of Versailles* (ein höchst raffiniertes Werk), Zandonais hochtheatralische *Francesca da Rimini* und die geniale Oper *Les Troyens* von Berlioz in der bemerkenswerten Inszenierung von 1983 mit Troyanos, Norman und Domingo. Es ist ein Glücksfall, eine Oper, die so wichtig und trotzdem so wenig bekannt ist, in dieser Form vorliegen zu haben.

Unter Levines Opernaufnahmen auf Bildtonträger befinden sich eine exquisite *Carmen* mit Agnes Baltsa und José Carreras sowie eine pikante Version von *L'elisir d'amore* mit Kathleen Battle und Luciano Pavarotti. Die drei Puccini-Laserdiscs übertreffen alles Vergleichbare auf CD; im einzelnen sind dies eine romantische *Manon Lescaut* mit Renata Scotto und Domingo, eine bewegende *Bohème* mit Teresa Stratas und Carreras sowie eine prächtige *Turandot* mit Eva Marton und Domingo.

Auf Laserdisc und Video gibt es auch Mozart, allerdings nicht das, was man erwarten würde. *Don Giovanni* und *Le nozze di Figaro* wurden für das Fernsehen aufgezeichnet; auf Bildtonträger will Levine diese Werke indes erst herausbringen, wenn sie in einer Inszenierung vorliegen, mit der er gänzlich einverstanden ist, wie etwa im Falle von *Così fan tutte* von 1996, die für das Fernsehen aufgezeichnet wurde. Zu nennen sind des weiteren Ponnelles ausgezeichnete Verfilmung von *La clemenza di Tito*, der bemerkenswerte *Idomeneo* mit Hildegard Behrens und Pavarotti sowie *Die Zauberflöte* mit einem ausgezeichneten Met-Ensemble. Es ist nicht dasselbe, ob man die Ouvertüre einfach nur hört oder aber – was selbst im Opernhaus nicht möglich ist – Levines strahlende Miene sieht, wenn er den Einsatz gibt. (Es existiert auch ein österreichischer Fernsehmitschnitt von Levines und Ponnelles Salzburger *Zauberflöte*, der demnächst als Video erscheinen soll.)

Es überrascht nicht, daß sich unter Levines Laserdiscs auch zahlreiche Titel von Verdi befinden; neun Verdi-Opern hat er komplett und zwei in Ausschnitten eingespielt. Die Fülle dieser Reichtümer läßt sich unter anderem daran ablesen, daß von *Simon Boccanegra* inzwischen zwei Versionen vorliegen, eine von 1984 und eine von 1995. Beide Interpretationen stellen Glanzleistungen dar, wobei die zweite von der neueren Tontechnik und der Besetzung mit Kiri Te Kanawa und Plácido Domingo profitiert. Ein wahrer Schatz ist der selten gehörte *Stiffelio*, mit dem Domingo sein Repertoire kühn erweitert und eine weitere Glanzrolle hingelegt hat.

Ein wichtiges historisches Dokument ist der *Troubadour* von 1988 mit Pavarotti in seiner besten Zeit. Ein wertvolles Zeitzeugnis ist auch *La forza del destino* mit Leontyne Price in einer Einspielung, bei der die früher üblichen Striche geöffnet wurden. Das gleiche gilt für *Don Carlo*, der oft ohne den ersten Akt zu hören ist und 1983 mit einer Spitzenbesetzung für das Fernsehen aufgenommen wurde.

Ich persönlich habe besonders viel für *Falstaff* übrig, dessen Titelpartie Paul Plishka zu einer seiner Glanzrollen machte. *Falstaff* ist auch die am stärksten an Mozart erinnernde Verdi-Oper, was wohl ein Grund dafür ist, daß Levine sich ihrer mit solch offensichtlicher Liebe annimmt.

Un ballo in maschera ist wiederum eine Spezialität von Pavarotti, was seine Einspielung von 1991 belegt. In *Ernani* können wir ihn in einer Aufnahme von 1983 bewundern. Als Herzog im dritten Akt von *Rigoletto* erleben wir Pavarotti in der Metropolitan Opera Gala von 1991. Bei derselben Gala war Domingo im dritten Akt von *Otello* zu hören; wahrscheinlich wird von der Inszenierung von 1979 oder der von 1995 eine Gesamtaufnahme dieser Oper mit Domingo in der Titelrolle auf Video erscheinen. Mit ihrer repräsentativen Met-Besetzung bezeugt auch die *Aida*-Aufnahme das derzeitige Niveau des Lincoln Center.

Die Laserdiscs und Videos der verschiedenen Met-Galas sind ideale Andenken an wunderbare Opernabende. Es ist schade, daß die letzte Gala im alten Haus im Jahre 1966 und die Abschiedsgala für Rudolf Bing von 1972 nicht in dieser Form dokumentiert sind. Die Bing-Gala wurde teilweise für das Fernsehen aufgezeichnet und erschien als Platte, nicht aber als Video. Die Gala zu Levines 25jährigem Jubiläum vom April 1996 liegt in Ausschnitten sowohl auf CD als auch auf Laserdisc vor.

Es würde sicherlich keine Laserdiscs von Levine geben, wenn diese in eigenen Sitzungen aufgenommen werden müßten. Solche Produktionen sind in den Vereinigten Staaten beinahe unerschwinglich. Die Laserdiscs sind vielmehr ein willkommenes Nebenprodukt der Fernsehsendereihe *The Metropolitan Opera Presents*. In der Regel dient eine ungewöhnlich gelungene Aufführung als Grundstock für das Masterband, in das Material aus anderen Aufführungen derselben Saison eingefügt wird, falls Änderungen nötig und möglich sind. Levine möchte dabei sowenig wie möglich nachbearbeiten, doch selbst wunderbare Wiedergaben eines Werks weisen bisweilen Details auf, die korrigiert werden müssen. Auf den Laserdiscs erleben wir Levine jedenfalls im Orchestergraben und nicht im Tonstudio, wo zahllose Takes an der Tagesordnung sind.

In den vergangenen Jahren hat Levine versucht, wenn möglich auch CDs auf diese Weise – das heißt live – zu produzieren. Die meisten seiner Tondokumente sind jedoch im Studio entstanden. Dabei handelt es sich regelmäßig um Interpretationen, die durchaus zu den bedeutenden Einspielungen dieses Jahrhunderts gezählt werden dürfen.

Es ist ein Irrtum zu glauben, daß eine Kollektion mehr oder weniger vergleichbarer Dinge (beispielsweise Aufnahmen von

Dvořáks *Symphonie »Aus der Neuen Welt«*) immer in eine Hierarchie eingeteilt werden können, in der ein Exemplar eindeutig das beste ist. Die signifikanten Unterschiede, die für solch eine Einteilung erforderlich wären, existieren vielleicht gar nicht. Oft liegen von einem Werk mehrere Einspielungen vor, die bei entsprechender Gewichtung aller relevanten Kriterien möglicherweise verschieden, aber allesamt gleich verdienstvoll sind. Unterscheiden wir zwischen neueren und historischen Einspielungen (die älter als zwanzig Jahre sind), so steht Levines *Symphonie »Aus der Neuen Welt«* im Grunde dennoch konkurrenzlos da. Und ein Vergleich seiner beiden Versionen, die im Abstand von dreizehn Jahren entstanden sind, macht zudem Levines künstlerische Entwicklung anschaulich. Die Aufnahme von 1994 entspricht natürlich dem neuesten Stand der Technik. Vor allem aber wird hier Dvořáks *Symphonie*, die oft unglaublich glatt und flach wiedergegeben wird, in ihrer ganzen Tiefe ausgeleuchtet.

Im folgenden nenne ich Aufnahmen, die Levine in den neunziger Jahren gemacht hat, die zweifellos auch für die Zukunft kritische Maßstäbe setzen werden und zu den besten Interpretationen zählen dürften, die von den entsprechenden Werken je entstanden. Die (alphabetische) Liste ist natürlich bei weitem nicht erschöpfend; auf diesem Niveau sind mehr als nur zehn von Levines jüngsten Einspielungen angesiedelt, doch die hier genannten fanden besonders breite Anerkennung.

Berg: *Violinkonzert*, Anne-Sophie Mutter, Chicago Symphony Orchestra, 1992
Brahms: Die vier Symphonien, *Alt-Rhapsodie, Tragische Ouvertüre*, Wiener Philharmoniker, 1992–95
Carter: *Variations for Orchestra*, Chicago Symphony Orchestra, 1990
Dvořák: *Symphonie Nr. 8*, Staatskapelle Dresden, 1990; *Symphonie Nr. 9 »Aus der Neuen Welt«*, Staatskapelle Dresden, 1994
Mozart: *Le nozze di Figaro*, Te Kanawa, Upshaw, Otter, Troyanos, Furlanetto, Hampson, Plishka, Laciura, Orchester und Chor der Metropolitan Opera, 1990
Prokofjew: *Symphonie Nr. 5*, Chicago Symphony Orchestra, 1992

Schönberg: *Verklärte Nacht* [Fassung von 1943], Berliner Philharmoniker, 1991

Sibelius: *Symphonie Nr. 4*, Berliner Philharmoniker, 1994

Strauss: *Metamorphosen*, Berliner Philharmoniker, 1991

Strawinsky: *Le Sacre du printemps* [Fassung von 1947], Orchester der Metropolitan Opera, 1992

Das Wort »perfekt« verwenden Musikkritiker nur sehr selten. Erstens läßt sich wahre Perfektion als Merkmal einer musikalischen Interpretation nur schwer bestimmen und selten klar erkennen. Zweitens impliziert Perfektion das Ende jeder Entwicklung – was kein ernsthafter Künstler für wünschenswert halten würde. Drittens unterliegt die Beurteilung der Perfektion einer stark subjektiven Komponente; »perfekt« ist das, was der einzelne als ideale Manifestation der eigenen Vorstellung von einem Werk versteht, und jeder Hörer hat zwangsläufig eine eigene Idealvorstellung.

Dennoch: Levines *Figaro* übertrifft selbst die wunderbare alte Einspielung des Glyndebourne-Festivals, die dieses Werk Mitte des Jahrhunderts einer ganzen Generation näherbrachte. Die Besetzung ist sensationell; selbst in einer kleineren Rolle wie der der Marcellina hören wir eine Sängerin vom Format einer Troyanos. Furlanetto in der Rolle des Figaro ist durchaus mit einem Pinza zu vergleichen, und Upshaw ist die ideale Partnerin. Hampson und eine absolut hinreißende Te Kanawa bieten genau das richtige Gegengewicht und den nötigen Kontrast. Ganz entscheidend ist jedoch, daß Levine das Orchester absolut im Griff hat, daß er stets nach dem reinsten Klassizismus strebt und mit Phantasie und Kompetenz beweist, daß man innerhalb dieses Stils das gesamte Spektrum an Humor, Spannung und Gefühlstiefe der Romantik ausschöpfen kann. Diese Oper offenbart sich speziell in einer Interpretation wie dieser als eines der klarsten künstlerischen Bekenntnisse zum Humanismus, der wohl die Grundlage für Levines gesamtes Schaffen bildet.

Hermann Broch meinte, das 18. Jahrhundert sei die letzte große Epoche der europäischen Kultur gewesen. Ein edler, großzügiger Humanismus, eine uneingeschränkte Ehrfurcht vor der menschlichen Natur und ein eifriger Glaube an die künftige

Größe der menschlichen Kultur spreche aus jedem Dokument dieser Zeit, selbst den Satiren und Farcen. Der Mensch habe den Platz der Götter eingenommen. Dieser neue Glaube, der in der englischen und der französischen Revolution wurzele und dessen profundester Prophet Kant und dessen letzte Blüte Weimar gewesen sei – dieser ideale Humanismus sei die Grundlage einer unerklärlich reichen Kultur gewesen, die inzwischen längst untergegangen sei. Levines Interpretation zeichnet sich dadurch aus, daß sie genau diese Aussage bestätigt und bekräftigt. Ich halte diesen *Figaro* für unübertroffen, und auch wenn er nicht auf Video vorliegt, gewinnt der Hörer einen einzigartigen Eindruck von dem Werk. (Wer meint, die Oper unbedingt auch sehen zu müssen, kann sich eine großartige Produktion ansehen, die Ponnelle inszenierte und Böhm dirigierte.)

Die zehn CD-Titel, die ich hier aufgelistet habe, bestechen durch ihre stilistische Bandbreite und durch die Präzision und Konsequenz, mit der jeder dieser Stile definiert ist. Levines Verständnis für Brahms mindert in keiner Weise sein Verständnis für Carter. Sowohl Strawinskys treibenden Rhythmen als auch Schönbergs flammendem Romantizismus verleiht er eine erstaunlich klare Form. Und dann tritt er wieder in einen gänzlich anderen musikalischen Kosmos ein und leuchtet beispielsweise die Tektonik der *Symphonie Nr. 4* von Sibelius aus. Viele Hörer stehen immer wieder, und besonders bei der Musik dieses Jahrhunderts, vor dem Problem, daß sich ihnen die musikalische Form nicht erschließt. Eine von Levines größten Stärken besteht darin, die Form klar und verständlich offenzulegen.

Ich fragte Levine, wie er zu seinen Aufnahmen steht, wenn sie einmal veröffentlicht sind.

RCM: Ich weiß, wie sehr du Stokowski bewunderst. Als wir im März 1996 in Philadelphia waren, suchte ich sein altes Stadthaus auf. Die Garage war abgerissen worden, aber das Haus stand noch. Es dient inzwischen als Kunstgalerie. Man wandelt durch die Räume und erinnert sich daran, wie Stokowski einmal bemerkte: »Die interessantesten Aspekte meines Lebens lassen sich gar nicht erzählen.« Und man wünscht sich, die Wände könnten reden. Sie würden Bände erzählen! In Deutschland hätte man längst eine Bronzetafel an dem Haus angebracht, aber bei uns in Amerika kommt man selten auf diese Idee. Stokowski hatte die Angewohnheit, ständig Platten zu hören, aber fast nie seine eigenen. Er war unendlich fasziniert davon, was andere machten. Ich vermute, bei dir ist es ganz ähnlich. Wie häufig hörst du Platten, besonders deine eigenen?

JL: Wenn wir die Musik eingespielt haben, verwende ich sehr viel Zeit auf das Mischen und Schneiden. Danach lege ich die Sachen weg. Es gibt zwei Gründe, weshalb ich mir eine meiner alten Platten vielleicht noch einmal vornehme. Zum einen kann es sein, daß ich zufällig an das Stück oder die Interpretation denke und mich an etwas ganz Bestimmtes nicht mehr erinnern kann. Dann schaue ich noch einmal nach. Zum anderen höre ich in eine ältere Aufnahme hinein, wenn ich mir dasselbe Stück noch einmal vornehme. Manchmal studiere ich vor den Proben die jeweiligen Dokumente meiner letzten Interpretation, damit mir noch einmal klar wird, was mir daran ungenügend erschien. So kann ich mich auf das etwaige Problem konzentrieren und versuchen, es zu lösen. Diese Dinge nehmen jedoch relativ wenig Zeit in Anspruch. CDs haben unter anderem den Vorteil, daß sie in einzelne Abschnitte eingeteilt sind. Wenn ich mir ins Gedächtnis rufen will, wie Toscanini mit einer bestimmten Seite in der Partitur verfahren ist, läßt sich die Stelle recht leicht finden.

RCM: Gibt es irgendwelche Säle, in denen du besonders gerne arbeitest?

JL: Bei Plattenaufnahmen hatte und habe ich so gut wie immer Probleme mit der Charakteristik des aufgenommenen Klangs. Ich mag es nicht, wenn die Resonanz des Aufnahmeraums so groß ist, daß die Klarheit und die Details verlorengehen. Es ist genau das Problem, das Szell hatte, wenn er fragte, ob das zweite Fagott zu laut sei. Ich denke, das sollte man selbst hören können. Viele Leute staunen, wenn ich sage, daß mir die Platten gefallen, die Toscanini im Studio 8-H aufgenommen hat. Sie klingen sehr trocken, aber man hört alles! Die Toningenieure lassen mich solche Platten nicht machen, weil sie meinen, das Publikum stehe auf Resonanz, und klarer, trockener Klang verkaufe sich nicht. Aber etwas dazwischen ist möglich – und sicher erstrebenswerter.

Der Musikvereinssaal in Wien ist wahrscheinlich der beste Konzertsaal der Welt. Ich habe dort unzählige Platten aufgenommen. Der Saal ist das reinste Wunder! Auch im Manhattan Center, meinem Aufnahmeraum in New York, läßt sich gut arbeiten. Da lassen sich gute Ergebnisse erzielen. Mit dem Klang meiner Scheiben aus Chicago war ich auch meistens zufrieden. Wenn man erst einmal herausgefunden hat, wie man in diesen Sälen die Mikrophone plazieren muß, ist der Klang ausgezeichnet. Aber große, dröhnende und übermäßig hallende Säle und die entsprechenden Aufnahmen, die dort entstehen, sind nicht mein Ding.

RCM: Du hörst dir auch Platten von anderen Musikern an.

JL: Gewiß. Ich höre immer Platten, wenn ich Zeit habe. Besonders gern mache ich mich mit Dirigenten vertraut, die ich niemals leibhaftig hätte erleben können, beispielsweise Carl Muck. Muck ist faszinierend.

RCM: Carlo Maria Giulini bot 1969 mit dem Chicago Symphony Orchestra eine leidenschaftliche Interpretation von Brahms' *Vierter*, die er auch einspielte. Ein paar Jahre später sollte er das Werk in Chicago wieder spielen, und einige Leute baten ihn, er möge die frühere Interpretation, die auf der Platte, wiederholen.

JL: Und er war entsetzt.

RCM: Natürlich. »Was?« fragte er mich, »ich soll mich musikalisch nicht mehr entwickeln und auf dem Stand von 1969 stehenbleiben?« Das erinnert auch an Ernest Hemingway, der meinte, wenn ein Schriftsteller einmal anfängt, seine alten Werke zu lesen, beweist dies, daß er total ausgebrannt ist.

JL: Es geht in beiden Fällen um dasselbe.

RCM: Aber manche Dinge sind so gut, daß man selbst nach Jahren noch damit zufrieden sein kann, denke ich. Wenn jemand zu mir sagen würde: »Ich konfisziere alle deine Levine-CDs, außer einer Kassette«, würde ich die komplette Einspielung der Mozart-Symphonien behalten.

JL: Das kann ich nachvollziehen. Damit bin ich auch zufrieden.

RCM: Stokowski sagte einmal zu mir: »Ich denke nicht viel über die Vergangenheit nach. Ich denke über die Zukunft nach. Da läßt sich noch etwas ausrichten.« Ich vermute, daß

du – besonders was Einspielungen betrifft – der gleichen Meinung bist.
JL: Ganz gewiß.

Stokowski war es so sehr gewohnt, innerhalb der engen Grenzen zu arbeiten, die bei der direkten Aufnahme auf 78er-Platten vorgegeben waren, daß er auch später noch, als das Band das Standardaufnahmemedium war, ein Werk bisweilen in kurze Abschnitte aufteilte und so lange bei einem Segment verweilte, bis er es so auf Band hatte, daß er damit zufrieden war, und erst dann zum nächsten Abschnitt überging.

Toscanini dagegen haßte es, wenn er abbrechen mußte, sobald eine 78er-Seite voll war, und war froh, als es möglich wurde, einen kompletten Satz durchzuspielen. Furtwängler sah das, trotz all ihrer Unterschiede, eigentlich ebenso.

Bei Plattenaufnahmen geht Levine im Grunde genauso vor wie Szell. Am liebsten spielt er das Stück erst einmal ganz durch, hört es sich ganz genau an und spielt es dann entweder noch einmal ganz ein und korrigiert all das, was beim ersten Take unbefriedigend war, oder macht ein paar Inserts, um kleinere Fehler zu korrigieren. Inzwischen ist Levine jedoch der Meinung, wenn er ein Werk zu seiner Zufriedenheit präpariert hat, kann er es durchaus im Konzertsaal aufnehmen und dabei die Energie einer Darbietung vor Publikum einfangen, ohne sich darüber Gedanken zu machen, wie Fehler korrigiert werden, die vielleicht gar nicht gemacht werden. Live-Aufführungen haben eine besondere Atmosphäre, die er sehr schätzt.

Bei Levines Aufnahmesitzungen in Europa war ich nie zugegen, doch ich habe den Eindruck, daß er überall dieselbe Arbeitsmethode anwendet – im Gegensatz zu manchem seiner gefeierten Vorgänger. Fritz Reiner war bei Aufnahmeterminen schnell gereizt und äußerte sich oft gehässig. (»Das war ein Kapitalverbrechen!« monierte er einmal einen Fehler.) Georg Solti war häufig angespannt und nervös und raufte sich die Haare, die er gar nicht mehr hatte, wenn er selbst nach mehreren Anläufen nicht das auf Band hatte, was er haben wollte. Levines Aufnahmesitzungen mit dem Chicago Symphony Orchestra waren dagegen so ernst und nüchtern, so effizient und konzentriert, daß sich darüber wenig sagen ließ, außer daß die Darbietung im Studio mindestens so differenziert und nuanciert klang wie die öffentliche Aufführung im Konzertsaal ein paar Tage zuvor. Irgendwann hörte ich ganz auf, seine Aufnahmesitzungen in Chicago zu besuchen, denn da gab es so wenig, worüber ich hätte schreiben können, was den durchschnittlichen Leser interessiert hätte.

In einem ausgezeichneten Artikel in der *New York Times* befaßte sich Anthony Tommasini mit dem Vorwurf, Levines Dirigierstil sei »brillant, aber gesichtslos«. Wie gewinnt ein Dirigent ein »Gesicht«, einen Wesenszug, der sein Wirken kennzeichnet und unmittelbar erkennbar macht? Bei Toscanini war es die ihm eigene Intensität. Kein anderer Dirigent verfügte über diesen Drive, diese Dynamik, die oft (und sehr zu seinem Kummer) als übertrieben empfunden wurde. Niemand übertraf die pure Schönheit des Orchesterklangs eines Kussewitzky. Niemand nahm es mit dem sinnlichen, exotischen Touch auf, den Stokowski herbeizuzaubern vermochte – wobei er ganz schön in Verlegenheit geraten konnte, wenn, wie etwa bei einer Symphonie von Mozart, solch ein Ansatz fehl am Platze war. (Eugene Ormandy erinnerte sich, daß der große Stokowski nach Ormandys Antritt in Philadelphia insistierte: »Sie haben eine so ausgezeichnete klassische Ausbildung am Konservatorium genossen. *Sie* übernehmen Mozart und Haydn!«)

Nun kann man aber auch eine Platte auflegen und das Packende einer Interpretation bewundern, ohne irgendwelche persönlichen Praktiken zu bemerken, die einen gleich Begeisterungsrufe wie »Ganz Levine!« anstimmen lassen. Wer die Romantiker oder die großen Individualisten schätzt, mag dies als Schwachpunkt sehen und Levine als großartigen, aber leicht phantasielosen Techniker abtun. Vergessen wir aber nicht die Interpretationen, die Toscanini vor siebzig Jahren mit den New Yorker Philharmonikern vorlegte, die nicht unbedingt übermäßig gefühlsbetont, dafür aber ungewöhnlich klar und eindringlich waren; und gerade in dieser unglaublich subtilen Gestaltung offenbarte die Musik ihre tiefsten Geheimnisse.

Tommasini folgerte: »Der Gedanke, Mr. Levines Dirigierstil lasse ein persönliches Gepräge vermissen, ist absurd. Wer einem intellektuellen Komponisten wie Babbitt gerecht wird, wer die tiefen Geheimnisse eines Sibelius aufdeckt und wer mit der Ouvertüre zu *La forza del destino* Beifallsstürme auslöst, der *muß* etwas richtig machen.«

Dieses »etwas«, das Levine richtig macht, besteht darin, daß er den Hörer auffordert, sich auf die Musik statt auf den Interpreten zu konzentrieren, und daß er der Musik Gelegenheit gibt, für sich selbst zu sprechen. Die Aufmerksamkeit des Hörers wird direkt auf die Musik gelenkt. Die Musik spricht den Hörer in ihrer eigenen Sprache an. Und der Hörer versteht sie. Levines Diskographie umfaßt etwa 450 Titel. Alle seine Aufnahmen sind von ausgesprochen hohem Niveau und bereiten hörbaren Genuß. Toscanini machte einige Aufnahmen, die aufgrund technischer oder stilistischer Mängel enttäuschen; wenn man sie abspielt, entdeckt man wenig, was seinen Ruf rechtfertigt. Levines Aufnahmen zeichnen sich allesamt durch eine erstklassige Tontechnik aus. Die Interpretationen sind durchweg verdienstvoll, auch wenn – wie bei allen menschlichen Bemühungen – einige von größerem Erfolg gekrönt waren als andere.

Spitzeninterpreten sind nicht gegeneinander austauschbar; sie können einander nicht ersetzen, sondern nur ergänzen. Diese Vielfalt fordert uns dazu auf, das Spektrum unserer musikalischen Wahrnehmung zu erweitern und die ganze Spannweite und den tiefen Gehalt musikalischer Werke zu erkennen. Levine hat viele Werke aufgenommen, die in den Katalogen bereits durch zahlreiche Versionen anderer, zum Teil namhafter Interpreten vertreten waren. Mancher Kritiker hat den alternativen Versionen den Vorzug vor Levines Fassung gegeben. Das ist auch gar nicht anders zu erwarten. Man muß immer davon ausgehen, daß es Unterschiede in der Beurteilung und im Geschmack gibt.

Betrachten wir im folgenden Levines Opernaufnahmen auf Compact Disc, die nicht zugleich als Laserdisc existieren. Aus Mozarts Œuvre liegt ein einziges Werk vor, der meisterhafte *Figaro*, der bereits erwähnt wurde. Eine von Levines Lieblingsopern ist Strawinskys *Oedipus Rex*. Diese Oper hat er 1991 beim Ravinia Festival mit dem Chicago Symphony Orchestra konzertant aufgeführt und in der Orchestra Hall live eingespielt. Dabei ist eine seiner besten Opernaufnahmen entstanden. Die ausgezeichneten Solisten und der von Margaret Hillis vorbildlich einstudierte Chicago Symphony Chorus hinterließen einen ungeheuren Eindruck. Der bei der Aufführung von F. Murray Abraham höchst eindrucksvoll auf Englisch rezitierte Text des Sprechers wurde für den internationalen Vertrieb der Aufnahme durch einen französischen Text mit einem französischen Sprecher ersetzt.

Eine weitere wichtige Kurzoper des 20. Jahrhunderts hat Levine 1989 in einer erhellenden Einspielung vorgelegt – Schönbergs Monodram *Erwartung*, das Jessye Norman ausgesprochen kunstvoll interpretiert hat. Dieses Einpersonenstück ist ein Meisterwerk des deutschen Expressionismus voll von Freudscher Psychologie. Meiner möglicherweise perversen Deutung zufolge ist das Werk eine Studie über die Verdrängung: Vor dem Einsetzen der Handlung findet die Protagonistin ihren Geliebten in den Armen einer anderen Frau und tötet ihn. Die Oper zeigt nun, wie sie ziellos umherirrt und sich weigert, die Realität ihrer Tat anzuerkennen, bis sie an den Ort des Verbrechens gelangt. Sie entdeckt den Leichnam nicht zufällig, sondern weil sie weiß, wo er sich befindet. Levine und Norman haben die bizarre, schauerliche Stimmung des Werks höchst eindrucksvoll eingefangen.

Seine ersten Opern hat Levine bereits 1973 für die Platte eingespielt. Zwischen 1973 und 1980 hat er in London oft mit denselben Interpreten verschiedene Werke des italienischen Fachs aufgenommen. Im ersten Jahr waren es Verdis *I vespri siciliani* und *Giovanna d'Arco*. Dieselbe Produktion der *Vespri* kam später an der Met auf die Bühne. *Giovanna d'Arco* ist die einzige Verdi-Oper, die Levine eingespielt, aber nie im Opernhaus dirigiert hat. Bei beiden Aufnahmen wirkten Domingo und Milnes mit, die treue Mitglieder der Kompanie werden sollten. In der Aufnahme der *Vespri* sprang Martina Arroyo ganz kurzfristig für Montserrat Caballé ein. Caballé sang an der Met in den *Vespri* und übernahm die Rolle der Giovanna d'Arco in der Aufnahme der gleichnamigen Oper.

Im Jahr darauf spielte Levine *Norma* mit Beverly Sills ein; dies ist eine historisch interessante Aufnahme, deren Neuauflage Sills' Verehrer zweifellos begrüßen würden.

Eine der interessanten frühen Opernaufnahmen Levines ist *Der Barbier von Sevilla*, den er 1975 mit Sills, Nicolai Gedda und Milnes in London einspielte. Seit jener Aufnahme hat sich

Levine nie wieder mit dieser Oper befaßt, allerdings hat er damals jede Note eingespielt, die mit dem Werk in Verbindung gebracht wird. Seine Interpretation zeichnet sich außerdem durch Stil, Geschmack und Würze aus.

Im Jahre 1976 folgten *Andrea Chénier* mit Renata Scotto, Domingo und Milnes sowie *La forza del destino* mit Domingo, Milnes und Leontyne Price. Im folgenden Jahr wurde in London *Adriana Lecouvreur* eingespielt, ebenfalls mit Scotto, Domingo und Milnes. (Auch diese Oper hat Levine ganz vorzüglich aufgenommen, aber nie im Opernhaus dirigiert.)

Die Produktionen des Jahres 1978 waren *Otello* mit Scotto, Domingo und Milnes sowie *Cavalleria rusticana*, ebenfalls mit Scotto und Domingo. Scotto sang 1979 neben Tatiana Troyanos, Giuseppe Giacomini und Paul Plishka auch die Titelrolle in der Aufnahme von *Norma*. Im selben Jahr wurde mit Scotto, Alfredo Kraus und Milnes auch *La Bohème* produziert. 1980 folgte *Tosca* mit Scotto, Domingo und Renato Bruson; dies ist die einzige Dokumentation des Werks, mit dem Levine an der Met debütierte. Im selben Jahr nahm Levine – nach den Salzburger Aufführungen – in Wien *Die Zauberflöte* auf. Danach erfolgten alle seine Opernaufnahmen auf dem europäischen Festland (und nicht mehr in London), in Chicago oder New York. Als er 1989 mit Kathleen Battle und Luciano Pavarotti erneut ein klassisches italienisches Werk, *L'elisir d'amore*, einspielte, fanden die Aufnahmen nicht in London, sondern in New York statt.

Levine erkannte sehr schnell das Potential der neuen Technik für Opernaufnahmen auf Bildtonträger und verlagerte sein primäres Interesse von der CD auf die Laserdisc. Daher wurden seine wichtigsten CD-Projekte, die Wagner-Opern, schließlich allesamt erneut für das audiovisuelle Medium aufgenommen.

Levine war seit 1976 bei den Salzburger Festspielen aufgetreten. Seine Sommerterminplanung änderte sich 1982 drastisch, als die Bayreuther Festspiele hinzukamen. Im Jahre 1986 nahm er in Wien eine betörende *Ariadne auf Naxos* mit Anna Tomowa-Sintow, Baltsa und Battle auf. Im Jahr darauf spielte er in Dresden mit einem internationalen Ensemble eine seiner Lieblingsopern ein, *Eugen Onegin*. Vielleicht weil er fürchtete, die Met würde auf absehbare Zeit keine neue *Così fan tutte* herausbringen, nahm er diese Oper 1988 in Wien mit Te Kanawa, Murray und Hampson auf CD auf. Dies führte zwei Jahre später zu der wunderbaren *Figaro*-Aufnahme an der Met.

Offensichtlich war Levine davon überzeugt, daß es ein Publikum für Verdi-Opern auf CD gibt, und so begann er 1991 in New York mit einer Reihe von Verdi-Aufnahmen. In den folgenden drei Jahren entstanden *Aida*, *La traviata*, *Luisa Miller* und *Il trovatore*, gefolgt von *Don Carlo* und inzwischen auch *Rigoletto*. 1996 spielte er auch *I lombardi* auf CD ein. Alle Verdi-Aufnahmen entsprechen bezüglich Besetzung und Interpretation dem derzeitigen Niveau der Met.

Parallel zu dieser Reihe nahm Levine 1992 *Manon Lescaut* mit Freni und Pavarotti und 1994 *Idomeneo* und den *Fliegenden Holländer* auf.

Wie Solti begann Levine seine Schallplattenkarriere als Pianist: 1970 begleitete er Jennie Tourel bei einem Liederabend. Diese Aufnahme ist auch heute noch höchst interessant und reizvoll. Auch seine ersten Studioaufnahmen von Opern aus dem Jahre 1973 zeichnen sich, wie bereits erwähnt, durch eine hohe Kunstfertigkeit aus. Seine ersten Einspielungen von Orchesterwerken aus dem folgenden Jahr beweisen ebenfalls, daß er sich im Studio bereits wie zu Hause fühlte. Ich war zugegen, als er im Juli 1974 im Medinah Temple in Chicago Mahlers *Symphonie Nr. 4* einspielte, nachdem er sie mit großem Erfolg in Ravinia aufgeführt hatte. Es ist bezeichnend, daß die erste Symphonie, die er für die Platte einspielte, ein Werk von Mahler war. Und auch für seine zweite symphonische Aufnahme, die im folgenden Monat in London entstand, wählte er ein Werk Mahlers, und zwar die *Symphonie Nr. 1*.

Die Aufnahme der *Vierten* wurde dadurch erschwert, daß dies eine Vierkanalversion sein sollte. Mit dem Produzenten Thomas Z. Shepard führte Levine langwierige Diskussionen darüber, wie die Instrumentalstimmen auf die vier Kanäle aufgeteilt werden sollten, damit das Resultat die gewünschte Klangwirkung aufwies und trotzdem Mahlers Intentionen entsprach. Auch die Mitglieder des Orchesters, von denen einige die neue Technik ebenso faszinierend fanden wie Levine, wurden in die Diskussion einbezogen, oft mit äußerst konstruktiven Ergebnissen.

Am Ende der zweiten Sitzung trat Judith Blegen frisch und strahlend auf und sang das Lied aus *Des Knaben Wunderhorn*. Shepard ließ sie es wiederholen, weil er nicht glauben konnte, daß es bereits beim ersten Anlauf perfekt war. Es schien absurd, extra von New York nach Chicago zu fliegen, um gerade einmal zehn Minuten zu singen. Da sie schon einmal da war, wollte Shepard ein paar Aufnahmen als Reserve machen. Sie sang das Lied dreimal (die ganze Prozedur dauerte ungefähr vierzig Minuten), und jeder Mitschnitt war absolut makellos. Als die Scheibe erschien, wurde sie als ungewöhnlich wirkungsvolle Vierkanalaufnahme gelobt. Heute hören wir sie in stereophoner Mischung mit einer etwas weniger intensiven Klangwirkung.

Betrachtet man Levines CD-Aufnahmen, so wird klar, daß bestimmte Werke, die man seit vielen Jahren aufs engste mit ihm in Verbindung bringt, noch immer darauf warten, auch einmal im Studio eingespielt zu werden. Im Schallarchiv von Ravinia liegen zahlreiche Bänder von Rundfunkübertragungen des Festivals; darunter befinden sich Beethovens *Symphonie Nr. 9*, Mahlers *Zweite* und *Achte*, Schönbergs *Gurre-Lieder* und Strawinskys *Psalmensymphonie* (ebenfalls eine von Levines Spezialitäten). In den vergangenen Jahren hat Levine öfter die Hoffnung geäußert, sie alle irgendwann einmal im Studio einzuspielen.

Zu Levines größten Leistungen zählen seine Editionen von Mozarts Symphonien und Violinkonzerten, die er in Wien, im besten Konzertsaal der Welt, dem Großen Musikvereinssaal, eingespielt hat. Der Saal ist mit 1680 Sitzplätzen relativ klein, etwa 18 Meter hoch und knapp 20 Meter breit und vom Grundriß her fast quadratisch. Orchester und Publikum sind sich in diesem Klangraum sehr nahe. Der vom ersten Gewandhaus in Leipzig inspirierte Wiener Musikvereinssaal bildete später wiederum das Vorbild für die alte Philharmonie in Berlin und die Symphony Hall in Boston, die beide allerdings viel größer ausfielen. Für Levine ist dieser Konzertsaal ein nahezu idealer Raum für Aufnahmen.

Von Mozarts Symphonien liegen zahlreiche Einspielungen vor. Levines Edition zeichnet sich durch drei Eigenschaften aus. Erstens hört man in seinen Interpretationen das entsprechende Werk in der vollständigen Form, die sich der Komponist vorstellte, ohne Änderungen durch das unberechtigte Auslassen von Wiederholungen. Zweitens sind dies Interpretationen in einem reinen klassischen Stil; Levine ist ein Musiker, der diesen klassischen Stil lebt und atmet. Als Mozart-Dirigent übertrifft Levine selbst Toscanini, der in der Regel zu gefühlsbetont war, und auch Bruno Walter, der viel zu romantisch sein konnte. Toscanini und Walter haben uns Mozart auf wunderbare Weise nahegebracht, doch den Eindruck der Authentizität vermitteln meiner Meinung nach nur Levines Interpretationen. Drittens werden die Symphonien von den Wiener Philharmonikern gespielt, die diese Musik sozusagen im Blut haben und nur auf ihre inneren Ressourcen zurückgreifen müssen, um unter sensibler Führung die reinsten Wunder zu vollbringen.

Mit derselben Virtuosität hat Levine auch andere Werke Mozarts eingespielt – die drei Serenaden, das Oboenkonzert, zwei Messen und Kammermusik. Er ist ein Mozartianer reinsten Geblüts, und ich glaube nicht, daß er das von Szell hat. Ich glaube, solch eine Haltung läßt sich nicht lernen – sie wird einem in die Wiege gelegt. Szell zeigte ihm jedoch, wie er diese Kunstfertigkeit zu noch größerer Brillanz verfeinern konnte.

Die Symphonien von Mozart und Haydn wurden in der Ära der Langspielplatte oft das Opfer der unseligen Praxis, Wiederholungen zu streichen, weil das Werk dann hübsch auf eine Schallplattenseite paßte und die Rückseite für ein weiteres frei blieb. Dies gefiel den Verkaufsstrategen, die entsprechenden Druck auf die Plattenproduzenten ausübten, die diesen Druck wiederum an die Dirigenten weitergaben. So ließ beispielsweise Bruno Walter in seiner historischen Einspielung von Mozarts *Symphonie g-Moll* (KV 550) mit den New Yorker Philharmonikern die Wiederholung der Exposition im ersten Satz weg, was er bei einer Konzertaufführung niemals getan hätte. Einige Dirigenten lehnten sich gegen dieses Diktat auf. Als Erich Leinsdorf in Boston die *Jupiter-Symphonie* aufnahm, bestand er darauf, sämtliche Wiederholungen zu spielen, ohne Rücksicht darauf, ob er dafür Platz auf der zweiten Seite brauchte. Solche Beispiele waren jedoch selten. Bei Aufnahmen auf CD mit einer Spielzeit von rund siebzig Minuten konnte Levine sämtliche vorgeschriebenen Wiederholungen ausführen.

Wer bezweifelt, wie entscheidend dies ist, braucht nur einmal bei einem der großen Spätwerke, etwa der *Prager Symphonie*, den Vergleich anzustellen und zuerst eine Version ohne Wiederholungen und dann Levines Fassung anzuhören. Levine zeigt uns die wahre Gestalt und Größe des Werks.

Wenn wir an Mozart denken, haben wir meist einen Pianisten vor Augen; dabei dürfen wir nicht vergessen, daß sein Vater, ein berühmter Violinlehrer, immer wieder beteuerte, Wolfgang könne der führende Geiger Europas sein, würde er nur üben. (Wolfgang hatte jedoch anderes im Sinn: Er spielte Billard, war hinter Mädchen her und komponierte Opern.) Trotzdem verraten Mozarts Violinkonzerte eine große Liebe zur Geige und eine virtuose Beherrschung des Instruments. Levine und Itzhak Perlman ergänzen sich ideal bei dieser Musik, die sie mit Feingefühl und Freude spielen.

Betrachtet man Levines Diskographie, so fällt auf, daß er relativ wenige Konzerte aufgenommen hat. »Idealerweise«, erläutert er, »spielt man ein Konzert nach einer Reihe von Aufführungen ein, bei denen sich der Dirigent und der Solist aufs engste miteinander und mit dem Werk vertraut gemacht haben. Die Beethoven-Edition, die Alfred Brendel und ich in Chicago gemacht haben, ist ein ideales Beispiel. Alle meine Konzerteinspielungen standen irgendwie in Zusammenhang mit Aufführungen in Ravinia, Berlin oder Wien. Ohne diesen Vorlauf mit einem Solisten ein Konzert einzuspielen ist viel schwieriger.«

Im Zusammenhang mit Levines Diskographie findet es mancher Musikfreund vielleicht verwunderlich, daß sich Levine bei Komponisten, die normalerweise gekoppelt werden, wie zum Beispiel Haydn und Mozart, Beethoven und Brahms, Bruckner und Mahler, weitgehend auf einen von beiden beschränkt hat. Er interpretiert Haydn wunderbar, hat aber noch keine einzige Haydn-Symphonie für die Platte eingespielt. Allerdings hat er in eindrucksvollen Interpretationen zwei der späteren Vokalwerke Haydns vorgelegt. Zur Komposition der *Schöpfung* wurde Haydn durch die Begegnung mit Händels Oratorien angeregt. Levine zeigt uns, warum dieses Werk stets populär gewesen ist. Die *Paukenmesse (Missa in tempore belli)*, die letzte der sechs Haydn-Messen, die dem Geiste nach eigentlich Chorsymphonien sind, legte

Levine in einer Einspielung vor, die uns neugierig auf die übrigen macht.

Beethovens Symphonik ist in Levines Diskographie mit einem Werk vertreten, der *Eroica*, die er 1993 in einer wunderbar frischen und phantasievollen Interpretation einspielte. Es ist auffallend, daß Levine in einer Zeit, in der die meisten Dirigenten auf komplette Beethoven-Zyklen erpicht sind, in diesem Bereich eher Zurückhaltung übt. Die Gesamtaufnahme der Beethovenschen Klavierkonzerte mit Alfred Brendel zeugt von reifer Virtuosität und größtem gegenseitigem Respekt.

Bei der Kombination Bruckner/Mahler fällt auf, daß Levine fast alle großen Werke Mahlers, aber keine einzige Note aus der Feder Bruckners eingespielt hat. Bei Mahler zieht ihn die Dramatik an, aber mit Bruckners großen, langsam sich entwickelnden Formen kann er nichts anfangen, beteuert er. Es sollte angemerkt werden, daß Levines Aufnahmen der Mahler-Symphonien aus der Zeit zwischen 1974 und 1980 stammen und inzwischen nach einer Neueinspielung verlangen.

George Szell sah sich zu Recht als Schumann-Spezialist, und so überrascht es nicht, daß Schumanns Symphonien auch in Levines Repertoire von Anfang an eine große Rolle spielten. Der ältere Zyklus, den er in Philadelphia einspielte, ist ausgezeichnet; der spätere Berliner Zyklus profitierte von den technischen Fortschritten eines ganzen Jahrzehnts und einem noch tieferen Verständnis von dieser Musik. Das gleiche gilt im Grunde für die beiden Editionen der Symphonien von Brahms. Der erste Zyklus wurde in den siebziger Jahren zu Recht als Glanzleistung gelobt; der zweite ist meines Erachtens über jedes Lob erhaben – dies sind die Interpretationen, die ich immer zu hören träumte. Jahrelang fand ich nur eine einzige Aufnahme von Brahms' *Erster* wirklich mitreißend, nämlich die von Toscanini. An deren Stelle trat inzwischen Levines Einspielung, die dem gleichen Geist entspringt, aber eine unendlich viel bessere Klangqualität aufweist. Levines Einspielung des *Deutschen Requiems* aus dem Jahre 1983 (in Chicago) ist und bleibt ein Meisterstück, obwohl er dieses Werk damals zum erstenmal aufführte.

Levines Erfolg bei der Interpretation romantischer Musik ist leicht zu erklären. Er spielt die Romantiker mit der gleichen

Integrität und Politur, mit der er Mozart spielt. Diese Musik gewinnt ihre expressive Kraft dadurch, daß die Reinheit der Form und die Klarheit der Linie in der gleichen Weise betont werden wie bei der Musik des 18. Jahrhunderts. Levines Chicagoer Aufnahme von Tschaikowskis *Pathétique* aus dem Jahre 1984 ist eine der überzeugendsten Interpretationen dieses Werks überhaupt. Die Art und Weise, wie er den dritten Satz aufbaut, ist phänomenal. Aus irgendeinem Grund wurden die Vorzüge dieser Platte nie genügend gewürdigt. Levine kann selbst eine musikalische Kalorienbombe wie Saint-Saëns' *Orgelsymphonie* bekömmlich machen, indem er alles, was irgendwie zu Exzessen einlädt, reduziert.

In Mendelssohns *Schottischer Symphonie* verleiht Levine der Einleitung, die oft recht mechanisch behandelt wird, eine äußerst feine Farbgebung, die nicht nur eine geeignete Stimmung kreiert, sondern auch den tiefen musikalischen Gehalt vermittelt. Levines Interpretation verschafft dem Hörer einen wunderbaren Einblick nach dem anderen, oft an Stellen, an denen sonst nur die oberflächlichsten Facetten der Musik herausgestellt werden. Auch die *Italienische Symphonie* strahlt bei Levine Farbe und Freude aus und besticht zugleich durch ein hohes Maß an Authentizität, denn der Maestro weiß, daß die Wiederholung im ersten Satz unverzichtbar ist.

Ein großes Ereignis in Levines frühen Jahren in Ravinia war seine erste Aufführung der »großen« *Symphonie C-Dur* von Schubert. Die Platteneinspielung, die 1983 nach der fünften Aufführung im Rahmen des Festivals aufgenommen wurde, setzte seiner ersten Dekade in Ravinia ein bleibendes Denkmal. Mit Szell als Lehrer ist es naheliegend, daß Levine auch Dvořák und Smetana mit größter Offenheit begegnet. Seine Interpretationen ihrer Werke sind zugleich schlicht und dramatisch und profitieren von seiner Fähigkeit, dem Orchester subtile Klangfarben und jeder Phrase ein Höchstmaß an Lyrik zu entlocken.

Ein Prüfstein für musikalischen Geschmack ist der Umgang mit der Musik von Berlioz, die mindestens ebensoviel Kunstfertigkeit verlangt wie die von Dvořák. Levine ist sich jedoch bewußt, daß Berlioz als einer der eigenwilligsten und phantasievollsten Köpfe in der Musikgeschichte gewürdigt werden muß.

Berlioz lockt den Dirigenten mit ganz augenfälligen Effekten, doch Levine weiß, daß es dem Komponisten um etwas viel Subtileres geht.

Die wenigsten Musikfreunde bringen Levine mit französischer Musik in Verbindung, doch auch auf diesem Gebiet beweist er Geschick und Finesse. Sein begrenztes Plattenrepertoire aus dem Œuvre Debussys und Ravels zeigt ungenutzte Möglichkeiten auf. Der junge Strawinsky empfing starke Einflüsse von diesen beiden französischen Meistern, und Levine ist schließlich ein ausgezeichneter Strawinsky-Dirigent. Viele seiner Kollegen scheinen zu meinen, sobald die technischen Probleme gelöst seien, hätten sie auch schon eine Interpretation. Levine weiß (wie auch Szell wußte), daß man nach dem Lösen der technischen Probleme überhaupt erst anfängt, eine Interpretation zu erarbeiten. Eine akkurate Ausführung der Noten genügt nicht. Seine Einspielung des *Sacre du printemps* mit dem Orchester der Met unter Verwendung des Notentextes von 1947 – viele Interpreten verwenden eine ältere Ausgabe, um keine Tantiemen bezahlen zu müssen – übertrifft an Dramatik sogar die Einspielung durch den Komponisten selbst. Insgesamt enthält Levines Diskographie jedoch viel zuwenig Strawinsky. Seine Aufnahme von *Les Noces* und *L'Histoire du soldat*, die 1975 in Ravinia entstand, verlangt nach einer Neuauflage.

Auch die Werke Prokofjews hat Levine nicht sehr häufig, dafür aber um so sachkundiger gespielt. Die bisherigen Erfolge rechtfertigen eine Fortführung dieser Linie. Obwohl Schostakowitschs Symphonik viel dem Werk Mahlers verdankt, hat Levine nur sehr wenig von dem Russen gespielt. Immerhin ist Schostakowitsch in *Fantasia 2000* vertreten.

Es scheint aufschlußreich, daß Levine mit den großen rhetorischen Tondichtungen von Richard Strauss relativ wenig anfangen kann, um so mehr dagegen mit einem sehr späten und untypischen Werk von Strauss, den *Metamorphosen*, sowie dem *Oboenkonzert*. Als inspiriertes Frühwerk schätzt er auch *Tod und Verklärung*; und *Don Quixote* bewundert er wegen der klassischen Variationsform, die darin entwickelt wird.

Levine hat sich auch intensiv mit der Neuen Wiener Schule – Schönberg, Berg und Webern – befaßt. Von diesen Komponisten hat er nicht sehr viele Werke eingespielt, doch die vorliegenden Aufnahmen offenbaren tiefe Einsicht und Einfühlung in diese Musik. Bartók nimmt in Levines Diskographie keinen großen Raum ein, doch die beiden Einspielungen, die vorliegen, beweisen, daß der Maestro auch dieses Material vollkommen beherrscht.

Höchst bedauerlich finde ich, daß Levine nur wenig amerikanische Musik für die Platte eingespielt hat, was zum Teil daran liegen mag, daß die europäischen Labels der Meinung sind, amerikanische Musik lasse sich auf dem internationalen Markt nur schwer verkaufen. Die Werke, die Levine eingespielt hat, sind dafür um so bemerkenswerter. Eine der erfolgreichsten Platten, die Levine in Ravinia eingespielt hat, war ein Gershwin-Album mit einer lebhaften Interpretation der *Rhapsody in Blue* in der ursprünglichen Orchestrierung für Jazzband, bei der Levine selbst den Klavierpart spielte.

Sozusagen als Revanche brachte er dann jedoch eine kompromißlose Auswahl an Babbitt, Cage, Carter und Schuller. Die vier Werke, die dem Festivalpublikum über mehrere Tage verteilt vorgestellt wurden, irritierten jene konservativen Hörer, die völlig unterschiedslos sämtliche Musik des 20. Jahrhunderts ablehnen und somit auch nicht zwischen einem großen Werk wie dem von Carter und einem weniger bedeutsamen wie dem von Cage zu unterscheiden wußten. Das Orchester hingegen hätte nicht offener sein können.

Levines Äußerungen ist klar zu entnehmen, daß er gerne weitere Werke dieser Art spielen würde. Aus seiner Interpretation der *Symphonie Nr. 2* von Charles Ives war ein gewisses Faible für diesen Komponisten herauszuhören, das vielleicht kultiviert werden könnte. Die *Symphonie* von Shulamit Ran, die 1991 mit dem Pulitzerpreis für Musik ausgezeichnet wurde, ist nur eines von vielen Werken, die voll auf Levines Linie zu liegen scheinen.

Die Liste von Levines Einspielungen enthält nur eine einzige Platte mit Werken von Bach, die im Rahmen der Reihe *Music from Ravinia* entstand. Levine hat viel für Barockmusik übrig und spielt sie auch sehr gut. Aber wo soll er sie im Rahmen seines derzeitigen Wirkens spielen? Die Lücken in der Diskographie spiegeln manchmal nicht mangelndes Interesse, sondern einfach mangelnde Möglichkeiten. Im Bereich der Kammermusik stand und steht Levine oft vor dem Problem, geeignete Partner zu finden. Seine besten Beiträge auf diesem Gebiet stammen weitgehend aus den früheren und frühen Jahren. Hier ist vor allem die großartige Reihe von Duos für Cello und Klavier zu nennen, die er 1974 mit Lynn Harrell einspielte. Wenn er sich, wie 1977 mit Solisten des Chicago Symphony Orchestra oder 1980 mit dem LaSalle Quartet, zusammentut und Mozart beziehungsweise Schumann spielt, ist er ganz in seinem Element.

Die Liedbegleitung, die in den Sommern in Ravinia großen Raum einnahm, war später auch in Salzburg ein wichtiges Betätigungsfeld. Von besonderem Erfolg gekrönt war die Zusammenarbeit mit Kathleen Battle und später auch mit Jessye Norman. Glanzpunkte der jüngsten Zeit bilden die Debussy-Lieder mit Dawn Upshaw und das *Italian Songbook* mit Cecilia Bartoli. Levine spielte auch die beiden großen Liederzyklen von Schubert ein – *Die Winterreise* mit Christa Ludwig im Jahre 1987 und *Die schöne Müllerin* mit Uwe Heilmann 1992. Beide bieten größten Hörgenuß.

Als Klaviersolist hat Levine nur eine einzige Platte eingespielt – Scott Joplins Ragtimes. Glaubt man Jelly Roll Morton, der einmal behauptete, daß ein guter Klavierspieler in New Orleans jederzeit Arbeit finden würde, so kann man sich gut vorstellen, daß dieser weiße Bursche aus Cincinnati in einem früheren Leben ein erstklassiger Bordellpianist gewesen sein könnte.

Das Repertoire, das Levine bisher für die Platte eingespielt hat, ist längst nicht ausgeschöpft, sondern noch weiter ausbaufähig – Work in progress. Was er bislang vorgelegt hat, ist jedoch von hohem Stellenwert. Mit seinen Einspielungen diente und dient er der Musikwelt wie nur wenige andere Künstler. Sein bisheriges Schaffen bildet eine solide Grundlage für vielversprechende künftige Aktivitäten. Schließlich erbrachten die meisten bedeutenden Dirigenten den Großteil ihrer Bestleistungen erst, als sie die Sechzig bereits überschritten hatten.

Epilog:
Der Blick auf uns selbst

28. September 1996.
Im Flugzeug, 10 000 Meter über Ohio

RCM: Bernard Berenson hat in seinem großen Werk über die italienischen Renaissancemaler geschrieben: »Kein Artefakt ist ein Werk der Kunst, wenn es nicht dazu beiträgt, uns zu humanisieren. Ohne Kunst – sei es visuelle, verbale oder musikalische Kunst – wäre unsere Welt noch immer ein Urwald.« Es gibt heute so viele Artefakte, die nicht zur Humanisierung beitragen und oft sogar das Gegenteil bewirken – denken wir nur an das Fernsehen. Wir stimmen sicherlich darin überein, daß eine Zivilisation nur dann bestehen kann, wenn die Gesellschaft einen Grundbestand an gemeinsamen Werten kennt und anerkennt. Heute müssen wir uns jedoch fragen, ob unsere Gesellschaft in ihrem täglichen Leben die Werte noch gelten läßt und gutheißt, die die kulturellen Leistungen der Vergangenheit in ihrem Bestand sichern. Einige Denker sehen das eher pessimistisch.

JL: Wir erleben heute einen Zusammenprall der Wertesysteme. Jede gesellschaftliche Gruppierung hält ihre eigenen Werte hoch. Diese Art von Pluralismus kann gesund und anregend sein, solange die Rechte des einzelnen gewahrt bleiben. Eine klare Absage verdient jedoch die Vorstellung, wir müßten, um demokratisch zu sein, in bezug auf Geschmack und andere Dinge identisch sein. Ich besuche keine Heavy-Metal-Konzerte, und mein Nachbar geht vielleicht nicht in die Oper, aber es sollte keinem von uns verwehrt sein, dahin zu gehen, wo er will.

RCM: Wir haben uns vor kurzem über *Die Zauberflöte* unterhalten. Tamino strebt nach Vervollkommnung. Er strebt nach persönlicher Entwicklung, nach geistiger Erkenntnis. Papageno hingegen ist schon mit einem hübschen Mädchen und einem Glas Wein zufrieden.

JL: Aber Mozart hatte so viel Sinn für die menschliche Natur, daß er beides verstand. Auch Mozart amüsierte sich mit Mädchen und Wein. Das ist hinreichend belegt. Er hatte etwas von einem »Naturmenschen«, wie Papageno, und auch etwas von Tamino.

RCM: Papageno ist, wenn wir einen Begriff von José Ortega y Gasset verwenden wollen, ein Vertreter des »Massenmenschen«. Der »Massenmensch« ist nicht dasselbe wie der »Proletarier« bei Marx; er ist ein Individuum mit einem Minimum an Individualität, der beste Kunde für alles Seichte. Diesem Menschen liegt vor allem daran, sein Auskommen zu finden und seine menschlichen Grundbedürfnisse zu befriedigen. Er versteht nicht, worum es Tamino geht, und so begreift er wahrscheinlich auch nicht den allumfassenden Humanismus, den Mozart propagiert und dem du, jedesmal wenn du den Taktstock hebst, Ausdruck verleihst.

JL: Meine Interpretationen spiegeln zwangsläufig das, was ich tief im Innersten für wichtig halte. Wenn ich Kompromisse schließe, verrate ich mich selbst. Ich hoffe, die Mehrzahl der Zuhörer gewinnt etwas, wenn sie sich diese Interpretationen anhören, und ihre Reaktionen deuten darauf hin, daß es so ist. Du weißt ja, was ich davon halte, sich an ein niedriges Niveau anzupassen. Das ist für beide Seiten erniedrigend.

RCM: Sokrates vertrat die Auffassung, daß nur ein reflektiertes Leben lohnte, gelebt zu werden. Die Möglichkeit, das Leben zu reflektieren und unser Inneres zu ergründen, unterscheidet uns von so reizenden und klugen Kreaturen wie den Orang-Utans. Dieses Reflektieren des Lebens kann ganz unterschiedliche Formen annehmen. Das Opernhaus ist einer der Orte, an denen es geschehen kann.

JL: Genau. Das ist ja das Wunderbare an den großen Opern, daß man sie auf ganz unterschiedlichen Ebenen wahrnehmen kann. Selbst eine so sublime Komödie der Versöhnung wie *Le nozze di Figaro* kann wahrscheinlich allein der schönen Melodien und der komischen Szenen wegen geschätzt werden. Es ist nichts dagegen einzuwenden, wenn man sich zunächst durch diese Momente zur Oper hingezogen fühlt. Solange sich der

Hörer von etwas angesprochen fühlt, wird er immer wiederkommen. Und je mehr Oper er hört, desto tiefer wird vielleicht sein Verständnis. Die letzten zehn Minuten des *Figaro* können eine regelrecht transzendente Erfahrung vermitteln, die uns aus dem täglichen Egotrip herausholt und uns dazu bringt, einen tiefen Blick auf uns selbst zu richten. In diesem Fall geht es ganz entscheidend um die Bereitschaft des Grafen, seine Torheit zu erkennen, und um die Bereitschaft der Gräfin, ihm zu vergeben. Das ist echte Versöhnung, eine der großen religiösen Ideen. Sie vergibt ihm, auch wenn sie im Grunde bezweifelt, daß er sich je ändern wird. Das ist eine Form bedingungsloser Liebe.

RCM: Hinter all dem abfälligen Gerede über das Elitäre steckt oft ein Angriff auf jene, die Transzendenz erfahren wollen. Um solch grenzüberschreitende Erfahrungen zu machen, muß das eigene Interesse über die Befriedigung der menschlichen Grundbedürfnisse hinausgehen. Das Fernsehen bietet viel Gutes, aber wenig Transzendenz.

JL: Wenn Parsifal in der Schlußszene vortritt und die Wunde mit dem Speer berührt, verdichtet sich alles, was bis dahin gespielt und gesungen wurde, und man spürt den Triumph des Lichts über das Dunkel. Egal wie viele Male man diese Stelle schon gehört oder dirigiert hat, sie ist einfach immer wieder wunderbar.

RCM: Wir brauchen die Opernhäuser und die anderen Einrichtungen des kulturellen Lebens, weil sie Tempel des Humanismus sind, die den Werten geweiht sind, auf denen die Zivilisation beruht.

JL: Es erschüttert mich immer wieder, mit welchem Horizont sich viele Menschen zufriedengeben. Ihnen stehen alle möglichen Alternativen offen, aber sie nehmen sie gar nicht wahr. Es wäre eine Aufgabe der Schulen, den Kindern bewußt zu machen, welche Vielfalt an Optionen ihnen zur Verfügung steht, welcher potentielle Reichtum ihnen das Leben bietet. Der Musikunterricht bietet sicherlich eine Möglichkeit dazu.

RCM: Wenn man Glück hat, begegnet man irgendwann, wenn man noch offen dafür ist, einem Sokratiker, einem Lehrer, einem Freund, einem religiösen Menschen, der einen dazu anregt, nach innen zu schauen und zu erkennen, was einem am meisten bedeutet. Ich habe versucht, diese Rolle zu spielen – mit welchem Erfolg, kann ich nicht sagen.

JL: Du bist sicher ein ausgezeichneter Pädagoge! Du bekommst auch nie genug von dem, wovon ich nie genug bekomme, und suchst nach einer stichhaltigen Erklärung dafür, wie man mit Musik umgeht und was es heutzutage bedeutet, Ziele im Leben zu haben. Die Lebensqualität hängt ganz entscheidend davon ab, wie tief man sich auf das Leben einlassen will. Diese innige Verbundenheit mit der Fülle, der unendlichen und unglaublichen Vielfalt des Lebens ist der Grund dafür, weshalb die Oper keine elitäre Unterhaltung ist. Sie lädt uns dazu ein, ganz tief in unser Inneres zu blicken. Sie bietet uns all das – emotional, spirituell und intellektuell –, was große Kunst zu bieten vermag. – Als die Met im Dezember 1903 erstmals *Parsifal* auf die Bühne brachte, wußte die ganze Stadt davon – es stand auf allen Titelseiten. Es gab zwölf ausverkaufte Vorstellungen. Nichts von dem, was wir heute machen, weckt ein vergleichbares Maß an Aufmerksamkeit. In *Scientific American* erschien damals ein Artikel, in dem stand, wie die Bühne für Spezialeffekte eingerichtet wurde, etwa in den Verwandlungsszenen. Heute wäre so ein Artikel gar nicht denkbar, weil wahrscheinlich nicht einmal ein Prozent derjenigen, die dieses Magazin überhaupt lesen, wissen, was *Parsifal* ist.

RCM: Da Bayreuth den *Parsifal* dreißig Jahre lang für sich behielt, entstand ein ungeheures Interesse an dem Werk. Eine der ersten Aufführungen außerhalb Bayreuths fand in Barcelona statt. Der junge Fritz Reiner dirigierte. Kaum hatte die Uhr zwölf geschlagen, und der Urheberrechtsschutz war erloschen, da ging der Taktstock nieder.

JL: Das sind die Geschichten, wie du sie liebst! Aber es war nicht nur in Barcelona so, es war in ganz Europa so. Es ist eine Tragödie, daß so viele Dinge, die einst zum Allgemeinwissen gehörten, inzwischen nur noch den Spezialisten bekannt sind. Du hast als Kind sicher griechische Mythologie kennengelernt. Und als du zum erstenmal *Ariadne auf Naxos* hörtest, hast du gewußt, wer Bacchus ist.

RCM: Ein alter Freund von mir.

JL: Heute sind die Kinder mit solchen Dingen wahrscheinlich gar nicht mehr vertraut. Und das ist ein riesiger Verlust.

RCM: Zu Beginn des Jahrhunderts wurde die allgemeine Kultur durch das definiert, was in den Schulen gelehrt wurde. Heute wird die Allgemeinkultur von den Medien und in erster Linie vom Fernsehen bestimmt. Das Fernsehen hat die Gesellschaft zu hundert Prozent erobert, und die öffentliche Meinung wird durch das geprägt, was aus der Röhre kommt. Vielleicht bin ich etwas voreingenommen, weil ich jahrelang für das Schulfernsehen tätig war. Die elektronischen Medien, zuerst das Radio und später das Fernsehen, boten die genialsten Möglichkeiten zur Volksbildung, die es je auf der Welt gab. Eines der einschneidendsten Ereignisse in der amerikanischen Kulturgeschichte war jedoch die Entscheidung, die Entwicklung der Funkmedien der Privatindustrie zu überlassen und nicht, wie in Kanada und vielen europäischen Ländern, einem staatlichen Monopol zu unterstellen. Das bedeutete, daß die Inhalte der Funkmedien in Amerika schließlich von den Werbeagenturen bestimmt wurden. Am »besten« war das Programm, das die größten Umsätze sicherte. Allerdings wurde das Niveau nicht etwa heraufgesetzt, sondern eher heruntergeschraubt, wenn dies der Erhöhung der Einschaltquoten diente. Als die Einschaltquoten zum entscheidenden Kriterium wurden, verschwanden die Konzerte des NBC Symphony Orchestra und die Übertragungen der New Yorker Philharmoniker, mit denen wir beide aufgewachsen sind, aus dem kommerziellen Rundfunk. Sie waren zu teuer und lockten zuwenig Publikum. Rückblickend muß man David Sarnoff von NBC und William S. Paley von CBS dafür bewundern, daß sie der Kultur und der Bildung solchen Respekt zollten und alles daransetzten, daß diese Programme Jahr für Jahr gesendet wurden.

JL: Heute würde wohl kaum jemand von solchen Sendungen träumen oder, wenn doch, sie so schnell wie möglich wieder vergessen! Doch in all den Jahren, bis zum heutigen Tag, hat Texaco die Samstagsmatineen der Met übertragen. Wie viele Opern hast du über diese Sendereihe kennengelernt?

RCM: Fast das gesamte Grundrepertoire.

JL: Bei mir war es im Grunde genauso. Ich kann gar nicht sagen, wie viele Werke ich erstmals im Radio hörte. Das hätte ich nicht missen wollen!

RCM: Meine Tätigkeit beim Rundfunk begann bei der BBC,

die jahrelang ein sicheres paternalistisches Monopol innehatte und ein leichtes Programm anbot, aber im Inlandsprogramm jede Menge klassische Musik brachte, weil sie so verdammt erbaulich war. Und da sie gesendet wurde, hörten viele hinein und fanden Gefallen daran. In England zieht sich das Publikum für klassische Musik gleichmäßig durch alle gesellschaftlichen Schichten. In den Vereinigten Staaten, so haben Soziologen festgestellt, hängt das musikalische Interesse dagegen in erster Linie vom Bildungsstand ab. Lange Zeit war die klassische Musik die alleinige Domäne der Collegeabsolventen. Mancherorts wird sie sogar als ausgefallener Konsumartikel für die Wohlhabenden gehandelt.

JL: Das ist falsch. Gute Musik sollte von allen gehört werden, denn sie hat jedem etwas zu sagen. Es geht dabei nicht um das Geschlecht oder die ethnische Herkunft oder den gesellschaftlichen Status, sondern um den kleinsten gemeinsamen Nenner – unser aller Menschlichkeit. Und das schließt selbst die Feinheiten ein, die nur von einer kleinen Gruppe verstanden werden mögen. Deswegen war ich auch so erfreut darüber, mit dem Chicago Symphony Orchestra bei *Fantasia 2000* mitzuwirken. Ich weiß noch, als wäre es gestern gewesen, welchen Eindruck der alte *Fantasia*-Film auf mich machte, als ich ihn als Kind sah. – Ein letztes Paradox möchte ich noch ansprechen: Ich finde, elektronisch reproduzierte Musik – im Fernsehen, im Radio, auf Platten – hat im Grunde sehr wenig Ähnlichkeit mit der Musik, die man live im Opernhaus oder im Konzertsaal hört. Aber wieso produziere ich sie dann? Genau aus dem Grund, weil ungeheuer viele Menschen Musik ausschließlich über diese Medien rezipieren. Meine Musik ist für jeden da, der sie hören will. Ich schätze die Aufmerksamkeit des Publikums. Ich glaube, ich habe etwas mitzuteilen, das auch verstanden werden soll, und diese Botschaft läuft im Grunde darauf hinaus, daß all das, was uns miteinander verbindet, letztlich weitaus wichtiger ist als das, was uns vielleicht zu trennen scheint. Die Anerkennung und Würdigung der Verschiedenheit, ja die Freude an der Individualität ist das, was alle Humanisten letztlich wieder vereint und verbindet.

Levines Repertoire

Die Tonträger 1970–1998

\# Werke, die sowohl auf Laserdisc als auch auf CD vorliegen
* Werke, die nur auf Laserdisc vorliegen
Die Jahreszahl nach dem Schrägstrich bezieht sich auf das Erscheinungsjahr der Laserdisc.

anonym
Happy Birthday to You (1983)
Spirituals (1984/1990#)
Babbitt, Milton
Correspondances (1990)
Bach, Johann Sebastian
Brandenburgische Konzerte Nr. 2 und 5 (1977)
Kantate Nr. 202 »Weichet nur, betrübte Schatten« (1977)
Barber, Samuel
Vanessa: »He has come, he has come« (1998)
Bartók, Béla
Konzert für Orchester (1989)
Musik für Saiteninstrumente, Schlagzeug und Celesta (1989)
Beethoven, Ludwig van
Ah, perfido (1970)
An die Hoffnung (1970)
Fidelio: »Gott! Welch Dunkel hier!« und »In des Lebens Frühlingstagen« (1982*)
Klavierkonzerte Nr. 1–5 (1983)
Klavierkonzerte Nr. 2 und 5 (1997)
Missa solemnis (1991)

Quintett für Klavier und Bläser (1986)
Sechs geistliche Lieder (1990)
Symphonie Nr. 3 (1993)
Violoncellosonaten Nr. 1–5 (1976)
Bellini, Vincenzo
Lieder (6; 1988* – 9; 1996*)
Norma (1974/1979) – »Mira, o Norma« (1982) – Sinfonia (1982)
Oboenkonzert (1989)
Vaga luna che inargenti (1987)
Berg, Alban
Drei Orchesterstücke (1986/1993)
Lulu-Suite (1993)
Violinkonzert (1992)
Wozzeck: Auszüge (1993) – 1.–5. Szene (1985)
Berlioz, Hector
Absence (1970)
Benvenuto Cellini (1991)
Le Carnaval romain (1991/1998)
Le Corsair (1991)
La Damnation de Faust: »D'amour l'ardente flamme« (1996, unveröffentlicht)
Les Nuits d'été (1988)

Così fan tutte (1988) – Duett »Ah, guarda, sorella« (1982) – »Un'aura amorosa« (1988*) – »Una donna a quindici anni« (1993) – »Rivolgete a lui lo sguardo« (1994)
Don Giovanni: »Fin ch'han dal vino« (1982*) – »Batti, batti o bel Masetto« (1993) – »Vedrai, carino« (1993) – »Madamina, il catalogo è questo« (1994) – »Deh, vieni alla finestra« (1994) – Sextett, II. Akt (1996) – »Mi tradì quell'alma ingrata« (1996, unveröffentlicht)
Die Entführung aus dem Serail: »Ach, ich liebte« (1993) – »Welcher Kummer herrscht in meiner Seele« (1993) – »Welche Wonne, welche Lust« (1993)
Idomeneo (1994–95/1982) – II. Akt, 2.–5. Szene (1991)
Kegelstatt-Trio (1991)
Klavierquartett g-Moll (1977)
Eine kleine Nachtmusik (1982)
Krönungsmesse (1991)
Messe c-Moll (1987)
Le nozze di Figaro (1990) – »Dove sono« (1982, 1983*) – »Non so più cosa son, cosa faccio« (1993) – »Porgi, amore, qualche ristoro« (1993) – »Non più andrai« (1994) – »Deh vieni, non tardar« (1996, unveröffentlicht) – »Voi che sapete« (1996, unveröffentlicht)
Oboenkonzert (1989)
Posthornserenade (1982)
Prenderò quel brunettino (1996, unveröffentlicht)
Quintett für Klavier und Bläser (1977/1986)
Ridente la calma (1984)

Sonate für zwei Klaviere D-Dur (1987)
Symphonien, frühe (1989)
Symphonien Nr. 28–30 (1984)
Symphonien Nr. 25–27, 31, 32 und 34 (1985)
Symphonien Nr. 21–24, 33, 38 und 39 (1986)
Symphonien Nr. 35 und 36 (1987)
Symphonien Nr. 40 und 41 (1981/1989)
Violinkonzerte KV 207, 211, 218, *Adagio* KV 262 und *Rondos* KV 261a und 373 (1982)
Violinkonzerte KV 216 und 219 (1985)
Die Zauberflöte (1980/1991#) – »Ach, ich fühl's, es ist verschwunden« (1993) – Finale, »Bald prangt, den Morgen zu verkünden« (1993) – »Der Vogelfänger bin ich, ja« (1994)

Mussorgski, Modest / Ravel, Maurice
Tableaux d'une exposition (1992)

Offenbach, Jacques
Barbe-Bleue: »Lachlied« (1970)
Les Contes d'Hoffmann: »Scintille diamant« (1994) – III. Akt: Septett (1996, unveröffentlicht)
La Périchole: »Ah, quel dîner« (1996#)

Orff, Carl
Carmina burana (1984)

Penella, Manuel
El gato montes: Duett »Me llamabas, Rafaeliyo?« (1982*)

Poulenc, Francis
Élégie (1989)
Flötensonate (1989)
Klarinettensonate (1989)
Sextett für Klavier und Bläser (1989)

potevi scagliar« (1983*) –
Schlußduett, I. Akt (1983) –
Ballettmusik (1992)
Rigoletto (1993) – III. Akt (1991*) –
»La donna e mobile« (1998)
Simon Boccanegra (1984/1995*)
Stiffelio (1993*)
La traviata (1991/1983#)
Il trovatore (1991/1988#)
Les Vêpres siciliennes (1973) – IV. Akt
(1974) – Ouvertüre (1982) –
Ballettmusik (1992)
Wagner, Richard
Der fliegende Holländer (1994) –
Ouvertüre (1991) – »Die Frist
ist um« (1994)
Götterdämmerung (1989/1990#) –
Opferszene (1996, unveröffent-
licht)
Lohengrin (1986*) – Vorspiel,
III. Akt (1991)
Die Meistersinger von Nürnberg: Vor-
spiel (1991) – Finale (1996*)
Parsifal (1985/1992) – Duett,
II. Akt (1979)
Das Rheingold (1988/1990)

Rienzi: Ouvertüre (1991/1996#)
Siegfried (1988/1990#)
Siegfried-Idyll (1991)
Tannhäuser (1982*) – Ouvertüre
und Venusberg-Musik (1991) –
»O du mein holder Abendstern«
(1994) – »Dich, teure Halle«
(1996#)
Tristan und Isolde: Isoldes Erzählung
(1983/1996*)
Die Walküre (1987/1989#) – »Loge
hör!« (1996*)
Wesendonck-Lieder (1992, unver-
öffentlicht)
Webern, Anton von
Drei kleine Stücke (1974)
Sechs Stücke für Orchester (1986)
Wieniawski, Henryk
Légende (1992)
Wolf, Hugo
Italienisches Liederbuch (Auszüge;
1990)
Spanisches Liederbuch (Auszüge;
1990)
Zandonai, Riccardo
Francesca da Rimini (1984*)

Das Repertoire an der Met

Die folgende Liste enthält die Werke aus James Levines Repertoire an der
Metropolitan Opera, die auf der Bühne für Ton- bzw. Tonbildträger aufgezeichnet wurden. Von vielen dieser Werke existieren auch kommerzielle
Einspielungen, die nicht unbedingt auf den Aufführungen an der Met be-
ruhen; solche Mitschnitte sind mit KM gekennzeichnet. Für Werke, die
auf Video vorliegen, sind weitere Fernsehmitschnitte nicht gesondert
aufgeführt.

LD+MC als Laserdisc und auf Musikkassette im Handel
TV   Datum einer Fernsehausstrahlung, von der kein Video im
         Handel ist

R	Datum einer Rundfunkübertragung, die weder auf Tonträger noch als Video vorliegt
KM	kommerzieller Mitschnitt für Fernsehen bzw. Rundfunk mit Datum der Aufführung

Bartók, Béla
Herzog Blaubarts Burg TV 1.2.
1989
Bellini, Vincenzo
Norma R 13.2.1982 KM 1974/1979
Berg, Alban
Lulu TV 20.12.1980/2.4.1988
Wozzeck R 6.3.1980
Berlioz, Hector
Les Troyens LD+MC
Bizet, Georges
Carmen LD+MC
Corigliano, John
The Ghosts of Versailles LD+MC
Debussy, Claude
Pelléas et Mélisande R 4.3.1978/22.1.
1983/30.1.1988/6.4.1995
Donizetti, Gaetano
L'elisir d'amore LD+MC KM 1989
Gershwin, George
Porgy and Bess R 23.3.1985/8.2.
1986/27.1.1990
Giordano, Umberto
Andrea Chénier TV 23.4.1997
KM 1997
Leoncavallo, Ruggero
Pagliacci TV 5.4.1978
Mascagni, Pietro
Cavalleria rusticana TV 6.4.1978
KM 1978
Mozart, Wolfgang Amadeus
La clemenza di Tito LD+MC
R 14.2.1987/20.4.1994 (die
Aufzeichnung auf Laserdisc ist
ein Filmmitschnitt von Jean-
Pierre Ponnelle aus dem Jahr
1980 mit den Wiener Philhar-
monikern)

Così fan tutte TV 27.2.1996
KM 1988
Don Giovanni TV 2.4.1990
Die Entführung aus dem Serail
R 12.4.1980/3.4.1982/24.3.1990/
14.12.1991
Idomeneo LD+MC KM 1994/95
Le nozze di Figaro TV 14.12.1985
KM 1990
Die Zauberflöte LD+MC KM 1980
Offenbach, Jacques
Les Contes d'Hoffmann R 13.2.1993
Puccini, Giacomo
La Bohème LD+MC KM 1980
Gianni Schicchi TV 14.11.1981
Manon Lescaut LD+MC KM 1992
Suor Angelica TV 14.11.1981
Il tabarro TV 14.11.1981
Tosca KM 1980 (von der Oper, mit
der Levine an der Met
debütierte, existiert anschei-
nend keine Aufnahme, die
Levine an der Met einspielte)
Turandot LD+MC
Rossini, Gioachino
Il barbiere di Siviglia R 7.4.1973
KM 1975
La Cenerentola R 24.1.1998
L'italiana in Algeri TV 11.1.1986
Saint-Saëns, Camille
Samson et Dalila TV 299.1998
Schönberg, Arnold
Erwartung TV 1.2.1989 KM 1989
Moses und Aron R 20.2.1999
Smetana, Bedřich
Die verkaufte Braut TV 21.11.1978
Strauß, Johann
Die Fledermaus (II. Akt) LD+MC

Strauss, Richard
Ariadne auf Naxos LD+MC KM
1986
Elektra LD+MC
Der Rosenkavalier TV 7.10.1972
Salome R 6.1.1974
Strawinsky, Igor
Oedipus Rex R 2.1.1982 KM 1991
The Rake's Progress R 17.1.1998
Le Rossignol R 2.1.1982
Tschaikowski, Pjotr
Eugen Onegin R 18.2.1978/25.3.
1989 KM 1987
Verdi, Giuseppe
Aida LD+MC KM 1990
Un ballo in maschera LD+MC
Don Carlo LD+MC KM 1992
Ernani LD+MC
Falstaff LD+MC
La forza del destino LD+MC
KM 1976
I lombardi R 15.1.1994 KM 1996
Luisa Miller TV 20.1.1979
KM 1991
Macbeth R 18.12.1982
Otello (III. Akt) LD+MC
TV 13.10.1995 KM 1978
Rigoletto (III. Akt) LD+MC
TV 7.11.1977/15.12.1988
KM 1993
Simon Boccanegra LD+MC
Stiffelio LD+MC
La traviata R 28.3.1981 KM 1991
(Franco Zeffirellis Verfilmung
von 1983 liegt auf Band vor)
Il trovatore LD+MC KM 1991
I vespri siciliani R 9.3.1974/12.4.
1975 KM 1973
Wagner, Richard
Der fliegende Holländer R 7.4.1979/
30.12.1989 KM 1994
Götterdämmerung LD+MC
KM 1989
Lohengrin LD+MC

Die Meistersinger von Nürnberg
R 11.4.1998
Parsifal LD+MC KM 1985,
1992
Das Rheingold LD+MC KM 1988
Siegfried LD+MC KM 1988
Tannhäuser LD+MC
Tristan und Isolde R 31.1.1981/
24.12.1983
Die Walküre LD+MC KM 1987
Weill, Kurt
Aufstieg und Fall der Stadt Mahagonny
TV 27.11.1979
Zandonai, Riccardo
Francesca da Rimini LD+MC

Von den folgenden 25 Opern, die
Levine an der Met dirigiert hat,
existieren derzeit nur Archivmit-
schnitte:

Bartók, Béla
Herzog Blaubarts Burg
Berg, Alban
Lulu
Wozzeck
Debussy, Claude
Pelléas et Mélisande
Gershwin, George
Porgy and Bess
Leoncavallo, Ruggero
Pagliacci
Mozart, Wolfgang Amadeus
Don Giovanni
Die Entführung aus dem Serail
Offenbach, Jacques
Les Contes d'Hoffmann
Puccini, Giacomo
Gianni Schicchi
Suor Angelica
Il tabarro
Rossini, Gioachino
La Cenerentola

L'italiana in Algeri
Saint-Saëns, Camille
Samson et Dalila
Schönberg, Arnold
Moses und Aron
Smetana, Bedřich
Die verkaufte Braut
Strauss, Richard
Der Rosenkavalier
Salome

Strawinsky, Igor
The Rake's Progress
Le Rossignol
Verdi, Giuseppe
Macbeth
Wagner, Richard
Die Meistersinger von Nürnberg
Tristan und Isolde
Weill, Kurt
Aufstieg und Fall der Stadt Mahagonny

Das Opernrepertoire außerhalb der Met

Alle genannten Aufführungen waren komplett, außer Wagners *Walküre* in
Ravinia. Die Jahreszahlen bezeichnen Zeiträume, innerhalb derer die Aufführungen stattgefunden haben.

Beethoven, Ludwig van
Fidelio (Cleveland Concert Asso-
ciation, Cleveland, 1969–72,
konzertant)
Bellini, Vincenzo
Norma (Ravinia Festival,
Highland Park, Illinois,
1971–93, konzertant/halb-
szenisch)
Berlioz, Hector
La Damnation de Faust (Ravinia
Festival, Highland Park, Illinois,
1971–93, konzertant/halb-
szenisch)
Les Troyens (Ravinia Festival, High-
land Park, Illinois, 1971–93,
konzertant/halbszenisch –
II. Teil; May Festival [konzer-
tant] und Zoo Opera, Cincin-
nati, 1974–78)
Bernstein, Leonard
Trouble in Tahiti (Hollywood Bowl,
Hollywood, 1971/72)

Bizet, Georges
Les Pêcheurs de perles (Aspen Festi-
val, Colorado, 1961–70)
Britten, Benjamin
Albert Herring (Aspen Festival,
Colorado, 1961–70)
Debussy, Claude
Pelléas et Mélisande (Cleveland
Institute of Music, Cleveland,
1966–72)
Donizetti, Gaetano
L'elisir d'amore (Ravinia Festival,
Highland Park, Illinois,
1971–93, konzertant/halb-
szenisch)
Gershwin, George
Porgy and Bess (May Festival
[konzertant] und Zoo Opera,
Cincinnati, 1974–78)
Gluck, Christoph Willibald
Orfeo ed Euridice (May Festival
[konzertant] und Zoo Opera,
Cincinnati, 1974–78)

Mozart, Wolfgang Amadeus
La clemenza di Tito (Salzburger
Festspiele, 1976–88)
Così fan tutte (Aspen Festival, Colo-
rado, 1961–70 – Ravinia Festival,
Highland Park, Illinois, 1971–93,
konzertant/halbszenisch)
Don Giovanni (Cleveland Concert
Association, Cleveland, 1969–72,
konzertant – Hollywood Bowl,
Hollywood, 1971/72 – Ravinia
Festival, Highland Park, Illinois,
1971–93, konzertant/halbsze-
nisch)
Die Entführung aus dem Serail
(Aspen Festival, Colorado,
1961–70 – Ravinia Festival,
Highland Park, Illinois, 1971–93,
konzertant/halbszenisch)
Idomeneo (Salzburger Festspiele,
1976–88)
Le nozze di Figaro (Cleveland
Institute of Music, Cleveland,
1966–72 – Atlanta Symphony,
Atlanta, 1974, konzertant –
Salzburger Festspiele, 1976–88)
Die Zauberflöte (Cleveland Concert
Association, Cleveland, 1969–72,
konzertant – Salzburger Fest-
spiele, 1976–88)
Offenbach, Jacques
Les Contes d'Hoffmann (Salzburger
Festspiele, 1976–88)
Puccini, Giacomo
Gianni Schicchi (Cleveland Institute
of Music, Cleveland, 1966–72)
Madama Butterfly (San Francisco
Opera, San Francisco, 1970/71)
Tosca (San Francisco Opera, San
Francisco, 1970/71 – Greek
Theater, Los Angeles, 1971 –
Ravinia Festival, Highland Park,
Illinois, 1971–93, konzertant/
halbszenisch)

Rossini, Gioachino
Il barbiere di Siviglia (Cleveland
Concert Association, Cleveland,
1969–72, konzertant – Welsh
National Opera, Cardiff, 1970 –
May Festival [konzertant] und
Zoo Opera, Cincinnati,
1974–78)
La cambiale di matrimonio (Aspen
Festival, Colorado, 1961–70)
Saint-Saëns, Camille
Samson et Dalila (Ravinia Festival,
Highland Park, Illinois, 1971–93,
konzertant/halbszenisch)
Schönberg, Arnold
Moses und Aron (Salzburger Fest-
spiele, 1976–88)
Strauss, Richard
Ariadne auf Naxos (Aspen Festival,
Colorado, 1961–70 – Ravinia
Festival, Highland Park, Illinois,
1971–93, konzertant/halbsze-
nisch)
Elektra (Ravinia Festival, Highland
Park, Illinois, 1971–93, konzer-
tant/halbszenisch)
Strawinsky, Igor
Mavra (Aspen Festival, Colorado,
1961–70)
Oedipus Rex (Ravinia Festival,
Highland Park, Illinois, 1971–93,
konzertant/halbszenisch – May
Festival [konzertant] und Zoo
Opera, Cincinnati, 1974–78 –
Salzburger Festspiele, 1976–88,
konzertant)
Tschaikowski, Pjotr
Eugen Onegin (Ravinia Festival,
Highland Park, Illinois, 1971–93,
konzertant/halbszenisch)
Verdi, Giuseppe
Aida (Welsh National Opera,
Cardiff, 1970 – Hollywood Bowl,
Hollywood, 1971/72)

Don Carlo (Cleveland Concert
Association, Cleveland, 1969–72,
konzertant)
Ernani (May Festival [konzertant]
und Zoo Opera, Cincinnati,
1974–78)
Falstaff (Cleveland Institute of
Music, Cleveland, 1966–72)
La forza del destino (Ravinia Festi-
val, Highland Park, Illinois,
1971–93, konzertant/halb-
szenisch)
Macbeth (Ravinia Festival, High-
land Park, Illinois, 1971–93,
konzertant/halbszenisch)
Otello (Hamburgische Staatsoper,
Hamburg, 1975 – Staatsoper,
Wien, 1982)
Rigoletto (Meadowbrook Festival,
Detroit, 1968–72, konzertant –
Hollywood Bowl, Hollywood,
1971/72 – Robin Hood Dell,
Philadelphia, 1972, konzertant)
Simon Boccanegra (Cleveland
Concert Association, Cleveland,
1969–72, konzertant)

La traviata (Hollywood Bowl,
Hollywood, 1971/72 – Ravinia
Festival, Highland Park, Illinois,
1971–93, konzertant/halb-
szenisch)
Il trovatore (Meadowbrook Festival, Detroit, 1968–72, konzertant)
Wagner, Richard
Lohengrin (May Festival [konzer-
tant] und Zoo Opera, Cincinnati, 1974–78)
Parsifal (May Festival [konzertant]
und Zoo Opera, Cincinnati,
1974–78 – Bayreuther Festspiele, 1982–98)
Der Ring des Nibelungen (Bayreuther
Festspiele, 1982–98)
Tannhäuser (May Festival [konzer-
tant] und Zoo Opera, Cincinnati, 1974–78)
Die Walküre (I. Akt; Ravinia Festival, Highland Park, Illinois,
1971–93, konzertant/halb-
szenisch)

Das Ravinia-Repertoire 1971–1993

Das Orchester ist immer das Chicago Symphony Orchestra. Jeweils eine
Aufführung, wenn nicht anders angegeben (Zahl in Klammern). Neben
Levine traten jeden Sommer einige Gastdirigenten auf.

Babbitt, Milton
Correspondences
Bach, Johann Sebastian
Brandenburgische Konzerte Nr. 1–6
(3)
*Kantate BWV 51 »Jauchzet Gott in
allen Landen«* (2)

Kantate BWV 82 »Ich habe genug«
*Kantate BWV 199 »Mein Herze
schwimmt in Blut«*
*Kantate BWV 202 »Weichet nur,
betrübte Schatten«*
Klavierkonzert d-Moll (als Solist und
Dirigent 3; dirigiert 1)

Opferung« – Dämmerungsduett – »Siegfrieds Begräbnis« – »Siegfrieds Rheinfahrt« *Die Meistersinger von Nürnberg:* Vorspiel *Rienzi:* Ouvertüre *Siegfried:* Schlußszene *Tannhäuser:* Ouvertüre – »Dich, teure Halle«

Tristan und Isolde: Vorspiel und Liebestod (4) *Die Walküre:* »Walkürenritt« *Wesendonck-Lieder* **Webern, Anton von** *Sechs Stücke für Orchester* (2) **Xenakis, Yannis** *Metastasis*

Personen- und Werkregister

399